고객 서비스에
인터넷을 활용하라

Customer Service on the Internet

Customer Service on the Internet

Building Relationships, Increasing Loyalty, and Staying Competitive, 2nd ed.
by Jim Sterne

고객 서비스에 인터넷을 활용하라

Customer Service on the Internet

초판발행 / 2001년 1월 10일
지은이 / 짐 스턴
옮긴이 / 홍정희 · 박희정
펴낸이 / 신영철
펴낸곳 / 한국능률협회

1978년 5월 15일 등록(제13-19호)
서울 마포구 도화동 544 고려빌딩
전화 / 02)719-1424
팩시밀리 / 02)715-7807

홈페이지 / www.kmabook.com
디자인 : 우리는 좋은 친구 / 02)2277-5752

ISBN 89-7277-196-1 13330
값 18,000원

고객 서비스에
인터넷을 활용하라

Customer Service on the Internet

짐 스턴 지음

홍정희 · 박희정 옮김

한국능률협회

차례

제3장   인터넷 퍼블리싱

제4장   고객이 보낸 이메일 관리하기

제5장   고객에게 대화 촉구하기

제6장 성공도 평가

제7장 고객을 개인으로서 재인식하기

제8장   엑스트라넷 – 살아 있는 정보를 얻는 길

제9장   고객 관계 관리(CRM)

제10장   출발

제11장   미래를 위한 계획

서문

고객 서비스 기준이 높아지다

선견지명과 풍부한 자원을 갖춘 상태에서 인터넷 고객 서비스의 까다로운 측면들을 다루어야 할 필요성을 느낀 기업들이 일찌감치 앞서 나갔다. 이들은 아무도 예상치 못했던 일들을 해냈다. 겉싸개를 펼치고 틀을 깼으며, 남보다 한 걸음 앞서 나갔다.

그 기업들이 남보다 앞서 나갈 수 있었던 것은 심한 경쟁 압박을 받으면서도 비전을 가지고 있었으며 또한 클라이언트 서버 네트워킹을 명확히 이해하고 있었기 때문이다.

심한 경쟁 압박을 받는 것은 늘 겪는 일이고, 비전을 갖는 것도 어렵지 않다. 그러나 문제는 이제 모든 사람이 월드 와이드 웹을 갖게 되었다는 사실이다. 이제 자신의 고객들이 연락하도록 할 수 있는 방법을 모든 사람이 지니게 된 것이다. 모든 사람이 자신의 병기고에 새로운 도구를 가지고 있으며, 그 도구를 다양한 방식으로 사용할 것이다.

고객 서비스의 기준이 또다시 높아졌다.

자동차가 나왔을 때 우리는 자동차가 세상을 바꿔 놓을 것이라고 예측했고 그 예측은 맞았다. 다음에 우리는 전화가 세상을 바꿔 놓을 것이라고 예측했고 그것 역시 맞았다. 그 후 우리는 컴퓨터가 세상을 바꿔 놓을 것이라고 예측했고 그것도 맞았다. 이제는 인터넷이 우리가 일하고 거래하는 방법을 바꿀 것이다.

당신은 그 필요성을 느끼고 있고 인터넷으로 연결되어 있으며 당신의 발목을 낚아채려고 뒤쫓아오는 경쟁자들도 있다. 그러나 무엇보다도 최고만을 원하는 고객이 있다.

한 고객 서비스 웹사이트에게 보내는 송시

문제가 생겨 당신에게 전화를 했더니 숫자를 선택해 하나씩 번호를 누르라 한다.
7을 누른 다음에 2, 8, 6을 누른다.
자동 응답기가 전화 상담원이 없다고 짤막하게 말한다.
다른 사람과 상담 중인데 기다리시겠어요?
당신의 전화는 너무나 중요하답니다. 나를 바보로 아는 건가?

내 전화는 별로 중요하지 않아. 나는 한 시간을 기다릴 것이다.
그 동안 어깨가 쑤시고 마음이 타고 커피가 식어 갈 것이다.
당신이 문의 순서대로 내 전화에 응답해 줄지를
응답기를 통해서는 도무지 확신할 수가 없다.

그래서 나는 수화기를 내려놓고 모뎀을 연결한다.
당신 사이트에서 해결책을 찾으려고, 찾으면 바로 다운로드하려고.
DNS가 당신의 URL을 찾는 동안 나는 가만히 기다린다.
당신의 서버가 내 노크에 응답해 주기를 기다린다.

프레임이 뜨기를, 해결책이 나오기를 기다린다.
그리고 플러그인 되기를 기다린다.
그러면 당신 로고가 빙글빙글 도는 것을 볼 수 있겠지.
그런데 오디오 파일이 나온다. 당신의 CEO가 보내는 인사 메시지이다.
그는 인터넷을 갖고 있지는 않지만 오디오는 매우 좋아하나 보다.

당신 건물 그림이 화면에 뜰 때까지 기다린다.
그리고 들어서도, 보아서도 안 되는 것이 있음을 깨닫는다.
드디어 메뉴가 뜬다. 나는 마우스를 움직여 클릭한다.
그러나 우선 자바 프로그램이 시작된다. 또 한참을 기다려야겠지.
메뉴 선택을 보면 당신은 당신 자신에 관해 아주 잘 알고 있음을 알 수 있다.

회사에 관해, 당신이 말하고자 하는 것에 관해서 말이다.
그러나 내가 클릭할 버튼은 어디 있는가?
내 문제를 해결해 주고 내 고통을 치유해 주고 내 치미는 분노를 위로해 줄
그런 페이지로 나를 데려다 줄 버튼은 어디 있는가?
아래쪽 구석 저작권 표시 밑에 아주 작은 아이콘이 하나 있다
고객 서비스로 연결되는 링크로 보인다. 곧 내 고민은 끝나겠지.
아이콘을 클릭한다. 그런데 이것이 나온다.
a404
이런 젠장.

내게 안식을 줄 그 페이지에 드디어 도달했을 때
문서를 보고 어처구니가 없다.
왜냐하면 FAQ에 대한 답변이 있어야 할 자리에
온라인 도움 정보와 지식 기반이 있어야 할 자리에
아무것도 없기 때문이다.

거기에는 이탤릭체와 볼드체로 밑줄까지 쳐서
상담 전화번호가 적혀 있기 때문이다.
그냥 전화를 기다릴 걸 그랬다.

DILBERT. United Feature Syndicate, Inc의 승인을 받음.

제 **1** 장

고객 서비스를 위해 탄생한 웹

아직도 인터넷의 중요성과 가치, 그 무한한 잠재력을 의심하는가? 서점에 가서 다른 책을 한번 골라 보라. 인터넷으로 인해 세상이 바뀌고 있다는 사실을 말해 주는 제목들이 여기저기 눈에 띌 것이다. 정말 그렇다.

하지만 이 책을 통해 독자에게 세상이 변했다는 사실을 확신시키려는 것은 아니다. 경쟁 업체가 왜 사업이 뜻대로 안 되는지 의아해하는 동안 우리는 이미 인터넷이 세상을 변화시켰다는 사실을 인정하고, 이러한 정보를 바탕으로 사업의 방법을 찾자는 것이다.

그렇다면 이제 남은 질문은 다음과 같다. '어떻게 하면 웹을 더 잘 활용할 수 있을까?', '어떻게 하면 상호작용의 인터넷을 이용하여 고객을 더욱 만족시킬 수 있을까?', '어떻게 하면 경쟁 업체를 따돌리고 고객과 유대를 강화하여 평생 고객으로 만들 수 있을까?'

이런 점이 궁금하다면 당신은 지금 올바른 길로 가고 있다.

고객에 관한 자료를 추적할 수 있는 데이터 시스템을 구축하는 일이 얼마나 힘든지 학술 논문을 통해 알고 싶다면 마이클 쿠삭(Michael Cusak)이 쓴 『Online Customer Care (ASQ Quality Press, 1998)』가 적절할 것이다. 그리고 정보기술(IT) 부서 사람들을 위해 사본이라도 구해 두면 좋을 것이다.

이메일 관리 시스템과 문제 해결 가이드, 그리고 인공지능을 본격적인 고객 관계 관리 (CRM)를 지향하는 전반적인 고객 관리 프로그램에 어떻게 적절히 활용할 수 있는지 알고 싶다면 바로 여기에서 그 답을 얻을 수 있을 것이다. 그리고 어떻게 하면 고객이 원하는 대로 서비스를 제공해 이 부분에서 경쟁 우위에 설 수 있도록 웹사이트를 구축할 수 있을지 알고 싶다면 역시 여기에서 그 해답을 얻을 수 있을 것이다.

유아 단계에서 걸음마 단계로 성장한 월드 와이드 웹

상업적 용도의 월드 와이드 웹이 처음부터 고객 서비스 도구로서 완전한 형태를 갖추었던 것은 아니다. 단지 마케팅 매체로서 역할을 시작했을 뿐이다.

1 단계: 제품 페이지

소수 선견지명이 있는 마케팅 종사자들이 웹을 발견해 내고 개인 홈페이지에 상당하는 기업 홈페이지를 제작했다. '이것이 저희 브로셔입니다.', '페이지를 넘기는 대신 여기를 클릭해 보십시오!', '저희 회사의 멋진 본사 사진을 보십시오!', '흥미진진한 광고를 읽어 보십시오!', '독창적이지 않습니까?'

2 단계: 기업 웹사이트

"저희 회사 이사진은 기업 웹사이트가 회사 전체를 잘 나타내야 한다는 결론을 내렸습니다. 저희 회사나 저희 회사 제품, 경영 관리 방법, 회사 의견, 백서, 정기 간행물, 기업 거래에 관해 알고 싶으십니까? 여기에 다 있습니다. 바로 온라인으로 들어오시면 언제든지 이용할 수 있습니다. 방금 나와 따끈따끈할 때 읽어 보십시오. 저희 회사가 정말 앞서 간다고 생각지 않으십니까? 여기를 클릭해서 다음에 나오는 중요한 메시지를 다운로드해 보십시오. 안녕하십니까? 저는 IBM 사 회장 루 거스너(Lou Gerstner)입니다. IBM 사 전 직원을 대표하여 저희 월드 와이드 웹 서버에 들어오신 것을 환영합니다."

존 패트릭(John Patrick)은 1994년 당시 루 거스너에게 그의 사진과 목소리를 홈페이지 상에 띄워 줄 것을 장담하고, 막 뿌리를 내리기 시작한 회사를 관목으로 자라게 하는 데 필요한 자금을 확보할 수 있었다. 그리고 몇 년 지나지 않아 이 회사는 나무에 열매를 맺을 수 있었다.

3 단계: 참여하는 웹사이트

고객들은 웹사이트를 방문하면서 더 많은 기대를 갖기 시작했다. 인터넷과 웹사이트로 상호작용이 가능하다는 사실을 알게 되었고, 광고 부서에서 내놓는 정적인 광고에 만족할 필요가 없었다. 스스로 웹사이트를 능숙하게 다룰 수 있고 웹사이트를 통해 대화하고 여가를 즐기기도 했기 때문이다. 고객들은 페더럴 익스프레스(Federal Express; www.fedex.com, 이하 FedEx. [그림 1.1] 참고)에서 1박 여행에 관해 검색하고, 알라모(Alamo; www.freeways.com)에서 차를 빌리고, PC트래블 (PCTravel; www.pctravel.com)에서 비행기 표를 구입할 수 있었다. 그리고 뉴미스매스미츠 온라인(Numismatists Online; www.bonsai.com/qnu/hobby/index.html)에 들어가면 책상에 앉아 기념 주화 입찰에 참여할 수 있었다.

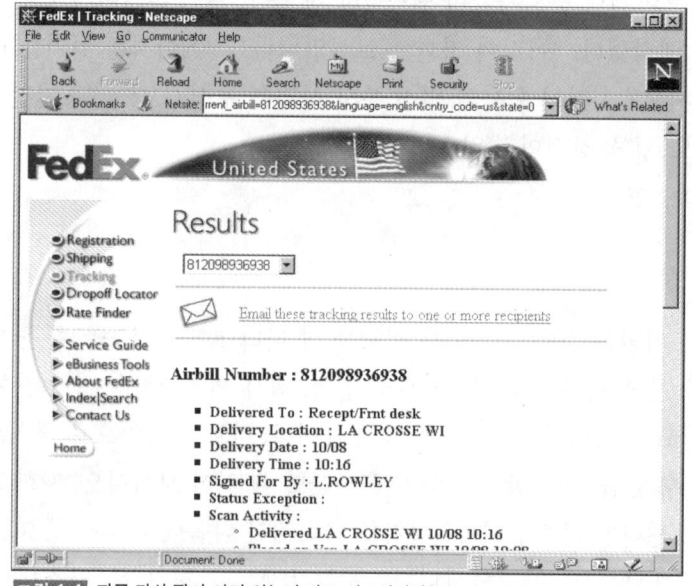

그림 1.1 지금 당신 짐이 어디 있는지 알고 싶으십니까? Federal Express는 당신이 궁금해 한다는 것을 잘 알고 있습니다.

지금까지만 해도 웹사이트에 관한 최대 관심사는 얼마나 많은 히트 상품을 내놓을 수 있는가, 얼마나 많은 관심을 끌 수 있는가였다. 인기를 충분히 끌면 웹사이트에 광고를 실어 수익을 얻을 수 있었다. 한 번에 물건을 많이 사는 사람은 없기 때문에 링크 광고를 실어 웹사이트 비용을 부담할 수 있었다. 그들의 메시지를 우리 웹사이트에 실으면 우리 디렉터리나 검색 엔진, 또는 멜로 드라마를 보러 들어오는 고객 수백만 명이 그 메시지를 볼 것이라며 광고주를 설득하는 것은 어려운 일이 아니었다.

그러자 일부에서 월드 와이드 웹 상에서 고객 서비스 응용 프로그램으로 엄청난 이익을 보고 있다고 수군거리기 시작했고, 그 결과 모든 사람이 행복해졌다.

온라인 고객 서비스: 초기

1995년 당시 선마이크로시스템즈에서 인터넷 제품 마케팅부의 제품 관리 고위 담당자로 일하던 제리 니스(Jerry Neece)는 선마이크로시스템즈가 웹사이트를 이용한 고객 서비스를 실시하여 그해 1월 한 달 동안 비용을 약 130만 달러 절감할 수 있었다고 발표했다. 그중 3분의 1은 인력 자원 부문에서 절감된 것이며, 그 외 대부분은 마그네틱 테이프를 만들고 설치 설명서를 제작하여 이것들을 우편물 꾸러미로 포장하는 기존 방식 대신 인터넷을 통해 소프트웨어를 보내는 방식을 채용해 절감된 것이었다. 물론 우편물 발송 비용도 절약할 수 있었다. 선마이크로시스템즈의 한 직원에 의하면 선마이크로시스템즈는 1996년 1월까지 매달 1,200만 달러를 절감했다고 한다.

정보를 인터넷으로 전달하여 비용을 절약할 수 있다는 사실은 실리를 추구하는 사람들이 만족하기에 충분하다. 하지만 인터넷은 양방향 매체, 다시 말해 통신 매체이다. 인터넷은 텔레비전이나 라디오, 잡지와 다르다. 오히려 상대방이 한 말을 들을 수 있고 자신이 한 말을 상대방에게 들려줄 수 있는 전화와 더 비슷하다고 할 수 있다. 무선 메시지를 전달하고 나서 그냥 끊으려고 전화를 사용하지는 않는다. 잡담을 하건, 문제를 해결하건, 거래 과정을 이끌어 가건 모두 대화를 위해 전화를 사용하는 것이다.

전화와 마찬가지로 웹을 이용해서도 대화할 수 있다. 과거에는 문자로 대화했지만 지금은 말로 대화하고 있으며, 앞으로는 화상 대화도 하게 될 것이다. 이렇게 말과 화면으로 대화할 수 있게 하는 도구를 사용해 이전에는 800번 무료 전화로 처리하던 일을 웹 상에서 처리할 수 있게 되었으며, 고객 불만 처리 센터를 이제 새로운 방식으로 쉽게 이용할 수 있게 되었다.

고객 서비스 일반: 새로운 경쟁 분야

톰 피터스(Tom Peters)는 자신이 아직은 쓸모없는 늙은이가 아니라는 사실을 계속 증명해 보이고 있다. 그는 새로운 사업 비결을 배우고 돌아와 사람들에게 그 비법을 가르쳐 준다. 『*Circle of Innovation* (Knopf, 1997)』에서 톰 피터스는 점진적인 진보를 추구하는 짓은 그만두라고 강조하며, 무슨 일이든 지쳐 쓰러지는 한이 있어도 끝까지 도전하라고 주장한다. 그리고 '파괴(destruction)'는 멋진 일이라면서 최고 파괴자 (CDO, Chief Destruction Officer)가 필요하다고 말한다.

또한 톰 피터스는 고객의 욕구에 초점을 맞추라고 말한다. 그리고 심지어는 고객이 만족하는가, 고객이 기뻐하는가 하는 생각은 잊어버리라고 한다. 기쁨은 순간적이지만 욕구는 본능이라는 것이다.

고객이 순간적으로 제품이나 서비스에 기뻐하거나 만족해서 그 제품이나 서비스를 원하는 것은 아니다. 기쁘다느니, 만족스럽다느니 하는 말은 입에 발린 칭찬일 뿐 실제로는 헐뜯는 말이나 마찬가지이다. 진정 고객의 욕구를 충족시키면 고객은 다른 사람에게 그 제품이나 서비스를 제공한 회사를 추천하고, 그 회사를 여러 사람에게 전하는 전도사와 같은 역할을 한다. 바로 그 회사의 가장 우수한 판매 사원이 되는 것이다.

> 오프라인 세계에서 고객이 당신 회사에 불만이 있다면 친구 여섯 명에게 그 사실을 말할 것이다. 하지만 온라인 세계에서는 고객이 당신의 회사에 불만이 있다면 그 사실을 메시지 한 번으로 자신의 뉴스 그룹에 속한 6,000명에게 알릴 수 있다. 그러나 반대로 고객이 정말 만족했다면 6,000명에게 그 사실을 알릴 수 있다. 당신은 모든 고객이 회사를 전파하는 전도사가 되기를 원할 것이다.
>
> 제프 베조스(Jeff Bezos), Amazon.com
> Customer Service Management 매거진, 1999년 11/12월호에서

만약 고객의 궁금증과 문제점, 요구 사항과 희망 사항, 그리고 고객의 꿈을 모두 뒷받침해 줄 수 있는 서비스 부서, 처리 방법, 서비스 정신 및 웹사이트가 없다면 고객에게 욕구가 생기도록 할 수 없다. 톰 피터스는 고객을 놀라게 하라고 말한다. 회사의 고객 관리 부서에 대해 고객에게 아주 깊은 인상을 주라는 것이다.

빌 플로이드(Bill Floyd)는 Discover Card를 발행하는 Novus 사의 선임 부사장이며 정보 부서의 고위 관계자이다. 그는 신용카드가 생활 필수품이라는 사실을 잘 알고 있다. 하지만 고객에게 좀더 나은 서비스를 제공해야 앞서갈 수 있다는 사실을 잘 알고 있다. "우리 회사는 고객 서비스로 두각을 드러낼 수 있습니다. 그것이 바로 우리가 원하는 것입니다."

1999년 10월 5일자 *Information Week*의 같은 기사에서 인용한 빌의 말을 빌면 다음과 같다.

고객 서비스에 대한 필요성이 산업 분야 전반에 퍼지고 있다. 화학 회사인 PPG Industries Inc.의 '염소-알칼리 유도체 부서'에서는 새로운 대화식 물류 관리 시스템을 이용하여 고객에게 재고량이 어느 정도 있는지 알려 주고 있다. American Airlines와 British Airways 는 Canadian Airlines와 Cathay Pacific Airways, Qantas Airways와 협력하여 각 항공사의 고객 서비스 및 단골 고객 관리를 연결했다. Chase Bank of Texas는 Siebel Systems 사의 고객 관리 소프트웨어를 사용하여 은행 직원의 역할을 소위 '고객 관리자'로 변모시켰다.

그 지름길을 알고 싶다면 패트리샤 시볼트(Patricia Seybold)가 쓴 『Customers.com (Time Books, 1998)』을 보라. 이 책에서 작가는 주요 성공 요인 여덟 가지를 명확히 설명하고 있다.

1. 적절한 고객을 목표로 삼는다.

2. 고객이 겪는 모든 경험을 알고 있어야 한다.

3. 고객에게 영향을 미치는 비즈니스 과정을 합리화한다.

4. 고객 관계를 360° 관찰한다.

5. 고객이 스스로 하게 한다.

6. 고객이 자신의 일을 할 수 있도록 돕는다.

7. 개별화 서비스를 제공한다.

8. 커뮤니티를 조성한다.

성공적인 고객 서비스를 제공하려면 헌신적으로 노력해야 한다. 다행히 웹은 이러한 기대에 부응한다. 실제로 여러 기업이 고객 관리에 대한 투자를 통해 실질적인 수익을 올리고 있다.

웹을 통한 고객 서비스의 증가

시스코 시스템즈(Cisco Systems)는 인터넷을 통해 고객 서비스를 실시한 후 1999년에 비용을 약 5억 달러 이상 절감했다고 발표했다. 그리고 같은 해 고객 문의 중 77%를 온라인 상에서 해결하여 고객 만족도가 1995년에 비해 20% 상승했다. 고객들 또한 98%의 정확성을 누릴 수 있었으며, 시기 적절하게 수선 서비스도 받을 수 있었다.

시스코 시스템즈는 온라인 서비스를 시작하면서 다음의 네 가지를 목표로 삼았다.

1. 고객이 회사와 쉽게 거래할 수 있도록 한다.

2. 고객 만족도와 생산성을 향상시킨다.

3. 의사 결정에 드는 시간을 단축한다.

4. 고객이나 사업 파트너와의 유대관계를 강화한다.

시스코 시스템즈는 쉽게 5억 달러 이상 비용을 절약했다. 기업들은 이제 자료를 보관하는 데 신경을 쓰거나 생산에 초점을 맞추는 테두리에서 벗어나고 있다. 과거 나이든 백인 기업가는 비서를 시켜 이메일을 인쇄하여 파일 박스에 남겨 두게 했었지만, 이제는 웹사이트를 이용해 고객과 직접 대화하여 최대의 성과를 얻어낸다.

제프 룸버그(Jeff Rumburg)는 메타 그룹(Meta Group)의 분석가로, 다음과 같이 추산했다. 전화 대화로 고객 서비스를 하는 경우 1회당 5달러 정도가 든다. 음성 자동 응답 장치로 '4번을 누르면 그 외에 열여섯 가지 선택 사항을 들을 수 있습니다.' 라는 식의 전화 서비스를 제공하면 비용이 50센트 정도 소요되며, 웹사이트를 이용하면 3센트가 든다.

FedEx는 고객이 1-800-Go FedEx로 전화하여 패키지를 추적해 가는 경우 회사가 1회당 7달러를 지불해야 하지만 www.fedex.com을 이용하는 경우에는 7센트가 든다고 한다.

포레스트 리서치(Forrest Research)에 따르면 기업들의 전화 상담 센터 인건비가 1999년 말 43% 감소했다고 한다. Siebel Systems와 같은 기업들은 전화 상담 센터와 고객 연락 관리 시스템에 웹사이트 운영 방식을 도입하여 전화 상담 센터 상담원들이 고객 관계를 360° 관찰하게 했을 뿐 아니라, 고객들이 오래 전부터 있어 왔던 고객 관리 시스템을 직접 이용할 수 있도록 했다.

주피터 커뮤니케이션즈(Jupiter Communications)(www.jup.com)에서는 온라인에서 쇼핑을 해본 고객 중 '대체적으로 만족'했다고 대답한 경우가 1998년 여름에는 88%였던 데 비해 1999년 1월에는 74%로 감소했다는 사실을 발견했다.

주피터 커뮤니케이션즈는 1998년 9월 '온라인 고객 서비스'라는 보고서를 발표했다. 보고서의 주요 내용을 보면 다음과 같다. '적극적인 고객 서비스가 고객의 마음을 되돌리는 데 중요한 도구로 떠오르고 있다. 온라인 소매상을 대상으로 조사한 결과 이들 중 90%가 중대한 변화를 계획하고 있으며, 앞으로 12개월 동안 고객 서비스 영업 분야와 관련해 투자할 계획이라고 대답했다.'

월드 와이드 웹의 새로운 물결, 고객 서비스

> *당신은 아직도 IT 예산의 4분의 3을 거래와 계약에 사용하고 있는데, 이것은 옳지 않습니다.*
> *예산의 75%는 온라인 서비스에 사용해야 한다고 생각합니다.*
> *톰 하몬(Tom Harmon), 소매와 유통 정보 전략 부사장, Meta Group*

무엇 때문에 갑자기 고객 서비스가 그렇게 중요해졌을까? 사람들이 원하기 때문이다.

*Information Week*가 1999년 여름에 실시한 조사에서 고객들에게 개인용 컴퓨터를 구입할 때 무엇을 가장 중요시하는지 물어 보았다. 조사 대상자 중 69%가 과거의 긍정적인 경험을 바탕으로 결정한다고 대답했다. 반면 73%는 가용도와 정시 배달이 결정을 내리는 데 중요한 역할을 한다고 말했다. 그러나 80%에 해당하는 응답자가 서비스와 지원이 구매를 결정하는 가장 중요한 원인이라고 대답했다. 그리고 89%가 온라인 기술 지원이 모든 컴퓨터의 기본적인 특징이어야 한다고 말했다.

바로 지금 고객 서비스를 위해 웹 분야에 노력을 기울여야 하는 이유는 무엇일까? 웹 사이트를 이용하면 고객이 원하는 것 이상을 제공할 수 있기 때문이다.

■ 하루 24시간, 365일 이용 가능

■ 무한한 정보

■ 고객을 개별적으로 기억하는 능력

1999년 여름 *Information Week*에서 IT 업계 중역 300명에게 기술과 경영 핵심 전략에서 가장 우선시하는 것이 무엇인지 물어 보았다. 1998년에는 같은 질문에 대해 '고객 서비스 향상'이라는 대답이 가장 많았던 데 비해 1999년에는 '고객이 원하는 것이 무엇인지 알아내고 이를 만족시키는 것'이라는 대답이 가장 많았고, 그 다음은 '고객 서비스 향상'이라는 대답이었다.

1998년에 이들 IT 중역에게 외부 고객이 원하는 것을 만족시키기 위해 얼마나 노력하는지 물었더니 42%가 '매우 노력하고 있다'라고 답했고, 52%가 '어느 정도 노력하고 있다'라고 대답했다. 반면 1999년 조사에서는 69%가 '매우 노력한다', 그리고 29%가 '어느 정도 노력한다'라고 답했다.

웹을 통해 구입할 수 있는 제품이 많아지면서 고객 만족도를 웹 상에서 볼 수 있게 되었다.

> BizRate.com은 선입견 없고 독립적인 가이드로, 온라인을 이용하는 고객 수백만 명이 끊임없이 보내는 피드백을 바탕으로 가이드를 구축했습니다. BizRate.com은 무료로 온라인 판매 업체를 특집으로 다루거나 소개합니다. 온라인 소매 업자는 누구나 무료로 참여할 수 있습니다. BizRate.com이 소개하는 온라인 판매 업체는 고객에게 거래 정보를 모두 제공해야 저희 프로그램에 참여할 수 있기 때문에 여기에 나와 있는 온라인 판매 업체는 모두 고객이 보증합니다. BizRate.com은 오직 실적과 고객 여러분의 선택 기준에 기초하여 추천 리스트에 판매 업자를 올립니다.

BizRate에서 내놓은 shop.theglobe.com([그림 1.2] 참고)에 대한 등급을 보면 누구

도 이 업체에서 물건을 사고 싶지 않을 것이다.

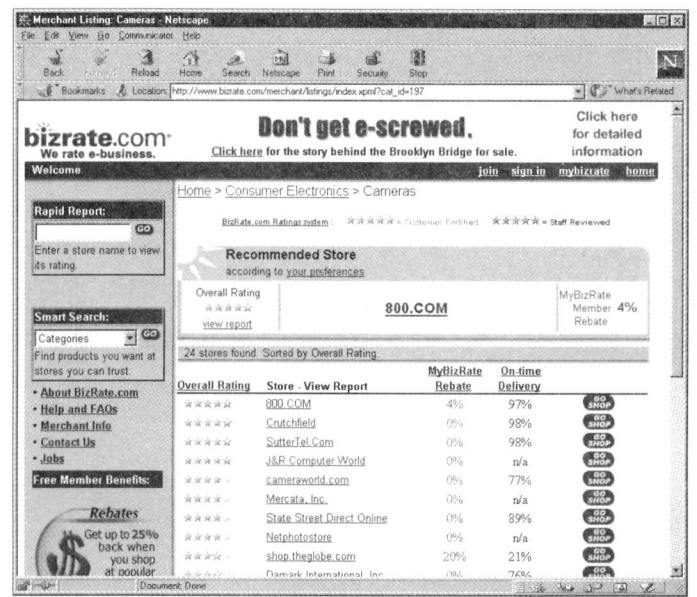

그림 1.2 BizRate가 내놓은 리스트를 보면 shop.theglobe.com에서는 20% 할인해 주기는 하지만 정시 배달 확률이 21%에 불과해 고객이 이용하기를 꺼릴 것이다.

1999년 중반 Yankee Group(www.yankeegroup.com)은 고객 관리 이사 100명에게 고객 서비스를 위해 웹사이트를 이용하는지 물어 보았다. 응답자 중 57명이 그렇다고 대답했다. 웹사이트를 이용하는 데 전략적으로 지원 노력을 늘리고 있는지 묻자 모두 조만간 그렇게 할 계획이라고 밝혔다.

기간	확률
향후 6개월 내	26%
7개월 ~ 12개월 내	17%
13개월 ~ 18개월 내	31%
18개월 이상	13%
모름	13%

전세계적으로 기업들이 웹 기반 고객 서비스 사업에 시간과 노력과 자금을 투자하는 이유는 무엇일까? 제대로만 하면 그만한 대가가 따르기 때문이다.

웹사이트를 잘 구축해 놓으면 고객은 편리한 시간에 원하는 정보를 원하는 만큼 자세

히 얻을 수 있다는 데 바로 웹사이트의 마력이 있다. 고객은 원하는 시간에 궁금한 점을 물으면 만족할 만큼 답을 얻을 수 있다. 처음에는 단지 비용 절감 때문에 귀가 솔깃할 것이다. 800번 무료 전화 이용료를 지불할 필요가 없고, 전화 받을 직원을 두지 않아도 된다. 그리고 브로셔나 명세서를 인쇄하고, 보관하고, 고르고, 우송하는 데 비용을 들일 필요도 없다.

하지만 정말 놀라운 점은 고객 만족도가 아주 높다는 사실이다. 질문에 대해 아주 자세히 빠른 시간 내에 답을 받아 볼 수 있게 해주는 일은 고객에게는 무척 만족스러운 선물이다. 고객에 대한 충성심으로 강한 유대를 형성할 수 있고, 그로 인해 고객과의 거래는 확실히 증가할 것이다.

약속을 지키지 않으면 도태한다

전보가 등장하면서 세상은 급격히 좁아졌다. 지구 건너편에서 일어나는 뉴스를 몇 달 뒤가 아닌 몇 시간, 혹은 몇 분이면 접할 수 있게 됐다. 그러면서 기대감 또한 폭발적으로 증가했다. 이제는 통신이 바로 가능하기 때문에 뉴스가 일어나자마자 곧바로 듣고 싶고 생방송으로 보길 원한다. 무슨 일이든 기다려야 한다는 말은 듣기 싫다.

언젠가 내 노트북 컴퓨터에 새 배터리가 필요하지 않느냐며 일반 우편으로 배달을 원하는지 빠른 우편으로 하루나 이틀 안에 배달받기를 원하는지 질문을 받은 적이 있다. 이 말을 듣고 처음에는 놀랐다. 만약 배터리를 이틀 뒤에 받길 원했다면 그렇게 급하게 주문하지 않을 것이다. 웹사이트에 들어가 필요한 페이지를 다운로드하려고 기다리다 보면 속도가 느려 평생을 기다려야 할 것만 같다. 그래서 '빨리 좀 나오지. 난 그렇게 시간이 많지 않은데.' 하고 생각하기 마련이다.
(고맙습니다. 조아나 브랜디JoAnna Brandi, www.customerretention.com)

이렇게 끊임없이 높아만 가는 기대에 보조를 맞추기는 쉽지 않다. 기업의 목표는 고객이 자사와 더 손쉽게 거래할 수 있도록 하는 것이다. 만약 고객에게 유용한 웹사이트를 구축할 수 있다면 고객의 충성심도 강하게 자극할 수 있다. 800번 무료 전화를 이용하면 언제든 명랑하고 유익하고 박식한 상담원이 문제를 해결해 준다는 점을 제외하면 웹사이트는 그 어떤 방법보다 빠르고 강력하다.

만약 웹사이트를 아주 잘 구축해 놓았다면 이는 자부심의 원천이 될 뿐만 아니라 판매 부대에는 든든한 버팀목이 될 것이다. 결국 우수한 서비스는 제품의 가치를 향상시키며, 서비스를 자동화하면 남이 따라잡기 힘든 경쟁력을 갖추게 된다. 서비스로 강한 인상을 남겨라.

이 책을 읽는 동안에도 경쟁사는 고객 서비스를 위해 새로운 방법을 고안해 내고 있다. 어쩌면 다행히 그것이 당신 회사일 수도 있다. 기업들은 모두 24시간 새로운 서비스 방안을 고안해 내고 있다. 포르투갈 함대가 세계의 바다를 주름잡던 발견의 시대에 들어서면서 비즈니스도 세계화하기 시작했다. 그리고 오늘날에도 세계화는 계속되고 있다. 당신의 사무실 창 밖에서 해가 지는 동안 지구 저편에 있는 경쟁자의 사무실 창 밖에서는 해가 뜨고 있다.

경쟁자들은 고객이 제품, 주문 상태, 거래 상대자와의 구체적인 거래에 관한 정보를 더 많이 갖고 싶어한다는 사실을 알고 있다. 고객은 '안 됩니다.' 혹은 '이틀 후에나 가능합니다.' 라는 말은 더 이상 원하지 않는다.

고객의 입장에서 당신의 회사를 바라본다면 고객이 당신의 웹사이트에 무엇을 바라는지 빨리 파악할 수 있다. 당신이 온라인 상에서 고객에게 제공할 수 있는 진정한 가치는 바로 빠른 정보라는 사실을 깨닫게 될 것이다.

만약 조직 전체가 당신이 구축한 웹 페이지와 당신이 제안한 새로운 사업 방식, 당신이 가진 고객과의 대화 기회를 모두 고객의 시선에서 끊임없이 관찰한다면 크게 성공할 수 있을 것이다. 이렇게 해야만 결국 고객을 끌어들이고, 그들을 평생 고객으로 만들 수 있기 때문이다.

고객 평생 가치(LTV)

『The One to One Future (Bantam Doubleday, 1997), Enterprise One to One (Doubleday, 1999), The One to One Fieldbook (Bantam Books, 1999), The One to One Manager (Doubleday, 1999)』는 모두 Bob Dorf (www.1to1.com)의 도움을 받아 돈 페퍼스(Don Peppers)와 마사 로저스(Martha Rogers)가 쓴 저서이다. 이들 책에서 한 가지 중요한 사실을 깨달을 수 있다. 새로운 고객에게 선전하는 일보다 기존 고객에게 제품을 판매하는 편이 돈이 덜 든다는 것이다. 그러므로 기존 고객과 가능한 한 가까워지기 위해 시간과 비용을 써라.

이는 무릎을 칠 만한 교훈이다. 이 책들은 반드시 읽어야 한다. 왜냐하면 이론적으로는 잘 알고 있으면서 행동으로 제대로 옮기지 못하기 때문이다. 더욱더 큰 이유는 오늘날 기술 발전으로 기업과 고객의 관계가 어느 때보다 가까워졌다는 데 있다. 고객을 일대일로 대하면 그로 인한 이익이 어마어마하게 불어난다.

다시 말해, 고객은 일시적 이익을 주는 대상 이상의 의미를 지닌다는 것이다. 일시적 이익만 준다고 여긴다면 가능한 한 고객에게 시간을 적게 들이려 할 것이다. 전화 상담 관리 시스템은 전화 상담 기피 시스템으로 변질되고 있다. 전화 상담원은 하루에 전화를 몇 통 받는지로 업무를 평가받는다.

전화 상담원이 너무 무성의하게 "Acme Rent-A-Pencil에 전화 주셔서 감사합니다. 좋은…." 하다가 나머지 "…하루 되십시오."라는 말이 끝나기도 전에 전화를 끊어 버린다면 분명 무성의하다는 느낌을 받는다.

대신 조금만 더 성의 있게 대하면 고객 모두를 평생 고객으로 만들 수 있다. 돈 페퍼스와 마사 로저스는 말한다.

고객 평생 가치(LTV)는 고객 관계에서 가장 비용이 많이 드는 부분이 바로 관계의 시작 단계라는 명제에 기반을 두고 있다. 다음으로 기업간 상거래(B2B)의 현장 판매 상담원, 고객 시장 광고, 직접 우송 광고, 신문과 잡지 광고, 방송 광고 등으로 비용이 늘어난다. 가능성 있는 대상을 찾아내어 잠재 고객으로 분류하고 결국 실제 고객으로 만드는 데는 수백 달러 심지어는 수천 달러가 들 수도 있다.

LTV 측정

첫 단계는 고객을 자산으로 생각하는 것이다. 만약 건물을 소유하고 있다면 당신은 해마다 건물을 새로 사기보다 건물을 유지하는 데 더 많은 노력을 기울일 것이다. 마찬가지로 당신은 고객 관계를 유지하는 것이 더 가치가 있다고 보고, 이에 초점을 맞추려고 할 것이다. 시간이 경과함에 따라 고객 한 명이 수익 면에서 얼마만큼의 가치가 있는지 계산하고 싶어진다. 바로 이러한 생각 때문에 판매 업체들이 고객을 끌기 위해 특매품을 내놓는 것이다. 만약 고객을 가게로 들어오게 하고 가게가 얼마나 좋은지 보여 준다면 그 고객은 다시 그 가게를 찾을 것이다.

수치로 답을 내야 하는 질문은 묻기는 쉽지만 대답하기는 어렵다. 자사의 LTV를 알고 싶다면 어느 정도 창조적인 산정 방식이 필요하다.

- 매년(매달, 혹은 분기별) 발생하는 신규 고객 수

- 매년 발생하는 고객 손실

- 매년 고객 한 명이 가져다 주는 수입

- 매년 고객 일인당 소요 비용(신규 고객 유치)

- 매년 고객 일인당 소요 비용(서비스)

- 매년 고객 일인당 소요 비용(생산과 유통)

- 매년 고객 일인당 소요 비용(성별과 나이)

순 현재 가치 계산은 돈의 시간 가치와 위험 부담률을 기초로 당신이 적용하는 감가로서 적용된다. 만약 수치 계정 중 2%가 수치 불능으로 결론이 내려진다면 그 부분은 대차대조표에서 평형 대상의 일부로 처리되어야 한다.

전형적인 스프레드 시트에서 이들 수치는 특정 시장 구획에 적용된다. 북동부 지역에 사는 10대에게 어떤 제품을 판매하는 데 비용이 세 배 드는 반면, 이들이 수개월 내에 고객 집단을 떠날 확률이 다섯 배 높다면 MTV에 광고하는 것은 최선의 방법이 아니다.

당신은 LTV 측정 결과를 사업 방향을 정하는 지침으로 사용할 것이다. 단골 고객 프로그램과 같은 고객 유지 프로그램에 비용을 더 많이 들여야 할 것인가, 업 셀링과 크로스 셀링에 더 역점을 둘 것인가, 유통 경로를 바꿀 것인가, 고객 불만 관리 시스템을 바꿀 것인가.

가령 당신이 고객 충성도 프로그램의 추정치를 올리고 비용을 Y만큼 들이면 고객 유지를 X만큼 높일 수 있다고 판단했다고 하자. 스프레드 시트를 검토해 보니 3년이 좀 지나면 이 프로그램에 들인 비용을 회수할 수 있을 것이라고 나타났지만, 고객 평균 수명을 결국 2년 8개월밖에 유지하지 못했다면 이는 현명한 판단이 아니다.

한편, 고객을 더욱 만족시킬 만한 아이디어를 모으기 위한 사내 캠페인을 실시하면 훨씬 비용을 줄일 수 있다. 매달 최고의 아이디어를 내는 직원에게 상금으로 500달러 정도만 주면 된다.

한 가지 좋은 사례가 있다. 어떤 공장 직원이 자동 설비 주변의 공장 바닥에 형광색 안전선을 칠하자고 제안했다. 안전선 두께를 반으로 줄여도 안전 거리에서 그 선을 볼 수 있다고 제안한 것이다. 회사 전체 안전선을 모두 바꾼 결과 페인트에 드는 비용을 수십만 달러나 절약할 수 있었다.

좋은 아이디어에 상금 500달러 정도라면 비싼 것이 아니다. 아이디어 박스를 내걸면 주옥 같은 아이디어가 박스가 가득 쌓일 것이다. 고객이 열 번째로 제품을 구입할 때마다 친필로 감사 편지를 보내는 것은 어떨까? 고객 감사의 날을 정해 고객들을 모두 공장으로 초대하여 피크닉을 가는 것은 어떨까? 각 계정마다 단일 서비스 체제와 함께 보조 서비스를 두어 해당 고객이 전화를 걸거나 이메일을 보낼 때마다 같은 사람과 연결해 주면 어떨까? 이러한 방법으로 고객을 관리하면 고객 유지에 도움이 될까? 물론 그렇다.

한 가지 문제가 있다면 그것은 고객과의 약속을 지키지 않는 데 있다.

고객 부당 대우로 공개적 조롱거리 되기

최근 제 친구가 Gateway의 웹사이트에 들어가 부모님께 드릴 컴퓨터를 사려고 했습니다. 처음에는 Gateway의 멋진 주문 양식을 보고 구성 옵션이 다양하여 마음에 들었다고 합니다. 하지만 주문 양식을 다 작성한 후에 총 가격과 배달 날짜를 확인해 주지 않더라는 겁니다. 그리고 그 사이트에서는 이 중요한 정보를 알아낼 방법이 없었다고 합니다.

친구는 걱정을 하며 Gateway에 전화를 했습니다. 하지만 이제 막 전자상거래를 시작한 회사에서 아주 흔하게 일어나는 일을 경험했습니다. 일반 전화 상담원은 인터넷 주문에 아무 도움도 되지 못했던 것입니다. 대신 특별 인터넷 주문 담당 부서에 전화해야 했습니다.

간신히 담당 직원과 연결됐지만 그 직원은 귀찮아하면서 인터넷으로 주문한 컴퓨터 시스템이 재고가 없어서 3주나 기다려야 한다며, 인터넷 주문을 취소하고 전화로 주문하는 게 나을 거라고 했답니다.

댈런 트웨니(Dalan Tweney)

Infoworld, 1998년 11월 9일

이런 얘기는 너무도 흔하다. 하지만 고객을 화나게 하는 일과 출판물을 통해 비난을 받는 일은 별개의 문제이다. '고약한 비평은 비평이 없는 것보다 낫다'는 말도 있다. 하지만 영화 속에서나 있을 법한 말이다.

Industry Standard와 Information Week에서 1999년 5월과 6월 각각 한 달 간 '고객에 대한 불친절 행위(Customer Disservice)'라는 제목으로 기사를 실었다. 두 기사는 일반적인 주제를 다루고 있다. 즉, 온라인 상거래에서 고객들을 형편없이 대하고 있으며, 이런 악랄한 행위는 언론을 통해 그에 상응하는 벌을 받아야 한다는 것이었다.

*Information Week*에서는 E * Trade(www.etrade.com)의 서버가 지난 2월 여러 차례 중단됐다는 불만 사항을 실었다. 이것은 빙산의 일각에 불과했다. 정말 끔찍했던 일은, 고객들이 이 회사에 이메일을 보내거나 전화를 했을 때 전화 상담 센터 직원 300명을 추가 배치 중이어서 제대로 업무를 볼 수 없는 상태였던 것이다. 이 기사에서는 또한 eBay(www.ebay.com)의 웹사이트 운영이 잠시 중단되자 이 회사 주가가 곤두박질쳤다고 쓰고 있다.

*Industry Standard*는 기사에서 '미소 없는 서비스(Service Without Smile)'라는 이름으로 순위표도 발표했다.

Industry Standard에서는 Media Metrix를 통해 1999년 3월 중 통신량이 가장 많다고 선정한 10대 전자상거래 사이트를 대상으로 서비스 실태를 조사했다. 우선 고객으로 가장하여 이메일을 통해 온라인 고객 지원 접수대에 'x라는 물건 있습니까?' 라고 전형적인 질문을 해보았다.

일부 사이트에서는 친절했지만 어떤 사이트는 그렇지 못했다. bludmountainarts.com에서는 상투적인 자동 응답 메일만 보낼 뿐 질문에 전혀 답변이 없었다. 그리고 그 대답을 받아 보기까지 무려 26시간이 걸렸다. eBay에서는 1시간 37분 만에 자동 응답 메일이 두 번 왔는데, 둘 다 질문에는 답해 주지 않았다. Download.com(CNET)은 개인적으로 메시지를 보내 왔는데, 8일 20시간 만에 도착했다. 하지만 역시 질문에 대한 답은 없었다.

찰스 웨슬리 오톤(Charles Wesley Orton)은 *Web Merchant*의 1999년 여름호에 고객 서비스에 대한 기사를 실으려고 상위에 속한 제약 관련 웹사이트에 들어가 보았다. Parke-Davis에서는 전화번호나 주소를 찾을 수 없었고 다만 피드백 양식이 있어서 이름과 주소, 그리고 고객의 피드백을 기록하라고 나와 있었다. 하지만 피드백을 적어 보냈더니 대답은 3일 후에야 도착할 것이라고 했다. 우울증 치료제인 Prozac 제조 업체인 Eli Lilly 사의 사이트에서는 연락 정보를 전혀 찾아볼 수 없었다.

당신은 회사의 실수가 잡지나 책에 나오기를 원하지 않을 것이다. 고객들은 모두 불친절한 서비스를 받아 본 경험이 있다. 그리고 나 자신도 고객으로서 웹 상에서 불쾌한 경험을 한 적이 몇 번 있다.

가장 심한 경우는 결국 포기하고 마는 일이다. 나는 델 사에서 컴퓨터를 새로 샀는데 사용에 문제가 생겨서 이 회사의 웹사이트에 들어갔다. 문제점이 무엇인지 설명하는 양식을 발견하고 곧바로 작성했다. 하지만 통신 기록이 전혀 없다는 것을 알았다. 내가 이메일을 보냈으면 적어도 사본 정도는 가지고 있었을텐데. 그래서 메시지를 받으면 말해 주고 받은 메시지를 보여 주는 자동 응답기가 꼭 있어야 하는가 보다.

오래지 않아 대답이 왔다. 얼마나 걸렸는지는 기록해 두지 않아서 모르겠다. 어쨌든 처음에 내가 보낸 메시지와 함께 보내 왔다.

> 이름: 짐 스턴(Jim Sterne)
> 이메일: jsterne@targeting.com
> 서비스 번호: HTBQS
> 시스템 라벨: 인스피론(Inspiron) 7000
> 문제: 컴퓨터

> 문제점 설명: 안녕하십니까? 저는 인스피론이 아주 마음에 듭니다. 하지만 요즘 5초 동안 컴퓨터가 작동을 멈추는 일이 자주 일어납니다. 주로 이메일을 보내거나 워드프로세서를 사용할 때 그렇습니다. 커서가 텍스트 스크린에서 멈춰서 키보드로 입력을 해도 화면에 아무 반응이 없습니다. 마우스를 사용하면 커서가 움직이기는 합니다. 그러다가 5초가 지나면 작동을 안 하는 동안 입력했던 내용이 한꺼번에 화면에 나타납니다.
> 키보드 버퍼는 여전히 작동하는 것 같은데, 그 결과가 화면에 나타나지 않습니다.
> 왜 이러는지 알려 주시겠습니까?

답변에서 담당자는 다음과 같이 설명해 주었다.

> 짐 스턴 씨에게

> 인스피론 7000은 BIOS & Window 98 시스템에 설치했는데도 3분이나 4분마다 멈춥니다. 드라이브 자체 내 펌웨어 세팅의 온도 조절 문제로 발생하는데, 유감스럽게도 마땅한 해결책이 없습니다. 이런 현상은 인스피론 3000, 3300, 3500에서도 나타납니다.

이것만으로도 일단은 그들의 노력이 가상했지만, 그 내용은 적당한 대답이 아니라는 생각이 들었다. 그래서 다시 이메일을 보냈다.

> 컴퓨터가 작동하는 것을 관찰해 보니 드라이브가 작동하는데도 전에 말한 것과 같은 문제가 발생합니다. 이른 아침 조용한 시간에 귀기울여 보면 드라이브 작동하는 소리가 들립니다. 때때로 드라이브 돌아가는 속도가 늦어지기는 하지만 제 컴퓨터에서 발생하는 문제는 드라이브 돌아가는 소리가 달라지는 것과는 아무 상관없습니다.

그 외에 다른 의견은 없습니까?

이렇게 의견을 주고받을 수 있다는 점은 양질의 고객 서비스를 위해 바람직하다. 대화를 할 수 있으니 말이다. 고객이 하고 싶은 말을 할 수 있고, 기업이 고객이 겪는 문제를 더 잘 해결해 줄 수 있기 때문이다. 하지만 델 사 담당자의 대답은 나를 지치게 만들었다.

짐 스턴 씨,

드라이브 펌웨어 세팅 때문에 작동을 완전히 멈추지는 않습니다. 하지만 최근 배포한 BIOS를 다운로드하여 설치하실 수 있습니다. 그렇게 하면 각 스핀다운 사이의 시간 간격이 길어져 작동이 중단되는 경우도 줄일 수 있을 것입니다. 이 파일들은 Dell File Library (http://support.dell.com/filelib)에서 찾아볼 수 있습니다. 서비스 번호를 입력하면 필요한 것을 선택할 수 있는 리스트가 나올 것입니다.

자세하고 괜찮은 설명이다. 델 사에서 처음에 정보를 보내 주었을 때는 별로 인상적이지 않았다. 내가 더 자세히 파고들자 그제야 고객 지원 담당자가 일반적인 대답 대신 더 기술적인 대답을 해주었다. 담당 직원은 해결 방법까지 알려 주었다. 훌륭하다. 이 칭찬을 그 직원이 듣지 못하는 게 유감이다.

델 사에서 내가 겪고 있을 거라고 생각했던 문제에 대해 해결 방법을 알려 주긴 했지만 상담원은 내 설명을 잘못 이해해서 엉뚱한 문제점에 대한 해결책을 알려 준 것이다. 그로 인해 이 회사는 세 가지 손해를 보았다. 첫째, 이번 일은 별로 손해가 심각하지는 않았다. 화가 나서 소리를 지르거나 불평을 늘어놓을 정도는 아니었다. 그리고 이후로 델 사의 제품을 쓰지 않겠다고 작정하지도 않았다. 하지만 사람들 대부분이 델 사를 세계적인 컴퓨터 회사 중 하나로 알고 있는데, 이 회사에 대해 좋지 않은 인상을 갖게 되었다.

두 번째 손해는, 델 사의 고객 지원 기구와 관계를 갖는 것에 흥미가 사라졌다. 물론 이 회사가 다음과 같이 개선의 노력을 보이기는 하지만 말이다.

＊저희 회사 서비스에 대해 어떻게 생각하시는지 말씀해 주십시오.

　* 저희 회사 온라인 고객 서비스 조사에 참여해 주십시오.

　* http://support.dell.com/support/ssurvey_e.asp?svctag=

이 질문에 신경 쓰지 않을 것이다. 힘 들일 만한 가치가 없다.

세 번째 손해는, 물론 이제 독자들이 내 유감스러운 경험담을 들어 버렸다는 사실이다. 델 사 상담원이 내 메시지를 좀 급하게 읽는 바람에 질문에 적절하게 답해 주지 못했고, 그 바람에 이제 이 책을 읽는 독자 수천 명이 내 불만을 알게 되었다. 만약 조금만 더 화가 났더라면 억울한 일을 당했을 때 울분을 풀 수 있는 전문적이고 독립적인 소비자 불평 담당 사이트 몇 군데에 들어갔을 것이다.

고객 불만 토로 사이트

이제는 고객이 불만을 토로할 수 있는 웹사이트가 몇 군데 생겼다. 당신의 회사가 www.complain.com([그림 1.3] 참고)이나 www.EllensPoisonPen.com([그림 1.4] 참고) 같은 사이트의 목표물이 되는 일은 진정으로 바라지 않을 것이다.

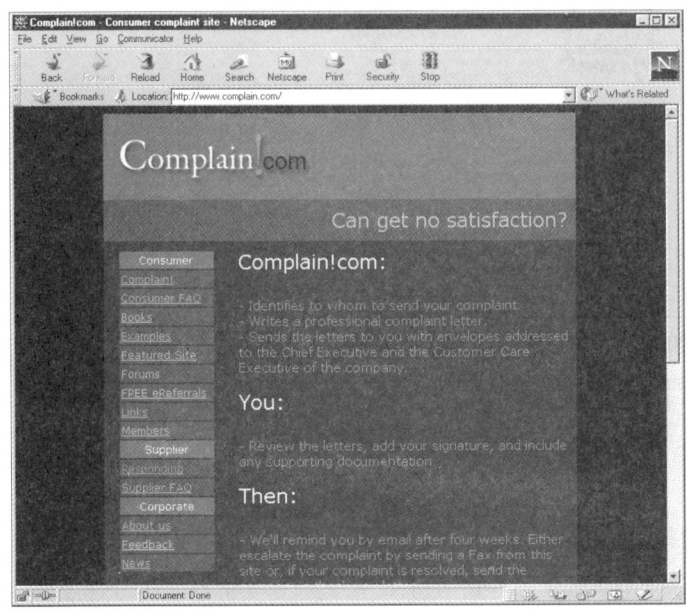

그림 1.3 complain.com은 재판을 위해 불만 사례를 모으거나 잘못이 있는 회사측이 당황하여 상응하는 대가를 치르게 만든다.

이들 사이트는 온라인 상에서 소비자의 대변자 역할을 한다. 이 사이트에서는 소비자 불만 사항을 다루고 '펜은 칼보다 강하다. 심지어는 더 치명적이다.' 라는 말처럼 부당한 취급을 받은 쪽에 서서 만족할 때까지 당신을 괴롭힐 것이다. 이들은 전문 고소인의 뛰어난 언변으로 당신이 고객을 얼마나 부당하게 대했는지 알려 주고, 왜 당신이 고객에게 사과해야 하는지 설명한다.

Complain.com은 무슨 일이든 벌일 수 있을 정도로 영향력이 있다고 선전한다. "Complain.com에서는 여러분의 불만 사항을 모두 데이터베이스에 기록하고, 분석하고, 경향과 사건의 자세한 내용을 저희 사이트나 다른 매체에 상세히 보고합니다.... 당신의 편지에 'via Complain!com' 이라는 로고가 붙으면 더 많은 주의를 끌 것입니다."

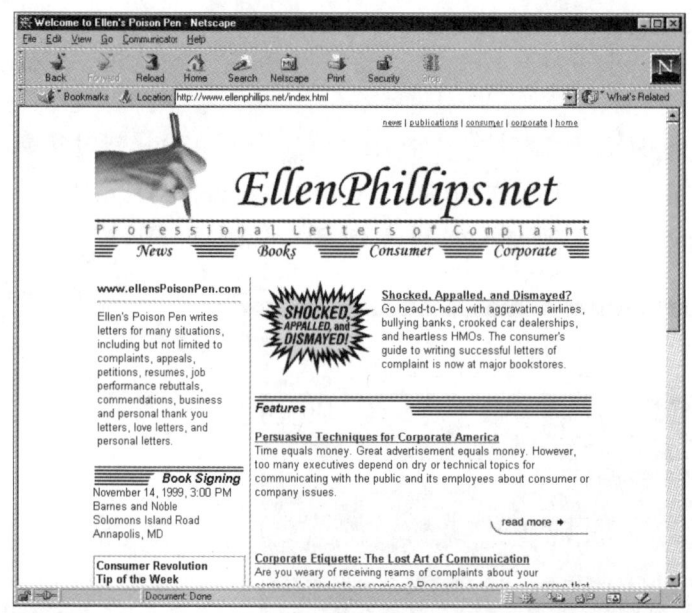

그림 1.4 Ellen's Poison Pen은 접근 방식은 다소 온건하지만 complain.com과 같은 맥락을 따른다.

Ellen's Poison Pen도 같은 일을 한다.

Ellen'sPoisonPen®L.L.C.는 수수료를 받고 서비스를 제공하는 회사로, 부당한 대우를 받은 고객을 위해 상담자나 대변자 역할을 합니다. 불량 제품이나 엉성한 서비스 또는 비협조적인 기업 때문에 어려움을 겪었거나, 탄원서를 제출하거나 항소하거나 그 밖의 특별한 대응책을 원하는 고객은 고위층에게 자신의 입장을 대변해 줄 사람이 필요할 것입니다. Ellen'sPoisonPen®L.L.C.가 대변해 드리겠습니다. 저희 서비스는 명백하고 간결하고 훌륭하게 문서화한 전문적인 편지를 작성하고 개인적으로 일일이 살펴 75%에서 90%의 성공률로 고객이 문제를 해결하실 수 있게 도와 드립니다.

Better Business Bureau는 Shopping.com에 대해 고객 138명이 보낸 소비자 불만 사항을 파일에 보관하고 있다. 이메일을 보내 문의해도 답장이 없으며 전화를 해도 통화 중이라는 게 불만 사항이었다. *Information Week*는 이 사실을 아주 상세히 공개했다.

언론이나 고객 불만 사이트가 당신 회사를 고객을 부당하게 다루는 기업으로 취급한다면 이보다 더 나쁜 일이 있을까? 혹은 당신의 고객이 당신 회사를 그렇게 취급한다면 어떨까?

무기를 들어올린 고객

고객을 아주 화나게 하고 나서 당신의 회사가 고객 불만 사이트의 목표가 되지 않았는지 알아보라.

1996년 6월 13일 아침 제레미 쿠퍼스톡(Jeremy Cooperstock)은 United Airlines로부터 사과를 받아 내기로 결심했다. "United Airlines의 비행기 편으로 일본과 하와이를 여행하는 동안 몇 차례 불쾌한 사건을 겪은 후 United Airlines의 사장 제럴드 그린워드(Gerald Greenwald) 씨에게 정중하게 편지를 보내고 고객 관리 책임자에게 사본을 한 장 보내면서 United Airlines의 서비스에 관한 여러 가지 불만 사항에 대해 답변해 줄 것을 요청했습니다."

몇 주 동안 아무 답변이 없었다. 그러다가 제레미 쿠퍼스톡은 인쇄된 편지 한 통을 받았다. United Airlines의 고객 담당 부서 직원이 개인적으로 보낸 편지였는데, 제레미 쿠퍼스톡의 불만 사항은 철저히 무시하고 있었다. 이 일로 인해 제레미는 토론토 대학 서버에 Untied라는 이름으로 직접 anti-United 웹사이트를 만들었다.

시간이 지나면서 제레미의 Untied 사이트에 이 항공사를 이용하던 중 불편을 겪었던 다른 사람들이 들어와 불만을 호소하기 시작했다. 1997년 4월이 되자 United Airlines에 대해 불평하는 메일이 쇄도한 나머지 제레미는 캠퍼스 밖에 www.untied. com([그림 1.5] 참고)이라는 사이트를 만들었는데, www.ual.com([그림 1.6] 참고)

에 있는 공식 United 사이트와 너무도 비슷했다.

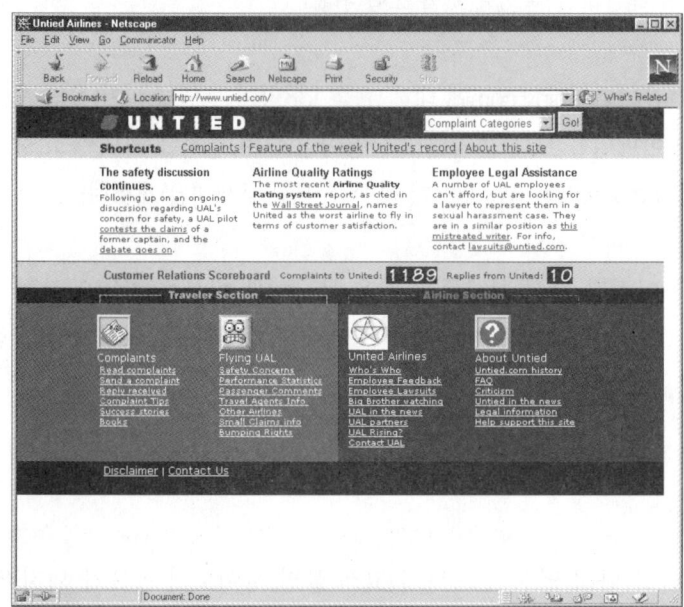

그림 1.5 Untied 사이트는 United Airlines에 불만을 품은 사람들을 끌어들인다.

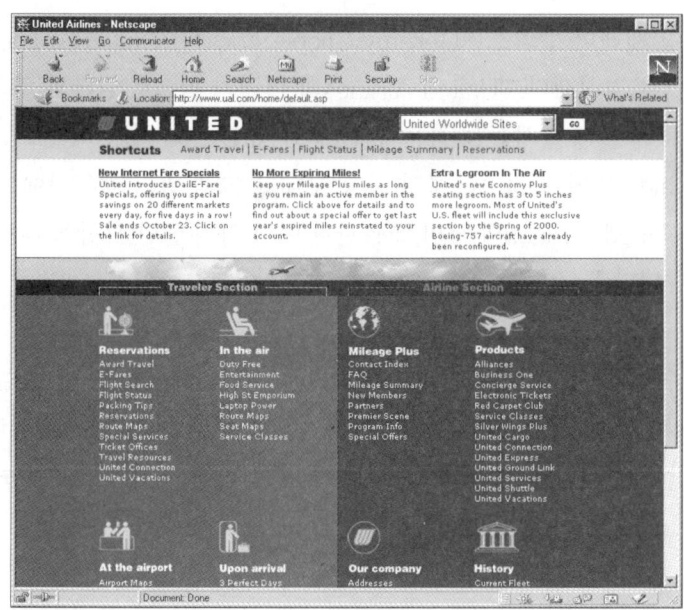

그림 1.6 Untied는 United Airlines 사가 만든 공식 사이트의 모양과 분위기를 모방했다.

그 뒤 14개월이 지나자 마침내 United Airlines 고위 관리가 제레미에게 사과했다. United Airlines측에서는 고객의 불만에 대응하지 못했던 점을 사과했다. 그 동안

www.untied.com은 자생력을 가지게 되었다. 1998년 10월 이용자들의 재정적 후원에 힘입어 제레미는 새로운 항의 양식을 만들어 냈다. 이 양식을 이용하면 불만 사항을 복사하여 United의 고객 관계 담당자 데니스 하빌(Denise Harvill)과 United Airlines의 사장이자 최고 경영자인 제임스 굿맨(James Goodman)에게 직접 전달할 수 있다.

1999년 2월 제레미는 수천 개의 불만 사항을 담은 데이터베이스를 관리하게 되었다. 몇 가지 예를 들어 보자.

> 만약 그들이 친절에 대해 신경쓰고 싶지 않다면 전문 능력이 필요 없는 직업을 택해야 한다.

> 비행기 승무원들은 미 연방 항공국(FAA)이 의무화한 최고 14시간 비행을 했고, 보충 승무원이 없었기 때문에 나는 공항에서 잠을 자야만 했다.

> 아무도 내게 스케줄이 바뀌었다고 말해 주지 않았기 때문에 홀로 여행 중이던 내 아이가 위험에 처할 뻔했다.

> 나는 우리 회사 대행사 직원이 내 비행기 표를 예약할 때 비행 마일을 기록하지 않았다는 사실을 몰랐다. 그래서 이 항공사 비행기를 이용했다는 증거로 비행기 표와 영수증을 전부 복사해서 우편으로 보냈다. 하지만 1년이 지났기 때문에 너무 늦었다며 매우 유감스럽다고 했다.

United Airlines의 직원이나 소유주 눈에는 이 사이트가 눈엣가시일 것이다.

Diamond Technology Partner의 회장이자 최고 경영자(CEO)인 멜 베르그스타인(Mel Bergstein)은 그의 월간 전자 잡지 *Digital Strategies* 1999년 10월 5일자에서 다음과 같이 인정했다. "Fortune이 선정한 1,000대 기업 중 절반 이상에 대해 고객 불만 사이트가 생겼습니다. 이 사이트는 이들 기업에 불만이 있는 고객들이 만든 것입니다."

멜 베르그스타인은 대표적인 명예 훼손 소송인 'U-hell Website: Misadventure in Moving' 사건을 언급했다. 이 소송은 현재 계류 중이다. Chase Manhattan Bank는

자사 방어를 위한 선제 공격의 일환으로 IhateChase.com, ChaseStinks.com, ChaseSucks.com과 같이 노골적인 도메인 이름을 미리 등록해 버렸다. 하지만 chasebanksucks.com이라는 이름을 빠뜨렸다. 멜 베르그스타인에 따르면 이 사이트는 날로 번성했다고 한다. 해결책은 무엇일까? 멜 베르그스타인은 친절만이 이를 물리칠 수 있다고 말한다. "'잘 사는 것이 복수하는 길'이라고 마음먹어야 합니다. 전자 상거래 웹사이트를 친절을 다해 운영하여 불만이 있는 고객을 자사의 영역에서 자사의 방식으로 조용히 진정시키는 방법이 가장 효과적인 대응입니다." 서둘러 온라인을 살펴 불만 있는 고객이 없는지 찾아 나서야 한다.

고객의 소송 제기

1998년 초 Iomega 사에서 판매 촉진을 위해 다음과 같은 편지를 보냈다.

> 친애하는 고객님께
>
> 고객님을 비롯한 고객 1,200만 명이 컴퓨터 파일을 쉽고 빠르고 안전하게 백업하고, 저장하고, 보내고, 공유하려고 Zip 드라이브를 사용합니다.
> 현 상태로도 아주 좋지만, 저희는 이 Zip 드라이브를 더 개선하고 싶었습니다. 이를 위해 고객들로부터 오는 피드백에 귀기울였습니다. 그런 다음 개선 작업에 들어갔습니다.

같은 날 State of Delaware Civil Class Action(델라웨어 주 집단 소송) 15809에서 통지문이 왔다.

> 원고측은 자신들과 유사한 처지에 있는 사람들을 대표하여 이 소송을 제기했습니다. 무엇보다 Iomega의 Zip, Jaz, Ditto 드라이브의 품질 보증서를 보면 Iomega는 고객이 기술적인 문의 사항이나 문제가 있으면 무료로 기술적인 지원을 해줄 것을 약속한다고 합니다. 원고측은 또한 Iomega의 Zip, Jaz, Ditto 드라이브를 사용하는 고객들이 Iomega의 고객 지원 라인이나 기술 담당 라인에 문의 전화를 할 경우 터무니없이 오래 기다려야 했다고 주장합니다.

소송에서 제안한 합의 사항을 보면 Iomega가 웹 상에서 고객의 기술 지원 문의에 사례별로 판별하여 대답할 수 있는 효과적인 전문 상담 시스템을 구축하라고 요구한다.

사례별 판별이란 (1)기본적인 단일 질문 / 단일 대답 포맷 (2)더 어려운 복합 질문/ 복합 대답 포맷 (3)의사 결정 분지도(分枝圖) 포맷 (4)퍼지 논리를 사용하여 생성된 사례 질문으로 나뉜다.

이 소송은 또한 온라인 지침서와 기술적 설명을 요구하며, 이를 사용자 250명이 동시에 사용할 수 있게 하라고 요구한다.

교훈은? 고객 서비스를 제대로 하지 못하면 고객이 당신을 고소할 수 있다는 사실이다. 해결책은? 월드 와이드 웹이다. Iomega가 서비스를 유달리 엉터리로 제공했을까? 특별히 그렇지도 않다. 하지만 고객 서비스를 잘하는 회사라도 고객을 우롱했다고 비난받을 수 있다. Amazon까지도.

어떤 사이트도 안전하지 않다

1999년 6월 7일, *Network World*에서 칼럼니스트 마크 깁스(Mark Gibbs)가 전자상거래 분야의 거물 Amazon.com에 도전했다.

전자상거래: 사랑과 믿음과 잘못

모든 사람을 사랑하라. 그중 몇 명만을 믿어라. 아무에게도 잘못을 저지르지 마라.
윌리엄 셰익스피어

나는 Amazon.com을 사랑하고 믿었다. 하지만 Amazon.com이 나에게 잘못을 저질렀다. 이번주에는 지난주의 토픽이었던 냉장고 얘기를 계속하려고 했었다. 하지만 이런 배신 행위에 관심을 모을 필요가 있다.

나는 Amazon.com에 주문하여 물건을 산 경험이 많으며, 이 회사와의 대화나 서비스에 만족해 왔다. 그런데 Amazon.com이 모든 것을 날려 버렸다.

사건은 몇 달 전에 시작됐다. 당시 나는 어떤 책을 출판일 전에 Amazon.com에 주문했다. 한두 시간 전에 그 책을 보냈다는 이메일 메시지를 받고 기뻤다. 이메일 내용은 간략했고, 내가 주문한 책이 하드 커버였는지 페이퍼 백이었는지 나와 있지 않았다. 그래서 이미 체크했으려니 생각했다.

Amazon.com에 들어갔더니 곧바로 그 책에 대한 리스트가 나왔다. 이 사이트의 반응 속도는 항상 신속하다. 생각했던 대로 두 가지 판형으로 나와 있었는데, 하드 커버는 17달

러 50센트이고, 페이퍼 백은 11달러 20센트였다. 어떤 책을 받게 될까?

주문 확인서에 나와 있는 가격은 14달러였다. 한 쪽에만 하드 커버를 한 건가? 주문 내역을 확인해 보았다. 역시 반응 속도는 빨랐다. 그랬더니 페이퍼 백을 주문한 것으로 되어 있었다. 그래서 Amazon.com의 고객 서비스 부서로 연락해 보았다.

역시 신속하게도 한 젊은 남자가 친절하게 대답하며 내 주문을 확인해 주었다. 감동할 정도로 빨랐다. 하지만 이 직원은 주문에 대해 잘 몰랐기 때문에 이번에는 아주 빠르게 주문 담당자를 연결해 주었다. 매력적인 목소리의 젊은 여직원이었는데, 할인 혜택을 받을 수 없어 책 원가를 지불해야 한다고 신속하게 대답해 주었다.

별 문제는 없었다. 전에도 그랬듯이 American Express로 금액을 지불하면 되었다. 훌륭하게 문제를 해결했다고 생각했다. 하지만…

엄청난 문제가 남아 있었다. 그 일로 인해 Amazon.com을 완전히 신용하지 않게 되었다. 왜? 책을 주문하는 과정에 이 회사에서 다른 실수가 없었는지 의심이 들었기 때문이다.

이렇게 말했더니 그 젊은 여직원은 이해한다고 했다. 하지만 내가 듣기엔 그냥 감사하다고 말하고 재빨리 전화를 끊기보다는 그렇게라도 말하는 편이 낫다는 생각으로 그런 것 같았다. 무심결에 그런 생각이 든 것이다.

그 여직원은 기록으로 남겨 이런 일이 없게 해야 할 것이라고 말했다. "그러면, 내가 질문하지 않았더라면 기록으로 남기지 않았을 거라는 말인가요?"라고 물었다.

그 직원은 재빨리 부인했다. 하지만 그 말도 믿을 수 없었다. 도대체 고객들이 이런 종류의 문제점을 얼마나 자주 발견했겠는가? 그다지 많지는 않았을 것이다.

이런 일이 보고되면 얼마나 자주 그 문제를 단계적으로 개선할까? 모르겠다. 전혀 개선하지 않을 거라는 생각이 들었다. 이 얘기를 보고 별거 아니라고 생각하는 사람도 있을 것이다. 하지만 그렇지 않다. 사실 이 문제는 지난호(Network World 3월 1일판, 62쪽) 칼럼에서 다뤄 많은 독자들이 흥분했던 전화 영수증 청구 문제와 별로 다를 게 없다.

온라인 세계는 갈수록 빨라지고 있다. 왜곡된 속도만으로 고객을 끌어들이기는 하지만 그 결과 중요하지 않은 일로 소비자의 시간을 그만큼 낭비한다. 그런데 우리는 속도로 이런 실수를 만회하는 온라인 거래를 신뢰할 만하다고 받아들이는 경향이 있다.

소비자로서 우리는 모든 거래를 날카롭게 감시해야 한다. 이런 사소한 실수는 우리가 알고 있는 것보다 더 자주 일어날 수도 있기 때문이다. 그렇게 되면 소비자가 금전적 손해를 입을 수 있다. 때론 경우에 따라서 그 손해액이 클 수도 있다.

온라인 기업들도 판매 업자로서 시스템을 주의 깊게 살펴보아야 한다. 왜냐하면 이러한 실수는 신용을 크게 손상시키기 때문이다. 인터넷 기업들은 고객이 자사를 사랑하고 신뢰하기를 바란다. Amazon.com처럼 실수를 하기는 쉽다. 그러면 고객의 신뢰를 잃게 되고, 그것이 바로 종말의 시작이라고 볼 수 있다.

마크는 이 기사에 대해 수많은 피드백을 받았다. 글을 보낸 사람들 중에는 의외로 꾸준히 발전하고 있는 인터넷 신화에 괜한 트집을 잡고 있다며 화를 내는 사람도 많았다.

그 다음주에 마크는 다음과 같은 결론을 내렸다.

나와 의견을 같이하는 독자 중 한 사람이 자신과 동료도 나와 같은 일을 경험했다고 썼다. 그 여자분은 Amazon.com의 고객 담당이며 QA 매니저인 수잔 로빈슨(Susan Robinson)에게 메시지를 보냈고, 그 뒤 내가 칼럼 복사본을 보냈다.

로빈슨은 완벽하게 답변해 주었다. 그렇다. Amazon.com에 문제가 있었고, 자신은 그 문제를 이미 바로잡았다고 생각했었다는 것이다. 그리고 현재 대담하게 나서서 문제점을 조사하여 바로잡고 있다고 했다. 아주 잘된 일이다. 끔찍하고 말도 안 되는 대우를 받았다고 투덜거릴 필요도 없고, 부정적인 면을 비난할 필요도 없고, 스스로를 패배자라고 부를 필요도 없다. 실제로 독자 한 명이 그렇게 말했었다.

내가 Amazon.com을 오프라인 세계의 경쟁자보다 더 높이 평가하는 데 대해 못마땅하게 생각하는 사람들도 있었는데, 이제 보니 그들이 옳았다. 여러분도 마찬가지이다. 슈퍼마켓에서 바가지를 씌워도 불평을 할 것인지 묻는 사람이 있는데, 물론 그렇게 할 것이다.

종종 가게에서 부당한 요금을 지불한 적이 있었다면 가게 매니저에게 편지를 쓰는 일은 당연하다. 불행하게도 오프라인 세계에서는 내 편지는 무시당할 수도 있다. 휴지통에 섞여 들어갈 수도 있을 것이다. 그렇게 되면 방법은 없다. 하지만 온라인에서는 다르다. 누구든지 10여 개의 공개 토론 사이트나 리스트에 들어가 불평을 할 수 있다.

온라인 세계에서는 오프라인 세계에서 불가능한 일을 할 수 있고, 그런 과정에서 판매 업자들을 도와줄 수도 있다. 말하자면 더 나은 판매 업자가 될 수 있고, 서비스를 더 잘 제공하고 더 나은 가치를 제공하고 더 효율적으로 사업을 할 수 있게 도울 수도 있다. 온라인 상에서는 경쟁 압력이 훨씬 더 치열하기 때문에 판매 업자들은 최선을 다해 개선해 나가야 한다.

적어도 온라인 서점들간의 이러한 경쟁 압력은 http://isbn.nu.에 들어가 보면 알 수 있다. 이 사이트에서 ISBN 번호를 입력하면 인터넷 서점들이 제공하는 가격 리스트를 볼 수 있다. 나는 단지 책을 한 권 찾아보려고 그 사이트에 들어갔는데, 그게 바로 모든 일의 시작이었다. 책 제목은 『Suit me』고 부제는 'The double life of Billy Tipton'으로, 다이앤 우드 미들브룩(Dian Wood Middlebrook)이 쓴 독창적이고 놀라우며 아주 훌륭한 자서전이었다.

Amazon.com에서는 가격이 11달러 20센트로, Barnes and Novel이나 Books-A-Million과 비슷했다. 그리고 Millionaire's Club에 1년에 5달러씩 내고 회원으로 가입하면 10% 할인을 받을 수도 있었다. 하지만 배달비까지 고려해 보니 Bookstreet.com이 가장 쌌다. 요즘 Bookstreet.com에서는 판매 촉진을 위해 국내 운송비를 받지 않기 때문이다.

오프라인 세계에서는 찾아보기 힘든 이런 경쟁 압력 속에서는 능률적이고 정확하고 경쟁력 있는 업체만이 살아남는다.

분명한 사실은 Amazon.com은 운영을 아주 잘하고 있고, 전에 칼럼에서 불만을 털어놓기는 했지만 나는 앞으로도 이 회사에서 책을 구입할 것이다. 가격을 비교해 보면 그럴 수밖에 없다.

나도 계속해서 델 사에서 컴퓨터를 구입할 것이다. 하지만 마크는 핵심을 잘 지적했다. 사람들은 온라인 회사를 더 높이 평가하고 있다. 그 이유는 무엇일까? 훌륭한 서비스를 제공할 가능성이 있기 때문이다. 만약 당신이 기대 이상의 서비스를 제공한다면 그에 합당한 인정을 받을 수 있다.

전설적인 서비스

> 한 기업으로서 목표는 고객에게 최고의 서비스뿐만 아니라 전설적인 서비스를 제공하는 것이다.
> 샘 월튼(Sam Walton), Wal-Mart

어느 날 오후 National Semiconductor(www.nationl.com)의 웹사이트에 들어갔다가 오자를 몇 개 발견했다. 너무도 놀라웠다. National Semiconductor는 지도적인 위치를 차지하는 웹사이트 중 하나였기 때문이다. 그 회사에서 이런 실수를 발견하면 무척 당황할 거라고 생각했다. 재빨리 피드백 양식을 찾아 간단한 메모를 보냈다.

그날 저녁 답장을 받았다.

날짜: 1999년 8월 24일 19:04:52 -0700
보내는 사람: SCDEVSFA01 〈SCDEVSFA01@nsc.notes.nsc.com〉
받는 사람: jsterne 〈jsterne@targeting.com〉
제목: 고객님의 피드백에 대해

안녕하십니까?

저희 National Semiconductor 웹사이트를 방문해 주셔서 감사합니다. 저희는 잘못 쓴 부분을 수정하였습니다. 지적해 주셔서 감사합니다. 언제든 저희 National 사이트에 관해 다른 의견이 있으시면 http://www.national.com/feedback/으로 알려 주십시오.

안녕히 계십시오.
National, InterActive Marketing

왜 이런 답장을 전설적이라고 할 수 있을까? 이 글은 자동 응답 로봇이 보낸 편지가 아니었다. 그리고 이 회사에서는 나의 수고에 감사하며 즉시 잘못을 수정했다.

National Semiconductor는 하루에 수천 통의 피드백을 처리한다. 당신의 회사가 하루에 수만 통을 처리한다면 어떻겠는가?

United Airlines는 고객이 www.ual.com에 들어와 표를 예매하면 800번 무료 전화를 이용하여 예매할 때보다 회사 경비가 덜 든다는 사실을 알아내고는 전화 상담원에게 고객들이 웹사이트에서 주문하도록 안내하라고 지시했다. 그리고 이를 홍보하기 위해 웹사이트로 예매하는 고객에게는 마일리지를 늘려 주었다. 하지만 나는 마일리지 혜택을 받지 못했다.

좌석 선택 프로그램에도 결함이 있어서 에러 메시지가 떴다. 결국 예전 방식대로 회사 입장에서는 값비싼 무료전화를 이용해 표를 예매해야 했다. 그래서 United Airlines에 글을 보내 마일리지 혜택을 못 받은 사실과 내 마일리지를 인정해 주지 않은 일, 그래서 얼마나 실망했는지도 알려 주기로 했다. 다음날 아침 United Airlines에서 이메일을 보내 좀더 구체적으로 설명해 달라고 했다. 그리고 그날 오후 나는 마일리지를 제대로 계산해 주겠다는 확답을 받았다.

이 경우를 왜 전설적이라고 할 수 있을까? United Airlines는 내 요구를 완전히 무시할 수도 있었다. 내가 그 문제를 포기하고 더 이상 신경 쓰지 않을 정도로 오랫동안 시간을 끌다가 나중에서야 대답을 보낼 수도 있었다. 아니면 다른 회사들이 그렇듯이 아예 답변조차 하지 않을 수도 있었다. 하지만 www.united.com에 들어가면 제레미

쿠퍼스톡이 있어 이 회사 일을 두루 살핀다. 인터넷 기업이라면 당신도 이렇게 해 왔던 것처럼 행동해야 한다.

니겔 바로(Nigel Barlow)는 자신의 저서 『Batteries Included! Creative Legendary Service(Century/Arrow,1999)』에서 전설적인 서비스를 다음과 같이 정의한다.

> 각자의 사업 분야에서 소비자가 무엇을 기대하는지 재정의한다. 예를 들어, 맥도날드 사가 처음으로 음식 소매업 분야에서 이런 재정의 작업을 했고, Virgin Atlantic 사가 항공 업계에서 이런 재정의 작업을 시작했다.
>
> 고객으로부터 일시적으로 충성 카드를 얻으려는 단계를 넘어서 열정적인 충성심을 일으켜야 한다. 서비스를 잘해서 유명해져야 한다. 그러면 고객이 그 전설적인 서비스를 널리 퍼뜨린다. 미국에서는 Saturn 자동차 고객 중 95%가 다른 사람들에게 이 회사 제품에 대해 열정적으로 홍보한다.

지금까지 여러 번 들어 온 얘기가 한 가지 있다. 어떤 사람이 Amazon.com에 책을 구입하려고 들어갔는데, 원하는 책이 절판되었다는 사실을 알았다. 그래도 구입 주문을 했다. 며칠 안 되어 이메일을 받았는데, 특정 가격에 특정 조건으로 그 책의 특정 사본을 제공하겠다는 내용이었다.

처음에는 이 얘기를 아내에게 들었다. Amazon.com은 주문한 책을 추적하여 작가가 서명한 초판을 85달러에 제공하겠다고 했고, 아내는 거절했다. 다음날 물이 묻어 약간 손상된 책을 4달러 50센트에 팔겠다고 제안했다. 아내는 기뻐하며 나와 자신의 동료, 친구들, 이메일 토론 그룹 회원 2천 명에게 자신의 경험을 얘기하고 Amazon.com이 최고라고 말해 주었다.

고객의 욕구란 바로 이런 것이다.

고객 서비스의 시작

인터넷 거래의 도구는 데이터베이스 관리자도 사용하고 도서관 사서도 사용한다. 하지만 우선 고객을 돕기 위해 무슨 일이든 해야 한다. 인간 형태의 전자동 로봇 드로이드를 만들어 고객의 요구를 들어 주게 할 수 있다면 정말 좋을 것이다. 이것이 바로 추구할 만한 가치가 있는 목표이다. 하지만 비상한 두뇌의 드로이드를 당장은 이용할 수 없으므로 처음부터 시작해야 한다.

기업들 대부분은 웹사이트를 구축하느라 애썼던 방법과는 달리 나름대로 계획을 세우고 계획대로 추진할 수 있다. 이메일, FAQ, 검색 도구, 데이터베이스 등 최소한의 조건만으로도 최상의 결과를 얻을 수 있다.

의미 있는 일부터 시작하여 좀더 수준 높은 서비스를 제공할 수 있다. 고객이 더 많은 것을 요구하고 경쟁자가 이를 제공하고, 또 이를 따라잡아 가면서 계속 서비스 수준을 높여 가야 한다. 그리고 고객의 불평을 공개하고 고객이 공개 토론에 참가할 수 있게 하고 자사의 중앙 컴퓨터 핵심 부분에 들어 있는 정보를 고객이 이용할 수 있게 해야 한다.

그러면 고객은 자신이 무엇을 좋아하고 싫어하는지, 무엇이 필요한지, 습관은 무엇인지에 대한 정보를 그 어느 때보다 많이 제공할 것이다. 동시에 고객은 자신의 생각을 당신에게 말할 것이고, 고객에게서 모은 정보는 점점 많아질 것이다.

새로운 온라인 세계에서 승리자가 되려면 비밀이 없을 정도로 모두 공개해야만 한다. 고객이 이메일, 토론 그룹, 그리고 마우스 클릭을 통해 무엇을 말하는지 이해할 수 있어야 승리자가 될 것이다.

진정한 승리자는 고객에게 초점을 맞추는 일을 일상으로 여기는 기업이다.

제 2 장

현대 고객 서비스

앨버트 아인슈타인은 물리학 시험에서 전년도 문제와 똑같은 문제를 출제했다는 이유로 주의를 받았다.

그러나 그는 "네. 하지만 그 답은 같지 않습니다."라고 답변했다.

예전에는 공식이 간단했다. 당신이 제품과 서비스를 만들어 내면 고객은 돈을 지불하고 그것을 구입했다. 당신이 고객이 좋아하는 것을 만들면 고객은 그것을 계속 구매하였다. 그러나 그 공식이 바뀌었다. 오늘날 성공적으로 사업을 해 나가는 회사들은 회사 입장에서 사람들이 사 주기를 바라는 상품을 만들기보다는 고객이 원하는 것을 알아내어 그것을 만든다.

변화하는 고객의 요구

우리는 확실히 빠르게 변화하는 세상 속에 살고 있다. 테이스터스 초이스 광고에서 친구들끼리 김이 모락모락 나는 스위스 아몬드 모카 커피를 마시며 조용히 담소를 나누는 장면은 마치 우리가 태어나기도 전 우리 부모님들이나 그랬을 것 같은 장면이다. 이제는 아무도 그렇게 한가롭게 여유를 즐기지 못한다.

사람들이 점점 더 까다로워지고 요구 사항은 늘어나며 기대치도 더 높아지고 있는 것 같은 느낌을 받았다면 맞는 생각이다. 제조 업자들과 판매 업자들은 대량 주문 생산과 즉각적인 고객 만족으로 이에 대비하고 있다. 사랑하는 사람의 이름을 새긴 기념품을 갖고 싶으세요? 하루 만에 만들어서 보내 드리겠습니다. 자동차 유리를 도색하고 싶으시다고요? 한 시간 만에 해 드리겠습니다. 엔진을 점검하고 오일을 갈 때가 되셨군요? 세차까지 완벽하게 해 드리겠습니다.

판매상이 인생의 최대 목표로 삼아 온 것은 경쟁사보다 한층 낮고, 빠르고, 멋진 서비스를 제공하는 것이다. 그렇게 하지 않을 수 없는 이유는 고객 서비스의 수준이 끊임없이 높아지고 있기 때문일 것이다. 어떻게 경쟁해야 할까? 고객이 무엇을 하는지, 어떻게 사는지, 어떻게 일하는지 지켜보라. 그런 다음 그들의 삶을 더욱 안락하게 만들어 줄 수 있는 방법을 생각해 내라.

기대 팽창

한 세미나 참석자가 정말 괜찮은 고객 서비스의 사례를 들어 달라는 요청을 받고 최근에 Amazon.com에 들어가서 경험한 이야기를 해주었다. 그는 원하는 책을 찾는 것이 얼마나 쉬웠는지에 대해 설명하였다. 구매하기도 아주 쉬웠으며, 바로 다음날 물건이 집에 배달됐을 때는 매우 기뻤다고 이야기하였다.

또 다른 참석자는 그가 거래를 하는 회사가 약속을 하고 실제로 그것을 지켰을 때 자신이 무척 만족스러웠는데, 그 사실이 오히려 얼마나 서글펐는지를 지적하였다. 우리는 킬킬 웃어대면서도 대부분의 상점에서 우리의 기대치가 다소 낮다는 점을 깨달았다. 온라인 상에서 우리의 기대치는 상당히 높다.

동네 세탁소에 가면 마치 오랜 친구처럼 환대를 받는데, 이는 당신이 이미 수년 동안 그 곳을 이용해 왔기 때문이다. Nordstrom's 사에 들어가면 그 곳의 가장 중요한 손님처럼 대접받는다. 왜냐하면 그들은 고객에게 그렇게 응대하도록 철두철미한 훈련을 받았기 때문이다. 페스트 푸드점에 들어가 보면 매우 능률적이지만 감정이 전혀 섞이지 않은 서비스를 받게 된다. 비디오 대여점으로 가 보자. 패스트푸드점의 카운터처럼 서비스 테스트도 받지 않고 코걸이를 한 채 오렌지 색깔로 머리를 물들인 점원의 시중을 대하게 될 것이다.

자주 가는 여러 소매점에 대해 우리는 각기 다른 기대를 갖고 있다. 그러나 웹사이트에 대해서는 그렇지 않다. 대형 창고형 할인점에서 우리가 받을 수 있는 도움에 대한 기대치는 매우 낮다. 그러나 웹사이트에서는 그렇지 않다. 실상 CDnow와 Amazon.com 그리고 FedEx는 모든 사이트에서 모든 서퍼들의 기대치를 자신들의 높은 기준에 맞추어 놓았다.

나는 한 유명 백화점에서 돈을 지불하기 위해 담당 직원을 찾느라 20분이나 기다린 적이 있다. 내가 까다로운 가정 용품에 관해 불평하는 동안 직원은 아주 무관심한 듯한 시선으로 나를 빤히 쳐다보기만 했다. 나는 국영 소비자 전기 용품점에서 고의적인 무시를 당한 적도 있다. 나는 이렇게 멸시당할 때마다 한숨지었고, 미국에서 직업 윤리가 서서히, 그러나 확실하게 타락해 간다고 생각할 수밖에 없었다.

그러나 내가 만약 '파일을 찾을 수 없습니다'라는 에러 메시지를 본다면 노발대발할 것이다.

로그인 루틴에 문제가 생겼다고? .cgi 스크립트가 작동하지 않아? 물건이 품절되었다고? 서버가 반응을 보이지 않아? 그렇다면 당연히 웹마스터에게 따질 것이다.

당신이 어떠한 사업 분야에 종사하느냐는 상관없다. 인터넷 상에서 사업을 하고 있다면 당신은 가장 우수하고 영리한 사람들과 경쟁 중인 것이다. 레이스로 장식한 바퀴 달린 쟁반, 양털 귀마개, 집에서 만든 프랑스산 라벤더 향의 매니큐어 또는 금박 장식이 있는 홀리데이 카드([그림 2.1] 참고) 중 어떤 것을 판매하든 당신은 정교한 웹 콘텐츠 관리 및 후치형 데이터베이스(back-end database) 도구에 쓰일 수백만 달러의 IPO를 가진 순수 인터넷 회사들이 세워 놓은 서비스 수준의 기대치에 정면으로 마주치게 된다. 서비스로 경쟁할 작정이라면 최선을 다할 준비를 하라.

그림 2.1 Amazon.com zShops 같은 상점의 출현으로 누구나 무슨 물건이든 온라인 상에서 판매할 수 있다.

훌륭한 서비스가 보통의 서비스로 추락하는 데는 그리 많은 시간이 걸리지 않는다. 전에는 주말까지 배달해 주는 것이 최상의 서비스였다. 그러나 이제는 하루 만에 배달해야 한다.

오늘날 시장에서는 국내라면 하루, 해외로는 이틀이면 가능하며, 맞춤형 정장을 저녁 만찬 전까지 배달해 줄 수도 있다. 고객이 맹목적인 충성심이나 타성 때문에 평범한 서비스에 만족할 것이라고 더 이상 기대해서는 안 된다. 소비자와 구매자들은 더욱 약아지고 있고, 더 나은 서비스에 익숙해지고 있다. 사람들은 또한 다음과 같은 정보에 더 쉽게 접근하고 싶어한다.

■ 제품 정보

■ 주문 상태 정보

■ 구체적인 계정 정보

한층 나아진 제품 정보 접근

1994년 Silicon Graphics(SGI)는 한 고객으로부터 온라인 상의 제품 정보에 대한 격찬의 편지를 받고 이를 게시했다. 그 고객은 왜 더 많은 SGI 기계가 자신의 부서에 필요한지에 대해 상급 경영자들 앞에서 프레젠테이션을 할 예정이었다. 이 재치 있는 관리자는 www.sgi.com을 검색하여 다음날 발표할 내용을 마무리하는 데 필요한 제품 정보 및 영상 자료를 찾아냈다. 물론 그는 자신이 바라던 기계를 손에 넣었다.

주문 상태 정보에 관한 더 나은 접근

고객은 당신이 컴퓨터에 자신들에 관한 정보를 기록해 두고 있다는 것을 알고 있다. 또한 당신의 월드 와이드 웹사이트가 컴퓨터 상에 있다는 것도 안다. 컴퓨터는 서로 대화할 수 있다. 따라서 고객은 자신의 컴퓨터와 당신의 컴퓨터가 서로 대화할 수 있고 거래 정보에 접근할 수 있을 것이라고 기대한다.

■ 내가 마지막에 주문한 것이 무엇인가?

■ 선적은 되었는가?

■ 언제 배달될 예정인가?

■ 이월 주문이 언제 처리될 것인가?

■ 더 빨리 받을 수 있는 대체 물건은 있는가?

구체적인 계정 정보에 관한 더 나은 접근

■ 나를 담당하고 있는 판매 직원은 누구인가?

■ 지난 6개월 간 나의 주문량은 얼마인가?

■ 다음 단계의 할인 혜택은 언제쯤 받을 수 있는가?

■ 내가 적립한 마일리지는 얼마나 되는가?

■ 다음 엔진 점검은 언제쯤 받아야 할 것인가?

■ 회원 자격은 언제 만료되는가?

■ 5,000달러 이상 주문할 수 있는 사람은 누구인가?

■ 나의 현재 신용도는 어느 정도인가?

내가 이런 정보를 당신의 웹사이트에서 찾을 수 없다니, 무슨 말씀이세요? 당신의 웹사이트를 백엔드 공유 데이터 센터와 연결하지 않았다니오? 당신의 경쟁사로부터는 일주일 내내, 하루 24시간 그런 정보를 얻을 수 있는데….

당신과 거래하기 쉽게 만들기

캘리포니아 롱비치에서 열린 '테크노폴리스 '95' 회의에서 나는 다른 세 사람의 연사와 함께 전자상거래에 관해 연설하기로 되어 있었다. 한 사람은 소규모 제조 업체에 관하여 얘기하기로 되어 있었고, 또 한 사람은 사업용 웹사이트를 구축하는 회사에서 나온 사람이었다. 그리고 네 번째 연사는 플라스틱 자동차 매트를 생산하는 회사인 PlastiColor Corporation에서 감사관으로 일하는 케빈 도넬리(Kevin Donnelly)라는 사람이었다.

회의를 시작하기 전에 처음의 두 연사와 나는 자동차 매트 만드는 사람이 왜 여기에 왔는지 의아해했다. 그가 이 현대 기술의 신세계에 관해 청중들에게 무슨 말을 해줄 것인가?

차례가 되자 도넬리 씨는 어떻게 고객사들이 자기네 같은 작은 회사에게 전자 문서 교환(EDI)을 할 수밖에 없도록 만들었는지 이야기하였다. 그의 고객사는 Wal-Mart 와 Kmart 같은 대형 소매점이었다. 그들은 전자상거래로만 주문을 하고 송장을 받겠다고 주장하였다. 소규모 회사들은 이 대형 소매점들과 거래를 하고 싶으면 그들의 규정을 따를 수밖에 없었다.

PlastiColor 사는 고객인 소매상들의 시스템과 대화하기 위해 컴퓨터를 마련하는 데 수개월이 걸렸다. 회사는 각 고객을 위해 각기 다른 소프트웨어 애플리케이션을 사용해야만 했고, 어떤 경우에는 다른 운영 시스템에 접속해야만 했다. 결코 간단한 작업이 아니었다. 비용도 만만치 않았다. 이전을 완료하고 시스템을 작동하게 되자 PlastiColor는 형세를 역전시켜서 오히려 전자상거래를 할 수 있고 또 하려고 하는 판매상을 찾기 시작하였다. 왜 도넬리 씨는 혼란스런 컴퓨터 통신으로 고통받던 판매자 입장에서 새로운 온라인 생활 방식의 후원자로 전환하였을까?

"전자상거래를 하는 것이 더 쉽기 때문입니다. 손으로 하는 거래는 시간도 많이 걸리고, 실수를 범하기 쉽습니다. 이제 우리는 다른 고객들에게도 우리와 전자상거래를 하자고 권유하고 있으며, 이를 경쟁 우위로 제시하고 있습니다."라고 도넬리 씨가 말했다. 그제서야 우리는 왜 그가 이번 회의의 연사로 초대되었는지 이해할 수 있었다.

옛날에는 대형 판매상들이 자신의 대형 고객들에게 컴퓨터 단말기를 주는 것이 관례였다. 컴퓨터 단말기는 판매상의 주문 등록 시스템에 곧바로 연결되어 있었다. 그래서 고객들은 쉽게 주문하고 그 주문에 관한 정보를 찾아볼 수 있었으며, 고객들이 다른 거래선으로 돌아가기는 어려웠다.

목표는 보기보다 가까이 있다

1994년 5월 1일자 Datamation 지에서 톰·맥쿠스커(Tom McCusker)는 자신의 수정 구슬을 뚫어져라 응시하였다. "10년 내지 15년 후에나 가능한 일이겠지만, EDI 커뮤니티 내에 있는 예언가들은 한 가지 시나리오를 예견하고 있다. 이 시나리오를 보면 EDI 스크린 앞에 앉아 있는 구매자는 제품의 컬러 사진들과 제품이 어떻게 작동하는지 설명하는 멀티미디어 프레젠테이션을 불러온다. 다음으로 사용자는 어떠한 제한도 받지 않고 EDI 기술의 모든 기능을 사용하여 주문한다. 예를 들어, 거래사들과 사전 협의를 거쳐야 하는 등의 제한도 전혀 받지 않는다."

변화의 가속도 때문에 미래에 대한 예측은 점점 더 어려워지고 있다. 그러나 뒤돌아 보면 이러한 시나리오도 이미 어제의 뉴스일 뿐이다.

1998년 10월 Ford Motor Company는 영화 '백 투 더 퓨처'에서나 나올 법한 메모를 부품 제조 업자들에게 내밀었다. "1999년 6월까지 공급품과 원자재를 인터넷으로 구입하겠습니다. 그렇게 할 수 없다면 거래선을 바꾸겠습니다." 라는 내용이었다. 최첨단 핸드와 동력 장치를 생산하는 Snap-On 같은 회사들은 수입의 10% 이상이 위태롭게 되었음을 감지하였다. 웹에 관해서 단순히 호기심만 가지고 있던 수준에서 진지하게 검토해야 할 때가 된 것이다.

오늘날 크기에 상관없이 모든 회사들은 전송 수단을 공급해 주는 월드 와이드 웹 덕택에 EDI를 제공할 수 있게 되었다. 모든 회사는 모뎀을 장착한 PC가 있고 인터넷에 접속할 수 있다. 다시 말해 당신에게 접속할 수 있게 된 것이다. 오늘날 PC도 없이 회사를 운영하는 것은 과거 팩스나 전화 없이 회사를 운영했던 것과 마찬가지이다.

이제는 거래하기 더욱 쉬운 회사로 만들어야 오늘날 경쟁에서 유리한 고지를 점령할 수 있다. 고객들은 가장 좋은 가격을 기대한다. 빠른 서비스를 원한다. 동이 틀 때까지 기다리지 않고 곧바로 답을 얻고자 한다. 그리고 당신이 고객의 시간을 절약해 준다면 그들은 당신에게 물건을 사려고 몰려들 것이다.

우리에게는 전화가 있다. 컴퓨터도 있고, MBA 학위도 있다. 필요에 따라 전환할 수 있는 예산도 있고, 여분의 자금도 준비되어 있다. 다만 시간적 여유만 없을 뿐이다. 한 시도 지체할 시간이 없다. 속도가 빨라지고 내용이 복잡해짐에 따라 근무 시간은 많아졌고, 우리에게 주어진 책임도 더욱 많아졌다. B사로부터 더 쉽게 구입할 수 있다면 A사는 자신들의 가치를 우리에게 확신시키기 위해 많은 노력을 기울여야 할 것이다.

경쟁 우위를 점한 사업의 용이성

어떤 경영 정보 시스템(MIS) 관리자가 두 회사의 데스크톱 PC 중에서 하나를 선택하는 것에 관해 내게 말했다. 그는 델이나 컴팩에서 250대의 컴퓨터를 사려고 하는데 결정을 내릴 수 없었다고 한다. 그는 양사에 똑같은 설명을 했고, 양사는 똑같은 보증을 제시하였다. 협상 가격도 거의 구별하기 어려울 정도로 비슷했다. 두 회사의 지명도도 모두 우수했다. 그는 과연 어떤 결정을 내렸을까?

어느 날 저녁, 두 회사의 웹사이트에 들어가 보았는데 웹에서도 같은 내용을 확인할 수 있었다. 모든 그림을 보고 모든 추천장을 다 읽어 보았으며 모든 비평을 심사숙고하였다. 결정을 최대한 미루면서 각 사의 고객 서비스 페이지로 클릭해 들어갔다. 그는 깜짝 놀랐다. 델은 고객들이 도움을 얻고자 할 때 걸어야 할 전화번호 리스트를 제공했으며, 컴팩은 정보, 프린터 드라이버, 진단 소프트웨어, 그리고 새로운 컴퓨터를 배열하는 데 필요한 정보를 풍부하게 갖추어 놓고 있었다.

구매자는 이 새로운 시스템을 설비할 엔지니어들을 곰곰이 생각하였다. 그는 그들이 천장을 통해 케이블을 깔고 컴퓨터 그룹끼리 프린터를 함께 쓰도록 맞추는 것을 상상해 보았다. 그들은 컴퓨터 사용자들이 퇴근한 후 작업을 할 것이다.

그 이후 델은 경쟁에서 살아남기 위해 자신의 사이트에 자가진단 도구와 활자화한 질문에 대한 순간 자동 응답 기능을 포함하여 다양한 정보와 도구를 설치하였다([그림 2.2] 참고).

FedEx가 회사 웹사이트에서 화물을 추적할 수 있도록 하자 UPS도 재빨리 이를 시작했다. Wal-Mart가 온라인 판매를 시작하자 K Mart도 뒤따르지 않을 수 없었다.

경쟁사의 웹사이트를 한번 살펴보라. 매주 점검하라. 이 방법만이 게임에서 앞서 나가는 길이다. 경쟁사들은 못하는데 당신은 제공할 수 있는 것이 무엇인가? 제품 개선

도 어렵고 가격도 더 이상 낮출 수 없다면 서비스를 개선하라.

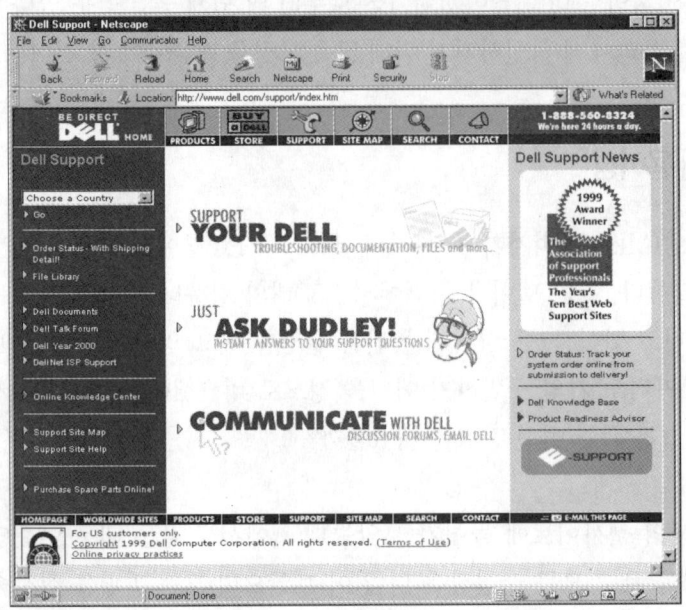

그림 2.2 델은 the Association of Support Professionals에서 올해의 '최우수 웹 지원 사이트' 2위에 선정되었다.

1999년 가을 델 컴퓨터 사가 의뢰하여 실시한 해리스 여론 조사(Harris poll)에서 PC 사용자의 43%가 겨울 휴가 동안 온라인으로 쇼핑할 계획이라고 했다. 이는 1998년의 10%와는 큰 대조를 이룬다. 1999년 11월 16일자 Information Week를 통해 Northwest Airlines의 양방향 유통 매니저인 샤론 솔페스트(Sharon Solfest)는 "사람들이 사이트를 방문했을 때 고객 지원 프로그램이 없으면 다시는 찾지 않을 것이다."라고 경고하였다.

경쟁은 더욱 거세지고, 속도는 더욱 빨라지고 있다

진짜 고객이 되면 어떨지 알 수 있고 그것이 마음에 든다면 잠재 고객이 진정한 고객이 되는 것은 간단하다. 이는 엄청난 광고 예산이나 거대한 판매팀의 홍보 노력보다 더 빨리 그들을 진정한 고객으로 잡는다. 전세계적으로 순식간에 고객에 대한 배려 수준을 검색할 수 있게 된 지금 경쟁사가 어제 했던 것보다 더 나은 서비스를 제공하는 것만으로는 부족하다. 당신의 경쟁사가 오늘 아침에 했던 것보다 더 나은 서비스를 제공해야만 한다.

시장에는 당신이 온라인에서 고객들에게 도움을 주도록 도와줄 도구들이 마구 쏟아져 나오고 있다. 이메일 관리 도구, 데이터베이스 접근 도구, 웹 기반 주문 처리 도구, 웹 페이지 개별화 도구 등. 이들은 단지 IT 부서가 당신의 고객을 위한 전장에서 쓸 대량 파괴용 무기이다.

경쟁자가 반드시 당신이 생각해 왔던 상대가 아닐 수도 있다는 사실을 잊지 마라. 전에는 이웃 회사와 경쟁했으나 성장함에 따라 나라 안의 모든 회사들과 경쟁하게 되었다. 예전에는 그들이 누구인지 알고 추적할 수 있었다. 그러나 오늘날에는 네덜란드, 스위스, 중국에 있는 누군가가 밤새 당신의 경쟁자가 될 수도 있다. 새로운 경쟁자가 생겨나는지 알아보기 위해 인터넷을 지켜보느냐 마느냐는 당신에게 달려 있다.

그림 2.3 Virtual Vineyards(현재는 wine.com)는 고급스런 포도주 양조장의 시음실에서나 기대할 수 있는 고객 서비스를 제공한다.

피터 그랜오프(Peter Granoff)와 로버트 올손(Robert Olson)은 1995년 1월에 Virtual Vineyards([그림 2.3] 참고)를 설립했다. 그것은 포도주 양조업을 보조하기 위한 것이 아니었다. 포도주 중개업을 보조하기 위한 것도 아니었고, 포도주 소매업의 부수적인 수단도 아니었다. 그들은 기회를 감지했고, 시작부터 가상 공간의 포도주 소매업으로 뛰어들었던 것이다. 그 기회란 온라인이었다. 그러나 지금까지도 자신의 최고 고객들에게 무슨 일이 일어났는지 모르고 있는 최상위 포도주 소매상들이 있다.

Virtual Vineyards의 설립자들은 온라인의 독특한 이점을 전세계 어디서나 누구라도 모방할 수 있다는 점을 알면서도 이 회사를 설립하였다. 웹 상에서 제공하는 약간 더 나은 서비스 때문에 자신의 운명이 바뀌고 있는데도 이 경쟁 위협을 이해하지 못하는 기존 회사들은 신속하게 대응할 수 없을 것이다.

우리는 '닷 컴' 이라는 말이 'Amazon' 이라는 말에 뒤따라 나오는 세상에 살고 있다. 'Amazon' 이라는 말을 동사로 쓰는 세상에 살고 있다. 당신은 경쟁자가 앞서가기 전에 앞지르기를 원한다.

'24시간 세계' 에서 살아가기

웹 기반 고객 서비스에서 가장 중요한 점은 전 시간 서비스를 제공한다는 것이다. 새로운 사업 동향에 24시간 접근할 수 있어야 한다. 전적으로 사람에게 의존해서 24시간 동안 꼬박 의미 있는 서비스를 제공해야 한다면 비용은 매우 많이 들 것이다. 정말 유능한 사람이라면 그 답을 알고, 그 답이 실제로 유용한지도 알 것이다. 이런 사람들은 자정에서 오전 8시까지 전화받는 근무를 하지 않아도 되는 자리로 재빨리 승진할 것이다.

왜 당신의 고객은 일주일 내내 하루 24시간 서비스를 필요로 할까? 그들이 바로 그 시간 동안 일하기 때문이다. 엔지니어, 경영자, 인력 자원 관리자, 마케팅 중역 등 대부분의 사람들이 사업을 완수하기 위해 밤을 새며 일하고 있다. 점점 더 많은 가상 공간 상의 회사 경영자들이 집에서 일하고, 자녀들이 잠든 후에 온라인에 접속하고 있다. 이런 사람들은 항상 해결책을 원한다. 근무 시간이나 당신이 사는 지역의 표준 시간대에만 원하는 것이 아니라 항상 대답을 찾고 있다.

대형 기선과 비행기, 그리고 전화는 세상을 더 좁게 만들었다. 그러나 인터넷 앞에서는 그들의 기여도 무색해진다. 이 네트워크로 인해 회사원은 어느 곳에서나 일할 수 있게 되었다. 그 결과 사업팀 직원들은 전세계로 퍼질 수 있게 되었다. 포르투갈에 있는 Virgol Servicos de Convencia, S.A.는 캘리포니아에 있는 컨설턴트와 상담하고 델라웨어에 있는 미국인 변호사에게 기밀 협정을 작성하게 한다. 선마이크로시스템즈는 러시아에 소프트웨어 개발팀을 두고 있다. 이들은 어떻게 관리하고 있는가. 인터넷을 통해서 관리한다. 이것이 당신의 회사에는 어떤 의미가 있는가.

이는 전세계 사람들이 당신의 정보에 접근할 필요가 있다는 것을 의미한다. '전세계에서' 라는 말은 '24시간 꼬박' 이라는 말과 같다. 이집트에 있는 인쇄 회로 디자이너는 실리콘밸리에 있는 칩 제조 업자로부터 지금 당장 설명서를 받아야 한다. 팩스를 보내고 다음날 아침까지 응답을 기다려야 한다면 시간을 다투는 시장에서 디자이너가 필요한 우위를 차지하기에는 너무 느리다. 디자이너에게는 지금 당장 대답이 필요하다.

노스캐롤라이나 주 매튜 시에 있는 Decision Support, Inc에서 일하는 레그 하그로브 (Reg Hargrove)는 회사의 마케팅 파트너 중 하나인 브라질의 OCTUS Software가 비용을 줄이기 위해 미국 사무실 문을 닫을 것이라는 사실을 알게 되었다. Octus는 Decision Support에게 컴퓨터 본체 압축 소프트웨어를 제공하는 회사이다. 그러나 하그로브는 전혀 당황하지 않았다. 그는 인터넷을 통해 판매상으로부터 서비스와 최신 소프트웨어를 받을 수 있다는 것을 알고 있었다 ([그림 2.4] 참고).

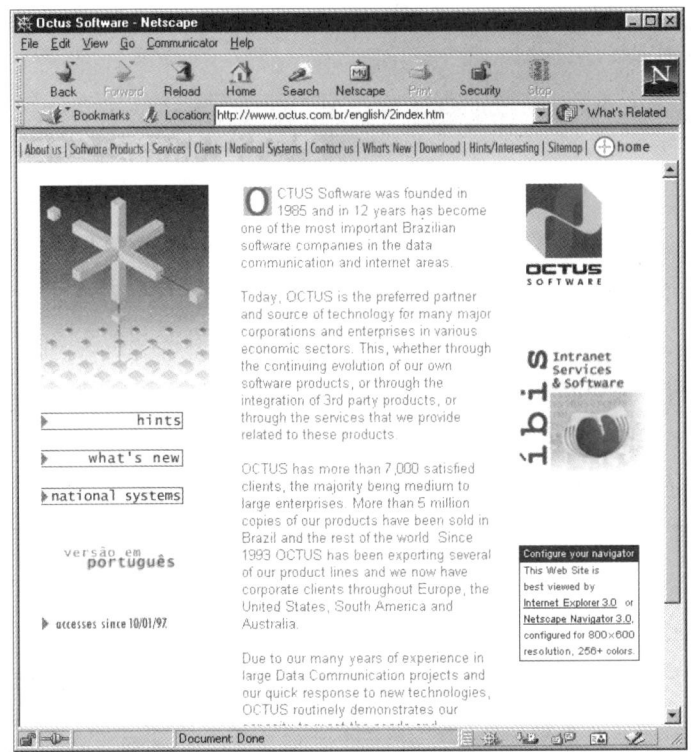

그림 2.4 OCTUS Software는 지역 사무실 없이도 전세계적으로 마케팅 파트너들을 지원할 수 있다.

기술이 전세계적으로, 그리고 각 가정으로까지 퍼져 감에 따라 지식을 지닌 작업자들이 어디에서 작업하고 있는가는 더 이상 중요한 문제가 아니다. 1996년 폭설로 거의 2주 동안 미국 동부 해안 지대가 마비 상태에 들어갔다. 이때 회사 네트워크 관리자들은 회사의 고속 네트워크 통신량이 평소의 절반에도 못 미친다는 사실을 알게 되었다. 회사의 지역 네트워크를 통해서는 인터넷으로 연결되어 있는 자신의 데스크톱 컴퓨터에 도달할 수 없었다. 동시에 인터넷 접속 회사들은 통신량이 40%나 증가했다고 보고하였다. 사람들은 집에서 계속 일하고 있었던 것이다.

이러한 동향으로 당신의 웹사이트에서 일주일 내내 하루 종일 고객 서비스를 제공하는 것이 가능한 것이다. 이는 당신이 할 수 있기 때문에 그렇게 하라는 것이 아니다. 그리고 당신의 경쟁자가 그렇게 하기 때문에 해야 한다는 것도 아니다. 바로 당신의 고객들이 그것을 기대하기 때문에 당신도 그렇게 해야만 하는 것이다.

절감할 수 있는 비용

선마이크로시스템즈는 월드 와이드 웹을 고객 서비스 매체로 장려할 만한 뚜렷한 이유가 있다. 1994년과 1995년에 다른 제조 업체의 컴퓨터를 합친 것보다 더 많은 선마이크로시스템즈의 컴퓨터가 웹 서버로 사용되었다. 수년 동안 '네트워크가 바로 컴퓨터'라고 강조해 온 선마이크로시스템즈는 웹의 성장으로 생기는 이익을 취할 가장 유리한 위치에 있었다. 인터넷이 성장하면서 선마이크로시스템즈도 성장하고 있는 것이다. 그러나 이 회사의 수치가 워낙 높고 절감 비용이 엄청나기 때문에 다소 사리적이라 해도 그다지 문제될 것은 없다. 선마이크로시스템즈의 네트워크 컴퓨팅 총관리자이자 부사장인 닐 녹스(Neil Knox)는 이렇게 말했다.

우리의 웹 기반 SunSolve 서비스를 통해 고객들은 제품 관련 자료를 검색할 수 있고, 1.2GB의 기술 데이터베이스를 문의할 수 있으며, 온라인 포럼에서 다른 사용자들과 정보를 교환할 수 있으며, 갱신한 최신 소프트웨어를 다운로드할 수도 있다. 또한 기술적 문제에 대한 답을 빨리 얻을 수 있으며, 선임자 없이도 최신의 조언을 얻을 수 있다. 이러한 자동 접근 방식으로 분기당 전화 유지비에서 약 25만 달러를, 인쇄물 요청 면에서 13,000달러를 절감하고 있다. 온라인으로 소프트웨어를 전달함으로써 비용을 가장 크게 절감할 수 있었는데 자기 테이프를 통해 최신 소프트웨어를 보내는 데 드는 비용보다 각 분기별로 약 150만 달러를 절감할 수 있었다.

Webmaster 지, 1995년 11월

과장한 것이 아니라면 아주 멋진 내용이다. 연간 700만 달러 이상을 절감한다면 어떠한 도구, 시설, 사업 또는 웹사이트에 드는 비용도 정당화할 만하다. 그러나 이들 수치는 선마이크로시스템즈가 완만하게 조정하여 발표한 사실이라는 것을 알 수 있다. 선마이크로시스템즈 수석 엔지니어인 윌 스노(Will Snow)는 sunsolve.sun.com을 관리했는데, 이 사이트는 멋진 내용으로 가득 차 있었지만 다른 사이트인 www.sun. com은 마케팅 선전으로 가득 차 있다고 했다.

그 회사가 얼마의 비용 절감을 얻어냈는지 묻는다면 윌은 그 수치를 분기별로 150만 달러라고 말하곤 했다. "그렇지 않으면 언론과 조직에서 너무 성가시게 굽니다. 나는 단지 그런 상들을 받는 것이 싫습니다. 게다가 우리가 드러나면 드러날수록 흥미 있는 신기술을 실행하기 위한 시간은 더 줄어들 뿐입니다."

그림 2.5 Time은 인터넷의 사업적 가치를 기사로 다루었다.

"계산해 보면 우리가 한 달에 1,200만 달러를 절약하고 있다고 할 수 있습니다! 그래서 나는 대개 이 숫자를 넘겨주기 전에 4 내지 5등분으로 나눕니다. 내가 생각하기에

는 소프트웨어 패치를 전화나 우편으로 받는다고 해도 성가시게 생각하지 않을 많은 사람들이 다운로드하고 있습니다. 그러나 다운로드하는 것이 무료이고 쉽기 때문에 그렇게 하는 거지요." 그래서 지금은 과거 어느 때보다도 많은 고객들이 버그를 고쳐 가며 컴퓨터를 사용하고 있는 것이다.

선마이크로시스템즈는 다른 회사들보다 우위를 점하고 있다. 인터넷이 1994년 7월 25일 Time의 커버 스토리를 장식했을 때 선마이크로시스템즈는 이미 수년 동안 네트워크 사업에 종사해 오고 있었다 ([그림 2.5] 참고). 선마이크로시스템즈의 고객은 온라인 상의 사람들이고 선마이크로시스템즈에서는 온라인 관련 제품을 판매한다. 그렇다 하더라도 선마이크로시스템즈의 성공은 굉장한 것이기 때문에 나머지 우리들에게 그 길을 제시해 주었다.

비용 절감은 전화 기피 도구 및 그 기술에서 생긴다. 고객이 해답을 찾을 수 있다면 전화할 필요가 없다. 고객이 전화하지 않으면 당신은 전화요금을 낼 필요도 없고, 전화 받는 직원을 고용할 필요도 없다. 그러나 이것으로 뜻밖의 상황이 전개된다.

훌륭한 온라인 고객 서비스를 제공하면 성가신 고객들이 사라지고 당신을 더 이상 귀찮게 하지 않을 것이다. 그러나 한편으로는 전화를 통한 질문의 유형이 바뀔 것이다. 고객은 한층 더 어려운 질문을 하게 될 것이다.

줄리아 킹(Julia King)은 인터넷으로 사업이 어떻게 바뀌고 있는지 추적하고, 이에 관한 기사를 Computerworld(www.computerworld.com)에 게재했다. 1999년 8월 16일자 기사를 쓰기 위해 줄리아는 고객 서비스에 충실한 몇몇 회사와 이야기를 나누었다. Home Depot의 정보 시스템부 부사장인 마이크 앤더슨(Mike Anderson)은 줄리아에게 요즘 상점을 찾는 사람들은 전보다 훨씬 영리하다고 말하였다.

"온라인 고객이 상점에 들르기 전에 그들에게 더 많은 정보와 교육을 제공하면 그들은 상점에 왔을 때 정말로 어려운 질문을 할 것입니다."라고 마이크는 말하였다. HomeDepot.com에서 고객은 부엌을 도배하는 데 드는 도배지와 풀의 양을 정확하게 계산할 수 있다. 그들은 단계별 지침을 따라갈 수 있다. 그러나 계산기를 다 두드려 보고 모든 지침을 숙지한 고객들의 요구에 맞추기 위해 이제는 Home Depot 상점의 직원들도 고도의 훈련을 받고 있다.

그렇다면 중간 지대는 없는가? 사람들이 더 어려운 질문을 할 테니 앞으로는 비용을 절감할 수 없을 것인가? 정말 비용을 절감할 수 있는 방법은 고객을 잃지 않는 것이다.

돈 페퍼스(Don Peppers)와 마사 로저스(Martha Rogers)의 일대일 스토리(www. 1to1.com)를 주의깊게 들어 보면 고객과의 대화가 필요하다는 것을 깨닫게 될 것이다. 고객의 불만 사항과 요구 사항을 더 많이 알고 고객이 당신의 제품과 서비스를 더 많이 사게 하려면 어떻게 해야 하는지 궁금할 것이다.

고객 스스로 쉽게 찾을 수 있는 것을 설명하느라 시간과 자원을 낭비하기보다는 고객과 학습 관계를 맺어야 할 것이다.

고객은 속도와 재료, 크기와 색깔, 가격과 유용성을 묻기보다는 대체 사용과 응용법에 대해 물어 올 것이다. 사람들이 당신의 제품을 더 잘 사용하는 방법을 묻기 시작하면 당신의 제품을 더 많이 사용하도록 고객을 설득할 수 있는 좋은 기회를 잡게 되는 것이다.

돈 벌 기회

새로운 고객을 찾는 것보다 기존 고객을 유지하는 것이 비용 면에서 훨씬 저렴하다는 이야기를 익히 들어 왔다. 이미 알고 있는 사람에게 뭔가 판매하는 것이 잠재 고객을 고객으로 만드는 것보다 더 쉽다고들 말한다. 그러나 대부분의 판매 조직들은 새로운 고객에게 중점을 두고 있다. 반복 판매보다는 새로운 판매에 더 많은 보상금을 지급하기 때문이다. 그래서 판매원들이 초점을 잘못 맞춰 결국 조직에 손해가 되고 있다. 고객이 될지도 모르는 사람에게 역점을 두고 이미 물건을 산 사람을 무시하는 자세가 조직 전반에 퍼져 있다. 그러나 기존 고객에게는 약간만 투자해도 잠재 고객에게 쏟아 부은 투자보다 훨씬 효과적이다.

고객 충성도 프로그램은 빠르게 성과를 거둘 수 있다. 아래 수치를 한번 검토해 보면 이 사실을 확실히 알 수 있다.

가령 당신의 기존 기반에 2,000명의 새로운 고객을 더하기 위해 매년 평균 200만 달러를 쓴다고 해보자. 시간이 갈수록 당신의 기존 기반은 1,000명으로 늘어 간다. 그러나 유감스럽게도 매년 1,667명의 고객이 떨어져 나가게 될 것이다. 결국 당신에게 333명의 고객이 남는다. 각각의 새로운 고객을 얻는 데 들어간 순수 비용이 6,300백 달러나 된다!

이번에는 20만 달러가 드는 고객 충성도 프로그램을 운영하면서 16%에서 14%로 감소율을 2% 줄인다고 가정해 보자. 과연 그럴 만한 가치가 있을까? 물론이다. 그래도 여전히 또 다른 2,000명의 고객을 얻기 위하여 신 고객 확보에 200만 달러를 쓸 수 있을 것이다. 그러면서도 감소 후의 산출양은 600명의 고객이다. 각각의 새로운 고객을 얻는 데 들어간 순수 비용이 3,300달러로, 거의 50%나 절감되었다.

마샤 칸다노프(Marcia Kadanoff)
Marketing Computers 지, 1995년 12월호

그러나 강력한 고객 서비스 윤리로 돈을 벌 수 있는 보다 직접적인 방법이 있다. 이는 호출 판매이다.

판매 담당 직원이 잠재 고객에게 전화하면 그 잠재 고객은 젊은 여성이 독신자용 술집에서 젊은 남자에게 귀를 기울이는 것처럼 판매원의 말을 듣는다. 바라는 결과는 뻔하다. 그 판매원은 판매를 위해 거기에 있는 것이다.

그러나 고객이 질문을 하거나 문제를 해결하기 위하여 회사에 직접 전화하면 어떻게 될까? 이것은 독신자용 술집 시나리오를 어려운 상황에 처한 미혼 여성의 상황으로 바꾸어 놓는다. 전화를 했건, 웹사이트에서 클릭했건 고객은 해결책을 찾고 있다. 고객이 하는 질문에 도움을 줄 고객 서비스 담당자나 정보가 들어 있는 웹 페이지가 적절히 조언을 해준다면 고객은 이를 만족스럽게 받아들일 것이다.
고객의 관점에서 이는 유익한 힌트와 적절한 조언이다. 회사의 관점으로 보면 이는 크로스 셀링과 업 셀링이다.

최대한 관심을 쏟아 그러한 고객 서비스를 제공해야 한다. 어려운 상황에 처한 미혼 여성이 빛나는 갑옷 속의 기사가 실제로는 빛나는 갑옷을 두른 놈팡이라는 것을 감지하는 순간 일은 낭패를 보게 된다. 다시 말해, 크로스 셀링과 업 셀링을 하려면 고객에게 진정한 가치와 진지한 조언을 제공해 주도록 신중하게 계획해야만 한다.

고객이 새로운 스피커를 찾고 있는가? 그러면 그들이 이미 가지고 있는 기구의 출력 범위에 맞출 수 있는 가장 잘 어울리는 스피커를 제시하기 위하여 그들의 앰프에 관해 물어 보라. 집을 새로 장만하기 위해 자금 문제를 묻고 있는가? 그러면 15년짜리 대부가 더 나은 선택인지 아닌지 알아보기 위해 그들의 장기 계획에 관하여 자세히 알아보라. 판매 중인 스웨터에 관해 물으면 그것과 잘 어울리는 블라우스도 있다는 것을 알려 줘라.

잘 구성된 웹사이트는 잘 훈련된 고객 서비스 담당자만큼의 몫을 충분히 수행할 수 있다. 당신이 고객에게 더 나은 이익을 제공하기 위해 노력하고 있다는 것을 고객이 느낄 수 있게 하는 비결은 고객에게 더 나은 이익을 찾아 주는 것이다. 항상 고객의 입장에서 세상을 바라보라.

고객의 시각에서 보는 세상

항상 고객의 눈으로 당신의 제품, 회사, 그리고 고객 서비스 방법을 바라보아야 성공적인 고객 서비스를 제공할 수 있다. 고객은 당신의 회사가 제품 라인, 사업 단위, 또는 영향력 있는 정치 세력으로 조직되어 있는지에는 관심이 없다. 다만 자신의 의문에 답을 얻고 문제를 해결하고자 할 뿐이다.

고객 서비스를 위한 웹을 구축하는 사람이 해야 할 가장 중요한 일은 고객이 무엇을 보고자 하는지, 무엇을 묻고 싶어하는지, 그리고 경험에서 무엇을 얻고자 하는지 알아내는 일이다. 그러기 위해서는 고객에게 직접적으로 물어 보는 것도 괜찮다. "우리 웹사이트를 통해 우리와 거래하고 계시는데, 어떤 정보를 더 제공받고 싶으십니까? 어떤 기능을 추가하면 만족하시겠습니까?"

일단 웹사이트를 갖추면 고객이 경험을 토로하도록 그에 적절한 보상을 제공하라. 클릭할 기회를 다양하게 제공하여 고객이 정말로 서비스를 좋아하는지, 약간 좋아하는지, 서비스를 싫어하는지, 서비스를 혐오하는지 알아보도록 하라. 의견을 제출할 기회를 많이 제공하라. 고객은 솔직하게 말할 것이고 좋은 의견을 제시해 줄 것이다. 이는 당신에게 필요한 의견이 될 것이다.

당신의 웹사이트와 경쟁자의 웹사이트가 발전할수록 고객들의 기대치는 더욱더 높아
질 것이다. 첫번째 문제는 어디서 출발하는가이다. 다음 장에서는 웹 상에서 고객 서
비스를 수행하기 위한 방법을 보다 많이 다루고 있다.

제 3 장

인터넷 퍼블리싱

이제 당신은 당신의 웹사이트에서 기본 정보를 쉽게 이용할 수 있도록 만들겠다고 결심하였다. 이렇게 하면 고객들은 당신이 세상의 변화에 민감하며 자신의 책무에 최선을 다하고 있다고 느끼게 될 것이다. 하지만 얼마만큼의 정보를 제공해야 하며, 어떤 정보를 제일 먼저 내놓을 것인가?

웹사이트에 맞는 고객 서비스를 꾸려 나갈 아이디어를 짜내는 것은 지금의 기술로도 가능하다. 그리고 그 가능성을 다룰 수 있는 크기로 나누는 것만이 합리적이며 관리가 가능한 방식으로 일을 처리할 수 있는 유일한 방법이다.

첫 단계 - 주위의 목소리에 귀를 기울여라

화려한 그래픽이나 엄청난 자본, 혹은 첨단 시스템이 있어야만 결과가 만족스럽게 나오는 것은 아니다. 고객을 지원하는 일이 얼마나 중요한지 이해하기만 하면 된다. 훌륭한 고객 서비스라면 그저 훌륭하기만 하면 될 뿐 비용이 많이 들 필요는 없다.

고객이 찾고 있는 것은 무엇인가

'80대 20 규칙'이란 것이 있다. 이것은 웹사이트를 방문한 사람의 80%가 그 사이트의 정보 중 동일한 20%를 찾는다는 의미이다. 그렇다면 사람들이 당신의 사이트에서 무엇을 찾고자 하는지 파악하는 방법을 알아보자. 모두 세 가지가 있는데, 첫번째와 두 번째 방법은 처음 웹 페이지 구축시 반드시 이용하여야 하며, 두 번째와 세 번째 방법은 일단 페이지를 만들고 운영하면서 지속적으로 사용해야 한다.

가장 먼저 할 일은 머리를 긁적거리며 천장을 보고 허공에서 답을 찾아내는 일이다. 고객이 전화로 문의하는 내용은 어떤 것인가? 가장 애용하는 마케팅 전략에 관한 책은 무엇인가? 잠재 고객들은 어떤 파워포인트 슬라이드를 가장 많이 찾는가? 잠재 고객과 현재 고객의 입장에서 상품을 고르거나 구입하거나 사용할 때 도움을 줄 수 있는 정보는 어떤 것인지 생각해 보라. 머릿속에서 답을 찾는 이러한 방법은 가장 많이

쓰이는 동시에 가장 비효율적인 행동 순서이기도 하지만, 반드시 거쳐야 하는 시작
단계이다.

다음 순서는 고객에게 질문을 던지는 것이다. 만화 '심슨 가족'에 나오는 호머 심슨
처럼 이마를 치며 감탄사를 내뱉기 전에 현대 비즈니스에서는 거의 이와 같은 방법으
로 고객에게서 정보를 끌어낼 수는 없다는 사실을 먼저 알아야 한다. 요즘처럼 바쁜
때에 아무리 잘 나가는 웹사이트에서 질문을 한다 하더라도 어떤 고객이 순순히 대답
해 주겠는가. 가장 친한 친구? 터무니없는 소리이다. 당신이 하는 모든 일에 고객의
의견을 반영하는 '고객 조사와 피드백 기법'을 동원하라. 여기에 멋진 약어를 쓰든
말든 그것은 상관없다. 사이트에 마련한 새로운 섹션을 운행한 후에는 고객에게 의견
을 물어라.

나는 '훌륭한 인터넷 버튼'을 기록해 두는 습관이 있는데, 그중 1996년도에 선 마이
크로시스템즈의 홈페이지에서 잠시 동안 존재했던 버튼이 있다([그림 3.1] 참고).

그림 3.1 선마이크로시스템즈는 고객들이 자사의 사이트를 어떻게 생각하는지 알고 싶어
한다.

훌륭한 웹사이트가 대부분 그렇듯이 선 마이크로시스템즈도 페이지마다 '피드백' 버
튼을 달아 놓았다. 홈페이지에 들어온 고객들의 악의 섞인 조롱으로 회사측은 웹사이
트가 많이 부족하다고 결론지었다.

자, 지금까지 머리를 긁적이며 고객이 무엇을 찾는지 추측도 해보고, 의견도 직접 물어 보았다. 다음으로 할 일은 고객의 뒤를 졸졸 쫓아다니는 것이다. 로그 파일을 이용해 사람들이 찾는 것이 무엇이며 어떻게 찾아보는지 자세히 조사해 보라. 로그 파일에 관해서는 제6장 '성공도 평가'에서 더 자세하게 다루도록 하겠다. 지금은 로그 파일을 빵 부스러기와 비슷한 것 정도로 생각하면 된다.

홈페이지를 방문하는 사람들 중에는 그저 둘러보려고 들르는 사람들이 있다. 이들은 회사 주차장으로 들어와서는 입구에서 어슬렁거리다가 접수원에게 이렇게 말을 거는 사람과 같다. "건물이 참 멋지군요. 전 항상 슈퍼메가테크 사가 무슨 일을 하는지 궁금했었는데, 브로셔 있나요?"

그 외의 사람들은 무언가 특정한 것을 찾아야 할 때 홈페이지를 찾는다. 이들이 무엇을 원하는지 파악하고, 최대한 쉽게 찾을 수 있도록 하는 것이 당신이 해야 할 일이다. 고객이 클릭하면서 페이지를 옮겨 다니며 흘린 빵 부스러기를 따라가는 것이 방법이다. 서버 로그를 이용하면 사람들이 가장 관심을 가지는 페이지가 어떤 것인지 알 수 있으며, 무엇을 원하고 있는지에 대한 단서도 얻을 수 있다.

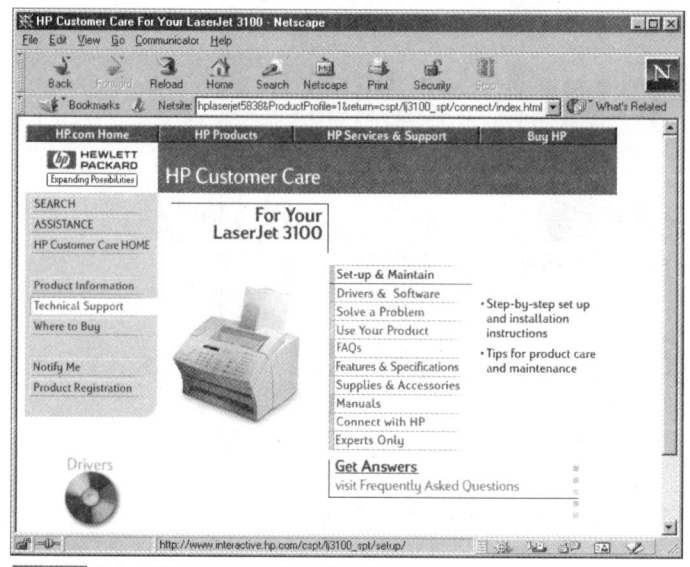

그림 3.2 HP는 고객의 목소리에 귀를 크게 열어 놓고 있다.

고객에게 필요한 것은 무엇인가

잠재 고객이나 현재 고객이 찾을지도 모르는 정보를 모두 올려 놓는 웹사이트는 없다. 그러나 원하는 것을 항상 얻을 수는 없다 하더라도 필요한 것은 얻을 수 있을 것이다. 이제는 심리학자가 되어 고객의 행동을 분석해야 한다.

그저 불평을 늘어놓고 싶어서 사이트에 들어오는 사람도 있을 것이다. 이런 사람이 바라는 것이란 그저 전화로 속내를 털어놓는 정도이다. 이야기를 들어 줄 사람이 필요한 사람들을 위해 여러 가지 다양한 '기대 울 수 있는 어깨'를 제공하는 섹션을 만드는 것도 좋은 생각이다. HP가 프린터 레이저젯 3100 페이지에 마련한 기술 지원 섹션이 바로 그러한 예이다([그림 3.2] 참고).

버튼 이름	버튼에 마우스를 갖다 댔을 때 따라나오는 설명
설치와 관리	단계별 설치 과정과 설치 수칙 제품 보관과 유지 요령
드라이버와 소프트웨어	다운로드 수칙과 프린터 드라이버 설치 HP 드라이버 라이브러리의 접근 방법
문제 해결	문제를 해결하기 위한 단계별 지시 즉각적인 해결 에러 메시지 해결 방법
제품 사용	HP 전 제품 사용 수칙...프린트 요령
FAQ	'자주 묻는 질문'에서 해답 찾기
제품 특성과 내역	제품 설명 기술적 특성 보증 정보
지급품과 부속품	HP 보조품 정보 주문 지급품 전매자 검색
매뉴얼	사용자 매뉴얼과 안내서 매뉴얼 업데이트
HP 연결	HP 제품과 서비스, 기술 관련 뉴스와 이메일을 이용한 정보 HP의 개인 지원 인터넷 사용자 포럼 고객 제품 등록
전문가용	고급 사용자를 위한 기술 정보

표 3.1

[그림 3.2]를 보면 '설치와 관리(Set-up & Maintain)' 버튼에 마우스를 갖다 댔을 때 어떤 설명이 나오는지 알 수 있다. 다른 버튼에는 각각 다른 설명을 달아 놓았다 ([표 3.1] 참고).

HP는 문제를 다루거나 답을 찾을 수 있는 방법을 매우 다양하게 제공하고 있다. 고객은 문제가 발생했을 때 부품의 번호를 알고 싶어하는가, 아니면 담당 직원과 직접 이야기하고 싶어하는가, 아니면 프린터를 최대한 활용하는 방법을 알고 싶어하는가. HP는 상황에 따라 적절히 귀를 열어 둘 수 있게 페이지를 개설하였다. 때로는 문제를 고치는 기술자이면서 어떤 때는 사용자 교육을 돕는 코치가 되기도 하고, 그저 불만을 터뜨리고 싶을 때는 든든한 어깨가 되어 주기도 한다. 사이트를 방문하는 사람들은 원하는 것을 항상 얻을 수는 없지만 필요한 것은 무엇이든 찾을 수 있는 것이다.

소프트웨어를 설치하려 할 때는 '도움' 버튼을 찾기 마련이며, 공항에서는 커다란 '안내' 간판을 찾게 된다. 그리고 고급 호텔에 가서는 안내 데스크를 찾아 로비를 두리번거리기 마련이다. 이와 같은 이치로 인터넷에서는 고객 서비스 버튼을 찾아 다니게 되어 있는데, 특히 '자주 묻는 질문(FAQ)'은 꼭 클릭해 보고 싶은 버튼이다. 우리가 궁금한 부분이라면 분명 다른 이들도 알고 싶을 것이다.

정보 조직하기 – 1단계 : FAQ

'자주 묻는 질문 (FAQ)' 페이지는 인터넷 마니아가 정보를 얻는 최초의 단계이자 기대의 눈길이 가장 많이 쏠리는 곳이기도 하다. FAQ는 사이트를 소개하는 곳이다. 기본적인 정보를 제공하며, 정보 사냥에 혈안이 된 사람들뿐만 아니라 단순한 호기심으로 찾는 사람들 역시 가능한 한 빨리 원하는 답을 찾을 수 있도록 도와 준다.

FAQ의 탄생

FAQ는 유즈넷(Usenet) 뉴스 그룹에서 대화의 '흐름(stream)'이 반복되는 것을 막기 위해 만든 도구에서 비롯됐다. 뉴스 그룹에서는 어떤 사람이 질문을 올리면 다른 사람이 거기에 답을 올리고, 또 다른 사람이 질문에 대해 의견을 밝히거나 답변에 반박을 가하기도 한다. 이렇게 이어지는 대화를 '흐름'이라고 한다. 이와 같이 기술에 관련한 정보를 서로 공유하면서 몇 달이 지나자 뉴스 그룹 회원들은 높은 수준의 지식을 축적하게 되었다. 그래서 신입 회원이 기초적인 질문을 올리면 다른 회원들은 몇 달 전에 상세히 다루었던 내용을 다시 토론하는 일을 귀찮게 생각했으며, 때로는 무례하게 행동하기도 했다. 그러나 인터넷 문화의 본질은 타인을 돕는 데 있기 때문에 자연스럽게 FAQ가 탄생하게 되었다.

뉴스 그룹은 대부분 FAQ 코너를 가지고 있으며, 시간 순서에 따라 게시하고 있다. 여유가 있는 뉴스 그룹 회원은 스스로 질문과 답변을 집계하는 일을 전담하기도 하는데, 이러한 사람이 대개 FAQ의 조정자가 된다. 최초의 FAQ는 모든 사람이 읽고 자신의 견해를 올리는 식으로 이루어졌다. 그러나 시간이 지나면서 그룹 전체가 반드시 읽어 보아야 한다고 생각하는 정보와 가장 자주 묻고 대답하는 아이템을 포함하도록 그 범위가 확대되었다.

올리고 싶은 메시지가 있을 때는 먼저 FAQ를 읽어 보는 것이 좋다. 원하는 해답이 있을 가능성이 매우 높으며, 다른 유용한 정보도 무궁무진하다. FAQ는 수없이 벌어졌던 열띤 논쟁과 보석 같은 지혜의 결정체라 할 수 있으므로 꼼꼼히 읽어 볼 가치가 있다. 만약 당신이 궁금한 특이한 질문이 FAQ에 실려 있지 않다 해도 걱정할 필요는 없다. 자칭 전문가라 부르는 그룹 멤버들은 먹이감을 던져 준 당신을 환영할 것이기 때문이다. 새로운 질문에 대해 토의하는 과정을 거치면서 참여자들은 서로 격려를 아끼지 않는 지적인 경쟁 관계를 체험하고, 예기치 않은 성과를 거둘 수 있는 기회도 얻게 된다.

훌륭한 FAQ를 만드는 데 필요한 작업을 보려면 매사추세츠 기술 연구소에 있는 유명한 '유즈넷 정기 정보 보관소(ftp://rtfm.mit.edu/pub/usenet)'를 찾아 보라. 심지어 건초 만들기에 관한 FAQ를 포함하여 모든 종류의 FAQ 정보를 발견할 수 있을 것이다.

1. 왜 건초용 풀을 기르는가?

2. 건초용 풀 베기

19. 건초 만드는 일의 가치

정말로 확실히 배우고 싶다면 오하이오 주립대학의 FAQ에 관한 FAQ를 찾아보라 (www.cis.ohiostate.edu/hypertext/faq/usenet/FAQ-List.html).

당신 자신의 FAQ

당신의 고객 서비스 부서 직원들은 FAQ 관리를 생계로 하는 사람들이므로 당신의 FAQ에 어떤 질문을 넣을 것인가 결정하는 일은 분명해진다. 직원들은 가장 자주 묻는 질문이 어떤 것인지 알고, 그에 대한 대답도 갖고 있다. 더욱 중요한 것은 고객이 "100파운드가 넘게 나가나요?"라고 물어 볼 때 배송 방법과 가격을 묻는 것임을 알고 있다는 점이다. 배송 문제로 문의하는 사람은 제품을 사용할 수 있을 때까지 시간이 얼마나 걸리는지도 물어 보기 마련이며, 보증 문제에 관해 문의하는 사람은 신뢰도에 대해서도 묻고 있는 것이다.

현장에서 서비스 전화를 받는 사람들을 만나 이야기를 들어 보라. 최전선에서 세일즈를 뛰고 있는 사람들도 만나 보고, 전화 상담을 맡고 있는 사람들의 이야기에도 귀를 기울여 보라. 접수계 직원들에게 종이 다발을 주고 수백 번도 넘게 들은 질문을 모두 쓰도록 시켜 보라. 직원들이 자신이 쓴 내용을 책임지고 보증하는 것은 아니지만 적어도 두 가지 중요한 정보를 얻을 수 있다. 첫째, 고객들이 사용하는 용어를 그대로 알려 준다는 점과 둘째, 누가 답변을 알고 있는지 알 수 있다는 점이다.

제품 관리자가 아닌 고객의 목소리로 질문과 답변을 자세히 풀어 쓰는 것이 가장 중요하다. 나의 경우를 예로 들어 보자. 가끔 노트북이 몇 분 동안 정지해 버리는 이유를 알고 싶지만 내가 어떻게 알고 "온도 조절 관리 시스템에 대해서 자세히 알려 주세요." 같은 질문을 클릭할 수 있겠는가.

즉, 고객이 질문하는 스타일을 파악하는 것이 관건이다. 가게에 들어오거나 전화를 걸어 오는 손님이 제일 먼저 묻는 것은 무엇이며, 또 어떤 식으로 질문하는가?

Subject Wills & Company(www.swc.com) 사에서 부패하기 쉬운 음식 산업에 종사하는 사람들을 위해 내놓은 소프트웨어 '프로듀스 프로'에 관한 FAQ를 보면 잠재 고

객에 맞추어 내용을 조정해 놓았다는 것을 분명히 알 수 있다([그림 3.3] 참고). 나는
이 소프트웨어가 왜 필요할까? 나에게 유용할까? 경쟁품과는 어떤 점에서 비교할 수
있을까? 캐묻기 좋아하는 사람들은 이런 내용을 궁금해 하겠지만, 이런 FAQ는 이미
제품을 구입하여 설치한 사람에게는 전혀 필요치 않은 것이다. 그렇다면 어떻게 해야
할까?

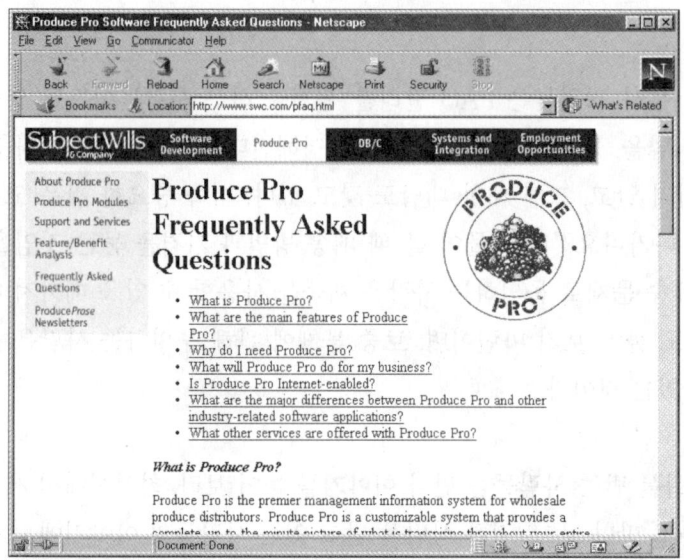

그림 3.3 프로듀스 프로의 FAQ는 소프트웨어를 구입할 의사가 있는 소비자를 겨냥한 질
문으로 구성되어 있다.

고객용 FAQ

비즈니스 컴퓨터용 소프트웨어 도구를 제조하는 공기업 Cognos에서 인터넷 마케팅
매니저로 근무하고 있는 데니스 바타코비치(Denes Bartakovich)의 조언을 따르는
방법도 고려해 볼 만하다. 데니스는 목표로 선정한 잠재 고객 및 기초적인 질문 사항
을 가진 신규 고객용과, 제품과 서비스에 대해 훤히 꿰뚫고 있는 등록 고객용 두 가지
로 FAQ를 분리해 놓았다. 이렇게 하면 잠재 고객은 당신의 사업 방식에 호감을 느끼
게 되고, 예정보다 빨리 실제 고객으로 전환할 수 있을 것이다. 등록 고객만 이용할 수
있는 FAQ가 따로 존재한다는 사실에 오히려 잠재 고객들은 더욱 끌리게 될 것이다.

잠재 고객은 당신의 회사가 진지하게 자신에게 도움을 주고 있다는 점을 깨달을 것이
며, 등록 고객은 특별한 관심의 대상이 된 듯한 인상을 받게 될 것이다. 고객 전용

FAQ는 대중 구매를 목적으로 하지 않으므로 질문이 보다 세분화되어 있다. 그 제품에 언제쯤 특정 기능을 추가할 예정인가요? 소프트웨어에 발생한 버그는 언제 고칠 수 있나요? 고장이 심하게 났을 때는 누구에게 연락해야 하나요?

두 번째 FAQ는 더 많이 알고 있는 고객을 전제로 질문과 답변을 제공한다. 특정 고객이 로그인하면 고객으로 등록된 날짜와, 어느 수준의 양성 과정을 마쳤고 지난번 방문 이후 변경된 부분이 무엇이며 사람과 통화하기 위해 전화 상담원을 찾는 횟수가 얼마나 되는지 등 고객 데이터베이스에 기록되어 있는 자료를 기초로 알맞은 FAQ 세트를 내놓는다. 신규 고객은 배경 지식이 부족하므로 분명히 더 자세하게 나와 있는 설명을 찾겠지만, 능숙한 고객에게는 간략하면서 분명한 답변이 더 효과적이다.

FAQ 페이지 구성

웹페이지를 디자인할 때보다 FAQ 페이지를 구성할 때 더 세심하게 관심을 쏟아야 한다. 페이지 구성이 잘 되어 있으면 사용이 편리하므로 고객과 상담자 모두 전화 통화에 드는 시간을 많이 절약할 수 있을 것이다.

FAQ도 다른 웹 문서들처럼 쉽게 읽을 수 있어야 한다. 살펴보기도 편리해야 하며, 적절한 예상 질문과 답변을 고려하여 고객이 시간만 낭비하고 실망하는 일이 없도록 해야 한다.

FAQ를 단순하게 긴 텍스트 문서로 만들어 놓은 웹사이트들이 꽤 있다. 이러한 사이트는 가장 자주 묻는 질문을 실어 놓긴 했지만, 대개의 경우 가장 자주 묻는 순서대로 배열해 놓지는 않았다. FAQ가 짧다면 이렇게 해 놓더라도 별 문제가 되지 않을 것이다. 하지만 FAQ가 짧을수록 고객에게는 별 도움이 되지 못하며 그 가치도 줄어든다는 점을 명심해야 한다.

스위스 은행에 관한 FAQ(www.swconsult.ch/chbanks/faq.htm, [그림 3.4] 참고)는 'SW 컨설팅' 사에서 제작한 것으로, 짧고 간결한 FAQ의 전형이라 할 수 있다. SW 컨설팅 사는 컴퓨터로 은행과 금융 회사에 컨설팅 서비스를 제공하는 회사로, 호의를 베푸는 차원에서 FAQ 서비스를 제공하고 있다. 이것이 이 회사가 인터넷에 대응하는 방식이다. 실제 고객이나 잠재 고객의 입장에서 보면 이 서비스는 질문과 답변이 너

무 짧으면서도 수준이 너무 높아 큰 도움이 되지 못한다. 대신 무심코 들러서 살펴보는 사람들을 겨냥하고 있다.

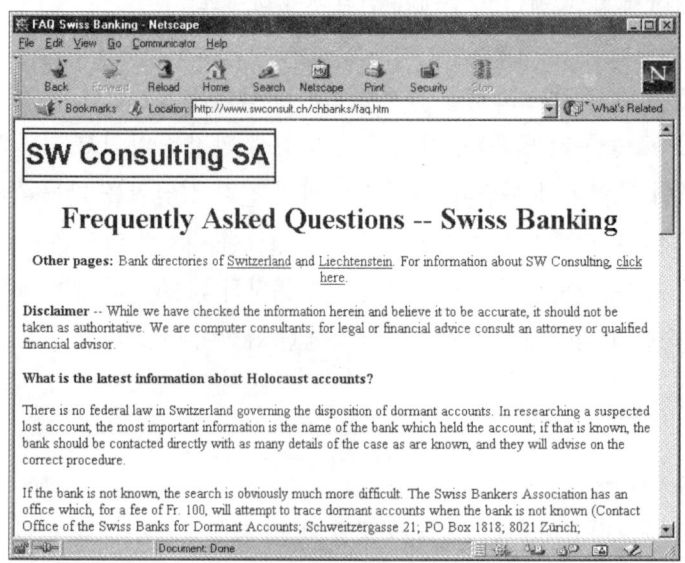

그림 3.4 SW 컨설팅 사에서 만든 스위스 은행에 관한 FAQ는 단순한 형태를 띠고 있다.

마케팅 차원에서 볼 때 SW 컨설팅 사는 FAQ의 대상을 잘못 정하였다. 고객 서비스 차원에서 볼 때 시간과 대역폭을 모두 낭비한 셈이다. 질문은 다섯 개가 전부이며, 대답도 간결하기 짝이 없다. 1995년의 저작권 마크가 번쩍거리고 있는 것을 보면 지금까지 한 번도 업그레이드를 하지 않았다는 얘기이다. 그 당시의 질문이 어떻게 지금에 와서도 여전히 자주 묻는 질문이 될 수 있겠는가.

여기서 얻을 수 있는 교훈은 분명하다. 첫째, FAQ와 같은 도구는 반드시 만들어야 하는데, 최신 버전으로 계속 업데이트할 계획이 없다면 마지막 업데이트한 날짜를 올리지 말라는 것이다. 두 번째 교훈은 FAQ 고객 서비스를 이런 식으로는 절대 만들지 말라는 것이다. 현실적인 가치가 있는 FAQ를 만들어야 한다.

그리고 FAQ에도 어느 정도 차이를 주어야 한다. 이용자의 80%가 도움을 받을 수 있을 만큼 질문을 최대한 자세히 설명하라. 그리고 다른 5%의 이용자를 위해서는 링크를 만들어라. 하지만 대부분의 웹사이트에 방문하는 15%의 사람들은 지금까지 아무도 묻지 않았고 앞으로도 묻지 않을 그런 질문을 할 것이다.

찾기 쉽게 만들기

웹사이트 설계사라면 누구나 겪는 고민이 한 가지 있다. 어떻게 하면 충분한 양의 정보를 찾기 쉬우면서도 진정으로 가치 있는 사이트를 만들 수 있을까 하는 문제이다.

웹 설계사 중에는 '어려워도 빠르게' 라는 원칙을 세운 사람들이 있다. 이 원칙은 첫째, 어떤 내용이든 최대 네 번까지만 클릭하면 홈페이지에서 갈 수 있어야 한다. 둘째, 사이트를 찾는 이들에게 필요한 것을 하나의 시각적 상징만으로 모두 만족시킬 수 있어야 한다. 셋째, 모든 메뉴는 아이템이 일곱 개가 넘어서는 안 된다. 그러나 '어려워도 빠르게' 라는 원칙은 말 그대로 정당화하기 어렵고 '빨리' 실망하게 만든다. 그렇다면 사이트 전체에 '보면서 느끼기' 원칙을 적용하는 것은 어떨까? 물론 아주 좋은 방법이다. 이것은 파트마다 버튼과 컬러가 제각각이라 사이트를 방문하는 사람들이 혼란을 겪는 일이 없도록 하고 싶다면 반드시 필요한 원칙이다. 원칙에 지나치게 얽매이는 일이 없도록 주의하기만 하면 된다.

FAQ로 가는 지시자를 홈페이지에 하나의 독립 버튼으로 두는 것도 좋은 방법이다. 그러면 그 지시자는 모든 페이지에서 메뉴 버튼 중 하나로 뜰 것이다. 이렇게 하면 어떤 페이지에서든 쉽게 FAQ에 접근할 수 있을 것이고, 그러면 제품에 관한 정보를 열심히 읽다가도 모르는 부분이 나오면 쉽게 FAQ를 참조할 수 있을 것이다.

사이트를 방문한 사람들은 제품과 서비스에 관한 설명을 읽고 흥미로웠던 부분을 확인하거나 만족하기도 하고, 자질구레한 사항을 결정하는 데 도움을 받기도 한다. 제품 설명란에 자세한 내용이 나와 있는 FAQ를 다시 가리키도록 만들어 두면 FAQ를 업데이트하는 데에만 집중할 수 있다. 이렇게 하면 페이지를 전부 다시 만드느라 엄청난 시간을 들일 필요가 없어진다.

FAQ를 다시 가리키도록 만들어 두면 또한 방문객들에게 당신의 사이트가 얼마나 이해하기 쉬운지 보여 주는 효과도 낼 수 있다. 페이지가 잘 구성되어 있다면 궁금한 부분이 있는 사람은 자신이 찾던 특정 아이템 주위에서 관련 정보를 찾을 것이다. 당신이 해야 할 일은 FAQ를 최대한 합리적인 방식으로 구성하는 것이다.

FAQ를 단순하게 만들면 보기에는 좋지만 너무 단순하면 방문객에게 필요 이상의 일거리를 안겨 주게 된다. Haley & Steele 사의 FAQ(www.haleysteele.com)는 질문과 답변의 내용은 훌륭한 데 반해 텍스트를 한 블록 안에 빽빽이 채워 놓은 탓에 쉽게 눈에 들어오지 않는다([그림 3.5] 참고).

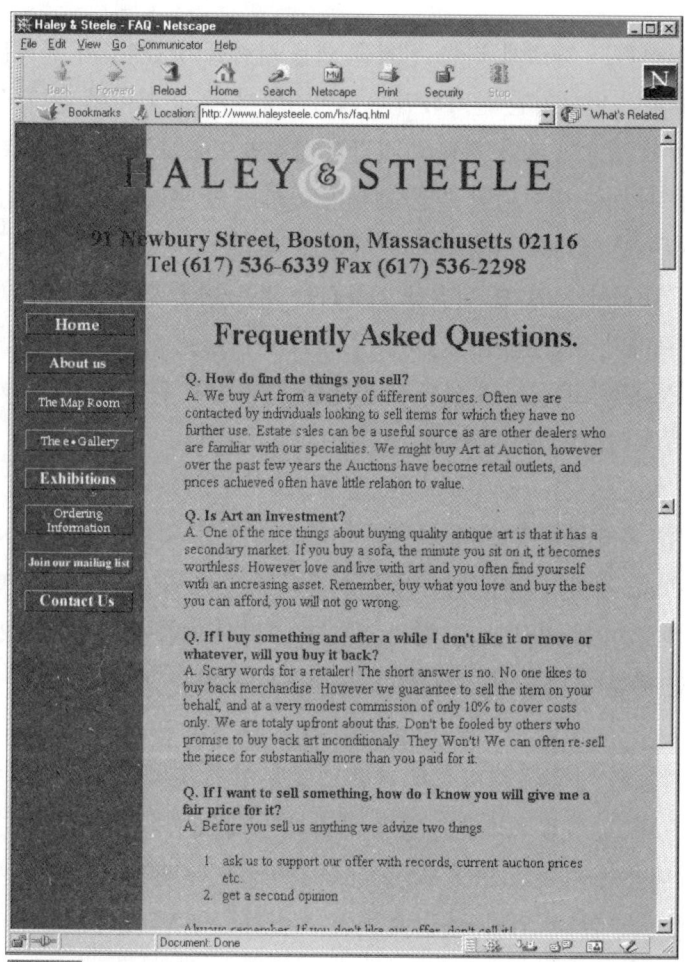

그림 3.5 Haley & Steele 사의 FAQ는 질문과 답변을 싣고 있지만 우아하게 돌아보기는 힘들게 되어 있다.

NEC 컴퓨터 사는 질문을 나열할 때 하이퍼링크를 사용하여 한 단계 더 발전한 모습을 보여 준다([그림 3.6] 참고).

NEC 사의 FAQ는 질문을 짧게 하고 링크는 푸른색으로 처리하여 고객이 쉽게 둘러보고 빨리 고를 수 있게 구성되어 있다. NEC 컴퓨터에 관해 무척 궁금한 것이 있어

밤새 잠을 못 이룰 지경이라면 이 FAQ를 통해 빠르게 구원을 얻을 수 있다.

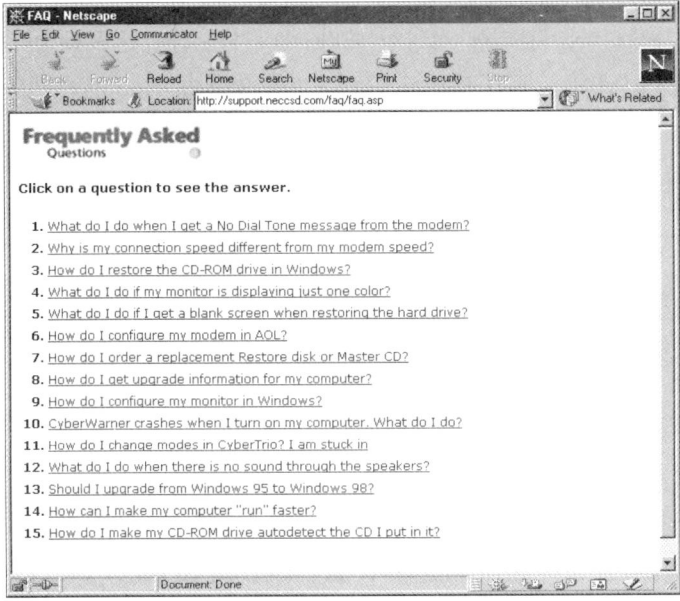

그림 3.6 NEC 사의 FAQ를 보면 어떠한 질문이 가장 중요한지 한눈에 알아볼 수 있다.

그러나 이 페이지에 알아볼 수 있는 마크가 하나도 없다는 점은 좀 이상하다. support.
neccsd.com이라는 URL이 없다면 어떤 종류의 도움을 누구에게서 받고 있는지 알 수
없을 것이다. 어떻게 이러한 일이 생기는 것일까?

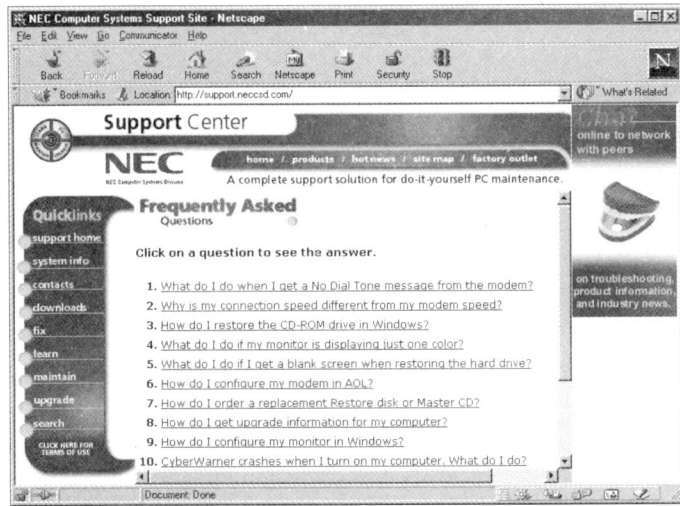

그림 3.7 본래 의도한 형태의 FAQ 페이지. 여기서 얻을 수 있는 교훈은? 프레임을 사용
하지 말라는 것이다.

바로 프레임 때문이다.

웹 페이지 디자인을 자세히 살펴보기에 적당한 때가 아니기는 하지만 프레임 사용에 관해서 한 가지 지적하고 넘어가야 할 부분이 있다. [그림 3.6]의 FAQ 프레임은 둘레에 프레임세트(frameset)가 없다. 하지만 본래 웹디자이너가 의도했던 것은 [그림 3.7]이다. 프레임의 해악에 대해 좀더 자세히 알고 싶다면 제이콥 닐슨(Jacob Nielsen)의 웹사이트(www. useit.com)를 참고하라.

다중 FAQ

FAQ의 포맷을 만들면서 항상 염두에 두어야 하는 표어는 바로 "고객의 입장에서 생각하라"는 것이다. 잠재 고객의 입장까지 고려한다면 더욱 좋겠다. 고객은 당신 회사가 제조 공장이든 기업체든 아니면 정치 단체든 상관하지 않는다. 자신의 질문에 답변해 주기만 바랄 뿐이다. 당신 회사에 대해 고객이 가진 생각을 FAQ에 반영해야 한다.

FAQ를 나누는 방법 가운데 가장 많이 쓰이는 방법은 주제에 따른 분류이다. 다음 목록은 대부분의 사람들이 자신이 궁금한 부분을 찾을 수 있도록 구성한 일반적 형태이다.

제품 A에 관한 FAQ
제품 B에 관한 FAQ
제품 C에 관한 FAQ
업그레이드에 관한 FAQ
주문, 배송, 반품에 관한 FAQ
개인적 도움을 받기 위한 FAQ
회사에 관한 FAQ

ezenia!(www.ezenia!.com)는 인트라넷 회의용 멀티미디어 통신 서버를 판매하는 사이트이다. ezenia!는 FAQ 리스트에서 아홉 가지 제품 중 하나를 선택하는 데는 드롭다운 메뉴(drop-down-menu)가 최상이라고 판단했다([그림 3.8] 참고).

이중 드롭다운 메뉴를 사용하면 제품을 선택하는 일 말고도 각 제품에 관한 FAQ의 세부 사항도 고를 수 있다. FAQ의 선택 사항은 '일반', '구매', '문제 해결', '기타'

등 네 가지로 이루어져 있다. 이렇게 해서 서로 다른 FAQ 페이지를 서른여섯 개로 만드므로 고객 입장에서는 끝없이 이어지는 글을 읽다가 지쳐 버리는 일은 없어진다.

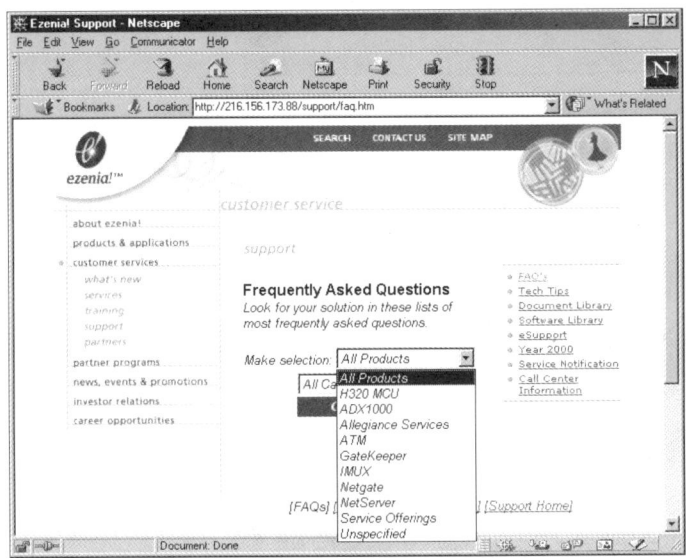

그림 3.8 ezenia!는 FAQ를 선택하는 데 이중 드롭다운 메뉴를 사용하기 때문에 페이지의 공간을 많이 절약할 수 있다.

답 속의 답

하이퍼텍스트의 장점이라면 한 자리를 파고 들어가기보다는 여러 곳을 찾아다니며 정보를 얻을 수 있도록 해준다는 점이다. 하이퍼텍스트 덕분에 새로운 것을 찾아내는 일을 학습의 보조 수단으로 이용할 수 있게 되었다. 또한 하이퍼텍스트 덕분에 긴 논문을 처음부터 끝까지 읽어 보지 않고도 원하는 핵심 정보를 찾을 수 있다.

한 번에 모든 것을 다 설명하려고 애쓰지 마라. 대수학의 기본 원리를 가르치지 않고 미적분을 설명하는 것은 헛수고일 뿐이다. 미적분에 관한 설명은 필요한 사람들이 계속 클릭하여 찾아낼 수 있도록 해야 한다. 그러나 FAQ를 읽는 사람들은 필요한 정보라 해도 길고 읽기 힘들다는 사실을 깨닫고 나면 도망가 버리고 다시는 읽지 않을 것이다. 클릭 한 번으로 단숨에 정보로 들어갈 수 있도록 해야 한다. FAQ에 관한 깔끔하고도 간결한 인덱스와 도표도 제공하라.

답변마다 지시자를 달아서 고객이 더 상세한 정보에 접근할 수 있도록 만들어 놓은 미 우정국 사이트에서 교훈을 얻을 수 있다([그림 3.9] 참고).

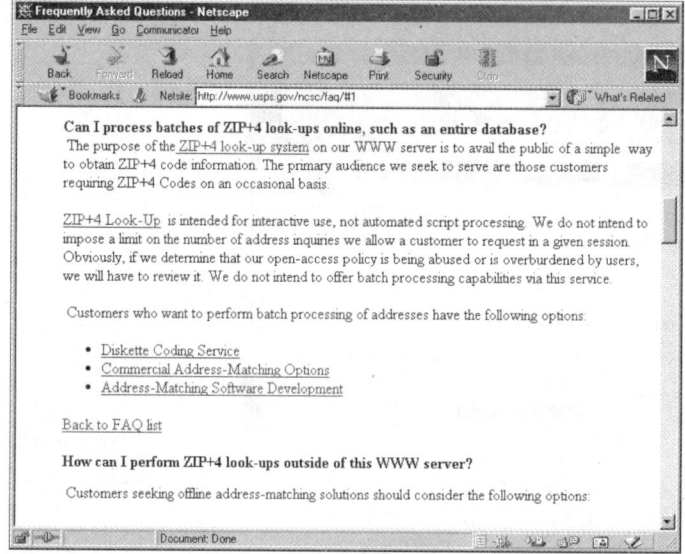

그림 3.9 미 우정국 사이트는 한 가지 대답으로는 사람들이 만족하지 못한다는 점을 잘 알고 있다.

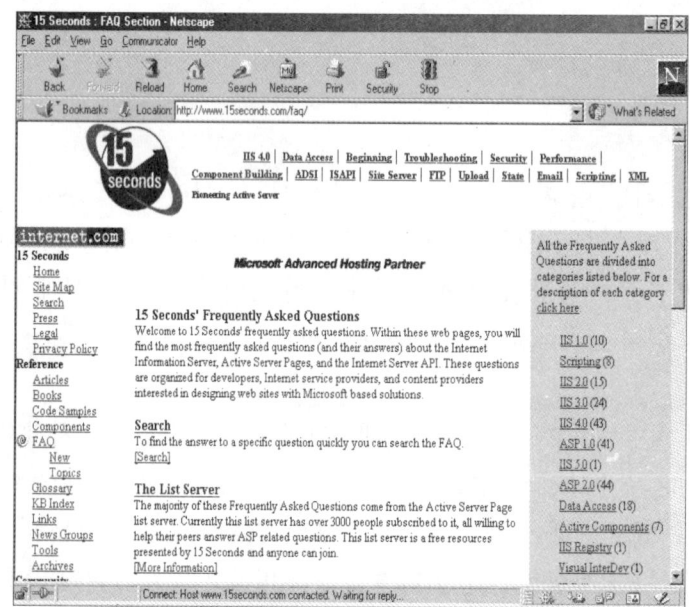

그림 3.10 15 Seconds에는 긴 FAQ 리스트가 있고, 각 FAQ 옆에는 사이트를 항해하는데 도움이 되는 길잡이가 붙어 있다.

하나로 모으기

15 Seconds(www.15seconds.com) 웹사이트는 Internet.com이 소유한 여러 사이트 중 하나로, '마이크로소프트 인터넷 솔루션'을 사용하는 개발자나 운영자에게 자원을 무료로 제공하는 사이트로서 Active Server 같은 서버 사이드 솔루션에 초점을 두고 있다. 15 Seconds는 자사의 특정 고객들에게 정보를 알리는 방법의 하나로 FAQ 세트를 상당히 정교하게 만들어 제공하고 있다([그림 3.10] 참고).

15 Seconds FAQ를 소개하는 글을 한번 보자. "모든 FAQ는 아래와 같은 카테고리로 분류되어 있습니다. 각 카테고리에 관한 설명을 알고 싶으시면 여기를 클릭하세요." 클릭하면 서른다섯 개가 넘는 FAQ의 리스트가 하나 뜨는데, 각 FAQ에는 짧은 단락 분량으로 설명이 달려 있다. 사이트를 처음 방문한 사람에게는 이 설명들을 읽어 보는 것이 큰 도움이 될 것이다. 다음번부터는 방문할 때마다 읽어 볼 필요가 없으므로, 이제 필요한 것은 빠른 링크다.

[그림 3.11]을 보면 각 링크 옆의 괄호 안에 숫자가 있다는 것을 알 수 있다. 예를 들어 쿠키 링크는 (13)으로 되어 있는데, 이는 쿠키 링크에 해당하는 질문이 총 열세 개가 있다는 뜻이다. 이 도구를 사용하면 지난번 방문했을 때보다 관심 있는 특정 분야에 추가된 질문이 없는지 쉽게 확인할 수 있다. 이것이 바로 중요한 점이다. 왜냐하면 동료 웹사이트 제작자들이 질문해 올 때마다 FAQ 내용을 추가하기 때문이다.

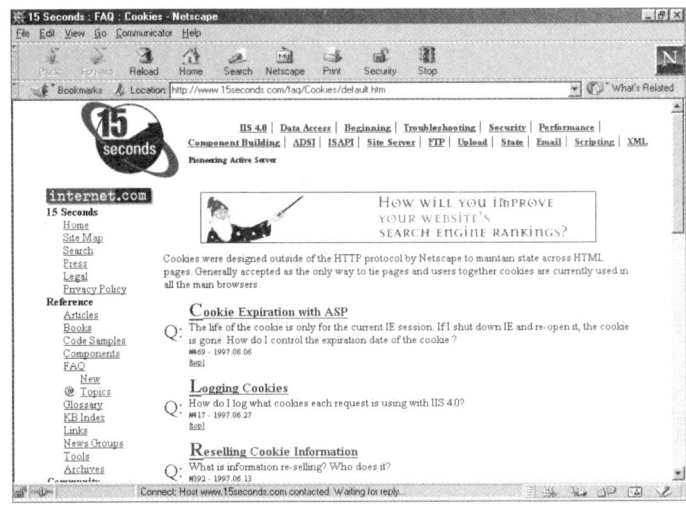

그림 3.11 15 Seconds의 질문 페이지는 클릭 힌트가 들어 있는 유용한 메타 정보를 제공한다.

쿠키 FAQ([그림 3.11] 참고)의 경우에는 빠르게 훑어볼 수 있도록 질문을 분류해 놓았다. 또한 완벽하게 이해할 수 있도록 질문을 길고 자세하게 썼으며, 질문 옆에 날짜를 기록하여 최신 정보를 제공하고 있다. 그리고 모든 질문과 답변을 한 페이지에 담으려고 애쓰기보다는 답변 링크를 마련해 놓았다.

일단 자신에게 필요한 내용과 부합하는 질문을 선택하고 나면 이번에는 15 Seconds가 숨겨진 보물이 있는 곳으로 당신을 안내한다([그림 3.12] 참고). 답변을 곧바로 제시하고 글을 쓴 사람의 이메일 주소를 실어 의문 사항이 생기면 그 사람에게 바로 다시 물어 볼 수 있도록 했다. 이러한 기술은 일석이조의 효과를 가지고 있다. 질문을 한 사람에게는 일대일 답변에 책임을 지고 있다는 느낌을 줄 수 있고, 후속 질문이 있는 방문자를 적절한 직원과 연결시킬 수도 있다. 결과적으로 직원들 역시 답할 사람을 찾느라 들어오는 질문을 거르고 선별하는 데 시간을 낭비할 필요가 없다. 대답해 줄 사람이 목록에 나와 있으니 부르기만 하면 대령할 것이기 때문이다.

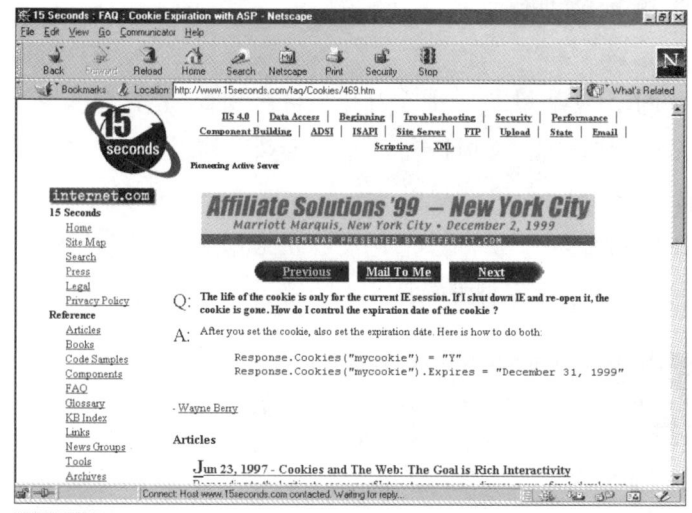

그림 3.12 15 Seconds는 'FAQ'에 충실히 답하는 법을 보여 주는 모범적인 사례이다.

그리고는? 주제에 관한 기사 목록이 있다. 이것은 더 심층적이고 추가적인 정보로, 이미 사이트에 실려 있거나 아니면 그런 정보를 담고 있는 다른 사이트로 안내할 것이다. 이미 주어진 빠르고 간단한 답변에 뉴스, 견해, 세부적 기술 사항 등이 더 추가되므로 정보는 그 깊이를 더하게 된다.

그런 다음에 15 Seconds는 SQL 서버와 Check Cookie Assignment를 사용해

Unique Cookie를 만드는 프로그래머들을 위해 코드 샘플로 연결되는 링크를 올려 놓았다. 그 뒤로 관련 있는 주제의 리스트가 이어지는데, 이 가운데 일부는 다른 FAQ에서 다루는 내용이다.

이처럼 질문과 답변에 관한 정보 그리고 한층 더 상세한 정보로 안내하는 지시자를 모두 갖춘 FAQ가 이상적인 FAQ다. 무언가 궁금한 점이 생기면 그것에 대한 답, 배경 지식, 그리고 도움을 청할 사람을 찾게 되는 것이 인지상정이다.

FAQ가 잘 설계되어 있으면 고객들은 급하게 필요한 정보도 편하게 찾을 수 있다. 고객 입장에서는 시간을 절약할 수 있고, 가슴이 답답해지는 일도 없어진다. 또한 사이트 운영자 역시 전화 받는 시간을 줄일 수 있다.

가장 많이 묻는 질문(MFAQ)

이제 서버 로그로 돌아가 '가장 많이 묻는 질문(MFAQ)'을 확인해야 할 때이다. MFAQ는 밤하늘에 쏘아 올린 조명탄과 같은 일종의 위험 신호이다. 당신 사이트가 커뮤니케이션에 문제가 있다는 점을 알려 주는 경고인 셈이다.

당신의 FAQ 페이지를 읽는 사람 중 80%가 똑같은 질문을 찾는다면 당신이 어딘가에서 커다란 실수를 했다는 뜻이 된다. 80%의 사람들이 그 한 가지 정보를 얻으려고 FAQ를 읽어야만 하는 상황이라면 사용자 매뉴얼을 수정해야 할 것이다. 어쩌면 홈페이지에 답변을 올리거나 제품 포장의 광고 카피를 다시 쓰거나 아니면 제품 사용에 대한 설명을 다시 써야 할지도 모른다. 혹은 제품을 구입하는 사람들이 거는 잘못된 기대를 바로잡아 주기 위해 광고를 수정해야 할 수도 있다.

고객이 겪고 있는 혼란의 깊이가 어느 정도인지 FAQ로 측정하고자 한다면 페이지 디자인에 신경 써야 한다. 질문 링크 인덱스를 만들 때는 페이지의 위쪽에서 같은 페이지 아래쪽을 가리키는 식으로 만들지 말고, 각각 다른 페이지와 연결되도록 지시자를 달도록 하라.

한 페이지에 계속 머무르게 만드는 것이 www.company.com/faq/html#Q9처럼 당신의 로그에 나타날 수도 있지만 아닐 수도 있다. 고객이 MFAQ의 답변을 보기 위해 스

크롤해서 리스트 아래로 내려가기가 아주 쉽기 때문에 당신은 아무것도 알아낼 수 없다. 답변을 각각 다른 페이지에 두고 그 페이지로 연결해 주는 링크 포인터를 두는 편이 낫다. 이렇게 클릭하도록 만들어 두면 로그 파일에 적절하게 기록되므로 훗날 분석에 유용한 자료로 쓸 수 있다.

그러나 FAQ 페이지의 위력에 모든 것을 의지할 수는 없다. 문서 디자인이 아무리 잘되었다 하더라도 고객을 혼란스럽게 하거나 겁먹고 도망가게 만들 수도 있다. 어떤 제품은 문제 해결 가이드가 필요하기도 하다.

지식 기반

풍부한 정보를 담아 FAQ를 준비했는데 생각만큼 사람들이 자주 묻지 않는다면? 많은 사람들이 각각 다른 방식으로 질문해 온다면 지식 기반을 쌓을 때가 된 것이다. 지식 기반을 설명하기는 아주 쉽다. 들어오는 질문과 이에 대해 나간 답변을 모두 받아서 데이터베이스에 넣어 두기만 하면 된다. 고객은 자기가 하고 싶은 질문 내용이 데이터베이스 안에 실려 있는지 키워드 검색을 이용하여 찾을 수 있다.

그러나 설명하기는 쉬워도 실행은 간단한 일이 아니다.

1단계: 질문에 알맞도록 정돈된 답변을 찾는다. 사람들이 주로 하는 질문이 어떤 것인지 알아보기 위해 접수원을 찾아갔던 일이 기억나는가? 이제는 최상의 답을 만들어 내기 위해 회사 안의 여러 부서에서 나오는 다양한 답변을 모아야 한다.

영업부에서는 고객을 가장 빠르게 만족시키는 해답을 알려 줄 것이다.

마케팅부에서는 어떻게 그 문제가 제품의 특성이 되는지 설명해 줄 것이다.

제품 관리부에서는 그 문제를 다음 버전 제품에서 어떻게 해결할 것인지 알려 줄 것이다.

기술부에서는 고객이 얼마나 멍청한지 알려 줄 것이다.

고객 서비스부에서는 예민해진 고객을 달랠 수 있는 해답을 줄 것이다.

이제 필요한 정보를 모두 갖추었으니 다음은 이 정보들을 한데 모아 유기적이면서도 보편적인 답변으로 만들 차례이다. 반드시 완벽한 답변을 제공해야 한다. 또한 추가 정보로 연결해 주는 지시자도 반드시 달아 주어야 한다. 그러나 어떤 주제에 관해 물어 볼 가능성이 있는 질문 하나하나마다 완벽한 답변을 준비하려고 애쓰지는 마라. 고객이 진정으로 바라는 것은 부분적이면서도 목적에 맞는 간략한 답변이다. 대신 정보 관련 페이지로 연결해 주는 링크를 답변 주위에 배치해 두는 것이 좋다. 클릭했을 때 얻을 수 있는 정보가 어떤 것인지 정확하게 알려 주기만 하면 된다.

제품의 질이 우수하고 사원들 역시 고객을 돕고자 하는 열망으로 가득 차 있다면 개인적으로 도움을 줄 수 있는 개인 연결 지시자를 추가하는 것도 고려해 볼 만하다. 다음과 같은 경우가 좋은 예이다. "Brain-Wave-Scanner 신제품 설치에 관한 의문 사항이 있으시면 PlumberNorton@brain!s.com으로 연락해 주십시오. Brain-Wave-Scanner 연결에 문제가 발생하면 PsychicSylvia@brain!s.com으로 연락해 주십시오. Brain-Wave-Scanner Personality Analyzer에서 나온 설명서에 궁금한 점이 있으시면 FreudJung@brain!s.com으로 연락해 주십시오."

포맷 역시 반드시 신경 써야 하는 부분이다. 블록이 모두 텍스트로만 되어 있으면 읽기 불편하다. 단락, 들여쓰기, 굵은 가운뎃점(·) 등을 사용해서 메시지를 분리하는 것이 좋다. 그래야 읽기에 지루하지 않을 것이다.

고객의 행적을 확인하는 일도 잊지 마라. 고객이 원하는 답을 원하는 때에 얻었는지 정기적으로 확인해야 한다. "귀하께서는 최근 Brain-Wave 지식 기반을 이용하셨습니다. 원하시는 정보를 얻으셨습니까? 도움은 되셨는지요?"

지식 기반 업무를 더 자세히 배우고 싶거나 도움이 필요하면 Right Now Technologies(www.rightnowtech.com)를 확인하라. 그 회사 제품인 Right Now Web(RNW)은 고객과 교류하면서 지식 기반을 구축할 수 있도록 고안된 제품이다.

　　RNW를 사용하시면 자동 FAQ를 통해 목표 정보를 제공하는 지식 기반, 키워드로 검색할 수 있는 지식 기반, 그리고 개인 도움 요청에 대한 지원 등을 서버에 설치하실 수 있습니다.

RNW는 일주일에 7일, 하루 24시간 내내 지속적이며 정확한 서비스를 제공합니다.

RNW는 고객이 스스로 원하는 답을 빨리 찾을 수 있게 도와 전화, 이메일, 인터넷 지원에 드는 시간을 줄일 수 있습니다.

RNW를 사용함에 따라 '배워 나갑니다'. 고객들이 자기가 얻은 대답이 얼마나 효과적인지 평가하기 때문에 RNW를 사용할수록 지식 기반의 지식은 더 늘어나게 됩니다.

정면 돌파로 문제 해결하기

문제 해결 가이드는 FAQ도 아니고 지식 기반도 아니다. 미리 예상할 수 있는 여러 가지 잠재적인 문제점과 그에 대한 해결 방안을 다룬다. 고객이 어떤 방법으로 문제에 접근하는지, 그리고 그 순간 어떠한 단서를 가지고 있을지 파악한 후 그것을 기반으로 문제 해결 가이드를 예상해 낸다. 심령술사의 도움이 필요한 부분이라고 할 수 있다.

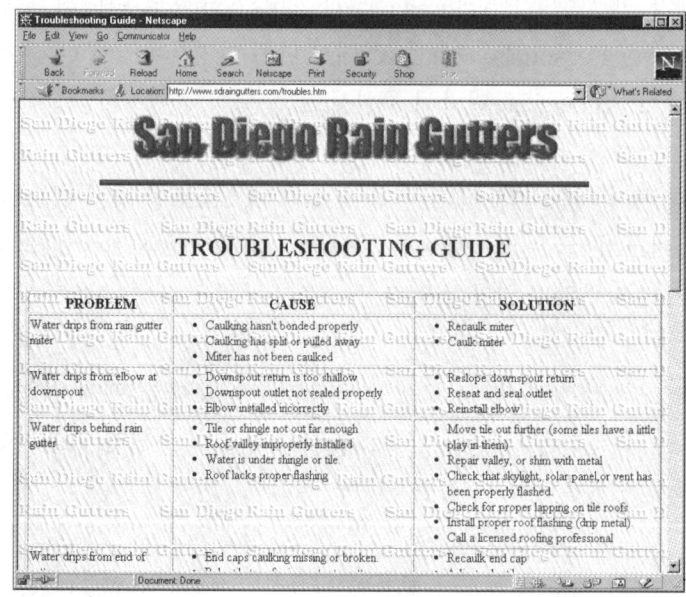

그림 3.13 San Diego Rain Gutters는 문제 해결 가이드를 매우 보기 좋게 구성해 놓았다.

문제 해결 가이드로 정말 성공할 수 있는 유일한 방법은 진짜 바보가 되는 것이다. 정말 아무것도 모르는 사람처럼 이 일에 접근하고, 제품에 관해 알고 있는 것이 있었다면 모두 지워 버려라. 제품에 문제가 생겼을 경우 직관적으로 시도하려는 부분들을 모두 떨쳐 버려라.

현실 속의 고객이 찾는 링크는 "윈도 98의 전화 걸기 네트워크 조절 시스템에서 주요 도메인 서버를 연결하는 데 문제가 있습니다." 같은 것이 아니다. 고객이 택하는 쪽은 "모뎀에서 긁히는 것 같은 이상한 소리가 나고, Yahoo!에 연결이 안 되는데요."이다. 포맷은 San Diego Rain Gutters처럼 단순한 쪽으로 가는 게 좋다([그림 3.13] 참고). 단순하고 직설적이며 이용하기 편리하다. 그리고 메인 화면에서 무수한 질문에 바로 답해 줄 수 있다는 것도 장점이다.

한 계단씩 차근차근 밟아 나가며 문제를 해결하는 가이드를 만들고 싶다면 Leading Edge Airfoil 웹사이트(www.leadingedge—airfoils.com)의 페이지가 참조할 만하다. Leading Edge는 Rotax 비행기 엔진을 제조하는 회사이다. 비행기 엔진은 조작이 매우 까다롭기 때문에 문제 해결도 매우 어렵다. 그래서 Leading Edge는 문제 해결 가이드를 매우 간단히 구성하는 쪽을 택했다([그림 3.14] 참고).

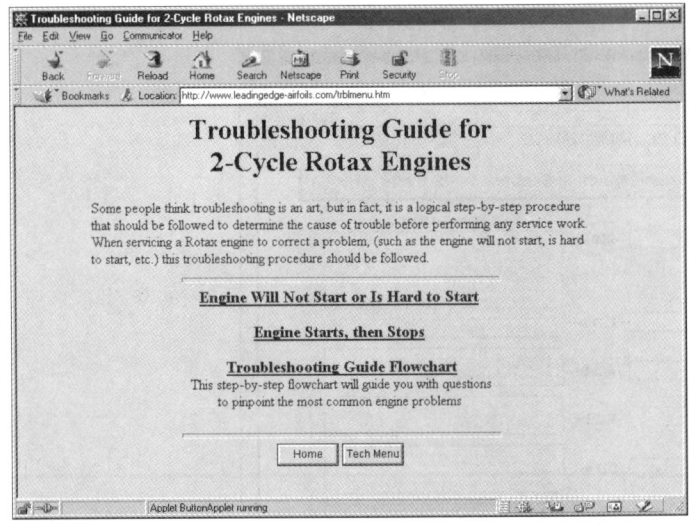

그림 3.14 비행기 엔진에 문제가 발생했을 때 직관보다는 과정에 충실하게 문제를 해결하는 방식을 소개하고 있다.

Leading Edge의 단계별 수칙을 따르면 매우 기본적인 충고를 받게 된다. "엔진이 가동하지 않습니다."를 클릭하면 "가스가 기화기까지 도달했나요?"라고 되묻고, 이에 대해 "아니오."를 클릭하면 문제의 원인이 다음과 같은 경우일 수 있다고 알려 준다.

■ 가스 탱크가 빈 경우

■ 탱크의 뚜껑이 막힌 경우

■ 연료 꼭지가 막힌 경우

■ 연료선이 막힌 경우

■ 연료 필터가 막힌 경우

■ 연료 펌프가 고장나거나 설치가 잘못된 경우

도입부에서 "플러그는 꽂으셨나요?"와 비슷한 종류의 질문을 보면 웃음이 나올 것이다. 그러나 이처럼 과정을 충실히 이행하기 때문에 비행기가 계속 하늘을 날 수 있는 것이다.

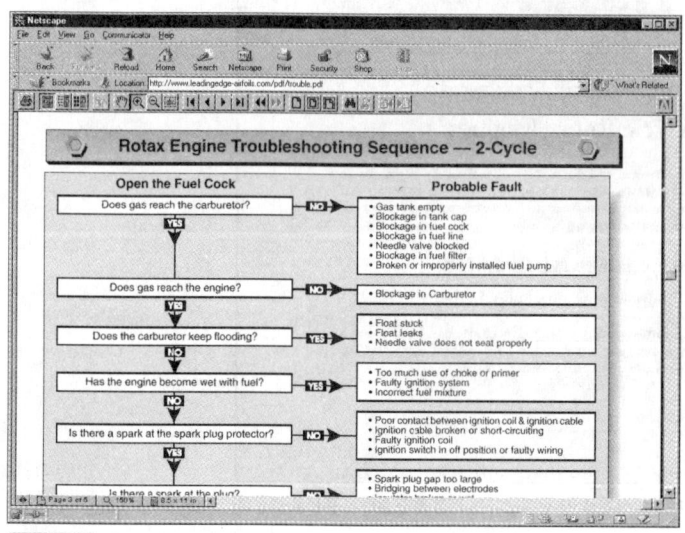

그림 3.15 이 PDF 버전은 한 번에 모두 볼 수 있어 편리하지만, 여전히 HTML 형식으로 만드는 편이 더 좋았을 것 같다.

Rotax 엔진을 분석하는 방법은 이 외에도 여러 가지가 있는데, 자꾸 클릭해 들어갈수록 점점 더 복잡한 문제와 답변에 이르게 된다. 1999년 말 Leading Edge의 운영진은 HTML을 사용한 자사의 Q&A 과정이 지나치게 단순하다고 판단하고 PDF 파일로 가이드를 올렸다([그림 3.15] 참고).

Rural Home Technology 웹사이트(www.frontrunnercorp.com)는 '정화 시스템의 발전'과 같은 흥미로운 논문을 싣는 것 외에도 사람들이 정화 탱크에 무슨 문제가 있는지 파악할 수 있도록 자세한 순서도(flowchart)를 문제 해결 가이드로 제공한다([그림 3.16] 참고).

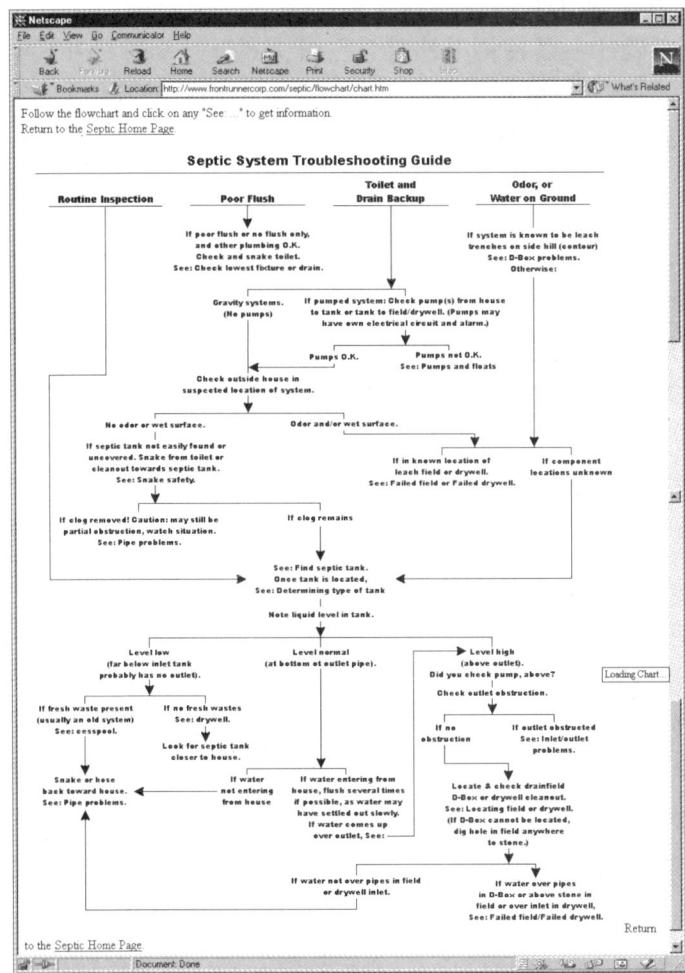

그림 3.16 이 문제 해결 순서도는 정화조에서 생기는 문제에 대해 선택 사항과 해결책을 그래픽으로 제시하고 있다.

마지막으로, 문제 해결 가이드를 만들 때의 주의 사항 몇 가지를 알려 주겠다. 첫째는 답을 완벽하게 제시하라는 점이다. 단계별 가이드를 따라 클릭을 스물다섯 번이나 했는데 궁금해하던 점을 결국 알아내기도 전에 더 이상 전개 내용이 없다면 얼마나 화

가 나겠는가. 두 번째는 고객이 문제 해결 가이드에서 어디쯤 와 있는지 설명해 줄 사람과 연락할 방법을 마련해 두라는 점이다. 이렇게 하면 고객 지원 담당 직원의 입장에서는 마치 첫 단계에서부터 고객과 이야기해 온 것처럼 간단히 실마리를 잡을 수 있게 된다.

문제를 해결할 수 있도록 여러 가지 노력을 기울여 고객을 이끈다 해도 어떤 답은 방대한 문서 속에 갇혀 있을 것이다. 여러 페이지에 달하는 흰 종이나 제품 설명, 또는 설치 매뉴얼 같은 문서 말이다. 물론 친절한 당신은 이 문서들을 모두 사이트에 올려놓겠지만 보통 사람은 자기가 무엇을 모르는지, 모르면 답을 어떻게 찾아야 하는지도 모르는 경우가 많다. 이러한 경우에는 사람들이 사이트 전체를 찾아보도록 놔두는 것이 최선이다.

PDF: 운영자에게는 편리하지만 고객에게는 그렇지 않다

PDF는 포터블 문서 포맷(portable document format)의 약자이다. 인쇄 준비가 완료된 문서를 바로 인터넷에 올릴 수 있다는 뜻이다. 그러나 몇 가지 문제점도 있다. 반드시 Adobe 사의 '애크러뱃(Acrobat)'을 다운로드해 설치해야 읽을 수 있으며, 검색할 때도 여러 가지 골치 아픈 문제가 일어난다.

그렇다면 사람들이 PDF를 이용하는 이유는 무엇일까? 우선 다양한 그래픽 아트 타입이 마련되어 있다는 점이 유혹적이다. 웹사이트에서 Adobe 사가 설명한 이유를 들어 보자. "PDF는 문서의 출처나 플랫폼 혹은 응용 프로그램의 종류에 상관없이 모든 종류의 폰트와 포맷, 색깔, 그래픽을 저장할 수 있는 보편적인 파일 형태입니다." 이 말은 사실이다. 하지만 무료로 PDF를 볼 수 있는 애크러뱃은 그 용량이 자그마치 5.5 MB나 된다. 인쇄 문서를 HTML로 바꾸지 않으려다 오히려 고객에게 엄청난 부담을 주고 있는 것이다.

다음 단계 – 고객이 직접 검색하게 하라

당신의 웹사이트를 처음 방문하는 사람들은 여기저기 찔러 보고 무엇이 있는지 살펴볼 것이다. 당신이 무엇을 제공하는지, 어떤 서비스를 기대할 수 있는지 살펴보려고 클릭해 보고 돌아다니며 사이트에 익숙해지고 있을지도 모른다. 이런 사람들은 뭔가 흥미로운 것들을 찾아내서 일부는 당장 사용하고 또 일부는 나중을 위해 간단히 머릿속해 기억해 둔다.

그리고 장담컨대, 바로 다음날 회사 동료가 DVD 드라이브가 달린 컴퓨터를 TV와 연결하는 방법을 혹시 알고 있는지 물으면 이들은 재빨리 기억을 더듬어 바로 어제 당신의 웹사이트에서 본 것을 기억해 내고 고개를 끄덕이며 회심의 미소를 지을 것이다. 그리고 자판을 몇 번 두드려서 당신의 홈페이지로 다시 들어온다. 하지만 그 동료의 질문에 답할 수 있는 정보가 있는 페이지로 가는 방법은 도저히 알 도리가 없다.

뇌 용량이 부족해 서른일곱 자나 되는 인터넷 주소 같은 것은 기억하지 못하는 우리 같은 사람들에게 호의를 베푸는 것은 어떨까? 검색 버튼을 설치해 주면 아주 편리할 것이다.

첫 방문 후 다시 사이트를 찾은 사람이라면 틀림없이 무언가 특정한 것을 찾을 것이다. 웹사이트를 탐험하고 클릭해 보는 일은 금세 진력이 나게 마련이다. 고객이 빠르게 찾을 수 있도록 도와주지 않으면 이들은 그 회사 웹사이트를 더 이상 자료를 얻을 수 없는 곳으로 생각하게 된다. 이렇게 되면 회사 자체에 관한 인식도 덩달아 추락하게 되고, 결국 그 회사의 고객이 되고자 하는 마음까지도 사라질 것이다.

규모가 큰 웹사이트에서는 모두 검색 도구를 제공해야 한다. 검색 도구는 반드시 홈페이지에서 접속할 수 있어야 한다. 당신의 검색 페이지로 접속해 들어오는 사람이 아주 많다면 아예 검색 페이지를 없애고 대신 모든 페이지마다 검색 상자와 버튼을 두어 이용하도록 하는 것이 좋다. 이렇게 하면 궁금한 것이 생길 때마다 찾아볼 수 있고, 쓸데없이 검색 페이지로 클릭해 들어갈 필요도 없어진다.

검색 엔진은 그 자체로 강력하고 사용하기 쉬워야 한다. 기술팀은 시중에서 구입할

수 있는 다양한 도구를 알아볼 것이고, 예산에 신경 쓰는 책임자는 무료로 사용할 수 있는 도구를 몇 가지 생각해 낼 것이다. 그중에서 고객이 원하는 대답을 제공해 줄 도구를 선택하라.

어떤 검색 도구는 파일명이나 파일 크기, 또는 텍스트의 처음 한두 줄 정도의 최소 정보만 제공한다. 그러나 최소의 정보가 줄 수 있는 것은 최소의 도움뿐이다. 더 많은 정보를 제공하는 검색 엔진을 찾아보는 편이 좋다. 검색 엔진은 파일명과는 차원이 다른, 문서 제목부터 문서 작성 날짜, 문서 내용 중 몇 가지 키워드, 그리고 문서 내용에 관한 적절한 설명을 포함해야 한다. 필요한 웹사이트를 찾느라 주요 검색 엔진을 이용해 본 사람이라면 클릭하고 싶을 만큼 괜찮은 정보를 얻는 일이 얼마나 힘든지 알고 있을 것이다.

검색 도구는 단지 그 만큼의 일만 할 수 있다. 검색 기능을 보강해 줄 수 있는 사람은 당신이다.

맥락

사이트 상에 각 페이지를 만들 때 한층 더 통일된 기준과 규칙 및 규정 즉, 메타 데이터를 함께 만들어라. 이런 작업이 성가시기는 하지만 결국 고객에게는 도움이 될 것이다.

메타 데이터에는 제목과 날짜, 글쓴이, 제품 카테고리, 그리고 페이지를 볼 수 있는 사람과 페이지를 수정할 수 있는 사람의 자격 요건 정보 등이 포함된다. 새로 산 잔디 깎기 기계의 시동 장치 코드를 검색하는 데 결국 구식 토스터의 전원 코드가 나오지는 않을 것이다.

문맥에 맞는 내용을 찾는 데 도움이 되는 소프트웨어를 개발한다면 기삿거리가 될 만하다. 다음은 Edupage(www.educause.edu/pub/edupage)에서 발췌하여 LA times의 한 기사에 실었던 토막 뉴스로, 그 좋은 예가 되고 있다.

와트슨 소프트웨어를 이용하면 의미 있는 검색을 할 수 있다

노스웨스턴 대학의 컴퓨터 과학자들은 셜록 홈즈의 조수 와트슨(Watson)의 이름을 딴 소프트웨어를 개발하였다. 이 소프트웨어는 브라우저 소프트웨어와 워드프로세스 프로그램을 연결하고 타이핑한 문서에서 수집한 정보를 이용해 세밀하게 웹 검색을 수행한다. "핵심을 말하자면 와트슨은 그저 뒤에 앉아서 작업하는 문서를 분석하는 셈이죠." 대학 정보연구실장 크리스천 해몬드의 말이다. "와트슨은 문서의 내용을 파악하고 나서 인터넷에서 당신에게 쓸모가 있을 만한 다른 문서를 찾아냅니다. 그리고 나서 작은 윈도를 띄워 검색 결과를 알려 주지요. 언제든 클릭만 하면 어떤 문서를 검색했는지 알아볼 수 있습니다. 건축 설비에 관한 글을 쓰다가 와트슨으로 '캐터필러(caterphillar: 모충毛蟲. 또는 무한궤도식 캐터필러 트랙터를 가리키기도 함)'와 관계 있는 글을 검색해 보면 벌레에 관한 글은 결코 나오지 않습니다. 와트슨은 당신이 어떤 맥락에서 작업하고 있든 파악한 대로 검색해 냅니다." (1999년 10월 28일, Los Angeles Times)

www.latimes.com/business/19991028/t00009750.html

고객의 입장에서 생각하라

검색 도구가 1조 바이트 분량의 정보를 얼마나 빠르게 훑어볼 수 있는지 생각해 보고, 고객은 잘못된 정보를 빨리 찾기보다는 납득할 만한 시간 내에 올바른 정보를 찾기를 원한다는 점을 명심하라. 복잡한 엔진 없이도 정보를 찾을 수 있게 해주는 다른 방법들도 있다. 초보자의 자세로 그저 고객의 입장에서 생각하기만 하면 된다.

선택의 폭을 제한하라

North Iowa Realty(www.niowarealty.com)는 고객이 원하는 주택을 찾아 주는 사이트이다. 주택은 모양과 크기가 아주 다양하다. 그래서 North Iowa에서는 사람들이 자기가 원하는 집이 어떤 것인지 정확하게 모르는 상태에서도 찾아볼 수 있는 방법을 생각해 내야만 했다. North Iowa가 마련한 해결책은 바로 세부 메뉴이다([그림 3.17] 참고).

North Iowa Realty는 선택의 기회를 다양하게 제공하고 있다. 열아홉 개의 부동산 회사, 여섯 가지 가격대, 스물일곱 개 지역, 여덟 가지의 주택 종류, 아홉 가지 스타일 중에서 선택할 수 있다. 여기에 침실과 욕실은 한 개에서 여섯 개까지 선택할 수 있으므로 총 백만 가지가 넘는 가능성 중에서 선택하는 셈이다. 실제로 선택할 수 있는 집이 그렇게 많지는 않지만, 이런 과정을 통해 고객은 실행 버튼을 눌러 실제로 집을 사기

전에 자신의 상황이나 욕구 그리고 문제점을 분석하는 데 도움을 받을 수 있다.

사람들이 많이 찾는 집의 유형을 에이전트들이 파악할 수 있다는 점에서 North Iowa Realty 역시 분류 선택의 혜택을 보고 있다. 일반 사이트와 비교해 보면 MFAQ를 보는 것과 유사한 효과가 있다는 것을 알 수 있다.

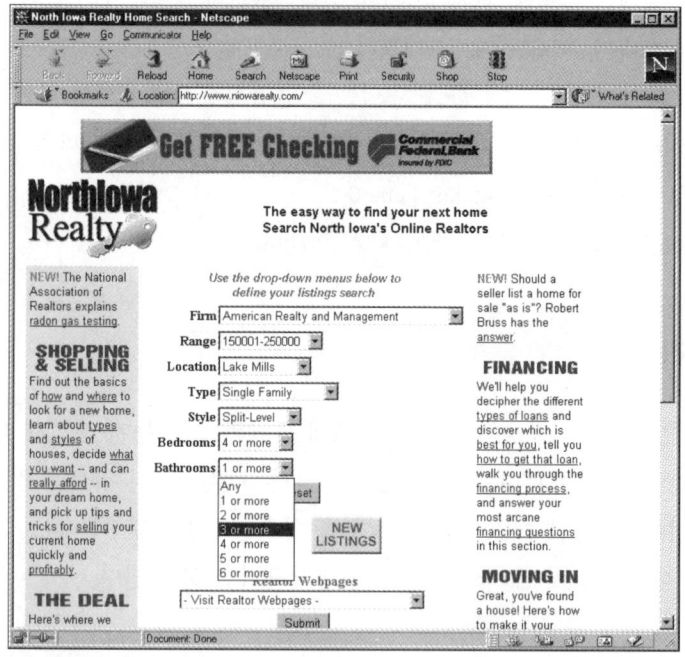

그림 3.17 North Iowa Realty에서는 세트 메뉴를 선택하여 자신이 원하는 주택 조건이 무엇인지 생각해 볼 수 있다.

데이터 파고들기

사람들이 정보를 잘 찾을 수 있도록 도와주는 두 번째 방법은 시각적 길잡이를 제공하는 것이다. 텍스트로 된 많은 양의 정보는 걸러내기 힘들지만 패턴이나 컬러는 훨씬 구별하기 쉽다. 피터 스클러(Peter Sklar)가 Data Drill(www.datadrill.com)을 개발한 것도 바로 이런 맥락에서이다. 시각화 능력을 이용해 그림을 그리는 '검색 엔진 프런트 엔드'를 상상해 보라. 그렇다고 입체로 된 막대 차트나 가상의 벤 다이어그램(Venn diagram)을 사용하는 것은 아니다. 텍스트처럼 의미를 전달하되 색깔과 배치에 신경 쓴다는 말이다([그림 3.18] 참고).

Data Drill은 여섯 개 이상의 아이템이 들어 있는 하나의 카테고리를 한 화면에서 모두 보여 주기에는 공간이 부족하다고 판단하였다. 그래서 '금메달 그룹'을 클릭할 수 있도록 만들었다. 클릭하면 금메달 우승자의 명단을 성별로 분류해서 보여 준다.

지식 기반 또는 제품에 대한 방대한 양의 상세한 문서에 이러한 인터페이스를 적용하는 것을 상상해 보면 그 효과는 분명하다.

그러나 아직도 원하는 답을 찾지 못하는 고객이 있다면 어떻게 할 것인가? 이런 사람들을 모두 콜센터로 돌리기 전에 자동 응답을 해주는 가상 서비스 담당 직원인 앤서봇(answerbot)으로 돌려라.

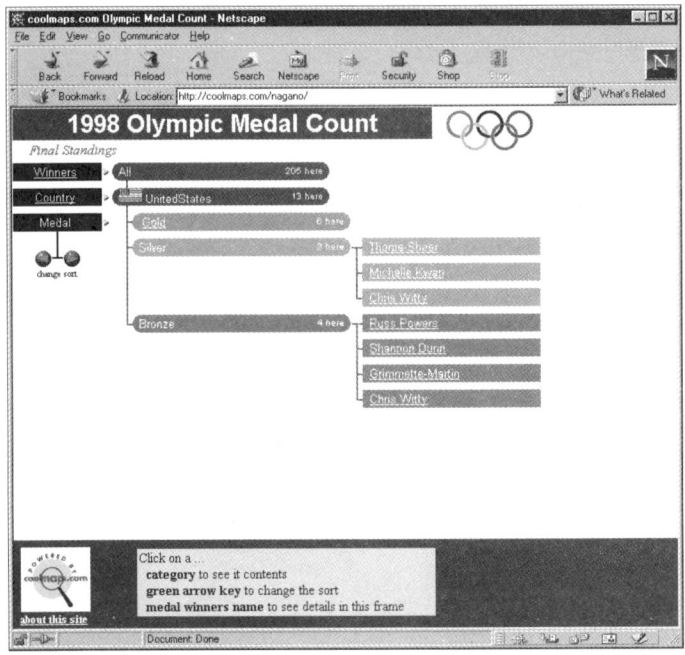

그림 3.18 Data Drill은 각 카테고리에 나오는 아이템의 종류에 따라 가능한 한 많은 방법으로 세부 정보를 찾을 수 있도록 도와준다.

앤서봇

오늘날 앤서봇의 지적 능력과 사회적 민첩성은 영리한 세 살짜리 아이 정도의 수준이다. 고객이 알고 싶어하는 문제가 무엇인지 파악한 경우에는 대답을 찾아오는 솜씨가 정말 뛰어나지만, 그렇지 못한 경우도 있다. 뭐, 어쩌겠는가. 그들도 그저 인간에 불과한 것을.

앤서봇 구축하기

Neuromedia(www.neromedia.com)에는 '레드'라는 이름을 가진 가상의 담당 직원이 있다. 레드를 보면 당신 자신의 가상 담당 직원(vRep)을 구입하여 설치하는 것이 어떤 것인지 알 수 있을 것이다. vRep이란 다음과 같은 기능을 지닌 앤서봇을 뜻한다.

■ 고객의 질문에 실시간으로 대답하기

■ 사전에 주요 마케팅 데이터를 수집하여 판매 제안 수행

■ 고객 서비스를 향상시키고 운영비 절감하기

■ 변화하는 정보를 취급할 수 있도록 새로운 콘텐츠를 즉각적으로 구축하기

■ 요청에 바로 응답하고 지원 정보 제공하기

■ 언어로 자연스럽게 대화하기

■ '플러그인' 없이 웹브라우저만 요구하기

■ 자동화 시스템을 이용한 고객에게 자연스럽고 빠르게 대답하기

이 외에도 이러한 자동 인형의 기능에는 여러 가지가 있다.

■ 막대하고 신속한 투자 수익률(ROI) 제공: vRep을 이용하면 양방향 커뮤니케이션을 많이 해야 하는 모든 회사에서 새로 직원을 고용하거나 인프라를 구축하는 데 드는 비용을 절감할 수 있다.

■ 고객 만족도 향상: vRep은 정확한 정보를 지속적이고 즉각적으로 하루 24시간 일주일 내내 제공한다.

■ 고객의 피드백 잡아내기: vRep은 제품 개발이나 마케팅, 브랜드 관리에 필요한 소중한

고객 정보를 제공할 수 있다.

■ 효과적인 1차 방어선 제공: 1단계 수준의 문제는 자동으로 답변하는 메커니즘을 구축하고 기존의 시스템과 통합하는 과정에서 잡음 없이 점진적인 확장을 수행한다.

■ 고객의 질문에 바로 대답하기: 고객이 질문하는 내용 중 단순한 내용은 바로 답해 줄 수 있으므로, 고객 서비스를 맡은 핵심 담당 직원의 입장에서는 부담이 줄어들기 때문에 더욱 중요한 사안에 집중할 수 있게 된다.

■ 프로그래머가 아닌 사람도 구축 가능: vRep을 개발하고 설치하는 데 필요한 설계 및 서버 도구는 실제 사업의 원리를 알고 있는 내용 및 주제 관련 전문가가 사용하기에 알맞도록 고안되었다.

이 글을 읽고 나면 vRep을 사고 싶은 생각이 들 것이다. 하지만 vRep만 있으면 고객의 질문에 개인적으로 답해 주지 않아도 된다고 안도의 한숨을 내쉬기 전에 해야 할 일이 몇 가지 있다. vRep의 소프트웨어에 달려 있는 도구 상자를 훑어보면 무엇이 필요하게 될지 알 수 있다.

■ vRep 원고 작성 도구 완비 세트: 기업 환경에 적합하게 배치하기 위해 정교한 vRep을 제작하고 있는 개발자를 돕는다.

■ 통합 대화 분석기: vRep 개발자와 검사자가 프로젝트의 실행을 분석하고 대화상의 에러를 즉시 수정할 수 있도록 돕는다.

■ 완전한 온라인 도우미: 교육 내용을 광범위하게 수록하고 대화나 명령 기록시 맥락을 세심하게 파악하여 도움을 준다.

■ 주제 만들기 마법사: 질문과 답변에서 자동적으로 원고를 만들어 내며, 내부에 입력된 백과사전을 통해 원고의 대답과 질문의 범위를 확장한다.

고객과 텍스트 상으로만 대화를 나누는 채터봇(chatterbot)보다 더 나은 것을 원하는가?

얼굴 입히기

Big Science(www.bigscience.com)에는 단순한 앤서봇 이상의 성능을 지닌 '이브'라는 이름의 클론이 있다. 이브는 얼굴도 예쁘다([그림 3.19]~[그림 3.21] 참고).

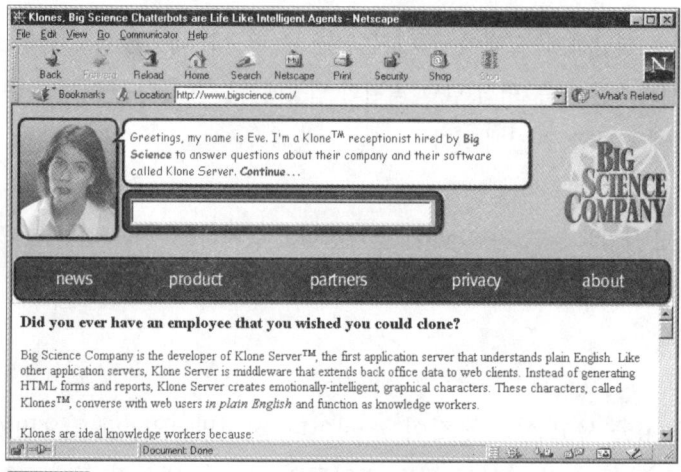

그림 3.19 질문 받을 준비가 된 이브는 경청하는 태도를 갖춘다.

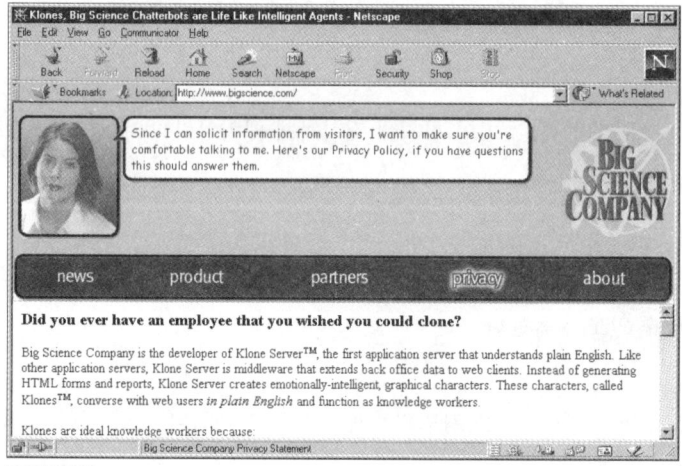

그림 3.20 사생활 보호에 관한 정책을 밝힐 때는 진지한 표정이다.

그리고 자신이 안내하는 제품에 고객이 흥미를 보이면 미소를 짓기도 한다.

나는 갓 대학원을 졸업한 젊은이가 만들어 낸 이런 비트 인형들을 무척이나 시험해 보고 싶었다. 그래서 나는 두 앤서봇에게 같은 질문을 던졌다. "브라질은 지금 몇 시 입니까?"

레드: 이곳 샌프란시스코의 정확한 일시는 현재 15시 08분입니다.

이브: (약간 혼란스러운 표정을 지으며) 조지아 주 애틀랜타 시는 동부 여름 시간을 기준으로 오후 6시 27분이에요. 하지만 브라질 시간은 모르겠군요.

이브의 승리였다! 구어체를 구사하며 남미의 시간대에 대한 지식이 부족한 것을 염려하는 표정을 지었을 뿐만 아니라 시간도 레드보다 19분 더 정확했다.

이러한 놀라운 과학 기술의 산물을 '비트 인형'이라고 부르는 것이 그들을 무시하는 것처럼 들릴지도 모르겠다. 그러나 아직 걸음마 단계에 머물러 있으며, 실력보다 마음이 앞서는 것이 현실이다. 하지만 욕심을 조금 줄이고 접근한다면 더 큰 효과를 얻을 수 있다. 인격을 지닌 검색 엔진 '지브스(Jeeves)'가 그 예이다.

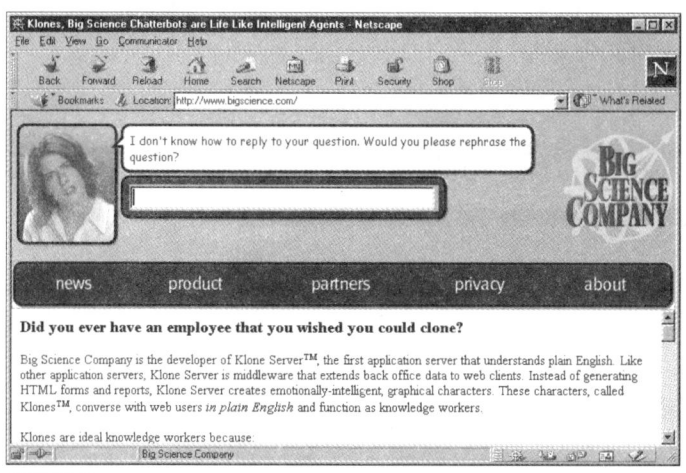

그림 3.21 고객이 찾는 것이 무엇인지 확신이 안 설 때는 노골적으로 당혹스러운 표정을 짓는다.

애스크 지브스(Ask Jeeves)

P.G. 워드하우스(P.G. Wodehouse)가 쓴 바보 같은 버티 우스터와 그의 능력 있는 하인 지브스의 모험에 관한 책을 읽어 보았다면 이 놀라운 시대극에서 유머 있는 사회 풍자와 솔직한 재미를 만끽할 수 있었을 것이다. 버티는 항상 머리가 모자라는 탓에 무시무시한 곤경에 빠지고, 지브스는 수년 간 관찰하며 쌓은 지혜와 타고난 인간적 면모로 언제나 버티를 구출해 낸다. 버티는 겁쟁이이고 지브스는 마법사이다. 다른 엔진

보다 조금 더 똑똑한 검색 엔진의 역할 모델로 이보다 적당한 캐릭터가 또 있을까?

세계적인 스타를 키워 낸 마이클 오비츠의 손을 빌린 것처럼 지브스는 1920년대 소설 속 하인에서 1990년대에는 인터넷 검색 엔진으로, 그리고 만화 Roaring Zeros에서는 액션 영웅으로 승격하였다. 이 도구가 어떻게 작동하는지 간단히 살펴보면 델 컴퓨터 사나 마이크로소프트 사가 '애스크 지브스(www.aj.com)'를 자사의 사이트에 올려 놓고 사용하는 이유를 알 수 있을 것이다.

우선 알아 두어야 할 것은, 사람들은 부울(Boolean) 방식의 컴퓨터 언어보다는 영어로 질문을 잘 한다는 점이다. 그래서 '애스크 지브스' 엔진은 다른 경쟁 엔진보다 질문을 분석하는 데 더 많은 노력을 기울인다. 가령 "아이다호 주를 대표하는 꽃은 뭐지?"라고 물으면 지브스는 이렇게 대답한다. "이러한 질문에 대한 답은 정부에 관한 정보를 구할 수 있는 곳에 있습니다. 공식 홈페이지나 정부의 정보, 주지사의 홈페이지나 수도와 주에 관한 자료에 있습니다."([그림 3.22] 참고)

클릭 한두 번으로 정확한 정보를 얻을 수 있다는 사실이 분명해졌다.

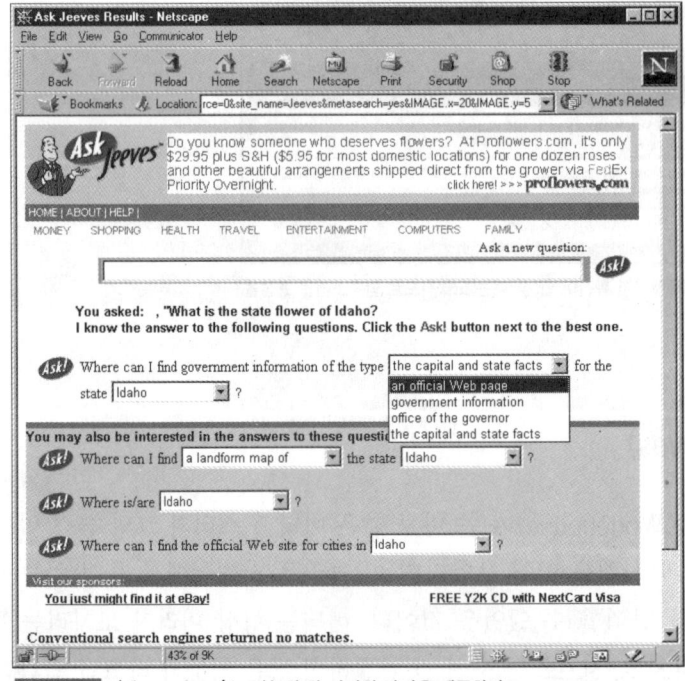

그림 3.22 '애스크 지브스'는 가능한 한 다양한 답변을 제공한다.

델 컴퓨터 사는 이러한 종류의 인터페이스가 기술적으로 의문을 갖고 있는 사람들에게 꼭 맞는 것으로 판단하고, '애스크 더들리(Ask Dudley)'를 탄생시켰다. 더들리는 마이클 오비츠가 유명하게 만들고 싶어한 것과는 다른 캐릭터이다. 델 사는 실행 화면에 일종의 관음증처럼 보이는 기능을 추가하였다. "지금 고객들이 더들리에게 어떤 것을 물어 보고 있는지 살짝 엿보세요!" 이 말을 따라 살짝 살펴보면 스펠링이 정확한 질문들이 연이어서 깜빡거리며 나타나는데, 곧 일정한 순서로 반복되기 시작한다. 다른 고객들이 찾는 내용을 실시간으로 보여 준다는 말은 거짓말인 셈이다. 그럼에도 불구하고 어떠한 질문이 가능한지 사용자가 이해할 수 있도록 돕는 기능은 놀라울 정도로 훌륭하다.

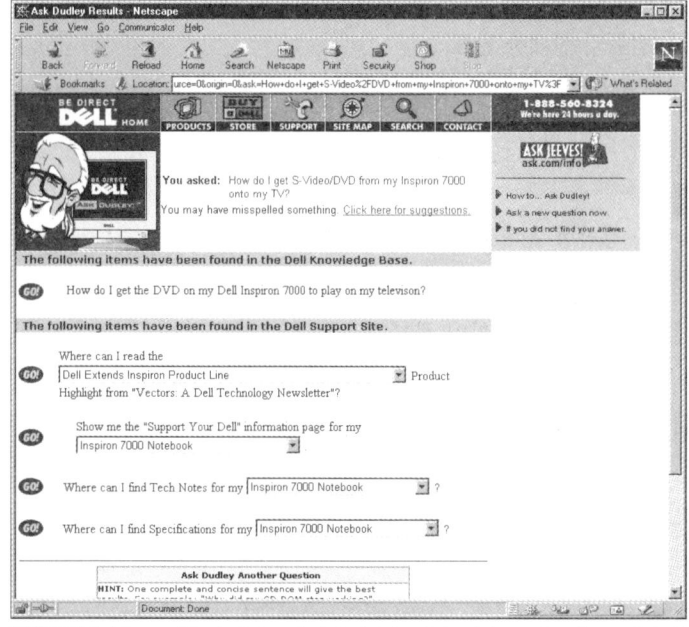

그림 3.23 '애스크 지브스' 엔진은 델 사의 웹사이트에서는 '애스크 더들리'로 모습을 바꾸었다.

■ 델 사는 Western Digital 사가 6.4GB와 13.6GB 용량의 5400 하드 드라이브를 리콜하는 상황에 어떻게 대응할 예정입니까? 그리고 델 사는 내 시스템에 WD 사의 하드 드라이브가 내장되어 있는지 알려 줄 것입니까?

■ 마이크로소프트 오피스 2000을 어떻게 설치합니까?

■ 시스템 도구의 일반 탭을 보면 윈도에서 왜 펜티엄 III 프로세서가 펜티엄 II처럼 보이

는 건가요?

"인스피론 7000에 있는 S-Video/DVD에 TV를 연결하려면 어떻게 해야 하나요?"라는 질문에 더들리는 [그림 3.23]처럼 대답한다.

'다음과 같은 최신 정보를 읽을 수 있는 곳' 아래의 세부 메뉴에는 다음과 같은 내용이 포함되어 있다.

- OptiPlex 컴퓨터의 AGP 성능...

- 델 사의 Dimension 컴퓨터 신제품 발표...

- 델 사의 인스피론 제품 라인 확장...

- 펜티엄 II 프로세서를 장착한 휴대용 인스피론 판매 개시...

- 인텔 펜티엄 II 기반 워크스테이션 판매 개시...

- 델 사의 새로운 워크 그룹 서버 PowerEdge 2300...

- 델 사의 'OpenManage'는 표준을 바탕으로 한 시스템 관리를 제공...

- 델 서버의 품질 보증...

- 델 사의 현재 어쿠스틱 실험실...

- 델 사의 2000년 준비 프로그램...

- 델사의 기업용 서버 신제품 - PowerEdge 6300...

- 휴대용 Latitude CP 컴퓨터...

- 델 OptiPlex 시스템의 메모리 보호...

- 기동성이 강화된 CD-ROM 드라이브...

- OptiFrame Chassis 신제품...

- OptiPlex 넷 PC...

- 휴대용 컴퓨터와 산업용 디자인...

- PowerEdge 6100 최상의 트랜잭션 처리 성능...

- PowerEdge 클러스터 6100...

- SMP 서버...

- SMP 워크스테이션...

- IA/NT 개인 워크스테이션으로 점점 바뀌고 있다...

- WFM (Wired for management) 프로그램...

- 워크스테이션 400...

- "벡터: 델 테크놀로지 뉴스레터"에서 소개된 제품 하이라이트...

이 도구는 질문할 내용이 많은 경우에 적합하다. 마이크로소프트 사는 더들리에게 접수되는 문의가 하루 25만 건에 달한다고 밝히고 있다. 그래서 마이크로소프트 사는 자사의 앤서봇에게 '자동 개인 지원 어시스턴트'라는 완전한 이름을 붙여 주었다. Office Depot, E*Trade, Oxygen Media와 같이 과학 기술과 관련이 없는 업체들도 더들리를 도입하려 하고 있다.

기대 수준 설정

일반적으로 사람은 어느 것에든 익숙해질 수 있다. 복권에 당첨될 확률이 1억만 분의 1이라면 당첨을 기대하기보다는 혹시나 하고 바라게 된다. 하지만 사람들은 심야 우편물이 제때 도착하지 않으면 분통을 터뜨리고 상점에서 방금 산 우유에서 신맛이 나면 팔을 걷어붙인다. 만약 당신이 '우리 웹사이트의 고객 서비스는 24시간 모든 기능이 가동하며, 접근이 불가능한 경우는 없다.'라는 확신을 준다면 현실에서는 그렇게 운행하는 것이 불가능하므로 친구를 사귈 수 있는 자리에 적을 만드는 셈이 된다.

소요 시간

어느 웹사이트에서든 어떤 정보를 찾는 데 걸리는 시간의 양과 그 시간의 종류는 중요한 문제로 대두되고 있다.

시간은 스톱워치로 측정할 수 있다. 고객은 브라우저를 열고 접속 서비스 업체에 전화를 걸거나 LAN에 접속하여 인터넷에 연결되면 간단히 주식 시세와 스포츠 경기 결과를 확인하고, 일간 만화 '딜버트'를 살펴본 후 당신의 사이트 주소를 입력하고 3, 4분 아니면 10분 동안 사이트를 돌아다닐 것이다.

고객의 관심 분야는 매우 다양하다. 당신 회사의 예비 전력 공급 전압 산출량이나 당신이 아침 식사로 먹은 바나나 반 쪽과 콘프레이크의 영양소 구성, 혹은 당신 회사의 전 지역 운행 차량 타이어의 평균 수명에 대해 당신의 사이트에서 해답을 찾지 못한다면 차라리 다른 일을 하면서 800번 무료 전화 서비스의 대기 음악을 듣는 쪽을 택할 것이다.

소요 시간 인식

고객이 소비하는 시간의 종류는 더욱 중요하다. 카탈로그나 매뉴얼을 살펴보는 것과 웹사이트를 살펴보는 것은 차원이 다르다. 종이로 된 문서는 특정한 장소에서 특정한 의자에 앉아 특정한 자세를 취할 필요가 없다. 카탈로그는 언제 어디서든 읽을 수 있다. 책자는 아무 곳이나 펼치고 원하는 부분을 즉시 찾아볼 수 있으며, 사용하기도 쉽다. 카탈로그는 표준 방법으로 정보를 구성하고 배열하기 때문이다.

반면, 컴퓨터로 인터넷을 이용하는 것은 일종의 작업이다. 난로가나 TV 앞에 앉아 편하게 살펴볼 수는 없는 일이다. 사람들이 고객 서비스 웹사이트를 살펴보는 것은 항상 일하고 있을 때이다. 꼭 사무실에서는 아니더라도 일하는 중인 것만은 틀림없다.

일하는 시간은 스트레스를 받는 시간이다. 그래서 일하는 시간을 따질 때는 그 시간을 효율적으로 사용하고 있는가 하는 의문이 즉각 들기 마련이다. 웹사이트에서 보내는 10분은 훨씬 길게 느껴진다. 같은 시간 동안 책장을 넘기는 경우에는 정신을 집중하여 눈 한 번 깜빡일 때마다 한 쪽이 넘어간다. 이렇게 눈 몇 번 깜빡거리는 사이 분석에 필요한 정보가 바로 손안에 들어오게 된다.

인터넷으로는 이렇게 빠르게 답을 찾을 수 없다. 사이트를 살펴보는 10분 중 다음 페이지로 넘어가는 것을 기다리는 시간은 연결 속도에 따라 다르겠지만 5분이 넘을 수도 있다. 기다리는 시간 5분에 분석하는 시간 5분은 기다린 보람이 있기만 하다면 가치가 있을 것이다. 하지만 그렇지 않은 경우라면 그저 시간 낭비처럼 여겨질 것이다. 결국 무능한 회사라는 이미지를 남기게 된다.

공정한 주의 사항을 공지하라

당신의 웹사이트가 제공할 수 있는 것과 제공할 수 없는 것을 명확히 밝히는 것이 최선의 방책이다. 고객은 정보를 찾아내는 일이 얼마나 어려울지, 또 시간이 얼마나 걸릴지 궁금해한다. 그리고 자신의 시간을 가장 효율적으로 활용할 수 있는지, 또 마침내 찾아낸 정보가 정말 가치 있는 것인지 걱정한다.

가능하면 솔직하게 밝혀 당신의 사이트에서 시간을 낭비하는 사람이 없도록 해야 한다.

고객에게 손을 내밀어라

FAQ와 데이터베이스를 검색할 수 있게 열어 둔다 하더라도 고객이 문제를 해결하지 못하는 경우가 있다. 심지어 이전에 이미 해결했던 문제이며 FAQ에 분명히 나와 있는데도 해결하지 못하는 경우가 있다. 어떤 경우에는 영리한 사람임에도 잘못된 문제를 붙들고 씨름하기도 한다. 그리고 뛰어난 검색 엔진을 가지고도 잘못된 곳에서 시

간을 허비하는 경우도 있다. 고객이 막다른 골목에 부딪히게 놔두는 것은 데이터베이스나 서비스, 더 나아가서는 회사의 신뢰도를 쌓는 데 아무런 도움이 되지 못한다. 고객이 적절히 질문할 수 있게 하려면 훌륭한 고객 서비스 지원이 필요할 수도 있다.

'검색 도구 관찰기'를 설치하여 개인이 검색하는 횟수와 클릭하는 페이지 수, 상세 메뉴를 반복하는 횟수 등을 체크하는 것도 좋은 방법이다. 그런 다음 사이트의 평균치를 기초로 하여 고객이 기준보다 훌륭하게 활동하면 이메일이나 전화로 개인적인 서비스를 제공할 수도 있다. 원하는 것을 잘 찾고 있는 사람을 방해하지 않도록 조심하고, 메시지는 짧게 하되 그들의 사용이 특별하다는 점과 도움을 줄 수 있다는 점을 분명히 밝혀라.

당신에게 이메일을 보낼 수 있다는 것은 말해 주지 않아도 모두 알고 있다. 그리고 안내 데스크에 가서 안내 데스크가 어디 있느냐고 묻는 사람이 있는 것과 마찬가지로, 간단한 FAQ도 읽어 보지 않고 당신에게 이메일을 보내는 사람도 늘 있기 마련이다. 이러한 사람들에 대비하는 것도 당신의 몫이다.

제 **4** 장

고객이 보낸 이메일 관리하기

이메일은 인터넷을 이용하는 사람들을 한데 묶는 접착제와 같다. 친구의 컴퓨터나 여러 사람이 함께 쓰는 단말기에서 검색하고 있는 경우가 아니라면 당신은 이메일 계정을 가지고 있을 것이다. 파일 전송과 웹이 아무리 뛰어난 신기술이라고 하더라도 이 둘의 공통 분모는 이메일이며, 우리가 가지고 있는 가장 강력한 도구도 이메일이다.

이메일의 장점은 시간에 구애되지 않고 사용할 수 있다는 점이다. 의문 사항이 있을 때도 다음날 아침 8시 30분에 당신이 사무실에 출근할 때까지 기다릴 필요가 없다. 이보다 일찍 전화를 걸면 당신은 커피 자판기 앞에 있거나 출근 중이다. 늦게 전화를 걸면 계속 회의에 들어가 있다. 그러면 나는 음성 메일을 이용할 수밖에 없을 것이다.

그리고 고객 서비스 데스크에 전화를 했을 때 아직 근무를 시작하지 않았다는 기계 음성을 듣고 싶지도 않다. 전화기를 붙잡고 오래 있으면 "지원 부서에 전화해 주셔서 감사합니다. 귀하의 전화는 저희에게 매우 중요합니다. 이번 신제품이 인기가 많아서 아주 좋은 평가를 받고 있습니다. 귀하는 쉰일곱 번째 순서이며, 35분 더 기다려야 할 것 같습니다. 다른 우수한 제품을 설명할 동안 전화를 끊지 마십시오. 그리고 귀하의 전화가 저희에게 매우 중요하다는 것을 잊지 마십시오. 저희 신제품이 인기가 많아서…"라는 메시지가 흘러나온다.

이런 상황 대신 이메일의 위력을 생각해 보라. 이메일은 전혀 기다릴 필요가 없다. 기꺼이 준비가 되었을 때 들어와 있는 이메일을 책상 위에서 검토할 수 있다. 바로 거기서 나는 문제점을 솔직히 털어놓을 수 있다. 당신은 모든 메일을 한 번에 볼 수 있고, 어떤 것을 먼저 읽을 것이고 어떤 것을 나중에 처리할 것이며 어떤 것을 다른 사람에게 위임할 것인지 선별할 수 있다.

이와 같은 이유들 때문에 Gartner Group의 도나 플러스(Donna Fluss)(www.gartner.com)는 "2001년 무렵이면 기업들은 고객과 접촉하고 고객의 질문에 대답하는 일의 25%를 웹 형태로 처리하게 될 것이다."라고 예견했다.

주의-이메일은 색다른 커뮤니케이션 도구

이메일은 고객의 목소리라는 점에서 무엇보다 중요하다. 이메일을 제외한 웹사이트들은 자신들이 필요한 것을 고객들에게 전하기 위해 내부에서 바깥으로 정보를 내보낸다. 그러나 이메일은 바깥에서 내부로 들어오는 것이기도 하다. 바깥 세계와 당신을 연결하는 것이다. 그러니 마땅히 그에 맞는 관심을 기울여야 한다.

이메일은 놀라울 정도로 원활한 커뮤니케이션 방식이다. 컴퓨터로 메시지가 들어오고, 같은 화면에서 답장을 쓰고, 이것은 빛의 속도로 전달된다. 채워 넣을 용지 보급함도 없고 팩스처럼 종이가 필요한 것도 아니지만, 응답은 부서를 오가며 지체없이 바로 전달된다. 이메일은 '외출 중'이라는 메모나 음성 메일에 남겨진 내용보다 훨씬 자세하고 구체적인 내용을 담을 수도 있다. 많이 나오는 질문에 대한 답변은 나중에 재빨리 검색할 수 있도록 저장할 수도 있다.

고객 서비스 부서가 이메일 서비스로 무장한다면 고객에게 당신 회사와 접촉할 수 있는 또 하나의 방법을 제공하는 것이다. 보다 사교적인 사람은 전화로 말하기를 좋아한다. 격식을 차리는 사람은 편지를 쓰거나 팩스 보내기를 좋아한다. 물론 이메일 보내기를 좋아하는 사람들도 있다. 직장이나 가정에서 이메일을 이용하는 사람이 많기 때문에 당신은 그들을 위해 당연히 이메일 서비스를 제공해야 한다.

1998년 초에 발표된 한 보고서에서 Forrester Research는 5년 내에 50%의 미국인들이 이메일을 사용할 것이라고 전망했다. 놀라운 일은 아니다. 대학생들은 입학과 동시에 이메일 계정을 받는다. 이들이 사회로 진출하면 이메일은 필수가 될 것이다.

팩스 없이 회사를 운영한다는 것은 상상하기 어렵다. 마찬가지로 고객들은 이메일 주소가 없거나 효율적으로 잘 다루지 못하는 회사와 거래하고 싶지 않을 것이다.

이메일을 통해 고객의 의견, 질문, 불만에 대응하려면 전화나 서면으로 대응할 때와 똑같은 주의를 기울여야 한다. 전화를 할 때는 유쾌하고 바람직한 고객과 판매자의 관계를 유지하기 위해 적절한 억양과 태도가 필수이다. 옳은 답변이라도 바르지 못한 태도로 말한다면 부정적인 결과를 낳는다. 서면을 이용한다면 부적절한 단어 때문에

본래의 의도와는 달리 고객 서비스 담당 직원들이 두고두고 골치를 앓을 수도 있다.

사람들은 말을 들을 때와 글을 읽을 때 다르게 반응한다는 사실을 유념하라. "아이고, 미안합니다. 될 수 있는 대로 빨리 해결할게요. 예비품이 여기 있기는 하지만 받으시려면 며칠쯤 걸리겠는데요."라고 판매 업체 직원이 전화로 말할 때 나는 상대방이 말하는 어조에 자신감이 얼마나 나타나는지 주의 깊게 듣는다. '며칠쯤'이라는 말이 분명히 강조되어 자신감이 별로 없다면 그가 아마 약속을 지키지 못할 것임을 알 수 있기 때문에 나는 나름대로 계획을 세운다.

"배달받으시려면 며칠 걸릴 것 같습니다."라는 말이 이메일이나 편지에 씌어 있다면 나는 며칠 후에 배달받을 것을 예상하고 그에 따라 계획을 세운다. 그러나 제때 배달되지 않는다면 난처해하면서 내게 거짓말한 사람에게 당당하게 책임을 지운다. 당신이 요즘 세상에서 일하고자 한다면 이메일의 특성에 맞게 이메일을 다룰 줄 알아야 한다.

이메일은 음성 언어와 문자 언어의 중간에 속한다. 이메일은 빠르다. 일이 즉각적으로 이루어진다. 이메일이 당신의 책상 위로 왔다는 신호가 올 때는 즉시 전달하고 대답을 받고 싶다는 느낌이 그 이메일 속에 담겨 있는 것이다. 누군가 당장 무언가를 말하고 싶다는 뜻이다. 학교에서 게시판을 지날 때 보였던 그런 비공식적인 태도로 즉시 반응하는 것이 자연스런 것이다. 문자 언어에 대해 이렇게 격의가 없기 때문에 이메일은 문자 언어와 음성 언어의 중간 정도에서 그 형식을 취한다. 회사는 직원들이 너무 격의 없는 태도를 취하지 않도록 해야 한다. 그러나 이메일을 전혀 사용하지 않는 선까지 이르면 안 된다.

하지 않으면 비난받는다

이메일 사용을 꺼리는 회사가 많지만 Volvo(www.volvocars.com, [그림 4.1] 참고) 사의 직원들은 아예 두려워하기까지 했다. 웹사이트에 고객이 의견을 제시할 수 있는 피드백 코너가 있었다. 그러나 불행히도 Volvo 사는 예상보다 더 많은 것을 감수해야 했다.

철자를 잘못 썼거나 링크가 되지 않는다는 등의 일련의 일반적인 의견을 접수한 후 Volvo 자동차 자체에 대한 고객 서비스 타입의 불평이 들어오기 시작했다. 고객들은 다음과 같이 질문했다.

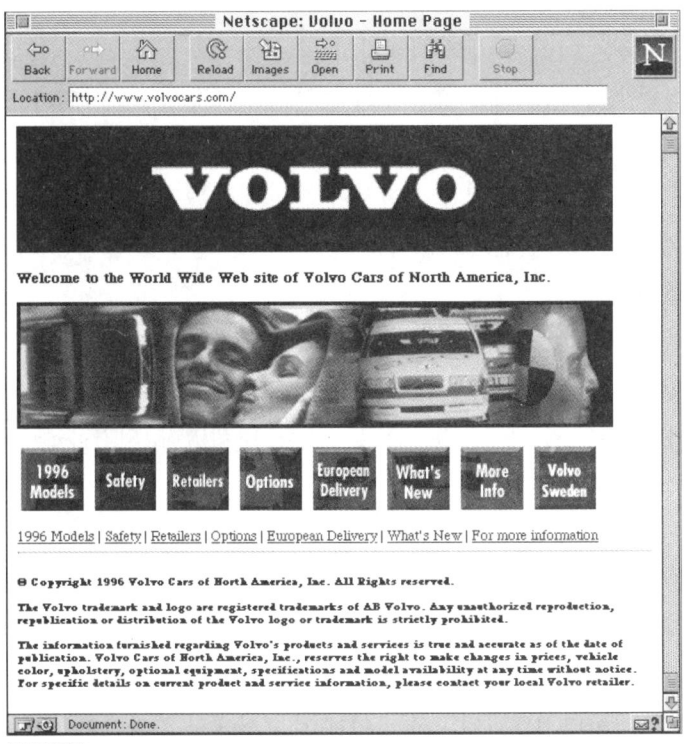

그림 4.1 북미 Volvo 사는 고객들의 의견을 듣기 위해 이메일을 사용한 후, 시동이 걸리지 않는 문제에 관한 항의를 들었다.

94년형 850 터보 세단 모델을 구입한 후 1년도 안 되어 엔진이 움직이지 않는 문제가 발생했습니다. Volvo 대리점에서 다섯 번이나 수리를 했지만 고치지 못했습니다. 이 문제를 어떻게 하실 겁니까?

Volvo 사는 이런 문제를 일으키는 자동차에 대해 몇몇 주에서 소비자 보호법으로 제재를 가할 수도 있다는 점을 안다. 보스턴의 소비자 문제 집행부는 다음과 같이 말하고 있다.

매사추세츠 주 소비자 보호법인 M.G.L. c.90, sec. 7N1/2는 새로 구입한 차에 심각한 결함이 있는 소비자를 보호한다. 불량품이란 시장 가치, 차량 안전성, 사용에 중대한 문제가 있는 새로 구입한 자동차로서, 수차례 수리했지만 고칠 수 없는 차량이다. 수차례 수리했지

만 여전히 심각한 결함이 있거나 문제가 재발한다면 소비자는 환불받거나 새 차로 교환받을 권리가 있다. 그러나 모든 자동차의 결함이 소비자 보호법에 보호받을 만큼 심각한 것은 아니라는 사실을 기억해야 한다.

북미 Volvo 사의 변호사들은 여러 주에서 시행하고 있는 소비자 보호법에 따르면 이메일에 적힌 고객의 불만으로 법적 서류 요건을 구성할 수 있다는 사실을 웹마스터에게 신속히 알려 주었다. 이들의 조언은 고객 불만을 받아들이지 말라는 것이다. 왜냐하면 이 불만들을 접수하고 분류하고 대답할 절차가 적절하지 않기 때문이었다. 고객의 불만을 무시하는 것은 유감이지만, 아예 이를 받아들이는 창구를 없애는 것이 보다 나은 대안이라고 결정했다.

그 이후 Volvo 사의 'For More Info(보다 자세한 정보)' 페이지는 이름, 주소, 우편번호, 국가, 전화번호, 이메일 주소를 묻는 질문으로 내용이 바뀌었다. 의견을 제시하거나 불만을 토로하는 곳은 없어졌다.

1924년 경제학자 아서 가브리엘슨(Assar Gabrielsson)과 공학자 구스타프 라손(Gustaf Larson)이 Volvo 사를 설립하기 위해 힘을 모았을 때, 이들은 인터넷과 이메일을 미처 생각하지 못했다. 그러나 고객에 대한 배려와 고객 서비스를 제공할 필요성에 대해서는 생각했을 것이다. 1994년 Volvo 연례 보고서에서 회장이자 CEO인 죄렌 길(Sören Gyll)은 다음과 같은 아이디어에 공감을 표시했다.

> Volvo 브랜드는 오늘날의 사회, 특히 고품질과 안전, 환경 친화적인 가치가 존중되는 사회에서 점점 중요해지는 가치를 대변합니다. 지속적으로, 그리고 비타협적으로 Volvo 브랜드를 우리 그룹의 주요한 자산 중 하나로서 고양하고 지켜 나갈 것입니다. 그리고 기업으로서 Volvo는 더욱더 고객 중심 가치와 변화를 수용할 능력과 융통성을 실현해야 합니다.

그러나 변화하는 커뮤니케이션 방식에 적응할 바람직한 능력은 결코 실현하지 못했다.

1997년 2월에 발표한 1996년 Volvo 연례 보고서에서 죄렌 길은 리프 요한손(Leif Johansson)에게 회사 경영권을 넘겨주고 사임을 발표했다. 1998년 2월 요한손은 회사가 성장해야 하고 비용을 절감해야 한다고 역설했다. 이것이 우리가 들은 최근 소식으로, 그는 고객과의 의사 소통에 대해서는 언급하지 않았다.

그 사이 Volvo 사는 고객의 의견을 겸허하게 수용하려고 노력했지만 Q-tips를 생각하지 않았다. 1997년 사이트에는 800 서비스 전화번호와 주소, 그리고 "앞으로 미국에서 이메일을 사용할 수 있도록 할 계획입니다."라는 말을 내보냈다([그림 4.2] 참고).

그림 4.2 Volvo는 고객과 커뮤니케이션을 나누는 데 관심을 나타내고 있다.

Volvo 사는 1998년 비로소 사이트를 업데이트하고 실제로 메시지를 내보낼 수 있는 양식을 추가했다. 웹페이지에는 "Volvo 사 직원들은 당신의 의견을 정말 원합니다."라고 생각하게 하는 구식 전화기 그림을 싣는 등 나무랄 데가 없었다. 그러나 이 사이트는 실제 메시지를 받는 기능을 갖추고 있지 않았다. 이 서버에서는 "Mailbox.cgi를 발견할 수 없습니다."가 몇 주 동안 나온 응답이었다.

전면적으로 개조한 후 이 사이트에 "앞으로 미국에서 이메일을 사용할 수 있도록 할 계획입니다."라는 문구를 다시 한번 내보냈다.

1999년 홈페이지를 또 한번 개조한 후 고객이 생각하는 바를 Volvo 사에 말할 수 있도록 사이트 피드백 기능에 확인 박스, 세부 메뉴, 라디오 버튼을 제공하고 선택할 수 있게 했다. 당신이 생각하는 것이 Volvo 사가 제공한 선택 사항들과 바로 일치한다면 말이다.

또, Contact Us 버튼도 있었다. 이 버튼은 방문자가 적합한 제목을 선택한 후 기입할

수 있는 텍스트 엔트리 박스로 연결되어 있었다. 마침내 1999년 말 Volvo 사는 실제 이메일 주소에 링크할 수 있도록 했다.

나는 호기심이 생겨 Volvo 사가 웹사이트 방문자들의 이메일에 얼마나 충실히 답을 보내고 있는지 알기 위해 이메일을 작성했다([그림 4.3] 참고). 그러나 내가 받은 답장은 그리 고무적인 것은 아니었다.

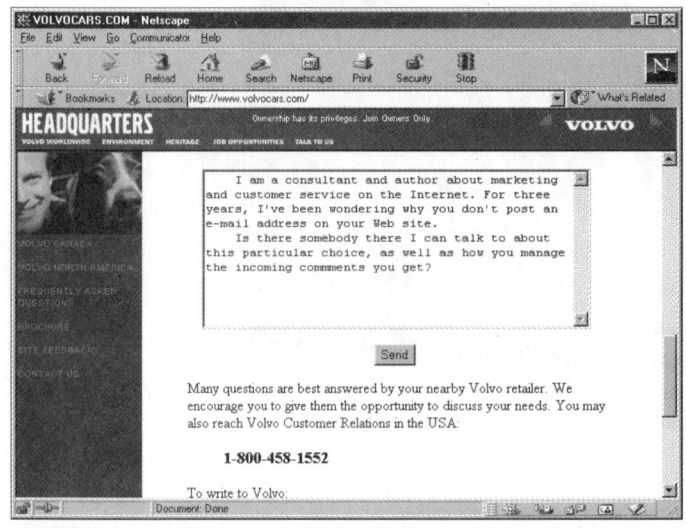

그림 4.3 Volvo의 'Contact Us' 버튼은 회사와 실제로 접촉할 수 있는 기회를 제공했다.

나는 답장을 받아 기뻤고, 그 답장을 사람이 보냈다는 사실에 놀랐다. 이름을 잘못 썼다면 회신 이메일을 자동 시스템에서 보낸 것이 아니라는 것을 알 수 있다.

날짜: 1999년 7월 19일 월요일 14시 18분 50초 -0400
보내는 사람: "Volvo Volvo" ⟨Volvo@vsi-hq.com⟩
받는 사람: jsterne@targeting.com, Alexis Hohnholt ⟨AHohnholt@vsi-hq.com⟩
제목: Re: 당신의 이야기
스턴 씨께

Volvo 사에 메일을 보내 주셔서 감사합니다. 북미 Volvo 사에 메일을 보내 주셔서 감사합니다. 저희 웹사이트에 보여 주신 관심을 높이 평가하며, 불편을 끼쳐 드렸다면 죄송하게 생각합니다. 당신의 관심사를 의사결정 과정에 있는 사람들이 고려하도록 했다는 점을 알려 드리고 싶습니다. 요청하시면 의사결정권자들이 연락을 드릴 것입니다. 질문이 더 있으시면 1-800-550-5658로 망설이지 말고 전화해 주십시오.

안전 운전을 빕니다.

Volvo 같은 유명한 회사가 철자나 문법 확인 기능을 감당하지 못하는 회사와 왜 거래를 했는지 궁금해서 내게 이런 약속 어음 같은 편지를 보낸 파렴치한 Volvo Volvo를 조사해 보았다. 그러나 안타깝게도 내가 로그인하겠다는 요청 때문에 www.vsi-hq.com에 접속하려는 나의 노력은 좌절되었다.

의사결정 과정에 있는 사람들은 내 질문을 인터뷰할 가치가 없다고 여겼다. 그들은 이메일 주소를 올리지 않도록 결정한 것에 관해 누가 책임질 것인지 그 판단 절차를 마련하지 못했거나, 아니면 단지 지난 3년 동안 공개적으로 그들을 웃음거리로 만든 컨설턴트에게 말려들고 싶지 않았던 것이다.

내가 이 일을 겪고 나서 1999년 9월 중순 미국 전자회사협회의 모임에서 만난 Chip Merchant의 토마스 댄밀러(Thomas Dannemiller)는 내가 프레젠테이션을 한 날 밤 Volvo의 이메일 주소를 발견했다고 내게 편지를 보냈다. 그는 24시간 이전에 답장을 받기까지 했다고 말했다. 그러나 불행히도 그 답장에는 Volvo의 800 무료 전화로 전화해 보라고 씌어 있었다.

"편지 왔습니다!"라는 제목의 이메일을 받아볼 수 있을 것인지 내 운을 시험해 보았다.

Volvo 직원 여러분, 안녕하십니까!

저는 인터넷 상에서 마케팅과 고객 서비스에 관해 책을 쓴 사람이자 컨설턴트입니다. 3년 동안 귀사의 웹사이트에 왜 이메일 주소를 올리지 않았는지 궁금합니다. 이제 귀사는 이메일을 받고 있는데, 어떻게 되어 가고 있습니까? 제가 이번에 쓸 고객 서비스에 관한 책의 새로운 판에 Volvo 사의 이메일 사례를 소개하고자 하는데, 이를 설명할 사람이 있습니까?

나는 아직 답장을 받지 못했다.

그러나 Volvo 사는 적어도 노력은 하고 있다. 최소한 Southwest Airlines보다는 훨씬

앞서 있다.

Southwest Airlines는 상을 받았다. 지상 서비스, 전화 서비스, 기내 서비스에서 우수한 점수를 받아 계속 상을 받은 것이다. 업무 강령에는 "Southwest Airlines는 따뜻함, 친절, 개개인의 긍지, 회사의 신념으로 전해지는 최고의 고객 서비스를 제공하기 위해 정성을 다합니다."라고 나와 있다. "우리는 뛰어난 고객 서비스를 제공하는 항공사가 아니라 항공 업계에 있을 수 있는 고객 서비스 업체입니다."가 이 회사의 신조이다. 또, 최초로 웹으로 예약을 받았으며, 온라인으로 항공권을 판매한 선발 회사 중 하나이다.

그러나 Southwest Airlines는 이메일을 받지 않는다.

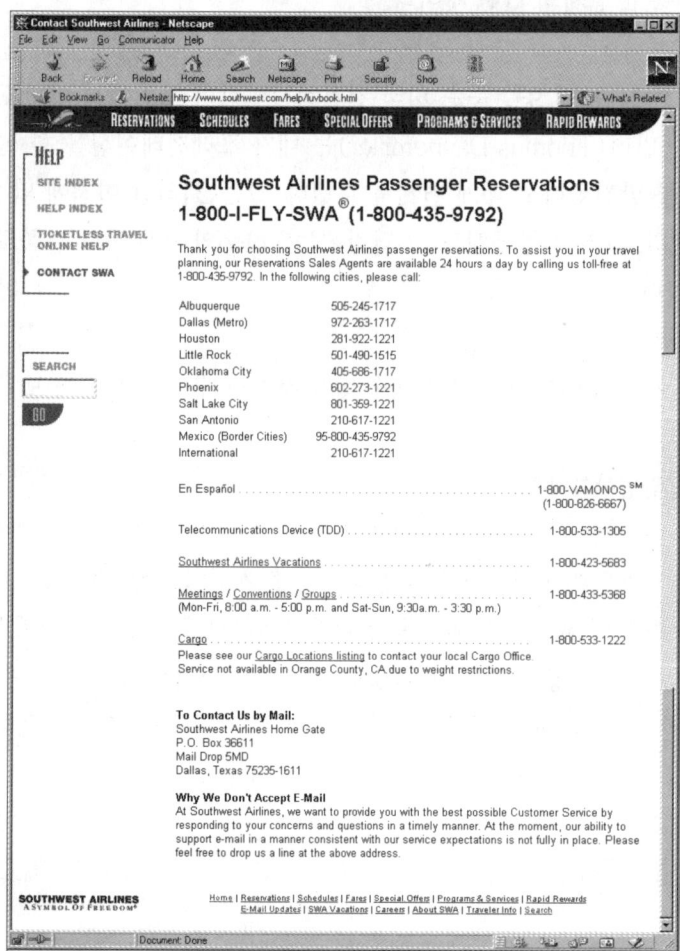

그림 4.4 Southwest Airlines의 홈페이지에서 Reply 버튼을 찾기란 힘들어 보인다.

이메일을 받지 않는 이유가 홈페이지에 나와 있기도 했다. 오른쪽 아래 그림을 보라. 기세등등하게도 거기에는 그 문구가 있다. "왜 우리가 이메일을 받지 않는가." ([그림 4.4] 참고)

"아직 저희 회사는 서비스 기대 수준에 맞게 이메일 기능을 지원할 능력을 완벽하게 갖추지 못했습니다."라는 말이 3년 반 동안 계속된 Southwest Airlines의 변명이다. 이 말은 고객 서비스 상을 받은 회사가 고객에게 서비스를 제공하는 태도가 아니다.

서두르지 않으면 낭패를 본다

전화를 기다리는 데 며칠이 걸릴 때도 있다. 왜? 회의다, 출장이다, 다른 업무에 바쁘다 등의 이유 때문이다. 전화로 서로 연결하려면 쌍방이 자신의 책상 앞에 앉아 있어야 하고, 다른 전화를 받고 있으면 안 된다는 사실을 기억하라. 그러나 이메일은 그렇지 않다. 이메일은 받는 사람이 읽어 볼 때까지 그대로 있다. 그러나 보내는 사람은 받는 사람이 읽을 때까지 느긋하게 기다리지 못한다. 따라서 이메일 답장은 24시간 내로 해야 한다는 공식이 서게 된다.

중요한 문제라면 고객은 대개 전화를 할 것이다. 계약에 관한 문제라면 법적 문서가 될 수 있는 팩스를 보낼 것이다. 그러나 이런 것도 전자서명의 출현으로 언제라도 바뀔 것으로 예상된다. 제품에 대한 질문, 서비스 변경, 분명히 해 두어야 할 문제와 같은 그저 그런 중요한 내용이라면 고객은 이메일을 보낼 것이다. 즉시 답변이 필요한 것도 아니고, 건강을 위해 그렇게 하는 것도 아니다. 고객으로부터 답변을 기대하며 답변을 주는 일에 대해 이메일을 받은 이상 주사위는 당신쪽으로 던져졌다.

사무실에서는 전화벨이 세 번 울리기 전에 받아야 한다는 지침이 있을 것이다. 네 번째 울린다면 전화 받을 사람을 한 명 더 고용해야 할 시점이 된 것이다. "상대방의 구내 전화번호를 알고 있으면 언제든지 전화할 수 있다…" 어떤 한정된 시간 내로 이메일 답장을 보내야 한다는 지침도 세워야 하지 않을까?

하지 않는 것보다 못한 수도 있다

늦게 답장을 보내면 차라리 하지 않은 것만 못할 수가 있다. 기다리기 지쳐서 전화로 묻는 등 고객이 다른 경로로 답을 찾거나, 더 심하면 스스로 문제를 해결한 다음 드디어 이메일 답장이 고객에게 날아온다. 소홀히 취급된다는 것은 다음과 같은 경우이다.

1. 이메일이 제대로 안 된다.

2. 답장이 오지 않는다.

3. 회사가 너무 바쁘다.

4. 회사가 신경을 써 주지 않는다.

이메일 답장이 너무 늦게 와서 별 도움이 안 된다면 회사가 도움을 줄 수 없을 정도로 정리가 되어 있지 않고, 또다시 당신 회사의 제품을 살 마음이 없을 것이라는 사실을 뜻하기도 한다.

어떤 사람은 CD-ROM 드라이브에 결함이 있어 제조 업체에 이메일을 보냈다고 내게 말했다. 답변이 없자 회사에 전화를 걸어 새 것으로 교환하려면 누구에게 전화하라는 말을 들었다. 그는 하라는 대로 했고, 교환을 받았다. 기분이 좋았다. 그러나 3개월이 지나 새 것으로 교환하려면 누구에게 전화하라는 내용의 뒤늦은 이메일을 받았다.

집에 누구 없습니까?

1998년 9월 Jupiter Communications(www.jup.com)는 거대 웹사이트들에 관해 조사했다. 등록된 이메일이 없거나, 답장을 받는 데 5일 이상이 걸리거나, 아니면 답장하는 것 자체에 그다지 신경을 쓰지 않는 회사가 전체 사이트의 42%나 됐다.

1999년 1월 이메일 관리 시스템 제조 업체인 Brightware(www.brightware.com)는 "귀사의 주소를 말씀해 주십시오."라는 간단한 질문의 이메일을 Fortune 지 선정 100대 기업에 보냈다. Brightware는 시간을 재기 시작했고, 15분 내에 네 군데 회사가 답장을 보내 왔다. 이 회사들은 오퍼레이터가 대기하고 있는 것이 얼마나 중요한 지 잘알고 있는 것이다.

Albertsons, Aetna, Costco, Texaco에 경의를 표한다. 이들에게 경의를 표하기 위해 모자를 벗은 사이 주소를 얻는 데 23일 2시간 37분이나 걸린 HP가 이해가 안 돼 머 리를 긁적였다. 그러나 HP도 아무 이유 없이 답장을 보내지 않은 100대 기업 중 3분 의 1보다는 낫다. 그 3분의 1에는 Southwest Airlines와 같이 이메일을 보낼 수도 없 도록 해 둔 스물여섯 회사도 있었다.

1999년 2월 PC World라는 잡지사는 좀더 중요한 질문을 이메일로 기업들에 보내 위 와 비슷한 실험을 했다. 편집자가 이들 웹사이트에서 제품을 사고 싶어하는 잠재 고 객으로 가장한 것이다. 결과는 그리 좋지 않았다. 21%의 회사가 응답이 없었다. 일반 대기업의 경우 거대한 관료제 때문에 업무 속도가 더디다는 것을 이해할 수는 있지 만, 이 회사들은 인터넷에 기반을 둔 주요 회사들이며 이메일의 중요성을 더 잘 알아 야 하는 회사들이다.

1999년 6월 Jupiter는 다시 조사했다. 25%의 회사가 하루 내에, 29%가 이틀 내에 답 장을 보냈으며, 34%는 전혀 보내지 않았다. 나머지 12개사는 아예 이메일 주소가 실 려 있지 않았다. Brightware의 경쟁사 eGain Communications(www.egain.com)는 영국의 150대 기업에 대해 이와 비슷한 연구를 했다. 31%의 회사가 하루 내에, 34% 가 이틀 내에, 25%가 전혀 답장을 보내지 않았고, 10%는 이메일 주소가 없었다. eGain Communications는 현재 시중에 나와 있는 제품의 인쇄물을 보내 달라고 요청 했는데 2주 후에 단지 절반 정도가 브로셔를 보내 왔다.

eGain Communications의 마케팅 부사장인 리언 로젠버그(Ryan Rosenberg)는 "현 상황을 고려해 볼 때 뛰어난 고객 서비스를 통해 시장 점유율을 높이겠다고 생각하는 기업이라면 기회는 무한합니다."라고 언급했고, 이 말은 타당하다.

1999년 11월 Bite-Size Customer Service Management(www.csmeurope.com) 는 다음과 같은 간단한 조사를 실시했다.

더 이해가 가지 않는 실험... 요즘 이메일에 관한 회사의 반응. 텔레마케팅과 e-서비스 공

급 업체 IMS는 유럽과 미국에 있는 대기업 중 156개 사에 882개의 이메일을 보냈다. 두 통을 보냈는데, 하나는 사소한 정보를 요구했고 다른 하나는 최근 제품이나 서비스 불만족을 경험했다고 적었다. 각각 3개 언어로 보내졌다. 156개 기업 중 36%가 이메일을 완전히 무시했다. 단지 미국 기업의 3%, 유럽 기업의 20% 미만이 여섯 통의 이메일 전부에 답장을 보냈다. 미국 기업들은 외국어로 보낸 이메일을 처리하는 데 특히 부족했다.

가장 좋은 조언은 이메일을 담당할 직원을 지정하라는 것이다. 전화 교환원처럼 누군가가 들어오는 이메일을 접수하고, 분류하고, 담당자에게 보내도록 확인하는 일을 담당해야 한다.

아니면 최소한 보낸 사람들이 자신의 메시지가 접수되었다는 사실을 알게 해주는 자동 응답 도구라도 설치해야 한다.

자동 응답 도구

자동 응답 도구는 작지만 매우 유용한 도구이다. 수신자가 이메일을 열어 보기 전에 들어온 모든 이메일에 대해 미리 작성해 놓은 답장을 보낸다. 이렇게 하면 고객은 자신의 메시지가 전달되었다는 것을 즉시 확인할 수 있다. 즉, 자신의 이메일 소프트웨어나 인터넷에 문제가 없다고 안심하게 된다. 따라서 자동 응답 도구는 유용한 도구인 동시에 조심스럽게 사용해야 하는 도구이다.

처음 만나는 가상 인물이 딱딱한 응답을 유머로 부드럽게 한다

받는 사람: jsterne@targeting.com
제목: Nathaniel에게 보내는 당신의 편지
보내는 사람: 나다니엘 보렌스타인(Nathaniel Borenstein) 〈nsb@nsb.fv.com〉

안녕하세요? 저는 나다니엘 보렌스타인(Nathaniel Borenstein)의 자동 이메일 로봇입니다. 이 메시지를 꼭 읽으십시오. 이것이 제가 이 메시지의 '받는 사람' 주소로 보내는 마지막 메일입니다.

귀하의 메시지는 '긴급 상황 통로'를 통해 받지 않은 메일 가운데 최고 우선순위에 속합니다. 나다니엘은 매일 이 메일들을 읽습니다. 내일 아침에도 아마 읽을 것입니다. 당신의 메시지가 내일 아침이나 아니면 조금 더 늦게까지 지체될 수 없다면 '긴급 상황 통로', 'nsb+urgent@nsb.fv.com'으로 다시 보내십시오. 다시는 이 메시지를 볼 수 없을 것입니다. 그러니 나중에 참고하려면 이 주소를 적어 두십시오. 그렇지만 나다니엘은 이 주소를 자주 남용하는 사람에게 '긴급'하게 답장을 보내지 말라고 경고한다는 것을 유념하십시오.

또, 귀하가 나다니엘이 모르는 사람이며 귀하의 질문이 NSB FAQ에 들어 있다면 답장을 보내지 않을 것입니다. NSB FAQ에는 사람들이 가장 흔히 묻는 질문들에 대한 답이 들어 있습니다. 예를 들어, 나다니엘을 연사로 초청한다든지 First Virtual, MIME, 메타메일, Safe-Tcl, ATOMICMAIL, Andrew, ULPAA 회의 등에 관한 비교적 기본적 질문들을 포함하고 있습니다. 이런 것에 관해 묻고자 한다면 NSB FAQ를 읽어 보십시오. 답이 NSB FAQ에 들어 있다면 나다니엘은 답장을 보내지 않을 것입니다. NSB FAQ의 사본은 nsb@nsb.fv.com로 메일을 보내면 구할 수 있습니다.

나다니엘은 제가 메일 로봇이라는 사실을 귀하께 사과해야 한다고 말합니다. 개인적으로는 제가 로봇이라는 것이 부끄러운 일이 아니라고 생각하지만, 나다니엘은 제가 그렇게 생각하길 바라고 있습니다. 저는 멍청해서 개의치 않습니다. 그러나 나다니엘은 자신과 연락하는 사람에게 로봇이 응답을 하는 것에 아직도 미안해하고 있습니다. 그러나 하루에 6백 통의 메일을 받는다면 귀하도 과감한 조치를 취해야 할 것이고, 그것이 바로 나다니엘이 저를 이용하는 이유입니다. 그에게 너무 가혹하게 대하지 마십시오. 그렇지 않으면 그가 자신의 컴퓨터에서 저를 없애 버릴까 두렵습니다. 로봇도 무서운 것이 있습니다. 그리고 어떤 이유에선지 그는 제가 전압 서지를 정말 무서워하기를 바라고 있습니다. 제발 저를 잘 이용해 주시고, 제가 드린 nsb+urgent와 nsb+faq 주소를 잊지 마세요. 알겠죠? 감사합니다.

  -그저 자기 일을 열심히 하고 있는 나다니엘의 로봇

위의 예는 유머가 넘치는 경우이다. 긴 안목으로 보면 고객을 잃을 수도 있는 문제를 현명하게 잘 처리한 경우이다. 물론 독자들 모두가 이 긴 내용을 끝까지 읽으려고 하지는 않을 것이다. 고객들을 잃어버릴 수도 있을 것이다. 이 점이 걱정된다면 자동 응

답 도구를 사용하는 대신 회사의 평판 좋은 직원들 가운데 적임자를 선발해 이메일을 관리하게 해야 할 것이다.

한층 진지한 접근 방법

날짜: 1999년 7월 9일 금요일 20시18분 48초-0400 (EDT)
받는 사람: Jim Sterne〈jsterne@targeting.com〉
보내는 사람: "Charles Swab & Co., Inc." 〈client.service@Schwab.COM〉
답장-받는 사람: client.service@Schwab.COM
제목: 이메일 접수 확인

찰스 스왑(Charles Swab)은 귀하의 이메일 질문을 잘 받았습니다. 저희에게 접촉하기 위해 이메일을 사용해 주셔서 감사합니다.

현재 매출이 현저하게 늘어나 전례 없는 물량으로 인해 귀하가 저희에게 바라는 서비스를 정상적으로 해드리지 못할 수도 있습니다. 귀하의 메일은 받았으니 안심하시고, 이 메시지에 답장을 할 필요는 없습니다. 귀하가 보낸 이메일에 대해서는 가능한 한 빠른 시간 내 답변 드리도록 하겠습니다.

급한 일이 있으면 언제라도 망설이지 말고 전화로 연락해 주십시오.

계속 인내심을 보여 주시고 이해해 주셔서 감사합니다.
(c)1999 Charles Swab & Co., Inc., member SIPC/NYSE(0099-0572)

주문을 확인하라

자동 응답 도구를 가장 흔히 사용하는 용도와, 반드시 설치해야 하는 목적은 주문을 확인하기 위한 것이다. 인터넷 상의 이 작은 예의가 불확실한 기업 환경에서는 필수적이다. 내가 정말 주문을 했는가? 당신은 정말로 내가 의도한 대로 기록했는가? 당신은 내가 견적한 가격을 지불할 것인가?

받는 사람: jsterne@targeting.com
보내는 사람: orders@amazon.com

제목: 당신의 Amazon.com 주문 (#OO2-6083866-6327405)
날짜: 1999년 10월 12일 화요일 5시 47분 23초-0700 (PDT)

아래의 품목이 3~7일 걸리는 US Priority 우편을 이용해 귀하에게 다음 주소로 우송되었음을 알려 드립니다.

Jim Sterne
1130 Arbolado Road
Santa Barbara CA 93103

이 우송에는 고유 분류 번호가 들어 있지 않습니다.
귀하의 주문은 #OO2-xxxxxxx-6327405이며, 1999년 10월 11일 14시 50분 PDT로 접수되었습니다.

주문	품목	가격	배달	소계
1	크립토노미콘	$19.25	1	$19.25
			소계 :	$19.25
			우송 및 처리 :	$3.95
			총계 :	$23.20
			마스터카드로 지불 :	$3.20
			상품권으로 지불 :	$20.00
			미지급액 :	0.00

이상으로 귀하의 주문은 완결되었습니다.

의문이 있으면 이메일(orders@amazon.com), FAX(1-206-266-2950), 전화(미국: 1-800-201-7575, 미국 외: 1-206-266-2992)로 연락해 주십시오.

Amazon.com을 이용해 주셔서 감사합니다.

Amazon.com
지상 최대의 서점
info@amazon.com   http://www.amazon.com/

물론 자동 응답 도구를 쓴다고 사람들이 직접 직원과 통화하고 싶은 마음을 막을 수는 없다. 막을 수 있는 유일한 방법은 FAQ를 실은 열두쪽짜리 문서와 함께 "메시지를 받았습니다."라는 메시지를 즉시 보내는 것이다. 그러나 나는 이 방법을 사용하지 말라고 강력히 권하고 싶다.

고객이 직원에게 직접 답변을 듣고 싶어한다면 어떻게 할 것인가? 그렇다면 고객에게 직접 답을 주어야 한다.

고객의 이메일 관리 – 누가 메일을 받을 것인가?

사회 생활 초기에 전화 교환하는 일이 내게는 가장 괴로운 일 중 하나였다. 대학을 졸업하고 바로 취업해서 고객 서비스와 판매 지원을 담당했다. 그런데 "교환원이 점심을 먹는 동안 전화 교환을 대신 해줘야겠어."라며 일을 맡겼다.

음성 메일이 나오기 전의 시대였기 때문에 누가 누구와 통화하려고 기다리고 있고, 누가 통화를 기다리면서 짜증을 내고 있는지 계속 알아내기란 쉽지 않았다. 어떤 사람이 전화를 걸고, 누구와 이야기해야 할지 모르는 경우가 정말 황당한 때였다.

문제가 있어 전화를 했지만 이들은 해결만 해준다면 누가 전화를 받든 상관하지 않았고, 나는 그 사실을 빨리 알아챘다. 그 결과 나는 모든 문제에 대답할 수 있는 사람이 되었다. 즉, 누가 문제를 해결할 수 있는지 알기 위해 어떻게 회사 일이 돌아가는지 알아야 했다는 뜻이다. 물론 누가 문제를 풀 것인가 알아내는 것이 그 당시에는 중요한 일이었다.

몇 주가 지나서 상황을 파악하기 시작했다. 누가 언제 점심을 먹으러 가는지, 누가 자기 자리에서 먹는지 알았다. 어떤 것에도 전혀 답변하지 않을 사람은 누구인지, 항상 답변할 사람은 누구인지 알았다. 누가 전화받지 않으려고 할지, 전화 건 사람이 무엇을 원하는지 정확하게 모르면서 전화를 돌리면 누가 화낼 것인지 알게 되었다.

이 일을 통해 나는 사람 다루는 일에 관한 가장 중요한 교훈을 얻었다. 또, 전화를 건 사람이 무엇을 원하는지도 알게 되었다. 그들은 자신에게 신경 써 주기를 바랐다. 자상하게 대해 주고 책임지고 일을 해줬으면 하고 원했다. 나는 신속하게 문제를 직접 해결하거나 처리할 수 있는 다른 사람에게 지장 없이 안내해야 했다.

처음 당신의 사이트가 등장했을 때 답변을 해야 할 이메일이 있다는 것을 아는 사람은 단 한 사람, 바로 웹마스터밖에 없다.

웹마스터가 최상의 선택이 아닐 수도 있다

제록스의 프린터 · 팩스 · 복사기 · 스캐너 겸용 기계 시리즈에 관해 궁금한 점이 있어 몇 년 전 www.xerox.com에 들어갔지만 매킨토시에 연결해서 쓸 수 있는지를 알려 주는 내용은 없었다. 질문을 할 수 있는 유일한 정보는 페이지의 아래에 있었고, 평범한 'webmaster@xerox.com' 링크를 발견할 수 있었다. 나는 당당하게 질문을 퍼부었고, 다음의 답장을 받았다.

받는 사람: jsterne@targeting.com (Jim Sterne)

보내는 사람: webmaster@xerox.com (Webmaster for Xerox www.xerox.com)

제목: Re: WWW comment: Document WorkCenter 250 from jsterne@targeting.com (Jim Sterne)

Cc: webmaster.PARC@xerox.com

날짜: 1995년 10월 25일 수요일 11시 40분 59초 PDT

귀하의 메시지에 감사드립니다.

저희들도 매킨토시를 사용하고 있기 때문에 매킨토시 사용자들을 위한 Document WorkCenter에 대해 귀하와 동감입니다. 그러나 안타깝게도 저희 제록스는 매킨토시에 쓸 수 있는 Document WorkCenter를 생산할 계획이 아직 없습니다.

저희가 아무 도움이 되지 못해 죄송합니다.

'저희'라는 말을 사용한 것을 제외하면 메시지의 어디에도 제품 마케팅 담당자가 있다고 생각할 만한 문구가 없었다. 그러나 "계획이 없다"라는 말이 "그렇지만 당신의

견해는 저희 제품 마케팅 담당자들에게 소중합니다."라는 말로 표현될 수도 있었을 것이다.

내가 곧 인터넷계의 전설적인 인물이 될 빌 매클레인(Bill McLain)에게 의견을 전했다면 매우 다른 답변을 받았을 것이다.

1996년 제록스가 메일 마스터 기능을 시작했을 때 빌 매클레인은 회사로 들어오는 모든 메일에 대해서 질문이 어떤 것이든 상관없이 답장을 보내는 일이 자신이 할 일이라고 생각했다.

웹마스터 빌 매클레인은 모든 이메일에 답하는 것으로 유명해져서 인터넷계의 전설이 되었다. 물론 당신도 이메일이 들어오면 답장한다. 그러나 빌은 webmaster@xerox.com으로 들어오는 것은 어떤 것이든 자신의 메일로 규정한다. "물고기는 물을 마시나요?" 같은 황당하고 이상한 질문에까지 답장을 보낸다.

『물고기는 물을 마시나요?』는 1999년 William Morrow 출판사에서 발간된 그의 책 제목이다. 이 책에서 그는 제록스의 이메일 관리자로 근무하면서 자신이 '인터넷계의 현명한 어르신'이라는 이름을 얻게 된 경험을 적었다. 그는 4년 동안 일했지만 앞으로도 계속 일할 작정이다. 이제는 다음과 같은 질문에 대답할 세 명의 직원을 두고 있기 때문이다.

오클라호마 주 전체를 진공 청소하는 데 얼마나 걸릴까요?

세계에서 제일 빠른 롤러코스트는 무엇인가요?

미국의 1센트 동전에는 어떤 내용이 새겨져 있나요?

고추는 왜 맵나요?

자몽이란 이름은 어디서 유래했나요?

토마스 크레이퍼가 정말 변기를 발명했나요?

자유의 여신상이 들고 있는 책은 무엇인가요?

왜 영국에서는 차가 왼쪽으로 다니나요?

어떤 문제인지 이쯤이면 당신도 알아차렸을 것이다. 빌과 그 직원들은 하루에 1,000통까지 이런 질문을 받는 것으로 알려져 있다. 당신은 이 정도로 당신의 고객들에게 헌신적인가? 모든 이메일에 답하는 것이 과연 가치가 있는 일인가?

짐 스턴과 앤소니 프라이어가 쓰고, John Wiley & Sons 사가 2000년 출간한 『이메일 마케팅』에 다음과 같은 내용이 있다.

바로 당장 자질이 있는 사람을 고용해 당신 회사에 들어온 고객의 이메일에 답해야 한다. 이 책에 그에 관한 지침이 들어 있다.

콜센터에 사람을 고용할 때처럼 사람을 고용하라. 상냥하며 고객들에게 정말로 세심하게 신경을 써 주는 사람이 필요하다. 낸시 와이치브로드는 수년 동안 유나이티드 항공사의 승무원이었고, 친절하게도 내게 자신이 겪은 일을 들려주었다. 어느 날 저녁 낸시는 인터뷰 과정을 자세히 들려주었다. 면접관들은 입사 지원자들에게 일어서서 자신을 소개하라고 말했다. 수줍어하는지, 긴장하고 있는지는 중요하지 않았다. 면접관들은 말하는 내용을 듣고 있는 것이 아니라 지원자가 다른 동료 지원자들에게 얼마나 관심을 보이는지를 지켜보았다. 다른 동료들을 진지하게 배려하는 것으로 보이는 사람들을 채용했다. 당신 회사의 경우라면 타이핑할 줄 아는 것도 물론 생각해야 할 것이다.

성공적 이메일 관리를 위한 청사진 설계

그러면 어디부터 시작할까? Jupiter Communications의 보고서 『온라인 고객 서비스: 고객 만족과 유지를 높이기 위한 전략』을 보면 이메일의 과중한 부담을 오히려 기업의 경쟁력으로 만들기 위해서는 당신이 다음의 여섯 단계를 완수해야 한다고 설명하고 있다.

1. 현재 지원 절차와 서비스 수준을 검토하라.

2. 비슷한 질문들끼리 분류하고, 이들을 담당할 부서를 확인하라.

3. 업무 규칙과 문제 해결 절차를 정하라.

4. 가장 효율적인 해결안에 대해 지원을 요구할 계획을 면밀히 세워라.

5. 전문성과 경영 책임을 갖춘 새로운 센터들을 개발하라.

6. 해결책을 실행하도록 준비하라.

그런 다음 각각의 단계를 어떻게 풀어 나가는지에 관해 몇 쪽에 걸쳐 설명이 되어 있다. 자세히 읽어 볼 가치가 있다. 그렇다고 내가 Jupiter의 지분을 갖고 있는 것은 결코 아니다.

가능성 있는 많은 문제들에 관해 어떻게 준비할 것인가? 기술 지원 핫라인에 대답해 줄 사람들부터 준비하라. 판매 이전의 지원을 담당한 기술자들 및 800 무료 전화 서비스 담당 직원들과 면담하라. 당신이 FAQ를 정리하면서 배운 점을 취하여 그것을 여기에 활용하라.

사람들은 무엇에 관해 묻는가? 모든 것에 관해서 묻는다. 따라서 누가 거기에 답변할 책임이 있는지 알아야 한다. 시중에는 다소 비싸지만 유용한 제품들이 많이 나와 있다. 그렇지만 인공 지능이 사람의 말을 알아듣기 전까지는 받은 질문들을 분류할 담당 직원을 두는 일이 필요하다.

1. **판매.** 가격, 구입 가능성, 제품 정보.

2. **고객 서비스.** 제품에 관한 제안, 제품의 결함, 반품, 환불, 주문 추적, 규정에 관한 질문.

3. **홍보.** 기자, 분석가, 후원, 커뮤니티의 이슈, 투자자 관계.

4. **인사.** 이력서, 면접 요청.

5. **회계.** 미지급 계정, 수취 계정.

각 항목별로 한 사람을 배정해 메시지를 자세하게 읽고 우선순위를 정하게 하라. 일의 급한 정도에 따라 따라 우선순위를 정해야 한다. 다음처럼 거꾸로 순위를 정할 수도 있다.

6. 감사 편지 (답장을 보내고 저장하라)

5. 일반 메시지 (24시간 내로 답장을 보내라)

4. 긴급 상황 (적합한 담당자에게 일을 진행시켜라)

3. 중대한 문제 (부서 책임자에게 사태를 수습하도록 준비시켜라)

2. 적색 경보 (모든 직원들에게 사태를 수습할 준비를 하게 하라)

1. 정말 심각한 사건이 발생 (팔을 위로 흔들면서 소리지르고 뛰어다닐 정도의 사건)

이렇게 잘 분류를 해보면 대다수 메시지는 일반 메시지에 속할 것이다. 이들 대부분의 문제들을 해결하려면 데이터베이스에 미리 작성된 답변이 있어야 한다. 그리고 고객이 나중에 다시 알고 싶은 것이 있다면 어떻게 직접 답을 찾을 수 있는지에 관한 안내를 실어 답장을 보내야 한다.

긴급 상황이란 통상적인 고객 서비스 경로를 넘어서 문제 해결 방법을 찾아야 할 때이다. 예를 들면 제품 책임자, 배달 담당 직원, 자금 담당 직원들이 자신의 담당 범위를 넘어선 이메일을 받고 문제를 해결하며 발신자에게 답변하는 일을 담당하면서, 고객서비스 부서에 사본을 보내야 하는 경우이다.

중대한 문제란 부서장이 의사 결정권을 행사해야 할 때이다. 부서장은 예사롭지 않은 일이 생기거나 심상치 않은 일이 일어날 것 같은 느낌을 예감할지도 모른다. 이메일을 세심하게 읽도록 충분한 훈련이 될 때까지는 전화로 알려 주어야 할 수도 있다.

적색 경보란 최악의 위기에 대비한 것이다. 심각한 사태가 임박한 것으로 보이면 문제는 보통 한 부서에 국한된 것이 아니며, 해결하기 위해 수차례 회의를 열어야 한다. 모든 관련자들에게 가능한 한 많은 정보를 이메일로 보내고, 진땀을 흘리며 손을 불끈 쥐고 전화로 경보 상황을 알려야 한다.

당신이 시간 계획을 짠다면 적색 경보 상황에 대비해 절차와 과정을 관리하는 데 시간을 투자하라. 좀처럼 일어날 것 같지 않은 상황이지만 그래도 만약 일어난다면 위급한 사태에 직면해 혼란을 피할 지침이 분명히 마련되어 그나마 위안이 될 것이다.

고객이 직접 이메일을 관리하도록 하라

Geico Auto Insurance(www.geico.com)의 직원들은 고객과 통화하고 싶어한다. 그들은 쉽게 그렇게 하고 있다. 웹마스터를 통해 들어오는 모든 메일을 모으거나, 웹마스터가 각각의 메시지를 읽고 누가 문제를 해결할 최적의 사람인지 결정하도록 두지 않고 그 결정을 고객에게 맡겨 둔다.

고객이 제목을 선택하고 이메일 주소를 선택한다([그림 4.5] 참고).

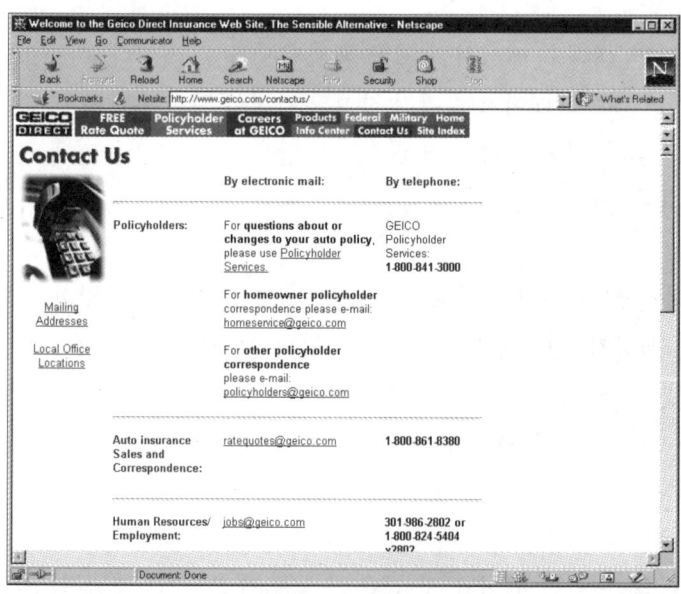

그림 4.5 Geico는 고객이 목적에 맞게 접속할 수 있도록 많은 이메일을 제공한다.

Geico는 다음의 제목에 각각 이메일 주소를 실었다.

■ 주택 소유 보험 계약자 관련

■ 기타 보험 계약자 관련

■ 자동차 보험 판매 관련

■ 인사/채용

■ 주택 소유자, 콘도, 세입자에 대한 판매 및 서비스

■ 사이클가드 모토사이클 보험에 든 오토바이

■ 선박 보험

■ 해외 보험

이렇게 홈페이지를 만들자 고객들은 쉽게 이용하고, 웹마스터는 이메일을 관리하기가 더 수월해졌다.

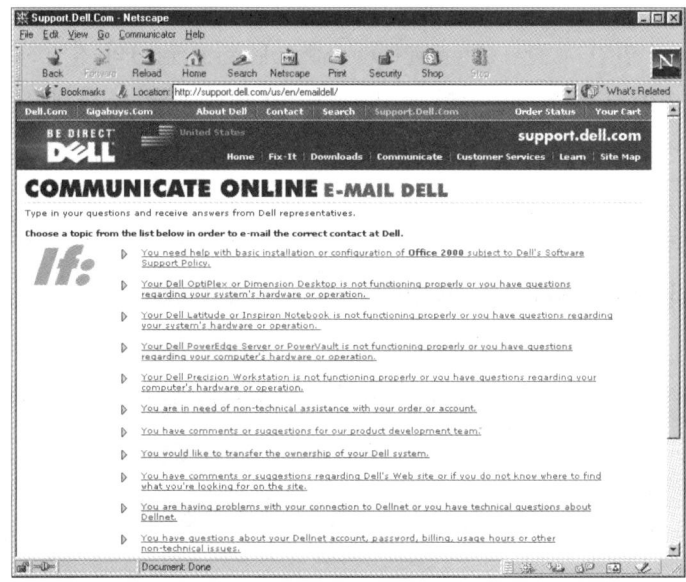

그림 4.6 델은 특정한 문제를 담당 서비스 직원에게 보낸다.

델 컴퓨터 사는 좀더 자세한 지시자를 신기로 결정했다([그림 4.6] 참고).

델의 홈페이지에는 고객의 상황에 맞게 클릭을 할 수 있는 다양한 링크가 있다.

- 델의 소프트웨어 지원 지침에 따라 Office 2000의 사양이나 기본적 설치에 관해 도움이 필요하다.

- Dell OptiPlex나 Dimension Desktop이 잘 작동하지 않거나, 시스템의 하드웨어나 작동에 관해 질문이 있다.

- Dell Latitude나 Inspiron Notebook이 잘 작동하지 않거나, 시스템의 하드웨어나 작동에 관해 질문이 있다.

- Dell PowerEdge Server나 PowerVault가 잘 작동하지 않거나, 시스템의 하드웨어나 작동에 관해 질문이 있다.

- Dell Precision Workstation이 잘 작동하지 않거나, 시스템의 하드웨어나 작동에 관해 질문이 있다.

그 밖에 다른 링크들도 있다.

켄터키 주 Handerson의 일간지 The Gleaner(www.thegleaner.com)의 경영진은 이메일 주소를 신는 데 있어서 한층 개인적인 관점을 지니고 있다. 당신은 발행인, 편집인, 총 책임자, 야간 작업 감독자에게까지 메일을 보낼 수 있다([그림 4.7] 참고).

얼마나 많은 이메일 주소를 실을 것인가는 당신 회사의 조직 문화에 달려 있다. 당신 회사는 명함에 대표 전화만 인쇄하도록 하는가?

아니면 호출기, 카폰, 집 전화번호까지 모두 인쇄하도록 장려하는가? 조직 구성도가 자부심을 나타내는가, 아니면 회사의 기밀인가?

전 직원이 이메일에 능숙하도록 교육하는 데 막대한 돈을 쏟아 부을 수도 있고, 아니면 소수 정예 직원이 그 일을 담당하도록 맡겨 둘 수도 있다. 모든 직원이 어느 정도는 교육을 받아야 하지만, 어딘가에 돈을 써야 한다면 이메일 처리 과정을 지원할 도구들을 설치하는 데 쓰는 것이 더 바람직하다.

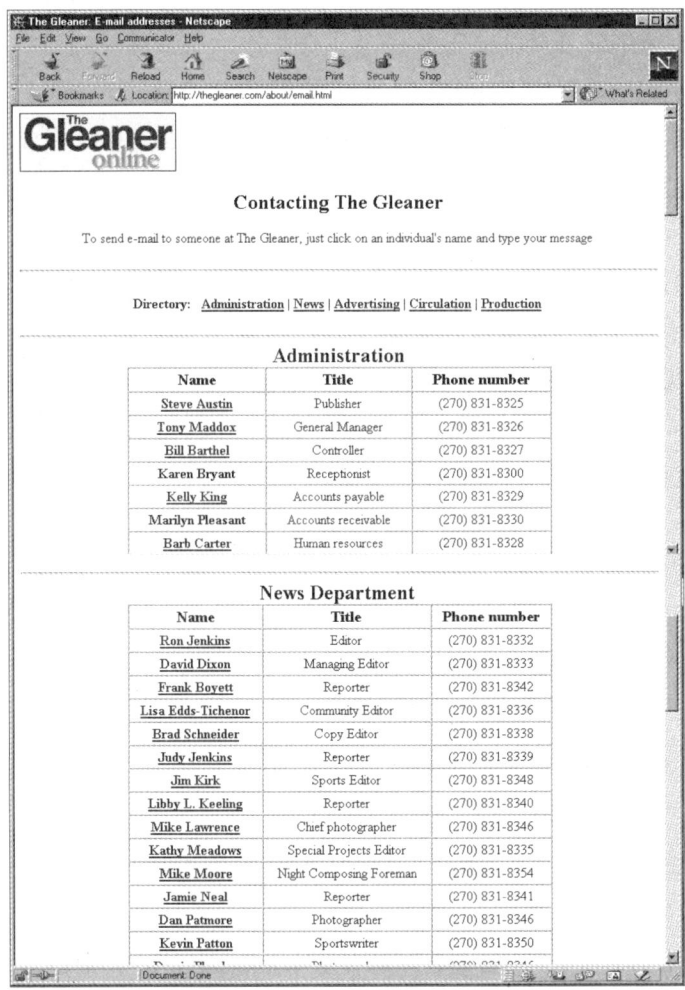

그림 4.7 직원들이 사이버 공간의 모든 사람과 친하고 싶어한다면 The Gleaner의 방식을 모방하는 것이 된다.

당신을 구출할 관리 도구들

당신은 이메일을 관리하기 위해 직접 소프트웨어를 설계할 수 있다. 미래를 전망하고 일찍 뛰어든 기업들은 아무도 개척하지 않은 무성한 수풀을 스스로 헤쳐 나가야 한다는 것을 알았다. 그것이 J. 크루(J. Crew)가 해야 했던 일이다. 크루의 직원들은 새로 구축한 시스템에 고객 서비스 책임자와 의상 디자이너들 모두가 고객들이 무엇을 원하는지 알 수 있도록 관찰할 수 있는 창구를 마련했다.

시중에는 이메일을 관리하는 도구가 많이 나와 있다. 회사에 이메일을 관리하는 사람을 한 명 이상 두고 있다면 당신도 이런 도구를 구입할 잠재 고객이 될 것이다. 이 도구를 사야 하는지 어떻게 알 수 있는가? 이런 질문의 답을 알고 있어야 당신이 일을 더 잘하는 데 도움이 된다는 것을 인식할 때가 되었다고 Mustang Software(www.mustang.com)의 CEO 짐 해러(Jim Harrer)는 말한다.

1. 매주 당신의 웹에 얼마나 많은 메시지가 들어오는지 알고 있는가?

2. 평균 몇 시간 후에 답장을 보내는지 알고 있는가?

3. 5분 내로 고객의 메시지를 추적할 수 있는가?

4. 웹사이트로 들어오는 모든 메시지를 보낸 사람들에게 메시지를 받았다고 알리는가?

5. 같은 주소로 들어온 메시지에 답하는 일을 여러 사람이 맡고 있는가?

6. 컴퓨터를 끄고 퇴근하기 전이나, 또는 한 주나 한 달이 끝나기 전에 모든 이메일에 답장을 보냈는지 확인하는가?

7. 이메일 양이 많아지고 있는지 주간별로 비교할 수 있는가?

8. 모든 이메일의 답장 아랫부분에 회사 방침과 일치하는 말을 덧붙이는가?

9. 직원들 각자가 이메일에 답하는 시간을 평가하고, 그것을 회사 전체 평균과 비교할 수 있는가?

이메일 관리 도구는 대부분 당신이 이런 질문에 답하는 데 도움이 된다. 그리고 도구 자체도 용도별로 분류되어 있다. 앞서 설명한 자동 응답 도구 같은 앤서봇, 큐잉(queuing) 도구, 라우팅(routing) 도구, 표준 답변을 제공하는 도구(boilerplate tools), 단순한 앤서봇보다 훨씬 발달된 인공 지능(AI) 답변 도구 등이 있다.

큐잉 도구 및 라우팅 도구

Mustang의 질문들을 잘 처리하는 데 도움이 되는 도구들이다. 이들은 들어오는 메시지를 접수하고 추적하고 담당자에게 배분하고 계속 확인하는 역할을 한다. 당신이 정신적 노력을 다소 기울여야 할 분야가 몇 군데 있다. 즉, 에이전트 관리, 고객의 도움 요청을 분산하는 회사의 지침, 각 메시지에 따른 관심의 정도를 정하는 문제 등을 면밀하게 잘 계획해야 한다.

풀 방식 vs. 푸시 방식

이것은 당신의 회사에서 어떤 방법이 최상인지 결정하는 단순한 문제이다. 서비스 담당 직원이 각자 처리 대기 상태에 있는 백업에서 다음 처리할 순서의 이메일을 자신의 작업 구역으로 가져온다(pull). 또는 시스템이 누가 일이 없는지 알아내어 그 사람에게 일을 준다(push).

고객들이 얼마나 복잡한 문제를 가지고 있느냐에 따라 어떤 방식이 적당한지 결정을 내릴 수 있다. 저가로 대량 판매하는 사용하기 쉬운 제품을 팔고 있다면 고객들로부터 신속하게 해결될 수 있는 문제나 쉽게 답할 수 있는 단순한 질문을 받을 가능성이 많다. 직원이 다음 일을 맡을 수 있을 때 바로 다음 일을 하게 하라.

그러나 당신 회사의 제품이 복잡하고 고객이 제품을 사용하는 데 상당히 골치를 앓아야 한다면 담당 직원이 직접 나서서 문제를 해결하는 방식(풀 방식)이 더 나을 것이다. 야구장에서 사인을 받고 투수가 던지는 공을 치는 것이 아니라, 서비스 담당 직원은 며칠 동안 몇 명의 고객들과 계속 전개되는 사태를 관리해야 할 가능성이 높다. 바로 그

순간에 처리할 메시지를 갖고 있지 않다고 해서 이들이 다음 일을 처리할 준비가 되어 있고 처리할 수 있다는 뜻은 아니다. 조사 또는 공동 작업을 하거나 잠시 작업 공간을 벗어나 커피를 마시는 등 휴식을 취하고 있을 수도 있다. 언제나 일어나는 일들이다.

라우팅 규칙

다양한 타입의 메시지를 다양한 그룹의 직원들에게 나누어 줄 때 어떤 메시지를 어느 그룹에 줄 것인지 결정하기 위해 라우팅 규칙을 마련해야 한다.

첫번째 기준은 단지 발신지 주소를 보면 된다. 주소가 customerservice@company. com인가, 아니면 techsupport@company.com인가? 다음에는 제목란을 보면 된다. '수리 및 타이어 교환'과 '화요일에 시험 운전?'이라는 제목의 두 메시지가 같은 직원에게 가서는 안 된다.

라우팅을 잘하려면 업무 관리 기준을 결정하기 위해 몇 차례에 걸쳐 진지하게 회의를 열어야 한다. '새로 설치', '교환할 부품' 같은 말이 메시지에 있다면 어디로 보내고 왜 보내야 하는지 알아야 한다. 또한 교환할 부품을 새로 설치하는 데 도움을 원한다는 메시지를 받는다면 어떻게 할 것인지도 결정해야 한다.

라우팅 기준을 정할 때는 능력도 고려해야 한다. 수리 문제가 있을 때 선별해서 적절한 수리 담당 직원에게 보낼 수도 있고, 아니면 단지 다음 순서의 아무 직원에게나 보낼 수도 있다. 이런 문제는 미리 결정해 두어야 할 규칙이다. 그리고 당신이 이것들을 얼마나 잘 예측할 수 있는지 면밀하게 살펴야 한다.

또한 이메일 메시지를 최적의 직원에게 보내도록 분류할 수도 있다. 어떤 문제가 생기면 누가 현재 해결할 수 있는가를 결정하는 것이 아니라 누가 최적의 사람인가를 결정하는 많은 규칙들이 Brightware의 도구에 들어 있다. 이것은 단계적 확대와는 조금 다르지만 그대로 라우팅만 하는 것보다는 나은 방법이다.

단계적 확대

Countrywide Home Loans는 어느 이메일을 제일 먼저 처리할 것인지 알아내기 위해

Brightware(www.brightware.com)의 소프트웨어를 사용하고 있다. 다른 사람에게 집을 저당잡힌 고객이 메시지를 보냈다면 첫번째 문의 때보다 순서가 앞당겨진다. 또한 당신은 당신이 정해 놓은 등급에 따라 직원들이 귀찮은 문제들을 쉽게 해결할 수 있기를 원할 것이다.

표준 답변을 제공하는 도구

메시지가 들어오면 가장 신속하게 답할 수 있는 방법은 무엇일까? FAQ는 고객들만 많이 접하는 문제가 아니다. 고객 서비스 담당 직원들은 앞으로 있을 답변을 미리 잘 작성해서 넣어 둔 데이터베이스에서 답변을 찾아 빨리 보내 줄 수 있다. 사적인 통신을 할 때도 나는 자주 쓰는 문장을 모은 폴더를 이용한다. 표준 답변이 들어 있는 데이터베이스를 이용하면 반복되는 질문을 받을 때 적절하게 표준화한 답변을 보내 줄 수 있다.

이메일을 미리 읽고 서비스 담당 직원들에게 가능한 한 적절한 표준 답변을 추천해 주는 도구들도 있다. 이 도구들은 사람이 먼저 손대기도 전에 응답할 수 있다.

인공 지능 도구

eHNC(www.ehnc.com)는 인공 지능 도구를 만드는 업체이다. 이 도구를 이 업체에서는 SelectResponse라고 부르며, 질문을 읽고 분석하고 분류하고 가능한 한 최고의 답변을 선택하는 기능을 한다.

신경망 기술을 이용한 SelectResponse는 처음에는 이미 알려진 분류용 도구처럼 작동하지만, 작동을 계속할수록 스스로 배워 나가며 처리하는 단계로 발전한다. 고도로 발달한 기술은 마술과도 분간할 수 없을 것이다. 이 도구는 단지 키워드만 보는 것이 아니라 내용을 읽는다. 분류하기가 어렵거나 어떻게 답변할지 결정할 수 없는 메시지를 받는다면 사람에게 물어 본다. 그리고 기억하고 학습한다. 하지만 당신은 이것이 가능하다고 생각하는가?

eHNC 직원들은 자사 제품이 약 80%의 메시지를 정확하게 식별하고 적절하게 반응한다고 말한다. 이중 절반은 힘들이지 않고도 처리할 수 있는 쉬운 것들로, FAQ 타입

의 문제들이다. 그러나 나머지 절반은 해독하고 답변하는 데 인지 능력이 필요한 것들이다. 또, 답변이 SelectResponse의 범위를 넘어서는 경우에도 라우팅하기 위해 인지 능력이 필요하다. 여기에서 초등학교 3학년 때 배운 산수가 유용하게 쓰인다. 프로그램이 40%의 질문에 답하고 또 다른 40%를 적임자에게 보낸다면 잘못된 답변을 받은 나머지 20%는 어떻게 해야 할까? 그리고 완전히 정확한 답변을 받지 못한 사람들은 또 어떻게 하는가? 내 고객이 이런 경우를 당하는 것을 나는 원하지 않는다. 바로 여기가 사람이 직접 일을 처리해야 할 부분이다.

eHNC의 SelectResponse 총 책임자인 존 가프니(John Gaffney)는 수익이 줄어드는 첫번째 징조가 나타나기 전에 자동화를 제한하는 것이 현명한 관리 비결이라고 설명한다. 소프트웨어가 약 80%의 질문에 정확하게 답할 수 있다면, 그 절반만 답하게 하거나 아니면 그 이하로 답하게 하라. 당신이 찰스 스왑처럼 하루에 1만 통의 이메일을 받는다면 단지 30%만이라도 메일에 답변하느라 필요한 사람의 수를 줄여 줄 소프트웨어를 원하지 않겠는가? 그렇게 생각했을 것이다. 혹시 www.schwab.com에서 거래하고 있는가? 그렇다면 당신은 이미 신경망과 접촉해 본 적이 있을지도 모르겠다.

Primus(www.primus.com)는 사람들이 이전에 겪어 보지 못한 문제들을 처리하도록 돕기 위해 연상 프로세싱(associative processing)이라는 도구를 추가했다. Primus 시스템은 새로운 문제를 보면 예전 문제와 그 문제의 해결책을 연결하도록 노력한다. 때로는 고객을 옳은 방법으로 이끌어 준다. 때로는 옳은 해결책을 도출해 내기도 하는데, 이 경우는 문제가 예전에 있었던 문제와 다른 형태의 말로 씌어진 경우이다.

이메일이 당신과 당신 고객, 당신의 일을 위해 무엇을 할 수 있는지 좀더 자세히 알려면 Patricia Seybold Group(www.psgroup.com)의 '이메일 고객 지원 시스템의 상대적 평가'를 살펴보라.

100쪽이 조금 넘는 이 자세한 보고서에 기업이 이메일을 사용하는 고객을 지원하는 데 도움이 되는 여섯 개의 우수한 도구를 조사하여 그 자료를 실어 놓았다. 기업은 각자 필요에 맞는 성능의 도구를 유익하게 이용할 수 있다. 그러나 모든 기업들이 필요에 맞는 도구를 찾을 수는 없다. 사실상 어느 것도 다방면에 걸쳐 가능한 해결책은 못된다.

이 여섯 개는 기업의 대표적 형태를 나타낸다. Aditi가 개발한 Talisma는 소규모 합작 기업에 가장 적당하며, Mustang이 개발한 IMC, eGain이 개발한 EMS, Kana가 개발한 CMS는 중간 규모의 기업에 적당하다. Brightware의 Brightware는 개당 이윤은 낮지만 대량 판매용 상품을 만드는 대규모 기업을 겨냥한 것이며, G2X Software(이전의 Ergo Tech International)가 개발한 eMailroom은 고도로 세분화한 대규모 기업에 맞게 만들어졌다.

신경망

신경망은 인간의 두뇌를 모델로 한 것으로, 의사결정을 하고 복잡한 업무를 수행할 수 있는 컴퓨터 프로그램이다. 신경망은 유능한 직원처럼 경험을 통해 습득하며 성능을 향상시킨다. 신경망은 데이터를 수집하고, 이미 가지고 있는 데이터와 모든 비슷한 정보들 사이의 관계를 창출함으로써 습득해 나간다.

이메일 분석

당신은 이메일에서 많은 것을 습득할 수 있다. 당신이 이메일을 읽어서가 아니라 컴퓨터에게 읽게 함으로써 습득할 수 있다는 말이다. 모든 고객과 나누는 통화 내용을 기록하고 누가 무엇을 말했는지 체계적으로 검토할 수 있다면 어떨지 상상해 보자. 어떤 점을 교훈으로 얻겠는가?

이것은 새로운 분야로서, 가장 효과적인 실행에 실제로 응용할 수 있는 지식이 조금만 있어도 된다. 실행하기가 두렵다면 아마 인터넷을 이용하는 것은 당신의 장점이 아닐지도 모르겠다. 그러나 훌륭한 고객 서비스를 제공할 수 있고 경쟁자들보다 우위에 설 수 있다는 가능성에 눈이 번쩍 뜨인다면 당신은 바로 성공을 위한 정도에 서 있는 것이다.

누가 전문가인가

1999년 11월 Tacit Knowledge Systems(www.tacit.com)는 직원들의 이메일을 읽음으로써 어떤 직원이 어떤 문제를 잘 알고 있는지 알아내는 데이터베이스 시스템인 KnowledgeMail을 설치했다([그림 4.8] 참고).

당신은 각각의 직원들이 어느 분야에 전문적 식견을 갖고 있는지에 관한 리스트를 만들어 관리할 수 있다. 또, 이들이 각자 자신의 리스트에 최신 정보를 올리도록 할 수도 있다. 그러나 이렇게 하면 성공하지 못한다. 즉, 아무도 자신에 관해 가치 있는 많은 정보를 지속적으로 올릴 시간이 없다. 그리고 사람들은 너무 겸손하거나 지나치게 성공 욕구가 강해서 그런 책임을 지기에 적절하지 못하다.

Tacit은 당신의 장점을 확인할 수 있는 가장 좋은 방법은 당신이 이메일에 어떤 내용을 쓰는지 지켜보는 것임을 알아냈다. KnowledgeMail은 당신 회사의 업종, 회사, 사업 단위가 주제별로 인식되는 키워드를 찾아낸 다음, 당신이 어떤 분야에 지식이 있는지를 데이터로 만든다.

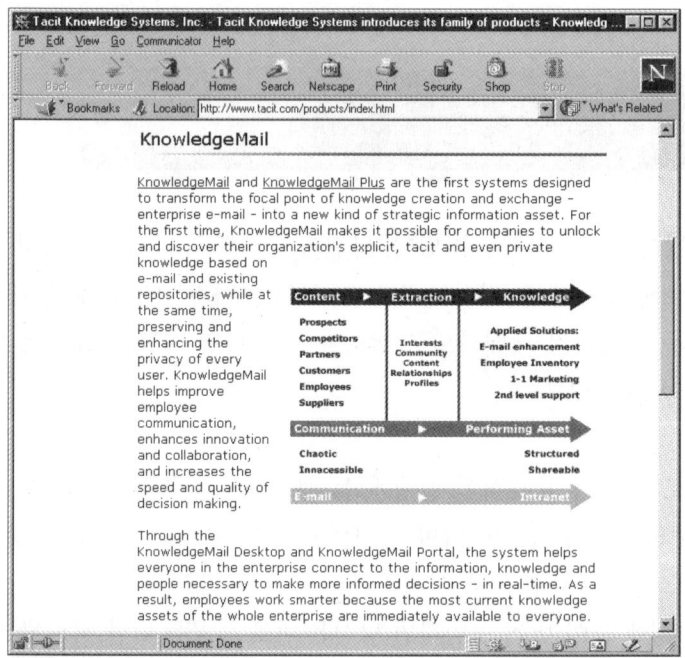

그림 4.8 Tacit Knowledge Systems에서는 당신이 말하는 바에 따라 당신이 어떤 분야의 전문가인지 결정한다.

모뎀으로 프린터를 작동하는 데 전문가가 필요한가? 재빨리 찾아보라. 연산 문제를 해결하는 데 도움이 필요한가? KnowledgeMail에 물어 보라. 오늘밤 농구 경기에 관한 소식을 누가 알고 있는지 궁금한가? 대체로 질문의 답을 알 수는 있지만 한계점이 있다. 말을 제일 많이 하는 사람이 제일 적게 알고 있을 때도 있기 때문이다. 그러나 이들도 최소한 당신이 누구에게 도움을 받을 수 있다는 말은 해줄 수 있다.

고객에 관해 무엇을 배울 수 있는가

고객의 이메일 커뮤니케이션에 관해 진지하게 데이터마이닝을 할 수 있는 도구는 아직 나오지 않았다. 데이터베이스는 오랫동안 받은 메시지로 가득하다. 여기서 무엇을 배울 수 있는지 생각해 보라. 당신이 어떤 질문을 할 것인지도 생각해 보라.

- 이번주에 얼마나 많은 고객들이 특정 문제에 관해 질문했는가? 지난 4주, 6주, 6개월 동안 비교해 보면 그 수치는 어떠한가?

- X 제품에 나타나는 가장 흔한 문제는 무엇인가? 고객들은 얼마나 오랫동안 그 불만을 토로해 왔는가?

- 최근 고객들은 어떤 새로운 현상에 대해 질문해 왔는가?

- 문제를 해결하기 전에 고객들은 평균 몇 번 정도 우리에게 연락하는가?

- 어느 고객이 우리 회사 자원의 대부분을 쓰는가?

- 어느 고객이 교육받으라는 말을 가장 잘 듣는가?

- 우리가 고객의 질문에 자동화 방식으로 답하는 데 도움이 되도록 고객이 자신의 질문을 말하게 할 수 있는 방법이 있는가?

- 제품만이 아니라 고객 서비스 전반에 관해 어떤 불만을 듣고 있는가?

장기적으로 하루에 얼마나 많은 질문에 답변하고 시간은 얼마나 걸리는지에 관한 표

준 통계는 고객 만족, 고객이 묻는 질문의 주제 및 유형을 보여 주는 도표와 그래프로 나타낼 수 있다. 그러면 FAQ, 지식 베이스, 고객이 이메일을 보내기 전에 미리 문제를 해결할 수 있는 지침들을 훨씬 더 잘 개발할 수 있을 것이다.

적극적인 고객 서비스

고객 서비스란 고객이 불만을 말할 때까지 기다리는 것이 아니다. 고객이 요구하기 전에 문제를 해결할 수도 있고, 어떤 서비스가 필요한지 고객에게 물을 수도 있다.

이메일을 이용해 고객에게 다가가기

고객이 보내는 이메일 메시지를 모두 거대한 데이터베이스에 넣어 두면 답장을 보낼 고객들을 분류할 수 있다. 얼마나 자주 이들이 메시지를 보내는가, 최근에는 보냈는가, 이들은 어느 회사에 다니는가, 마지막으로 이들이 제기한 주제는 무엇인가에 따라 메시지를 분류하라.

이러한 목적을 위해 시중에서 구입할 수 있는 도구는 마케팅 부서용으로 만든 제품들이다. 그러나 다양한 시장 구획에 맞게 내보낼 고객 서비스 및 지원 메시지를 만들어 내는 것도 좋은 아이디어이다. 당신 회사의 제품을 구입한 모든 사람들에게 제품의 성능을 점검할 시간을 메시지를 통해 알려라. 최근 제품에 어떤 문제가 있었다고 말한 고객들에게 나중에 있을 수 있는 다른 문제도 설명하면서 어떻게 해결할 수 있는지 메시지를 보내라. 한동안 당신에게 연락을 하지 않은 고객을 찾아내 서비스 계약에 할인 혜택을 해주어라.

이메일 뉴스레터

사람들은 정보를 제공받으면 좋아한다. 최신 정보를 알고 싶어한다. 관심 있는 정보를 받으면 반가워하지만 쓸모 없는 정보는 귀찮아한다. 당신이 보내는 메시지가 고객에게 별 도움이 안 되면 그것이 바로 정크 메일이다.

고객들은 주로 업계 소식이나 제품 판촉, 지침서, 제품을 더 유용하게 쓸 수 있는 어떤 정보라도 받으면 좋아한다. 다른 고객들은 어떤 독특한 방식으로 제품을 이용하는지 와, 시간과 돈을 절약할 수 있는 제안 같은 것들도 기분 좋게 받아들인다.

신중하게 추진하라

그러나 가장 먼저 새겨야 할 말은 '신중'이다. '하지 말라'는 말을 강조하지 않을 수 없다. 고객의 허락을 받지 않고 이메일을 남발하지 마라. 요구하지도 않은 이메일은 자연에 반하는 범죄이며, 풍경의 오점이며, 남녀노소에 관계없이 모두가 경계하는 해 악이다. 내가 너무 강조하는 것일 수도 있다. 그러나 틀린 이야기는 아니다. 불필요한 메시지를 보내는 것보다 사람들을 더 화나게 하고 당신 회사의 브랜드를 손상시키는 일은 없다.

그러나 일단 때때로 하는 조사에 기꺼이 응하겠다는 확인을 고객에게 받았다면 이제 해야 할 일은 분명하다. 이메일 리스트에 있는 고객에게 보내는 모든 메일 문서에 어 떻게 고객이 리스트에서 탈퇴할 수 있는지 따르기 쉬운 지시 사항을 첨가해야 한다.

이것은 마케팅 부서와 직결되는 문제이다. 그러나 명심해야 할 점은 당신 회사 제품 과 서비스에 관한 수많은 정보가 있으며, 다른 고객들이 제품과 서비스를 어떻게 사 용하는지에 관한 많은 정보가 있다는 점이다. 고객은 이것을 알기를 원한다.

아직도 종이로 뉴스레터를 보내는가? 자원을 절약하라.

도구 선택하기

Yankee Group은 1999년 8월, 이메일 응답 도구의 산업 규모가 2002년이면 4억 달 러에 이를 것이라고 전망하는 보고서를 발표했다. 지금 시판된 제품들도 많고, 개발 중인 것들은 더 많다.

Patricia Seybold Group도 1999년 여름, 다양한 제조 업체에 관한 조사와 그들의 제

품을 언제쯤 사용할 수 있을지에 관한 조사를 통해 보고서를 냈다. 이 보고서에는 예를 들어, 몇 개의 주제에 관해 많은 질문들을 예상한다면 Brightware를 살펴보라고 되어 있다. 복잡한 주제에 관해 많은 질문을 예상한다면 Kana(www.kana.com)나 eGain(www.egain.com)이 더 나을 것이라고 한다.

일선에서 사용할 이메일 관리 소프트웨어에 관해 믿을 만한 자세한 정보를 보려면 www.personalization.com과 www.accelerating.com을 주의 깊게 살펴보라. www.personalization.com은 웹 개별화의 모든 방면에 관한 뉴스, 정보, 분석을 제공한다. www.accelerating.com은 Peppers and Rogers Group의 핵심인 일대일 전략을 취하고 있다. 말하자면 인식하고 차별하고 상호작용하고 주문, 제작한다. 그리고는 지속적으로 영향력을 행사할 새로운 방법을 찾아내고, 일대일 관계를 가능하게 하는 신기술의 판매자와 소비자를 연결해 준다([그림 4.9] 참고).

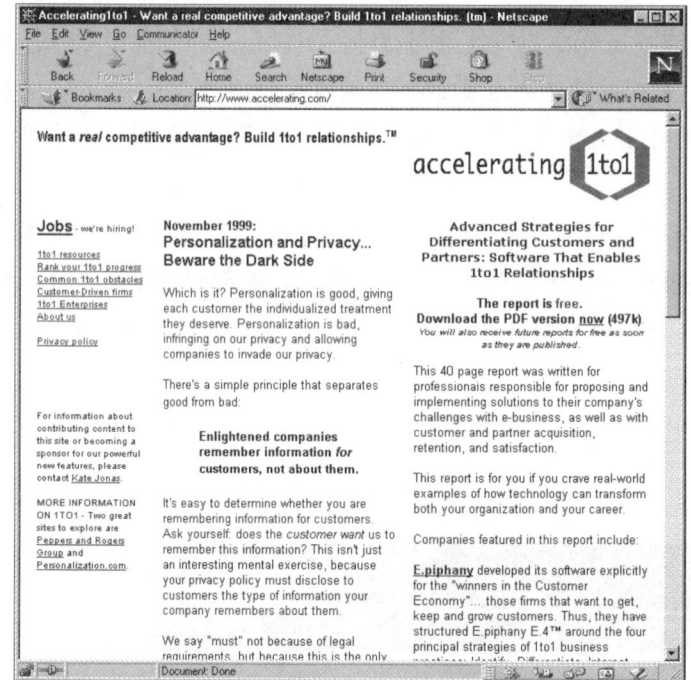

그림 4.9 Accelerating 1to1 사이트는 시중에 나와 있는 개별화 도구들을 소개하고, 사용할 때의 문제점들을 독자적 시각에서 볼 수 있도록 고안되었다.

그러면 이제 이런 도구들을 설치하고, 그 결과를 검토하고, 수집한 메트릭스로 관리하라. 그렇지만 생산성 향상을 그릇된 방식으로 운용할 수 있다는 점에 주의하라. 한 달도 안 되어 IT 실무진 두 명은 모범 사례를 통한 관리가 어떻게 실패했는지를 내게 들려주었다.

이 회사의 이메일 관리자들은 처리 대기 상태의 이메일을 처리하라는 지시를 받았고, 업무를 완전히 수행하면 보너스를 받았다. 두 명 모두 밤을 새워 업무를 달성했다. 동기를 부여한 관리 방식이 성공적 성과를 거둔 것일까? 그렇지 않았다. 이들은 답하기 어렵거나 그저 재미없는 메시지는 삭제하는 방식으로 보너스를 얻을 수 있었다. 이메일을 다 처리했다는 것이 서비스 담당 직원이 반드시 성공적으로 업무를 수행했다는 증거는 아니다.

전할 내용을 분명히 하라

이메일을 처리할 때 상식적인 몇 가지 지침들을 지키면 당신과 고객들, 동료 직원들이 즐겁게 일할 수 있다. 특히 많은 양의 이메일을 처리할 때 더욱 그렇다.

제목란은 당신의 친구

항상 이메일의 제목란을 이용하라. 모든 회사는 근거 없는 이메일, 파일, 혹은 사람들이 자신들의 네트워크에 들어오지 못하도록 전자 장치를 갖추고 있다. 즉, 모든 회사가 방화벽을 설치하고 있다. 불쾌한 장치를 한 몇몇 회사들이 내게 이메일을 보내고 있다. 이들의 시스템은 아무 제목 없이 이메일을 보낸다. 나는 고객이나 기능별로 메일을 분류하는데, 이런 메일을 받으면 디렉터리가 확인되지 않은 메시지들로 가득 차게 된다. 그렇게 되면 내부에 저장된 주제를 찾기 위해 하나씩 다 열어 보아야 하기 때문에 특정한 어떤 것을 찾기가 어렵다.

정말 화나는 경우는, 전혀 제목이 없는 형태의 메시지가 들어올 때이다. 보내는 사람이 주제를 쓰지 않기로 작정한 것이다. 그러면 나는 하나씩 다 열어 보고, 어떤 내용인지 알 때까지 읽어 보아야 한다. 당신의 고객에게 이런 식으로 하지 마라. 가능하면 제목을 보고 내용을 알 수 있도록 하라. 당신의 파일뿐 아니라 직원들 몇 명이 함께 이용하는 고객 서비스 데이터베이스도 마찬가지이다. 고객 서비스 업무를 나중에 담당할 사람들은 이전에 이들 메시지를 본 적이 없으므로 제목이 분명하지 않으면 전체 메시

지를 다 읽어야 할 것이다.

메시지의 중간에서 주제가 바뀐다면 새로운 제목을 만들되, 이전의 제목을 함께 표시해 둘 필요가 있다. 제목이 '교환 부품'이지만 고객 서비스 분야의 판매자로 주제가 바뀐다면 제목을 '지역의 판매자(교환 부품이었음)'로 바꿔라.

제목은 스물다섯에서 서른 자 정도로 하는 것이 적당하다. 아니면 고객의 컴퓨터에 있는 이메일 소프트웨어가 당신이 만든 제목을 줄여 버릴 것이다. 고유 분류 번호 공간을 남겨야 한다는 것도 잊지 마라. 이메일을 관리하는 최고의 도구를 이용하고자 한다면 특정한 고객의 문제를 추적하는 데 도움이 되는 문제 번호 같은 것을 이용하고 싶을 것이다. 이것에 관해서는 다음에 살펴보겠다.

충분한 분량으로 답변하라

문의가 들어오면 충분한 내용을 적어 답변을 보내라. 화요일에 이메일을 보냈는데 답장이 수요일에 왔다면 이메일을 보낸 사람에게 그리 반가운 것은 못 된다. 또, 단지 '그렇습니다'라는 말만 들어 있는 답장도 가치가 없다.

답장, 완전한 답장, 오직 답장

내 아내는 결혼 기념일에 올림푸스 320L 디지털 카메라를 내게 사 주었다. 멋진 물건이었다. 나는 카메라를 만지작거리고 내 자리에 가족 사진을 붙이기를 좋아한다. 길을 가던 중 처음 카메라를 꺼냈을 때, 다시 조절을 하거나 사진을 찍을 때마다 소리가 난다는 것을 알았다. 그것이 신경에 거슬렸다.

금요일 저녁 6시 30분에 공항에서 비행기를 기다리면서 올림푸스의 웹사이트에 들어가 보기로 마음먹었다. 거기에는 내 카메라가 나와 있었고, 고객을 유혹하는 문구들이 자세하게 실려 있었다. 그러나 어떻게 사용하는지는 나와 있지 않았다.

"어떻게 320L에서 나는 소리를 없앨 수 있습니까?"라는 질문 하나를 보냈다.

토요일에 카메라를 다시 사용했는데, 소리가 계속 나서 짜증이 났다. 일요일에 카메라를 여행 가방에 넣었다. 월요일에는 회의가 있었고, 화요일에 다음과 같은 답장을 받았다.

> 날짜: 1998년 3월 24일 화요일 18시 14분 39초-0500
> 보내는 사람: Richard Pellkowski 〈PELLKR@olympus.com〉
> 받는 사람: jsterne@targeting.com
> 제목: 올림푸스 디지털 카메라 문제- 답장
> 〉〉〉 〈jsterne@targeting.com〉 98년 3월 22일 오전 11시 7분〉〉〉
> 짐 스턴(jsterne@targeting.com)이 다음 질문을 했습니다.
> 어떻게 320L에서 나는 소리를 없앨 수 있습니까?
> 98쪽, 사용자 매뉴얼

나는 놀랐고, 어안이 벙벙했다. 놀리는 것 같아 화가 났다. 받은 메시지를 그대로 둔 채 '이거 농담 맞지요?'라는 말만 붙여 다시 보낸 것이다.

그러나 그는 그렇게 생각하지 않았다.

> 98년 3월 27일 오후 5시 59분 -0500 리차드 펠코스키 보냄:
> 98쪽 320L 사용자 매뉴얼에 '소리를 멈추게 하기'가 나와 있습니다. 필요하시면 1-800-622-6372 교환 번호 5256으로 망설이지 마시고 바로 전화해 주십시오.

이미 놀랐지만 이번에는 더욱 화가 났다. 전화기를 들고 이 바보 같은 사람에게 말을 할 것인가? 아니다. 사람의 말이 독사의 혀보다 더 강하다는 것을 증명하는 것으로 현명하게 대처할 수 있어 기분이 좋았다.

> 98년 3월 27일 오전 7시 16분 짐 스턴 보냄:
>
> 〉98년 3월 27일 오후 5시 59분, 리차드 펠코스키 보냄:
> 〉98쪽 320L 사용자 매뉴얼에 '소리를 멈추게 하기'가 나와 있습니다. 필요하시면 1-800-622-6372 교환 번호 5256으로 망설이지 마시고 바로 전화해 주십시오.
>
> 리차드 씨, 안녕하십니까?

저는 "몇 쪽에 나와 있습니까?"를 물은 것이 아닙니다. 저는 기업들이 마케팅과 고객 서비스를 위해 얼마나 인터넷을 사용하고 있는지 면밀하게 살펴보고 있는데, 당신이 처음 보낸 반응이 너무 짧아 놀랐습니다.

마침 시간이 있어 저는 책상 앞에 앉아 사용자 매뉴얼을 보고 있습니다. 물론 나와 있습니다. 그러나 어디를 가는 중이거나 주말이거나 당신 회사가 문을 닫았다면 저는 매뉴얼을 갖고 있을 수도, 읽을 수도 없습니다.

"플래시 모드 버튼을 누르고 동시에 렌즈 마개를 여십시오."라고 말하지 않고 몇 쪽에 있다는 말을 쓰려고 그렇게 시간을 냈다는 사실에 놀랐습니다.

그 문제는 이제 별로 개의치 않지만, 당신이 직접 통화하려고 생각했다는 사실에 똑같이 놀랐습니다. 그것은 우수한 고객 서비스의 표시입니다.

당신이 스스로 결정한 것입니까, 아니면 올림푸스의 방침입니까?

이메일의 문구보다 더 놀란 사실은 리차드가 정말 내게 전화를 걸어 도움이 되지 못했다며 사과했다는 사실이다. 그때 나는 정말 놀랐고, 그에게 더 질문할 수 없었다. 따라서 위의 메시지를 보낸 것이다.

리차드가 다시 답장을 보냈다.

1998년 3월 27일 금요일, 18시 46분 41초-0500
보내는 사람: Richard Pellkowski 〈PELLKR@olympus.com〉
받는 사람: jsterne@targeting.com
제목: Re: 올림푸스 디지털 카메라 문제- 답장 -답장 -답장

제가 스스로 판단해서 귀하에게 전화를 드렸습니다.

저희들은 저희 제품에 대한 지원을 아끼지 않고 있으며, 우리가 가진 자원으로 할 수 있는 최선의 서비스를 다하기 위해 노력하고 있습니다. 귀하께서 제가 연락 드릴 수 있는 전화번호를 남기고 매우 건설적인 답장을 보내 주셔서 대단히 감사하게 생각합니다. 그

리고 저의 상사가 이 일을 평가하도록 우리가 주고받은 메시지를 복사해 상사에게 올릴 것입니다.

다시 한번 감사드립니다.
리차드 펠코스키

지금 나는 올림푸스의 팬이다. 고객에게서 불쾌한 말을 듣고 '감사합니다', '이 문제를 해결하겠습니다'라는 긍정적인 말을 하며, 메시지를 삭제하지 않고 실수로부터 배우고 편견의 장벽을 차 버리려는 사람이라면 나는 그에게 점수를 후하게 줄 수 있다.

당신의 회사는 고객에게서 배우기 위해 무엇이든 하고 있는가?

초점을 유지하라

초점을 유지하는 것은 쉬울 것 같지만 그렇지 않다. 한 이메일에 여러 개의 주제를 담고 싶을 때가 많다. 그렇게 한다면 나중에 다시 찾기는 어려워질 것이다. 가능하면 간략하게 써서 초점을 유지하고, 해결책을 충분히 설명하거나 질문을 분명히 해야 한다. 그렇다고 한 번에 여러 주제를 담지는 마라.

다섯 개의 주제를 담은 이메일을 다섯 통의 답장으로 나눈다면 당신이 사용할 관리 도구들은 보다 더 유용하게 쓰일 것이다. 그렇게 하면 질문들 각각을 추적할 수 있고, 가장 빨리 처리되는 문제들을 빨리 끝낼 수 있으며, 나머지를 추적하기 위해 다양하고 독특한 제목란을 갖게 된다.

명확하게 하라

인터넷 컨설턴트이자 작가이며 캘리포니아 벤추라에 있는 Gibbs & Company의 소유자인 마크 깁스(Mark Gibbs)는 예전에 이메일을 잘못 읽어 겪었던 이야기를 들려주었다. 그는 Network World라는 잡지에 제품 소개 기사를 쓰고 있었는데, 가장 최신 정보를 마케팅 부사장으로부터 들어야 했다. 마감 시간이 다가오자 마크는 몇 번 전화를 걸고 이메일도 무수히 보냈지만 헛수고였다. 아무 대답도 받지 못한 것이다. 결국 화가 나서 다소 노골적인 이메일을 써서 부사장과 그의 담당 비서에게 각각 보냈다.

한 시간이 채 안 되어 비서가 답장을 보내 왔다. "늦어서 죄송합니다.", "부사장님은 이번 주 해외 출장 중입니다. 저는 당신의 메시지에 불쾌합니다(I resent your message)."라고 비서는 썼다. 마크는 깜짝 놀랐다. 어떻게 감히 비서가 상사에게 온 메시지에 이런 식의 태도를 보일 수 있는가? 그는 화가 나서 전화기를 들었다.

"아니, 아닙니다.", "당신이 보낸 메시지를 받아서 상사에게 다른 이메일 주소로 다시 보냈습니다(I received your message and resent it to my boss at his other email address)"라고 비서는 설명했다.

마크는 무안했고, 그 이후 이메일을 보다 자세히 읽겠다고 다짐했다. 새로운 커뮤니케이션 매체인 이메일은 서로 주고받는 과정에서 오해가 생길 수 있다. 『Online Customer Care(ASQ Quality Press,1998)』라는 책에서 마이클 쿠삭은 그런 문제점들을 다음과 같이 요약해 놓았다.

■ 고객이 충분한 정보를 제공하지 않았다.

■ 고객이 공통점이 없는 몇 가지 문제를 언급했다.

■ 이메일을 받는 직원이 적절한 답변을 해주지 않았다.

■ 답변을 용이하게 할 수 없는 시스템이었다.

■ 고객이 잘못된 부서에 메시지를 보냈다.

■ 메시지가 외국어로 씌어 있었다.

마이클은 한 문제씩 자세하게 설명했다. 이런 모든 문제가 당신과 당신 팀 앞에 당면해 있다. 그러나 문제가 발생하면 당신은 가급적 당신 팀이 책임지는 일이 적었으면 하고 바랄 것이다. 따라서 직원들이 명확하게 의사 전달을 하도록 자주 교육해야 한다. 대개는 어떤 말을 쓰느냐에 달렸지만, 메시지를 분명하게 하려면 구성하는 포맷 또한 중요하다.

쉽게 이해할 수 있는 포맷

이메일로 의사를 전달하는 것이 쉽게 보일 수 있지만, 컴퓨터 화면 상에서 읽기 때문에 포맷을 잘 만드는 것이 중요하다. 메시지가 쉽게 읽히도록 빈 공간을 자유롭게 활용하라. 들여쓰기를 하고, 주제별로 문단을 구분하고, 문단의 폭을 좁게 하라. 신문을 보면 쉽게 읽게 하기 위해 좁은 세로 단을 활용한다. 가능하면 가운뎃점, 리스트, 표를 이용해 전하라. 단락과 문장을 짧게 하라. 그렇게 하면 여러 사람이 주제별로 각각 답변하기 쉽다. Strunk & White를 다시 읽어 볼 필요가 있다.

컴퓨터 상에서 메시지를 읽기 위해서는 효과적으로 형식을 갖추는 것이 필수이다.

- 메시지를 쉽게 읽도록 여백을 이용하라.

- 들여쓰기를 하라.

- 주제별로 문단을 구분하라.

- 문단의 폭을 좁혀라.

- 가운뎃점, 목록, 표를 활용하라.

- 단락과 문장을 짧게 하라. 그렇게 하면 다른 사람이 주제별로 각각 답변하기가 쉽다.

- Strunk & White를 다시 읽어 보라.

지침

당신 밑에서 메일에 응답하는 일을 할 직원들이 사람들을 돕는 데 관심이 있고 타이핑을 할 수 있다면 당신은 그들에게 나머지를 다 가르칠 수 있다. 첫번째 단계는 규칙을 정하는 것이다. 아니면 최소한 몇 개의 지침을 정하는 것이다.

회사에서 정한 지침은 두 개의 목적에 이바지한다. 즉, 직원들은 자신들에게 기대하

는 일이 무엇인지 이해하고, 문제가 발생하면 회사를 방어하는 데 도움이 된다. 문제는 보통 뒤엉켜서 법적 문제의 형태로까지 발전한다.

어느 직원이 고객에게 이메일을 보낼 수 있는지 문서로 분명히 해 두어라. 이메일은 레터헤드이다. 회사에서 쓰는 컴퓨터로 당신의 친구에게 보내는 이메일은 회사 용지에 써서 보내는 것과 같다. 그러므로 이 기록들은 회사에서 보낸 것이며, 따라서 회사가 승인한 내용으로 받아들여도 좋다고 명시하는 셈이 된다.

회사에서 이메일을 아무에게나 보낼 수 있도록 두어서는 안 된다. 직원들이 점심 시간이나 휴식 시간에만 개인적인 이메일을 처리하도록 해야 한다. 전화를 쓸 때와 마찬가지이다. 시간을 많이 빼앗지 않고 회사의 자원을 낭비하지 않는 것이라면, 예를 들어 남편에게 집에 오는 길에 우유 좀 사 오라는 메일을 보내는 것쯤은 괜찮다. 그러나 회사의 이메일 주소로 Mary Kay 사의 제품을 판다면 그때는 문제가 된다.

법적 문서로서의 이메일

레오 캠벨(Leo Campbell)은 미 우정국의 전자상거래 서비스 책임자이다. 그는 이메일에 상당히 관심이 많다. 왜냐하면 이메일 사용량이 점점 늘어나고 있고, 정크 메일을 제외한 기존의 우편 이용량은 줄어들고 있기 때문이다. 미 우정국은 이제 행동을 취해야 한다는 것을 알고 있으며, 이메일을 법적으로 인정하는 방안과 내용이 사실임을 인정하는 방안 등 두 가지 아이디어를 염두에 두고 있다.

간단히 말해서, 이메일 메시지를 법적으로 인정하는 방안은 당신을 보증해 줄 전자서명이다. 그것은 '바로 그 사람이 확실합니다.' 라는 뜻이다. 당신이 바로 그 이메일을 보냈다는 사실을 나는 믿을 수 있다. 그러나 이렇게 한다고 완전하지는 않다. 당신에게서 온 이메일이라는 것을 안다고 해서 그 메시지가 당신이 보낼 때 당신이 적은 내용 그대로라는 보장은 없다. 도중에 변경됐을 수도 있다. 따라서 내용이 사실임을 인정하는 것은 내가 지금 읽고 있는 것이 당신이 쓴 바로 그 내용이라는 확신을 제공하는 데 있다. 즉, 내 경쟁자가 당신의 이메일 주문을 가로채서 당신이 사지 않기로 했다고 자기네가 임의로 메시지를 삽입하지 않았다는 확신을 가질 수 있게 된다.

이들 서비스는 우정국 외에 어떤 제3자라도 제공할 수도 있고, 이를 둘러싼 소규모 시장의 경쟁은 치열하다. 우정국은 전자우편 소인을 만들어 냄으로써 시장에 다소 신뢰를 줄 수 있다고 생각하고 있다. 공공용 및 개인용 주요 암호 기술을 이용하여 우정국은 당신의 이메일을 국가가 인정한 이메일로 바꾼다. 기존 우편물을 위조하는 것이 불법이듯이 우편 소인이 있는 이메일을 위조하는 것도 연방 범죄에 해당될 것이다.

미 우정국의 소인이 있으면 이메일은 신뢰할 수 있는 서류가 된다. 법률 소송, 세금 환급, 계약, 구매 주문을 할 때도 이용할 수 있다. 미 우정국은 이메일을 법적 문서로 만드는 서비스를 할 것이라고 한다. 한편, 주 차원에서는 전자서명의 합법성에 대해 법률을 제정하고 있다.

전자서명이 법적으로 인정될 때까지 당신의 이메일은 여전히 그 세계의 법에 따라야 한다. 문 앞에 배달되는 기존 우편물과 마찬가지로, 이메일에 대해서도 앞으로 법정에서 취할 절차나 정책을 마련해야 한다. 전화, 팩스, 이메일을 통한 계약도 똑같이 구속력을 갖기 때문이다.

메시지를 법적으로 인정받을 수 있는 최상의 지침은 가급적 분명하게 하라는 것이다. 이메일의 내용을 잘못 이해할 가능성은 무수히 많다.

직접 접촉하는 것이 첨단 기술보다 더 중요하다

이렇게 첨단 기술을 이용하는 방법이 많지만, 직접 연락을 해야 하는 것도 잊지 마라. 결국 사람들은 자신들이 거래하는 개별적인 사람이 좋아서 특정 기업과 거래하는 것이다. 당신과 거래하고 인간적인 관계를 형성한 직원이 떠나기로 했다는 것을 알면 무척 섭섭하다. 몇 년 동안 인간 관계를 형성하며 함께 일을 하고 당신이 어떤 사람인지, 어떻게 일하기를 좋아하는지 알게 되었는데 갑자기 그 직원이 없어지면 그 이후 어떻게 할지 당신은 고심할 것이다. 고객에게 그것은 거래의 끝을 알리는 것이다. 사람들은 다른 사람에 대해 알고 싶어한다.

나의 고객사 중에 대규모 통신 회사가 하나 있는데, 이 회사를 위한 웹사이트가 처음 올라가자 이메일이 쇄도하였다. 당연한 결과였다.

그때 웹마스터는 컴퓨터 자판을 두드리며 몇 날 밤을 지새우고 몇 주를 힘들게 보냈기 때문에 상부에 도움을 요청하러 갔다. 당연히 도움을 구할 수 있었다. 바람직한 아이디어였다. 그러나 물론 얼마간의 시간이 걸렸을 것이다.

■ 어떤 업무에 인원 보충이 필요한지 보고서 작성하기.

■ 위원회가 그 문제를 검토하기.

■ 인사부에서 비용을 분석하기.

■ 새로 생긴 비용을 웹마스터의 예산에 추가하기.

■ 구인 광고 내기.

■ 면접 계획 짜기.

■ 교육 프로그램 짜기.

■ 받은 이력서 심사하기.

■ 면접 일정 잡기.

■ 합격 가능한 직원 선발하기.

■ 직원의 급여 및 처우 조건 협상하기.

■ 새로 고용된 직원이 일을 시작하기 전까지 기다리기.

■ 이들을 교육시키기.

모든 것을 다 들은 후 직원 고용을 중요한 문제로 인식하고 이 계획을 빨리 진행한다고 하더라도 두 달 정도 후에 이메일 서비스 담당 직원을 구해 작업시킬 수 있을 것이다.

이 모든 일을 겪기 전에 웹마스터는 자신을 도와줄 임시 직원을 구하는 것이 괜찮은 생각인지 알고 싶었다. 그것도 좋은 생각이었다. 그러나 나이가 지긋한 상사들은 이 메일에 답할 줄 아는 사람을 어디서 구할 것인지를 알고 싶어했다. 어쨌거나 이 일은 1994년의 일이다.

웹마스터는 좋은 해결책이 있었다. 여름 방학 중인 대학생 동생 수지(Suzy)를 쓸 생각이었다. 대학생이라면 모두 이메일에 능숙하다. 그녀는 사무실로 들어와 자리에 앉아 밀려드는 이메일을 처리할 수 있을 것이다.

그리고 어느 더운 여름날 아침, 수지는 바지를 입고 머리를 묶고 사무실로 와서 빠르게 쌓여 가는 이메일 더미 속에서 일을 해 나갔다. 무척이나 능숙하고 빨랐다. 자판을 다스리는 여왕 같았다. 모두들 그녀가 일을 덜어 줘서 기뻐했다.

그러나 아무도 그녀가 무엇을 쓰고 있는지 읽어 보지 않았다.

수지는 회사에 대해선 아무것도 몰랐다. 그 회사의 제품이나 서비스에 대해 아는 것이 없었다. 회사의 공식적인 커뮤니케이션에 대해서는 더더욱 아는 바가 없었다. 그녀가 화난 고객들에게 보낸 메시지는 대규모 관료적인 통신 회사가 보낸 것이라고 생각하기 힘든 유형이었다.

보내는 사람: Suzy@telcoX.com
받는 사람: fred@unhappyCustomer.com
제목: Re: 이 소프트웨어는 결함이 있습니다.

프레드 씨께

정말 힘들겠군요! 당신의 시스템이 작동 중간에 멈추다니, 얼마나 짜증나셨겠어요. 저도 정말 짜증납니다.

이곳을 좀 둘러보고, 이 소프트웨어 패키지에 결함이 있게 한 바보가 누구인지 찾아볼게요.

오늘 오후에 다시 연락 드릴게요.

수지 드림

그리고 그녀의 말대로 바로 그날 오후 다시 답장을 보냈다.

보내는 사람: Suzy@telcoX.com
받는 사람: fred@unhappyCustomer.com
제목: Re: 이 소프트웨어는 결함이 있습니다.

프레드 씨께

알아냈습니다. 제품 관리를 하는 랄프가 그 스위치에 문제가 있는 것 같대요. 내일 점심 시간 전까지 어떤 일이 있어도 당신에게 연락하라고 제가 말했어요.

저는 랄프를 만난 적이 없지만, 그는 조금 걱정하고 있을 걸요. 그래서 저는 그가 그렇게 할 거라고 믿어요.

그가 하지 않으면, 제가 그 사람 상사의 이름이 페넬로프라는 걸 알아냈거든요.(누가 자식의 이름을 Penelope라고 짓겠어요?) 당신이 랄프에게서 답변을 못 들으면 제가 페넬로프에게 랄프 얘기를 좀 해야겠어요.

수지 드림

정식 직원을 채용하고, 면접하고, 선발하고, 교육시키고, 제대로 업무를 할 동안 두 달 정도를 이런 식으로 처리했다. 수지는 그 일을 마친 후 대학 4학년 생활로 되돌아갔다.

겨우 3일이 지나자 모든 분야의 고객들로부터 이메일이 들어오기 시작했다.

수지는 어디 있습니까?

고객을 매료시킨 것은 수지가 데이터 전송과 세련된 표현에 능숙한 전문가였기 때문은 아니었다. 바로 그녀의 태도였다. 그녀는 친구였고, 믿을 수 있는 사람이었다. 사람을 배려할 줄 알았다.

바로 그후에 회사는 이메일을 처리하기 위해 세 명을 고용했고, 모두 수지라는 이름을 사용하게 했다.

이들은 FAQ에 대한 데이터베이스를 갖고 있었고, "수지, 3개월 전 우리가 말한 것을 기억하세요?"처럼 모든 고객이 회사와 접촉한 데이터베이스도 갖고 있었다. 이들은 타이피스트 각자의 업무 공간에 수지에 관해 설명한 종이 한 장씩을 붙여 놓았다.

수지는 젊고 거리감이 없으며 명랑하다. 가장 중요한 것은 수지가 회사나 회사의 이미지보다 고객을 더 배려한다는 점이다. 수지는 고객의 편이다. AOL은 리(Lee)라고 불리는 전화 고객 서비스 담당 직원들을 많이 둔 사실을 숨길 수 없었다. 리가 남자가 되기도 하고 여자가 되기도 했기 때문에 회사는 그 사실을 들켜 버렸다. 당신이 리와 통화하기 위해 두 번째 전화를 한다면… AOL과 마찬가지로 수지라는 인물은 전화 상담직에서 승진하여 회사의 보이지 않는 중요한 역할을 담당해야 했고, 다시는 나타나지 않았다.

핵심은 사람의 마음에 있다. 사람들은 기계가 아니라 사람들과 거래하고 싶어한다.

일시적 기분으로 National Semiconductor의 피드백 페이지를 통해 이메일 메시지를 보낸 적이 있었다. 틀린 철자를 발견했기 때문이다. 'information'에서 r이 빠져 있었다. 두 시간 후 이메일을 받을 때까지 나는 그 사실을 잊고 있었다.

"지적해 주셔서 감사합니다, 짐", "철자를 틀려 죄송합니다. 내일 고치겠습니다."라고 씌어 있었다.

안 된다고 바로 말하라

거래하고 싶지 않은 타입의 고객과 거래해야 할 때도 있다. 이들에게 '안 됩니다'라고 말해야 할 때가 있다. Time Management System의 창업자 오데뜨 폴라(Odette Pollar)는 어떤 때는 잔인하게 잘라 말하는 것이 오히려 친절한 것이라고 말한다. 다

루기 힘든 상황을 헤쳐 나가는 가장 빠른 방법은 왜 그 문제가 해결될 수 없는지를 설명해 주는 것이다.

오데뜨는 고객에게 거절하는 방법에 네 단계 과정이 있다고 말한다.

1. 들어라. 추측하지 마라. 결론을 미리 내리지 마라. 고객이 솔직히 털어놓게 하라.

2. '안 됩니다'라고 바로 말하라. 희망을 갖도록 하지 마라. 고객의 감정을 보호하려고 노력하지도 마라.

3. 즉시 이유를 설명하라. 장황하게 설명하지 말고 짧고 친절하게 하라.

4. 대안을 내놓아라. 다른 시간대, 다른 사람, 다른 회사까지도 추천하라.

사람과 직접 접촉하는 것이 유일한 정보원이라고 생각하고 당신과 당신 부서에 접근하는 사람에게도 안 된다고 말해야 한다. 이런 사람들은 거의 금방 알아챌 수 있다. 이들은 질문을 하고, 보내고, 또 보낸다. 이들이 당신을 믿을 만한 사람으로 삼으려고 마음먹었다는 사실은 곧 드러난다. 일과 관련된 질문에는 반드시 답변해야 한다는 사실을 명심하라. 그러나 당신이 이들의 치료사가 되거나, 이들이 아무 일로나 당신에게 기댈 수 있도록 하지는 말아야 한다.

캐나다 Bell Advanced Communication의 매기 윌리엄스(Maggie Williams)는 고질적으로 전화하는 사람들을 어떻게 다루는지 알고 있다. "이메일로 계속 질문을 하는 사람이 있었습니다. 우리는 참으려고 노력했습니다. 친절하려고 노력했습니다. 우리는 점점 더 간단한 답변을 보내기 시작했습니다. 그러나 사람들이 메시지를 이해하지 못할 경우에 메시지 밑에 있는 전화번호를 이용할 수 있다는 사실을 알았습니다. 이 사람은 이메일을 보내지 않고 전화를 걸기 시작했습니다. 전화받는 직원 한 명이 그들이 나눈 대화를 보고했고, 우리는 마침내 시각을 바꾸었습니다."

"그가 당면한 문제를 해결하도록 신속하게 도와주고 나자 그는 '괜찮아, 천천히 해. 나는 퇴직해서 시간이 정말 많거든.'이라고 말하며 전화를 끊었습니다. 그제서야 그런 짓을 그만두어야 하며, 모든 관심을 그 사람에게 집중해야 한다는 사실을 깨달았습니다."

관심을 집중하라고? 말상대도 없는 말 많고 어쩔 줄 모르고 남의 시간을 뺏는 구닥다리에게? 그렇다.

"FAQ에서 답을 어떻게 찾는지, 문제를 해결할 지침들을 어떻게 이용하는지, 자가 진단 도구를 어떻게 운용하는지 아침 내내 이 사람을 교육한다면 그 사람은 스스로 해낼 수 있을 것입니다. 누군가에게 그만큼 많은 관심을 집중하면 그들도 제 힘으로 해내기 시작합니다."라고 매기가 말했다.

질문을 가장 많이 하는 사람들에게 가장 많은 도움이 필요할 때도 있다. 그들을 위해 당신이 강력하게 추천할 일은 바로 교육인 것이다.

교육을 권하라

사람들이 묻는 질문의 형태를 보면 어떤 때는 이들이 정말 무지하다는 사실이 드러난다. 다음은 어디서 나온 이야기인지 확실하지 않지만, 컴퓨터 관련 기록에서 나온 이야기이다. 나는 다른 출처가 적힌 이 이야기를 여러 책에서 보았다. 모두 "실제 있었던 일!"이라는 똑같은 말을 한다. 따라서 "이 이야기는 결코 일어나지 않았을 수도 있지만 사실입니다."라고 말하겠다.

이 이야기는 WordPerfect 서비스가 고객 서비스를 할 때 있었던 실화로, 고객 서비스 부서를 감독하기 위해 녹음한 테이프에서 옮겨 적은 것이다. 당연히 서비스를 담당하던 직원은 해고되었다. 그러나 그 직원은 "이유 없이 해고되었다."며 현재 WordPerfect 사를 상대로 고소장을 접수한 상태이다. 다음은 WordPerfect의 고객 서비스 담당 직원이 고객과 나눈 실제 대화이다.

"컴퓨터 문제를 도와드립니다. 무엇을 도와드릴까요?"
"네, WordPerfect에 문제가 있어서요."
"어떤 문제입니까?"
"그게, 글자를 치고 있는데 갑자기 글자가 없어졌어요."
"없어졌다구요?"

"네, 글자들이 없어졌어요."

"음, 화면이 지금 어떻습니까?"

"아무것도 없어요."

"아무것도 없다구요?"

"먹통입니다. 글자가 전혀 쳐지지 않습니다."

"아직 WordPerfect에 있습니까, 아니면 빠져 나왔습니까?"

"어떻게 말해야 할지 모르겠는데요."

"C:프롬프트가 화면에 보입니까?"

"뭐, sea-프롬프트라구요?"

"그건 신경 쓰지 마세요. 그러면 커서를 화면에서 움직일 수 있습니까?"

"커서가 없어요. 아무것도 쳐지지 않는다고 말했잖아요."

"모니터에 전원은 켜져 있습니까?"

"모니터가 뭔데요?"

"TV처럼 생겼는데 그 위에 화면이 있는 것이에요. 전원이 켜져 있다고 알려 주는 조그만 빛이 있습니까?"

"모르겠는데요."

"음, 그러면 모니터 뒤를 보고 어디에 전선이 꽂혀 있는지 찾으세요. 보이세요?"

"그런 것 같아요."

"잘하셨어요. 전선을 따라 플러그까지 가서 전선이 벽에 꽂혀 있는지 말씀해 주세요."

"…네, 꽂혀 있습니다."

"모니터 뒤를 봤을 때 선이 두 개 아니면 하나가 모니터 뒤에 꽂혀 있는지 보셨어요?"

"아니오."

"거기 있어요. 다시 한번 보고 나머지 선 하나를 찾으세요."

"네, 여기 있네요."

"그것을 따라가세요. 그 선이 컴퓨터 뒤에 바로 꽂혀 있는지 말씀해 주세요."

"손이 닿지 않아요."

"그러면 그 선을 볼 수는 있어요?"

"아니오."

"무릎을 구부리고 기대도 안 된다구요?"

"내가 바르게 각도를 맞출 수 없어서가 아니라 어두워서 그래요."

"어둡다구요?"

"네, 사무실 전등이 꺼졌거든요. 창으로 들어오는 불빛밖에 없어요."

"그럼 사무실 전등을 다시 켜세요."

"그럴 수 없어요."

"왜 안 되죠?"

"정전이거든요."

"정전이라구요? 됐어요. 어쩔 수가 없군요. 컴퓨터가 들어 있던 상자와 매뉴얼, 부속물들을 아직 갖고 있습니까?"

"네, 벽장에 넣어 두었어요."

"좋아요. 그것들을 가져와서 컴퓨터에서 전선을 뽑고 살 때처럼 상자에 넣으세요. 그리고 구입한 가게에 도로 가져가세요."

"정말요? 그렇게 심각해요?"

"네, 안됐지만 그렇습니다."

"그럼, 그렇게 하죠. 가서 뭐라고 말하죠?"

"당신이 너무 멍청해서 컴퓨터를 가질 수 없다고 말하세요."

위와 같이 일일이 설명해 주는 방법 대신 초보 고객이 교육을 받을 수 있도록 혜택을 제공해야 한다. 교육 센터에 나오는 것이 얼마나 기분 좋은 일인지 고객들을 설득하라. 당신 회사의 제품을 점점 능숙하게 사용하게 되면 더 높은 반으로 올라갈 수 있다는 희망을 심어 주어라. 인터넷으로 고객을 교육할 수도 있다.

웹에 기초한 교육 과정을 만드는 사람들이나 일반 컴퓨터 교육 과정을 만드는 사람들 모두가 동의하는 바는 개인 수준에 맞는 교육이 가장 나은 방법이라는 점이다. 나이별로 어린이들을 구분하는 것은 일대일로 가르칠 수가 없기 때문이다. 그러나 웹은 모든 것을 바꾸어 버렸다. 관련된 강좌가 있다면 이 강좌를 미리 녹화해 두어라. 토론 모임이 있다면 고객들의 일정을 맞추기 어렵고 잡담이나 하는 행사를 갖기보다 모두가 볼 수 있도록 이메일이나 게시판을 이용해 모임을 이끌어 나가도록 하라.

모임의 규모가 작고 질문과 답변을 해야 하는 상호작용이 필요하다면 프레젠테이션을 하는 것도 유용하다. 그렇지 않으면 미리 짜 놓은 과정을 이용하라.

배우는 사람들 각자의 진도를 기록하여 이들이 다른 이메일 질문을 보낼 때 참조하고, 그 다음 교육을 제안할 때 이용하라.

옳은 목표를 설정하라

콜센터의 책임자들에게는 비용 절감이 목표이다. 외부에서 전화가 걸려 오는 횟수를 줄이고 통화 시간을 짧게 하면 비용을 줄일 수 있다. 그러나 이런 방식을 거꾸로 생각해 보면 어떨까? 고객의 마음에 닿는 길은 바로 고객의 귀를 통해서라고 생각한다면. 고객들에게 보다 적게 말하는 것보다 고객에 대해 더 많이 아는 것이 보다 나은 방법이라고 생각한다면 어떨까? 그러면 당신과 나는 서로 생각이 통하게 될 것이다.

그러면 남은 문제는 어떻게 고객이 당신에게 말하게 하는가이다.

제 **5** 장

고객에게 대화 촉구하기

고객이 원하는 것이 무엇인지를 추측으로 알아낼 수도 있지만, 고객에게서 직접 알아내는 것이 훨씬 효과적이다. 당신에게 불만이 있을 때 고객이 자발적으로 시간을 내서 좀더 진실한 의견을 말한다는 것은 정말 흥미로운 일이 아닌가?

불만 있는 고객이 자산이다

당신도 어떤 제품이나 서비스에 너무 화가 난 나머지 편지나 전화로 건의를 하거나 신고를 하고 싶은 적이 있었을 것이다. 그럴 경우 당신은 어떻게 하는가? 아마 대부분의 경우 다음에는 좀더 나아질 것이라고 생각하며 그냥 지나쳤을 것이다. 아니면 이용하던 브랜드나 거래처를 바꿔 버렸을 것이다. 전화를 하거나 편지를 보내는 것은 번거로워서 거의 하지 않았을 것이다.

나도 사업상 거래를 하던 은행과 실랑이를 벌인 적이 있었다. 내 문제를 그 은행 지점장에게 설명했더니 그 책임자는 회사 방침이라 어쩔 수 없다고 말했다. 그 방침 때문에 불편하다고 말했지만 그 책임자는 사과를 하면서도 역시 방침이라 어쩔 수 없다는 말만 되풀이했다. 그래서 나는 이렇게 말했다. "우리 관계는 사업 관계입니다. 지금까지 우리는 꽤 좋은 관계를 유지해 왔습니다. 하지만 내가 어떤 불편을 겪는지, 그리고 당신이 어떤 점을 고쳤으면 하는지를 말하는 것이 고객으로서의 의무라고 생각합니다. 부디 제 의견을 고객 서비스 개선에 반영해 주시기 바랍니다."

그 책임자는 아직도 내가 조치를 취해 주기를 바라고 있다고 생각했는지 이렇게 말했다. "알겠습니다, 선생님(바로 그 전까지만 해도 그 책임자는 나를 '짐 씨'라고 불렀다). 이제 선생님께서 저희 방침을 아셨으니 이런 문제를 다시는 겪지 않으시겠지요."

내가 은행 사칙에 대해 불만을 건의한 것이 은행 평가 때 지점장의 관리 능력에 좋지 않게 작용하리라는 점만 짐작할 수 있을 뿐이었다. 정말 안타까운 일이다. 내 의도는 그게 아니었으니 말이다. 나는 단지 그 은행이 서비스를 개선하는 데 도움을 주고 싶었을 뿐이다.

Burke Customer Satisfaction Associates(www.burke.com, [그림 5.1] 참고)가 1,200
명의 백화점 고객을 상대로 설문 조사를 한 결과 단골 고객이 불만을 더 많이 표현하는
것으로 나타났다. 반면, 단골이 아닌 경우에는 제품이나 서비스가 나빠도 예사롭게 생
각하는 것으로 나타났다. 또한 백화점의 제품이나 서비스에 만족한 고객은 다섯 내지
여덟 명에게 만족스러웠던 점을 말하는 반면, 불만이 있는 고객은 열 내지 열여섯 명
에게 그 백화점에 대해 좋지 않은 말을 퍼뜨리는 것으로 나타났다.

그림 5.1 Burke Customer Satisfaction Associates는 고객 만족도 조사를 전문으로
한다.

Technical Research Assistance Programs(TRAP) Europe Limited가 실시한 설문
조사 결과, 문제가 생겼을 때 본사에 연락해서 불만을 말하는 사람은 응답자의 5%,
일선에 있는 직원이나 고객 서비스 부에 말하는 사람은 45%였다. 그러나 응답자의
나머지 절반은 문제가 생겨도 가만히 있는 것으로 나타났다.

번거로움을 무릅쓰고 불만을 표현하는 고객에는 크게 세 가지 부류가 있다. 해당 업
체에 도움을 주고자 하는 고객, 심각할 정도로 큰 이상이 있는 제품을 구입한 고객, 지
나치게 깐깐한 고객이다. 첫번째 부류의 고객은 진심으로 그 회사가 잘되기를 바라는
마음에서 불만을 말하는 것이다. 예를 들어 '수프가 너무 짜다'라는 말은 그 회사를
질책하는 말이 아니라 조언이다. '서비스 직원들이 너무 불친절하다'라는 말도 사과
나 환불을 받으려고 하는 말이 아니라 그 회사에 고칠 점이 있다는 것을 알려 주어 도
움을 주려고 하는 말이다.

두 번째 부류의 고객들에게는 마땅히 문제를 신속히 해결해 주어야 한다. 세 번째 부류의 고객에게서도 도움이 될 만한 정보를 얻을 수 있을 것이다.

그렇다면 고객들에게 대화할 수 있는 자리를 마련해 주면 한 고객의 불만을 수많은 사람이 알게 되는데 왜 내가 그런 제안을 하는지 의아할 것이다. 왜냐하면 그렇게 하면 당신이 고객의 불만에 대해 조치를 취하는 것을 모든 사람이 알 수 있기 때문이다.

대중의 눈으로 본 고객 서비스

Usenet은 이미 인터넷 개발 초기에 폭넓은 기술 정보와 도움을 제공하는 뉴스 그룹으로 자리잡았다. Usenet은 인터넷 운영 체계에 관한 문제를 해결하는 수단으로 탄생했다. 당시에는 인터넷이라는 새로운 컴퓨터 통신 도구를 개발 중이었기 때문에 인터넷에 관해 조금이라도 알고 있는 사람은 인터넷을 개발하는 당사자들 외에는 없었다. 전자 판매 업체도 옹호 단체도 없었고, 인터넷 교육 프로그램도 없었다.

그래서 인터넷 구축에 문제가 생기면 서로에게 의존할 수밖에 없었다. 질문이 있으면 Usenet에 올렸다. 질문 내용은 판매 업체나 제품에 관한 것이 아니라 시스템이나 장치 조립법에 관한 것이었다. 그러면 비슷한 문제를 경험했던 사람이 답변을 올렸다. 이렇게 온라인 뉴스 그룹을 통해 질문과 답변을 주고받는 것은 오늘날에도 여전히 널리 행해지고 있다. 최근 내가 뉴스 그룹에서 가장 인상적으로 읽었던 메시지를 소개하겠다.

제목: 평범한 동굴 탐험가에게 프린터 설치 방법을 알려 주세요.

나는 평범한 동굴 탐험가로, 두 대의 컴퓨터에 두 대의 프린터를 연결하려고 합니다. 간단히 그림으로 나타내면 다음과 같습니다.

```
                        | P5-90 |
_____   _____       | Win95  \
LPT1   |  P5-60 |        |        | \ |
       | Win3.1 |        |        |  \ |
    |_____   \_____|_____
    ? |        \              | LPT1 to 1284D
    |          \              |
  _?_|_____   \  to 1284C   _|___
  | Djet    _____  | Ljet
  | 855c    |                | 5MP
  ----------                 --------
```

저는 그 동안 애플 컴퓨터 P5-90(Win95), P5-60(Win3.1)을 HP 사 프린터인 Ljet 5MP에 연결하여 사용해 왔습니다. 케이블은 1284C와 1284D를 사용했습니다. Ljet 5MP는 EPP를 지원해 인쇄 속도가 빠르기는 하지만, 두 대의 컴퓨터에 연결하여 사용하다 보니 툭하면 '사용 중입니다'나 '종이를 넣어 주세요'라는 메시지가 떴습니다.

마침내 어제 HP 사의 Djet 855C를 구입해 P5-90에 연결을 시도했습니다. 우선 P5-90의 전원을 끄고 케이블을 바꾼 다음 다시 부팅했습니다. 그랬더니 Win95가 마치 파리가 득실거리는 거대한 오물 덩어리같이 소동을 일으켰습니다.

그래서 나는 타이틀 카드에 병렬 포트 LPT2만 새로 첨가하면 될 거라고 생각했습니다. 그러나 그렇지 않았습니다. IRQ가 충분치 않았던 것입니다. 그래서 사운드카드 IRQ를 5번에서 다른 것으로 바꿀까 생각해 보았지만 망설여졌습니다. 왜냐하면 그렇게 하면 Win95가 사운드카드를 못 찾을 것이기 때문입니다. LPT2에는 IRQ를 아무거나 할당할 수 있기 때문에 나는 FarPoint로 여분의 병렬 포트 카드를 만들 수 있을 것이라고 생각했습니다. 그런데 FarPoint는 Win95와 맞지 않았습니다. 나는 EPP 포트가 필요한데, 대부분의 카드는 EPP를 지원하지 않습니다.

그래서 나는 Djet 855C에 빠른 직렬 포트를 연결하는 방법을 생각해 냈습니다. 855C에 애플 컴퓨터용 직렬 포트를 연결하는 방법 말입니다. 그래서 P5-90에 쓰지 않고 있는 16550 직렬 포트를 연결했습니다.

Win95는 정말 형편없는 컴퓨터입니다. 그렇게 했더니 속도가 너무 느려졌습니다. Win95와 애플 컴퓨터가 호환이 안 돼 컴퓨터는 제멋대로 돌아갔습니다.

--- Harlan W. Stockman   hwstock@swcp.com   hwstock@sandia.gov

사실 저는 동굴 탐험가가 아니라 41세의 촌스러운 과학자입니다. 제 글에 대한 흥미를 유발하기 위해서 일부러 컴퓨터 초보자인 척했으니 양해해 주시기 바랍니다.

내가 하랜에게 이 글을 내 책에 실어도 되느냐고 묻자 하랜은 다음과 같은 답장을 보내 왔다.

내 글을 당신 책에 싣고 싶다고요?

물론 괜찮습니다.

그 동안 저는 아주 많은 답장을 받았습니다. 아마 수백 통은 족히 될 겁니다. 저의 그 메일이 사람들을 즐겁게 한 것은 분명한가 봅니다. 많은 분들이 제 유머를 칭찬해 주셨답니다. 하지만 그 메일이 너무 애처롭고 유머가 넘쳐 해당 업체들은 위협적으로 받아들이지 않은 것 같습니다. 인텔 사나 애플 사, 그리고 마이크로소프트 사 직원들이 하나같이 격려의 메시지를 보내 왔거든요.

하랜의 메일에서 거대한 오물 덩어리같고 느려 터진 기기를 생산하는 업체로 묘사된 마이크로소프트 사가 응답을 게시할 이유가 충분했다는 사실을 분명히 알 수 있었다. 마이크로소프트 사는 사람들의 입에 오르내린다는 것을 알고 있고, 그것에 관심을 기울이고 있기 때문이다. 마찬가지로 당신에 관해서도 이러쿵저러쿵 말들을 하고 있을지 모른다.

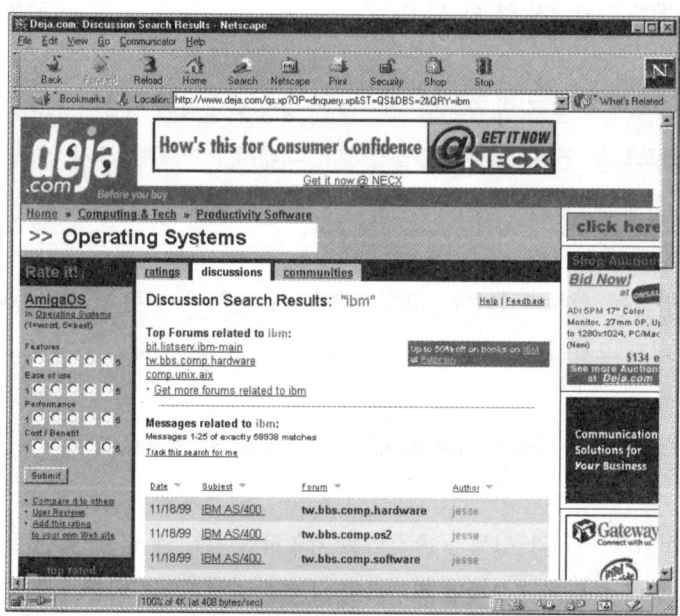

그림 5.2 Deja.com에서는 뉴스 그룹의 타이틀로 키워드를 찾을 수 있다.

IBM 사를 예로 들어 보자. Deja.com(www.deja.com, [그림 5.2] 참고)을 검색해 보면 alt.games.ibmpc에서부터 comp.databases.ibmdb2, 그리고 comp.sys.ibm.pc.

hardware.networking에 이르기까지 제목에 IBM이 들어간 뉴스 그룹이 84개나 된다는 것을 금방 알 수 있다. 그만큼 많은 사람들이 IBM 사를 놓고 말들을 한다는 의미이다.

그렇다면 당신은 어떤가? 사람들이 당신에 관해 이야기하고 있는가? 당신이 소홀히 하고 있는 뉴스 그룹에서 당신 회사에 관한 토론이 벌어지고 있는가? 만약 그렇다면 그 뉴스 그룹에 당신이 관심을 기울여야 한다고 생각하지 않는가?

이렇게 생각해 보자. 일주일에 한 번씩 작은 술집에 모여 당신 회사에 관해 이야기하는 사람들이 있다고 가정해 보자. 그럴 경우 당신은 분명 그 사람들이 무슨 말을 하는지 엿듣고 싶을 것이다. 아마 도청 장치라도 설치하고 싶을 것이다. 아니면 아예 그 사람들 대화에 끼여 여론이 자신에게 이로운 쪽으로 형성되도록 하고 싶을 것이다.

뉴스 그룹과 같은 공공 포럼에 참여해 관심을 기울여라. 그리고 조언과 정보를 제공하라. 그러나 절대로 마음대로 토론을 지시해서는 안 된다. 뉴스 그룹의 주인은 참가자들이다. 사람들이 당신에 대해 토론한다는 이유만으로 대화를 당신이 원하는 방향으로 유도할 수는 없는 것이다. 사람들이 여러 명 모이면 신기하게도 거짓된 행동을 간파해 진실을 밝혀낸다. 배심원단이 열두 명인 것도 바로 그 때문이다. 뉴스 그룹에는 배심원단보다 백 배는 많은 사람들이 모일 수도 있다는 사실을 명심하라.

실패 사례 - 인텔 사를 곤경에 빠뜨린 펜티엄 사태

뉴스 그룹에서 거짓을 말하는 것만큼 나쁜 것은 뉴스 그룹을 무시하는 것이다. 고객 서비스와 공개적인 뉴스 그룹과 관련해서 처음으로 혹독한 교훈을 얻은 회사는 인텔 사였다.

1994년 여름 린치버그 대학의 수학과 교수 토마스 니첼리(Thomas Nicely) 박사는 새로 구입한 펜티엄 프로세서에 이상이 있다는 것을 발견했다. 당시 박사는 연산숫자론(computational number theory)이라고 하는 순수 수학 분야에 대한 프로젝트 연구를 하고 있다가 나눗셈 연산에서 에러가 생긴다는 사실을 발견했다. 에러 발생 원인이 될 수 있는 소프트웨어 로직, 컴파일러, 칩 세트 등을 점검해 본 결과 아무 이상이 없음을 발견한 박사는 10월 인텔 사에 직접 연락했다. 하지만 박사가 들은 말은 지금까지 그런 에러를 신고하거나 발견한 사람이 없었다는 말이었다.

그래서 박사는 이 문제를 공개하기로 결심하고 뉴스 그룹과 흡사한 형태의 포럼인 CompuServe에 다음과 같은 글을 올렸다(http://ftp.mathworks.com/Nicely1.txt).

보내는 사람: 토마스 R. 니첼리 박사

24501-3199 버지니아 주 린치버그

레이크사이드 가 1501

린치버그 대학

수학과 교수

전화번호: 804-522-8374

팩스번호: 804-522-8499

이메일 주소: nicely@acavax.lynchburg.edu

받는 사람: 이 문제로 고민하게 될 수도 있는 분들

Re: 펜티엄 FPU에 생긴 버그

날짜: 1994년 10월 30일

펜티엄 프로세서의 부동소수점 연산용의 보조 프로세서(numeric coprocessor)에 버그가 있는 것 같습니다. 아마 모든 펜티엄에서 그런 것 같습니다.

간단히 설명하면, 펜티엄 FPU의 나눗셈 연산에 오류가 발생합니다. 예를 들어,

$$1/824633702441.0$$

의 연산 결과가 소수점 아홉 번째 자리부터는 모두 틀리게 나옵니다. 이것은 컴파일된 코드, Quattro Pro나 엑셀과 같은 일반 스프레드시트 또는 과학 모드에서의 윈도 계산기에서 증명할 수 있습니다.

$$(824633702441.0)*(1/824633702441.0)$$

위의 연산 결과는 정확히 1이 나와야 합니다. 또는 아주 작은 오차가 생길 수도 있는데, 보통 유효숫자가 소수점 열아홉 번째 자리까지 나옵니다. 그러나 펜티엄 프로세서에서는 결과가 다음과 같이 나옵니다.

$$0.999999996274709702$$

니첼리 박사는 다음과 같은 요청을 하며 메일을 끝맺었다.

펜티엄을 사용하고 계시는 다른 분들도 이 연산을 해보시고 결과가 어떻게 나오는지 알려 주시기 바랍니다. 또한 486-DX4s와 펜티엄급인 AMD, Cyrix, NexGen을 사용하시는 분들도 결과를 알려 주시면 감사하겠습니다.

니첼리 박사는 다른 사람들도 연산 결과가 자신과 같게 나온다는 사실을 알아냈다. 박사의 생각대로 오류가 발생한 것은 자신의 프로그램이 아니라 하드웨어의 이상 때문이었다. 11월 10일, 안드레아 카이저(Andreas Kaiser)는 인텔 사에 관한 뉴스 그룹 comp.sys.intel에 이와 같은 버그 발생 사례 23건을 실었다. 카이저만이 아니었다. 다른 많은 사람들도 이상을 발견했으며, 소수점 아홉 번째, 열 번째 자리까지 나눗셈 연산을 하는 것이 많은 학문 분야에서 매우 중요한 의미를 갖고 있는 것으로 나타났다.

그러자 사람들은 자신의 컴퓨터 연산 장치에도 이상이 있는 것은 아닌가 우려해서 인텔 사에 문의 전화를 하기 시작했다. 그러나 인텔 사는 인터넷 상에서 입소문이 얼마나 급속히 퍼지는지 미처 깨닫지 못했다. 문의를 해 오는 고객 개개인을 큰 커뮤니티의 일원이 아니라 단순히 한 개인으로 생각했다. 인텔 사는 문의하는 사람 개개인에게 그러한 오류가 생긴다는 것을 이미 알고 있었으며 해결하기 위해 노력하고 있다고 설명했다. 그리고 생각만큼 심각한 문제가 아니라고 덧붙였다. 그러나 이것은 정직한 대답이 아니었다.

뉴스 그룹에서는 불량 제품인지 알면서도 판매했다며 인텔 사에 대한 비난이 빗발쳤고, 급기야 언론으로까지 번져 갔다. 1994년 11월 11일, 존 마크오프(John Markoff)는 New York Times에 다음과 같은 기사를 실었다.

펜티엄 칩 연산 오류, 회로 이상 때문이라고 인텔 사 시인하다.

지난 수요일 인텔 사는 연산에 오류가 발생할 확률은 90만분의 1에 불과하기 때문에 사무용 컴퓨터나 가정용 컴퓨터에 특별한 문제가 발생하지 않을 것이며, 따라서 문제의 칩을 리콜할 필요가 없다고 생각한다고 밝혔다. 더구나 문제가 발견되기 전에 생산된 펜티엄 칩을 컴퓨터 제조 업체에 계속 판매할 것이라고 인텔 사는 말했다.

사태는 더욱 악화되어 칩 제조 업체로서의 인텔 사의 명성은 급속히 추락했다. 그러나 인텔 사는 여전히 각각의 문제를 개별적으로 해결하려고 했다. 마침내 인텔 사의 최고 책임을 맡고 있는 CEO 앤디 그로브(Andy Grove)가 그 모든 소동에 대한 자신의 입장을 밝혔다.

www.mathworks.com/Andy_Grove.txt
날짜: 1994년 11월 27일 20시 31분 19초 GMT
제목: 펜티엄-AGS에 대한 의견
뉴스 그룹: comp.sys.intel
.....
저희는 부동소수점 연산에 에러가 발생하는 펜티엄 프로세서를 사용하시는 모든 분들을 찾아 가장 적절한 방법으로 문제를 해결해 드리려고 합니다. 필요한 경우에는 칩을 새로 교환해 드리겠습니다. 이 문제를 어떻게 해결해야 할지 정확한 원칙을 정할 수가 없어서 전문 기술 교육을 받은 저희 직원이 고객 개개인과 직접 대화를 해서 문제를 해결해 드리는 방법을 선택했습니다. 이를 위해 800번 무료 전화 서비스를 개설했습니다. 전화로 접수되는 문제를 모두 해결하려면 시간이 좀 걸릴 것이니, 그 동안 조금만 양해해 주시면 감사하겠습니다.

그러나 펜티엄 사용자들은 양해해 주지 않았다. 사용자들의 반응은 거칠었고 신속했다. 인텔 사가 합리적인 해결책이라고 제시한 이 메일 때문에 오히려 수백만 명의 고객은 더더욱 분개했다. 인텔 사의 실수는 칩을 교체할 필요가 있는지 여부를 자신이 판단하겠다고 한 데 있었다. 인터넷에 인텔 사에 대한 비난이 마구 쏟아졌다. '인텔은 탐욕스럽다.', '인텔은 아무것도 모르는 대중에게 불량 제품을 떠넘기고 있다.', '인텔은 거짓말을 하고 있다.'

1994년 12월 12일 IBM은 인텔 사 칩이 깔린 컴퓨터 생산을 중단하겠다고 발표했다.

또한 원하는 모든 사람에게 칩을 교환해 주겠다고 밝혔다.

New York Times는 기사 1면에 'IBM 불량 칩으로 만든 컴퓨터 판매 중단하다.' 라는 헤드라인을 내보냈다. 사람들의 반감은 극도에 달했고, 급기야 인텔 사는 분노를 잠재우기 위해 수개월 동안 고객에게 사과하고 다시는 그런 제품을 생산하지 않겠다고 약속하면서 불량 제품을 교환해 주어야 했다. 그러나 인텔 사에 대한 반감이 완전히 사라진 것은 아니다. Canonical List of Pentium Jokes(www.geocities.com/ CollegePark/Library/8045/pentium.html, [그림 5.3] 참고)에 방문하면 다음과 같이 인텔 사를 비꼬는 문답 60개를 볼 수 있다.

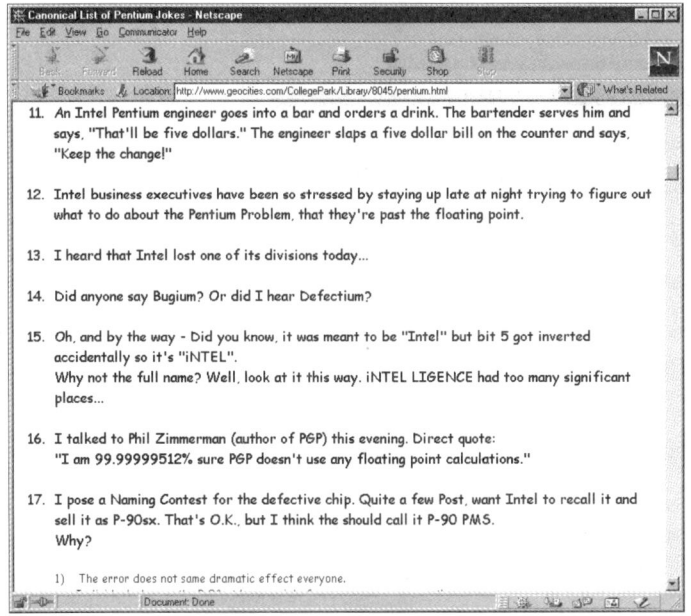

그림 5.3 Canonical List of Pentium Jokes는 인텔 사가 인터넷에서 입소문이 얼마나 빠른 속도로 퍼질 수 있는지를 무시했던 사례를 보여 주는 사이트이다.

Q: 백열전구 하나 다는 데 펜티엄 디자이너 몇 명이 필요할까?
A: 1.99904274107명. 하지만 비전문가의 경우 필요한 사람 수에 매우 근접한 수치이다.

Mountain View에서 인라인 스케이트를 타는 어떤 사람은 다음과 같은 문구가 쓰인 T셔츠를 입고 있었다. '내가 펜티엄을 환불해 달라고 했더니 이 더러운 T셔츠만 주더라.'

Q: 펜티엄 컴퓨터에 붙이는 스티커 'Intel Inside' 를 다르게 부르면?

A: 경고문.

반드시 누군가 뉴스 그룹의 분위기를 모니터하도록 해야 한다. 인력이 부족할 경우에
는 봉급을 적게 주어도 되는 대학생 인턴 사원을 채용하라. 회사 방침 때문에 대학생
인턴 사원을 뽑지 못할 경우에는 뉴스 그룹을 대신 모니터 해주는 전자 클리핑 서비
스 업체에게 전문적인 요청을 하는 것도 좋은 방법이다.

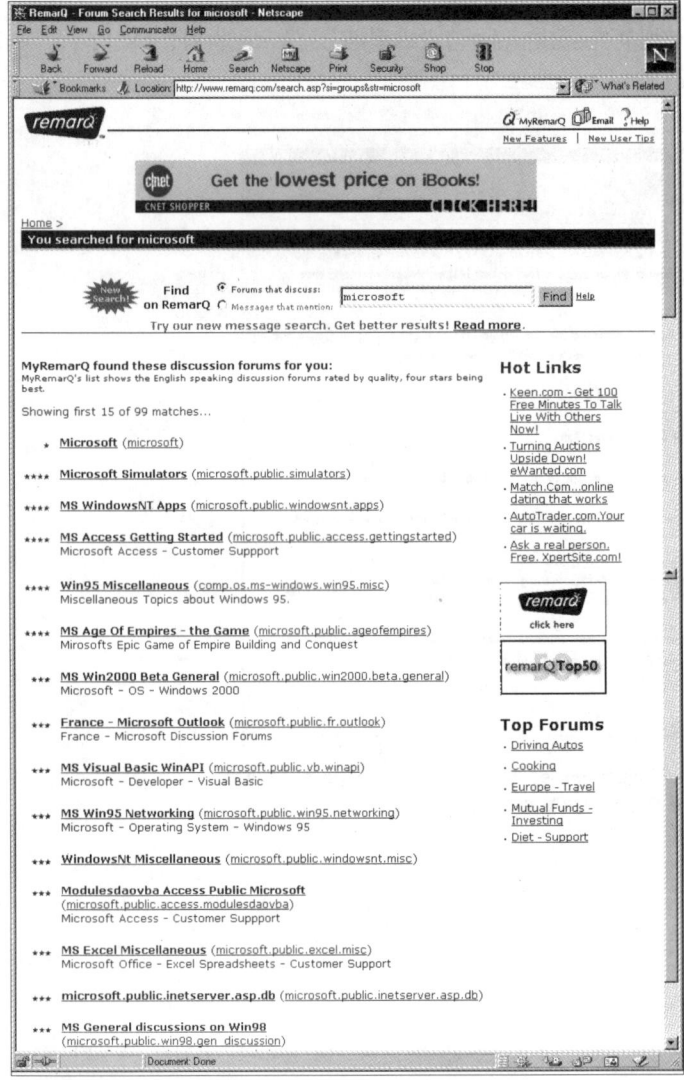

그림 5.4 마이크로소프트 사는 자사에 관한 뉴스 그룹 99곳을 추적하느라 눈코 뜰 새 없
이 바쁘다.

뉴스 그룹 모니터하기

제목에 당신의 회사 이름이 들어간 뉴스 그룹이 100개 있다면 그 그룹들을 모두 모니터하는 것이 쉽지만은 않을 것이다.

Remarq(www.remarq.com, [그림 5.4] 참고)는 하나의 특정 주제에 관해 토론하는 뉴스 그룹들의 리스트를 제공한다. 당신 회사를 주제로 삼아 토론하고 있는 뉴스 그룹이 있는지 한번 살펴 보라. 그리고 만약 그런 뉴스 그룹이 있다면 그 뉴스 그룹에 게시된 내용을 여러 번 검토해 보라. 그러면 고객 지원에 큰 도움이 될 것이다.

인터넷 뉴스 그룹을 이용하면 자신의 웹사이트에 올리고 싶은 것들을 포함해서 아주 다양한 정보를 얻을 수 있다. 뉴스 그룹을 지속적으로 모니터해야 하는 이유 중 하나가 바로 이것이다. 가장 좋은 방법은 Deja(www.deja.com)를 이용하는 것이다. 이 사이트에서는 특정 키워드에 대해 뉴스 그룹에 어떤 글이 실렸는지 알 수 있다. 키워드는 회사나 제품 이름을 비롯해서 무엇이든 상관없다. 그러면 컴퓨터가 알아서 그날그날 뉴스 그룹에 게시된 내용을 훑어봐 주므로 인력을 따로 고용하지 않아도 된다.

뉴스 그룹 모니터 요원 고용하기

회사 규모가 아주 큰 경우에는 자체적으로든 대학생 인턴 사원을 고용하더라도 뉴스 그룹을 모니터하기 쉽지 않을 것이다. 노동력이 너무 많이 소요되기 때문이다. 그럴 경우에는 외부 업체의 도움을 받는 것이 좋다. 전자 클리핑 서비스 업체를 예로 들 수 있는데, 이러한 업체는 기업에 관해 온라인에서 어떤 소문이 도는지 추적해서 알려 준다.

근거 없는 헛소문에 시달리는 회사가 많이 있다. 예를 들어, Heinz는 자사의 유명 제품인 케첩이 소의 피로 만들어진 것이라는 소문 때문에 고생해 왔다. Northwest Airlines는 자사의 항공기가 세상에서 가장 낡고 위험하다는 소문에 괴로워해 왔다. 또한 Procter & Gamble 직원들은 자신들이 악마 숭배자라는 소문이 인터넷에 무성하다는 사실을 알았다. 사실 회사 로고에 별이 열세 개 있다는 이유로 이 회사 직원들은 예전부터 그러한 소문에 시달려 왔다.

이러한 소문은 모두 사실이 아님에도 불구하고 좀처럼 사라지지 않을 것이다. 소문을 잠재우려면 적극적으로 소문 진압에 나서는 수밖에 없는데, 그러기 위해서는 소문의 진원지를 찾아야 한다. 그러나 그게 그렇게 만만치 않다. 소문의 진원지를 대신 찾아 주는 곳이 바로 eWATCH(www.eWATCH.com, [그림 5.5] 참고)와 같은 회사이다.

그림 5.5 eWATCH는 해당 회사에 대해 온라인에서 떠도는 소문들을 추적해서 알려 준다.

합병이나 주가 하락, 또는 예상 매출 실적에 관한 소문처럼 회사에 별로 피해를 주지 않는 소문도 있지만, 회사를 곤경에 빠지게 만들거나 치명적인 소문도 있다. 뉴스 그룹을 모니터하는 데 1년에 13,000달러를 쓰는 것을 낭비라고 생각할 수도 있다. 하지만 델 컴퓨터 사, 포드 사, 모바일 오일 사의 경우를 예로 들어 보자. 이 회사들은 뉴스 그룹 모니터 업체인 Cyveillance(www.cyveillance.com)에 서비스 비용으로 1년에 3만 달러를 지불하고 있다. 이것은 직원 한 명의 1년치 봉급의 절반에도 미치지 않는 수준이다. Cyveillance는 다음과 같이 자사를 소개하고 있다.

CyVantage는 인터넷 상의 당신 회사나 제품을 다른 네 개 경쟁사와 비교하고 그 유용한 데이터를 실무 경영진, 인터넷 전략가, 경쟁력 있는 전문 지식인들에게 제공하는 실무 결정 지원 도구입니다. 이 독특한 서비스를 통해 다음 세 가지 핵심 분야에서 인터넷 환경을 명확하게 파악할 수 있을 것입니다.

- 상거래: 당신 회사의 제품과 콘텐츠의 인터넷 유통 경로를 추적하여 경쟁 업체와 비교.

- 노출: 인터넷 상에서 당신의 회사, 제품, 브랜드가 얼마나 많은 사람들에게 얼마나 자주 알려지고 있는지 경쟁 업체와 비교.

- 이미지: 당신과 당신의 경쟁 업체에 관한 내용이 들어 있는 웹사이트와 뉴스 그룹을 추적하여 인터넷에서 당신의 회사, 제품, 브랜드를 사람들이 긍정적으로 인식하고 있는지 아니면 부정적으로 인식하고 있는지 기록.

인터넷 초창기라고 할 수 있는 1995년 IBM 사의 존 패트릭(John Patrick)은 인터넷 잡지 Internet World 3월호에서 뉴스 그룹의 장점을 역설했다. "인터넷에서는 사람들이 의견을 더 분명하고 정확하게 표현하는 경향이 있습니다. 그래서 사람들이 인터넷에 내놓은 의견을 가지고 앞으로의 경향을 예측하는 일도 가능해졌습니다. 지난 몇 년 동안 대부분의 경영진들은 인터넷에서 오가는 말들을 무시했었습니다."

"그러나 저는 인터넷에서 오가는 말들이 사실이라는 것을 이미 오래 전에 알았습니다. 인터넷 상에서 사람들이 말하는 방식이나 말을 전달해 주는 대상이 당신의 마음에 들지 않을 수도 있습니다. 또는 인터넷 상에서는 사람들이 지나치게 감정적이 된다고 생각할 수도 있습니다. 그러나 인터넷에서 사람들이 하는 말에 귀기울이고 그에 대해 조치를 취한다면 장기적으로 보았을 때 많은 비용을 절감할 수 있을 뿐만 아니라 고객 서비스도 크게 개선할 수 있을 것입니다."

펜티엄 칩과 관련해서 홍역을 치른 인텔 사의 경우를 보면 이 말에 수긍이 갈 것이다.

대화의 중요성 깨닫기

토론 사이트인 CorelNET는 원래 Corel의 소프트웨어 제품에 관한 공개 토론을 위한 사이트였다([그림 5.6] 참고). 이 사이트를 통해 소비자들은 자신이 알고 있는 정보를 서로 교환하며 도움을 주고받았고, 제품에 관한 설명도 보았으며, 제품에 대한 불

만을 털어놓기도 했다. 그러나 이 사이트는 Corel이 만든 것은 아니었다.

이 사이트는 아주 성공적으로 거대한 토론 커뮤니티를 형성했다. 그래서 그 중요성을 깨달은 Corel이 소비자들의 대화를 자신의 사이트에서 직접 관리하기 위해 이 사이트를 구입했던 것이다. 이제는 CorelNET의 사이트(www.corelnet.com)를 검색하다 보면 결국 Corel의 회사 홈페이지로 연결될 것이다.

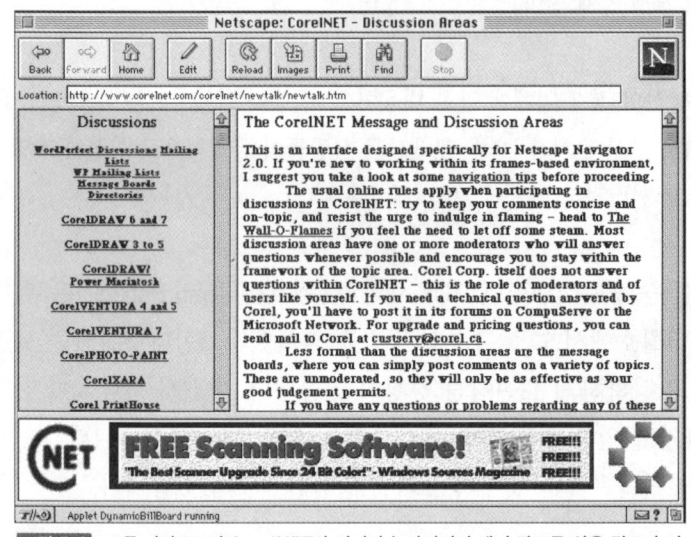

그림 5.6 토론 사이트로서 CorelNET의 인기가 높아지면서 배너 광고를 실을 정도가 되었다.

뉴스 그룹 호스트하기

직접 뉴스 그룹을 호스트하다 보면 많은 이점을 얻을 수 있다. 우선 감염되지 않은 순수한 정보를 소비자에게 제공할 수 있다. 또한 이메일에 대해 개별적인 답변을 해줄 수도 있다. 이뿐만이 아니다. 소비자들이 당신과 당신의 제품에 대해 의견을 나누게 함으로써 고객 충성도도 크게 높일 수 있다. 당신의 결점을 드러나게 할 수 있다는 단점도 있지만, 이것은 그리 큰 문제가 아니다.

중요한 것은 뉴스 그룹을 호스트하면 소비자들이 당신의 제품과 서비스에 관해 현재 얼마나 만족하고 있는지 온라인에서 그것도 실시간으로 알 수 있다는 것이다.

물론 당신의 결점이 널리 알려지는 것은 각오해야 한다. 당신에게 흠이 있거나 불만스러운 점이 있다면 소비자들은 주저없이 공개할 것이다. 예를 들어, 대기 시간이 너무 오래 걸렸다거나 환불을 해주지 않았다거나 심지어는 직원이 '죄송합니다'라는 말을 하지 않았다면 그것을 즉각 만천하에 알릴 것이다. 그렇다면 뉴스 그룹을 호스트하는 것이 과연 좋은 생각일까?

물론 아주 좋은 생각이다. 잘만 관리하면 고객의 불만을 제품과 서비스 개선에 크게 활용할 수 있다. 그리고 고객 커뮤니티를 만들 수 있는 발판이 될 수도 있다. 또한 뉴스 그룹을 호스트한다는 것은 고객의 참여를 중시하고 있음을 증명하는 것이며, 인터넷이라는 새로운 기술을 고객과의 대화를 위해 활용하고 있음을 나타내는 것이다.

당신에게 만족하는 고객들끼리 의견을 교환할 수 있는 뉴스 그룹을 하나 만들어라. 당신의 제품에 만족한 사람이 직접 자신의 실제 경험담을 말해 준다면 아주 효과적일 것이다. 제품마다 하나씩 토론 그룹을 만들어도 좋다. 그러나 고객의 칭찬에 자만해서는 안 된다. 또한 토론 그룹을 너무 많이 만드는 것도 좋지 않다. 무엇을 먼저 클릭해야 할지 고객이 혼동하기 때문이다.

델 컴퓨터 사는 웹사이트에 DellTalk라는 뉴스 그룹을 만들었다. 약 20만 명의 고객이 이용하고 있으며, 다양한 주제의 포럼으로 구성되어 있다. 처음에는 선택할 수 있는 주제를 다음의 세 가지만 제시한다.

- ■ 데스크톱과 미니타워에 관해 얘기하고 싶다.

- ■ 노트북에 관해 얘기하고 싶다.

- ■ 주문 또는 계좌에 대해서 비기술적인 지원이 필요하다.

그런 다음 토론 주제를 다양하게 제시한다 ([그림 5.7] 참고).

기술 연구 컨설팅 업체인 Giga Information Group(www.gigaweb.com)에 따르면 전화로 고객 한 명이 기술 관련 문제에 대해 문의해 올 경우 그 문제를 해결하는 데 약 5달러에서 50달러 정도가 든다고 한다. 그러니 뉴스 그룹을 운영하는 것은 어마어마한

투자 수익률을 의미한다. 고객이 교환하는 정보가 올바른 정보인지를 모니터 해주는
직원이 몇 명만 있다면 말이다.

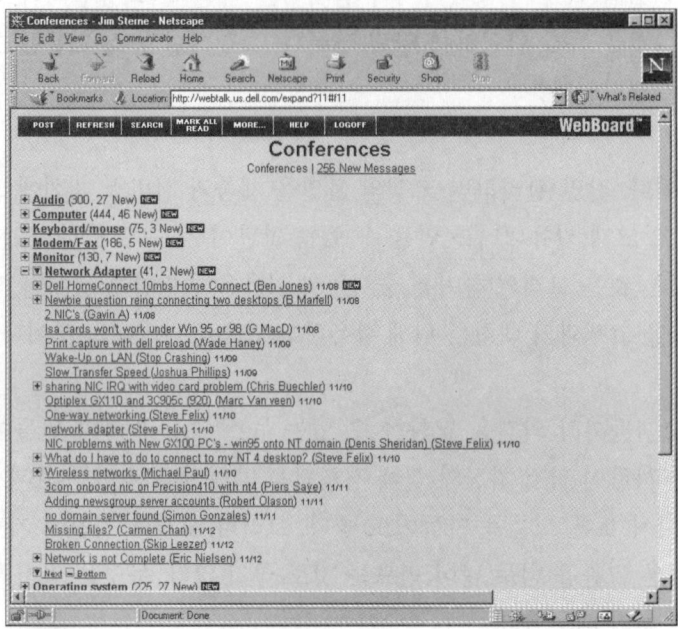

그림 5.7 DellTalk는 고객이 서로 대화할 것을 권한다.

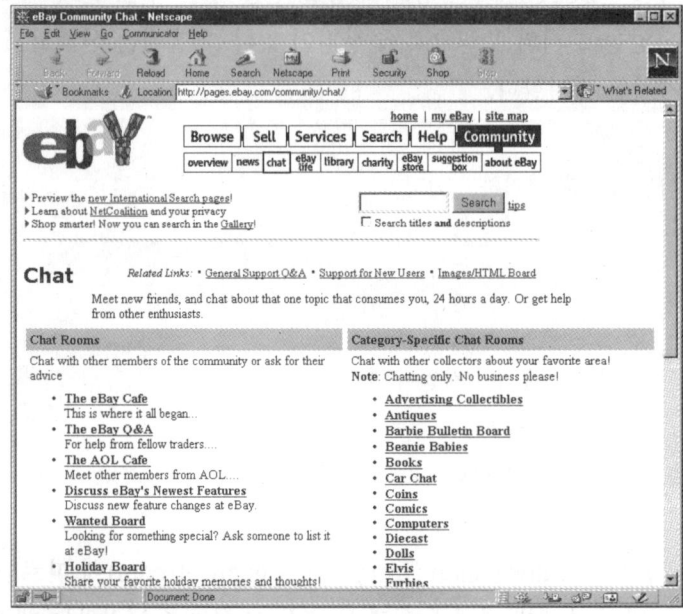

그림 5.8 eBay는 다양한 주제에 대해 토론방을 아주 많이 만들어 놓았다.

게다가 제품 관리자가 토론그룹을 모니터해서 고객이 제품을 어떻게 사용하는지 더 잘 알 수 있게 된다면 그것은 단순히 비용 절감뿐만 아니라 제품의 미래에 대한 투자를 의미한다.

eBay 직원들은 자신들이 제공하는 서비스가 사람들을 한데 모아 놓는 것이라는 데 착안해서 사람들이 가능하면 쉽게 대화할 수 있도록 하고 있다([그림 5.8] 참고).

eBay 사이트에는 이렇게 적혀 있다. "새로운 친구를 만나 관심 있는 한 가지 주제에 관해 얘기하세요. 하루 24시간 이용할 수 있으며, 다른 마니아들에게 도움을 받을 수도 있습니다."

유기 재배를 하듯 정성을 들여라

유기 작물을 재배해 본 적이 있나? 그렇다면 작물이 튼튼하게 자라 열매를 맺게 하는 일이 하루 이틀 정성으로 되는 것이 아니라는 사실을 잘 알 것이다. 인공 비료, 살충제, 화학 약품 대신 손으로 직접 비료를 주고 잡초를 뽑고 벌레를 죽이고 잎을 씻어 주어야 한다. 게다가 종자와 토양과 일광 상태도 모두 좋아야 한다.

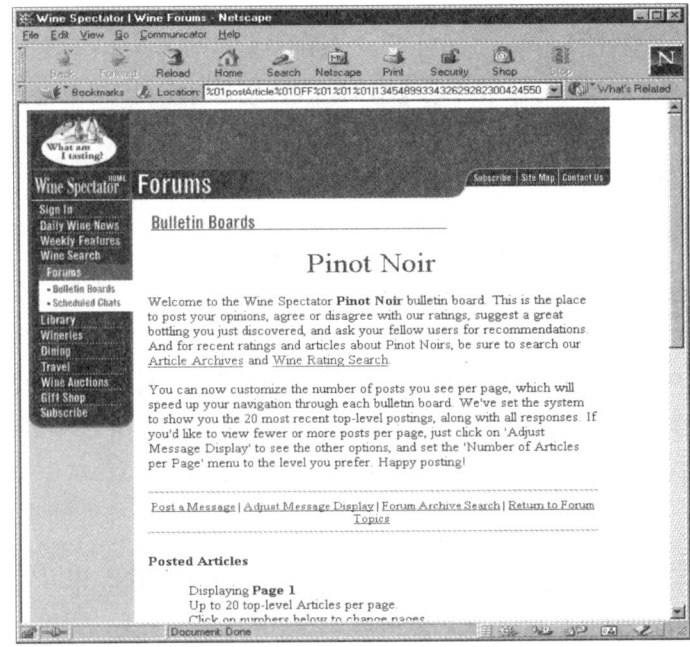

그림 5.9 Wine Spectator는 방문자의 의견을 게시해 주고, 그 의견에 대해 할 말이 있는 사람이 있으면 그 사실을 해당 방문자에게 알려 준다.

토론 그룹을 여러 개 만들어 사람들이 의견을 게시하도록 하는 것도 간단한 일이 아니다. 잘못하다가는 카테고리는 많은데 쓸모없는 내용투성이일 수도 있기 때문이다.

Usenet에 게시된 내용은 누구나 볼 수 있다. 그러나 당신이 호스트하는 토론 그룹에 게시된 내용은 당신이 통보한 사람들만 볼 것이다. 인터넷 사용자들이 입을 열고 대화에 참여하도록 하려면 어느 정도의 시간과 예산을 들여 당신의 뉴스 그룹을 홍보해야 한다. 전화를 걸어서라도 말이다.

잡지 Wine Spectator(www.winespectator.com)는 사람들이 의견을 게시할 수 있는 방을 제공할 뿐만 아니라([그림 5.9] 참고) 활발한 토론 분위기를 조성하기 위해 한 단계 더 나아간 방법을 사용했다.

이 잡지는 자신을 다음과 같이 소개하고 있다.

> 와인 감정가나 레스토랑 평가자, 또는 음식 감정가가 되어 보세요. 가장 마음에 드는 포럼 주제를 선택한 다음 의견이나 새로운 정보를 적어 주시면 됩니다. 단, 주제에서 벗어나지는 마세요. 마음에 드는 주제가 없을 경우에는 저희에게 이메일을 보내 주세요. 그러면 상의해서 새 포럼을 만들어 드리겠습니다.
>
> 사이트의 내용은 회원이 아니라도 누구나 볼 수 있습니다. 그러나 메시지를 올리거나 응답을 보내려면 회원으로 등록해야 합니다. 응답 메시지가 있는지를 이메일로 통보받고 싶은지는 메시지를 게시할 때마다 선택할 수 있습니다. 통보받겠다고 선택한 분에게는 응답 메시지로 바로 연결되는 링크를 포함시켜 메일을 보내 드립니다.

모니터하라. 그렇지 않으면 큰 대가를 치를 것이다

공개적이든 비공개적이든 반드시 뉴스 그룹을 모니터하라. 그렇지 않으면 당신도 인텔 사가 저지른 실수를 되풀이할 수 있다. 그런 일은 토론 그룹을 만들어 놓기만 하고 관리할 사람은 배치하지 않았기 때문에 생긴 것이다.

다음은 비공개적인 토론 그룹에서 발췌한 내용이다. 비공개적이란 말은 비밀번호가 있어야 들어갈 수 있다는 말이다. 신변 보호를 위해 모두 가명을 썼다.

최후 경고

보내는 사람: xxx@xxx.com
받는 사람: YYY 기술지원부   Re: YYY 기술지원부
날짜: 10월 22일

우선 이것은 협박이 아니라는 사실을 분명히 해 두겠습니다. 그러나 지난주에 당신들이 약속한 대로 수요일까지 기술지원부 직원에게서 아무런 전화나 회신 메시지가 오지 않으면 나는 Better Business Bureau에 전화해서 소위 지원이라고 하는 이 문제를 해결해 달라고 할 생각입니다. 물론 장거리 전화 요금이 많이 나오기는 하겠지만, 당신들 태도는 도저히 그냥 봐줄 수가 없습니다. 내 메일에 대해 당신들이 한 행동이라고는 내가 BBB를 언급했다는 이유로 내 메시지를 삭제한 것뿐이었습니다. 당신들과 접촉하려고 나는 별의별 수단을 다 써 봤습니다. 어쩌다 누군가와 연결되면 나를 무시하거나 성의 없이 말로만 그렇게 하겠다는 대답뿐이었습니다. 참다못해 본사에 직접 연락해 보았습니다. 그랬더니 기술지원부에 윈도95와 관련해서 지원 요청이 너무 많이 들어와 그런 것이라며 변명을 하더군요. 문제는 지난 1년 동안에도 사정은 마찬가지였다는 것입니다! 그렇다면 나는 도대체 누구한테 도움을 요청해야 합니까?
화가 머리끝까지 난 고객, XXX

다음날 이 사람만큼은 아니지만 아무튼 서비스에 불만을 품은 한 사람이 다음과 같은 메시지를 올렸다.

YYY는 이 포럼을 모니터하기는 하는 건가?
보낸 사람: zzz@zzz.com
날짜: 10월 23일

나는 YYY 제품에 생긴 문제나 제품 구입 가능성에 관한 문의, YYY의 고객 지원에 대한 일반적인 불만을 호소하는 메시지를 모두 읽었습니다. 그러나 YYY측이 그 메시지들에 대해 응답 메시지를 띄우는 경우는 한 번도 보지 못했습니다.

우리가 무슨 불만을 말하든 YYY측은 신경도 쓰지 않는데 말하면 뭡니까? 제가 생각하기에 그나마 이 뉴스 그룹의 좋은 점이 있다면 사람들이 공공 뉴스 그룹인 Usenet에

서보다는 한정된 부분에 대해서만 불평한다는 것입니다. 이 회사가 이 뉴스 그룹을 만든 본래 의도가 그게 아니었는지 의심이 가기 시작합니다!

마침내 XXX는 회사로부터 응답 메시지를 받았고, 그 사실을 뉴스 그룹에 올렸다.

드디어 응답이 왔습니다!

보내는 사람: xxx@xxx.com
날짜: 10월 24일

정말 몇 달을 기다렸는지 모릅니다. 짜증도 엄청 많이 났고, 본사에 장거리 전화도 했으며, Better Business Bureau에 신고할 거라고 협박도 했습니다. 그러자 드디어 기술지원부 대표가 응답 메시지를 보내 왔습니다(공식적인 편지는 아니었지만 말입니다!). 내 문제를 해결해 주겠다는 내용이 아니라 화나게 한 것에 대해 미안하다는 사과 메시지였습니다. 제 기대에는 훨씬 못 미치지만 그냥 넘어가 줄까 합니다. 그리고 앞으로는 YYY 제품을 사지 않을 생각입니다. 적어도 고객 지원 서비스가 개선될 때까지는 말이죠. 즐겁게 검색하세요.

이 사이트로 돌아가 보면 '회원 전용'이라고 씌어 있는 곳 아래 다음과 같은 내용을 쉽게 볼 수 있다.

복구 중

'회원 전용' 섹션을 복구하고 있는 중입니다. 곧 다시 인터넷 상에서 이용하실 수 있을 것입니다. 복구가 끝날 때까지 Special Offers and Hot Stuff와 같은 다른 사이트를 이용해 주시기 바랍니다.

기술 관련 문의가 있으신 분은 FAQ나 기술지원부 섹션에 있는 정보를 이용하시기 바랍니다.

너무 기죽을 필요는 없다. 당신에게 치명적인 메시지를 게시할 인터넷 이용자가 100만 명이 되는 것은 아니니까. 그러나 단단히 마음의 준비를 해 두어야 한다. 뉴스 그룹은 고객 서비스 전화를 모두 하나로 연결해 놓은 것과 마찬가지라는 사실을 명심하

라. 그래서 모든 고객은 서로 어떤 점을 모르는지, 어떤 문제가 있는지 알 수 있다. 앞에서 언급한 경우처럼 고객 지원을 계속 미루면 고객들은 뉴스 그룹을 통해 서로 그에 대한 불만을 말할 것이다. 이때 해결책은 무엇일까? 고객 지원을 절대 미루지 않는 것이다.

인쇄자인가, 출판자인가

뉴스 그룹은 인쇄업일 수도 있고 출판업일 수도 있다. 우선 인쇄자는 글만 인쇄할 뿐이기 때문에 인쇄된 글에 대해 전혀 책임을 지지 않는다. 또한 돈을 지불하는 모든 사람에게 똑같은 서비스를 제공한다. 사람들의 글을 그대로 게시한다는 점에서 뉴스 그룹도 인쇄업이라고 할 수 있다. 그러므로 글의 내용에 대한 책임은 글을 쓴 당사자에게 있다.

한편, 출판자는 무엇을 실을지 무엇을 뺄지 결정하는 편집자이다. 그래서 내용에 책임을 져야 한다. 뉴스 그룹에는 여러 글이 실린다. 물론 글은 다른 사람들이 쓰지만 편집을 거쳐 뉴스 그룹을 '출판'하는 것은 바로 당신이다. 편집자에게 보내는 편지와 같다고 할 수 있다. 이것은 당신이 그 내용에 책임을 져야 한다는 의미이다. 다시 말해, 이것은 당신이 어떤 글을 싣고 어떤 글을 뺄지 어느 정도 통제를 해야 한다는 의미이다.

아무리 욕설에 익숙한 사람이라도 얼굴을 붉힐 정도의 심한 말을 써 가며 공공 뉴스 그룹에서 당신과 당신의 회사나 제품을 마구 비난하는 사람이 있다면 가장 바람직한 대응책은 침착하고 이성적으로 잘 달래는 것이다. 물론 핵심도 없이 지껄이면서 여기저기 들쑤셔대는 사람만 아니라면. 그런 사람에게는 침묵을 지켜라. 그러면 다른 참가자들이 알아서 그 사람을 비난하거나 외면할 것이다.

한편, 당신 웹사이트에 있는 토론 그룹에서 신랄하게 당신을 비난하는 사람이 있을 경우에는 그 사람 글을 편집해 빼 버리면 간단히 해결된다. 그러면 편집당한 당사자는 기분이 상해 공공 뉴스 그룹에 당신을 비난하는 글을 올려 놓을지 모른다. 이것을 푸념이라고 하는데, 정말 사업상 필요해서 공공 뉴스 그룹을 읽는 사람들은 넋두리를 하는 사람을 잘 구별해 피하는 방법을 알고 있다.

편집된 뉴스 그룹을 보는 독자들은 어떤 글을 선택해서 읽을지 고민할 필요가 없다. 즉, 독자들은 넋두리를 하는 사람과 아예 부딪치지 않아도 된다. 그렇게 했다는 것은 뉴스 그룹을 잘 편집했다는 말이다. 그렇다면 편집자는 고객이 불평한 글을 모두 편집해 버려도 될까? 이에 대해 조지 오웰(George Orwell)은 이렇게 충고했다. '신중을 기해라. 그러나 자화자찬하는 것으로 보일 정도로 너무 많이 편집하지는 마라.'

가차없이 할 것인가, 융통성 있게 할 것인가

뉴스 그룹을 편집할 때는 미묘한 균형을 유지해야 한다. 한편으로는 건전하고 유익한 내용을 골라야 하면서도 다른 한편으로는 편집을 너무 심하게 해서 고객에게 무익할 정도가 되면 안 된다. 따라서 편집에는 신중에 신중을 기해야 한다.

사람들은 지금까지 인터넷 편집자의 역할을 대수롭지 않게 생각해 왔다. 그러다가 최근에 정보량이 급속히 늘고 나서야 수많은 사실, 숫자, 유행, 말도 안 되는 글들에서 필요한 정보를 걸러 줄 사람이 필요하다는 사실을 절감하게 되었다. 만약 당신이 인터넷 편집자의 자리에 오른다면 편집자가 가장 우선시해야 하는 것은 고객이라는 사실을 명심하라.

누군가가 당신 회사의 서비스가 형편없다며 신랄하게 비난한 글을 당신 사이트에 올려 놓으면 일반인들은 당신에 대해 나쁜 이미지를 가질 것이다. 화가 난 고객은 경쟁업체에 그 글을 복사해 보낼지도 모른다. 심지어 언론에 직접 알리는 사람도 있을지 모른다. 그렇다고 해서 당신에 대한 비난을 감추면 안 된다. 감추면 인텔 사의 경우와 마찬가지로 암암리에 비난이 확산되다가 결국 Washington Post 지 1면에 실려 공개적인 망신을 당할 수도 있기 때문이다.

또한 고객이 머리를 모았을 때의 위력을 과소평가해서는 안 된다. 당신이 숨기면 고객들은 찾아낼 것이다. 문제를 회피하면 웃음거리가 될 것이다. 시치미를 떼면 호되게 욕을 먹을 것이다. 거짓말을 하면 혼쭐이 날 것이다.

그렇다고 고객이 보내는 메시지를 전부 게시한다면 당신은 편집 서비스를 제대로 제공하는 것이 못 된다. 그러므로 편집할 때 중용을 지키는 것은 매우 중요하다. 인간의 다른 상호작용에서 통찰력을 빌어 올 수도 있다. 아무것도 주지 않고도 모든 것을 얻을 수 있는 '평민들의 비극'과 같은 것에서 말이다.

그룹 관리 능력

잠시 학계로 눈을 돌려 집단 역학에 대해 알아보자. 1994년 1월 U.C.L.A의 피터 콜록 (Peter Kollock)과 마크 스미스(Marc Smith) 교수는 『가상 공간 안의 평민들 관리: 인터넷 커뮤니티의 협력과 분쟁(Managing the Virtual Commons: Cooperation and Conflict in Computer Communities)』이라는 제목의 논문을 발표했다. 이 논문에서 두 교수는 엘리노어 오스트롬(Elinor Ostrom) 박사가 『The Logic of Collective Action: Public Goods and the Theory of Groups(Harvard University Press, 1965)』에서 발표한 내용을 인터넷 토론그룹에 적용했다.

논문에서 두 교수는 오스트롬 박사의 연구에 대해 다음과 같이 설명했다.

오스트롬 박사는 오랜 세월에 걸쳐 성공적으로 집단 물건을 만들고 유지해 온 아주 다양한 공동체들을 연구했다. 박사가 연구한 사례에는 스위스와 일본의 공유림과 방목지, 캐나다와 스리랑카의 어촌, 스페인과 필리핀의 관개 시스템 등이 포함되어 있다. 박사는 무임 승차 유혹을 뿌리치고 그리고 외부 기관에 의존하지 않고 성공적으로 집단 물건을 만들고 유지해 온 공동체들의 특징에서 집단 설계 원칙을 발견했다. 집단을 비교 분석한 결과 박사는 자체적으로 조직을 구성하고 통제할 수 있는 집단들은 다음과 같은 집단 설계 원칙을 보인다는 사실을 알아냈다.

1. 지켜야 할 선이 분명하게 정해져 있다.

2. 집단 물건 사용에 대한 규율은 지역적 필요와 조건에 맞게 결정된다.

3. 규율에 영향을 받는 사람들은 대부분 그 규율을 수정하는 데 참여한다.

4. 외부 기관은 집단 구성원들이 스스로 규율을 만들 수 있는 권리를 존중한다.

5. 구성원의 행동을 감시하는 시스템이 있고, 감시는 구성원 스스로 한다.

6. 단계적 처벌 시스템을 사용한다.

7. 구성원들은 저비용의 분쟁 해결 메커니즘을 이용할 수 있다.

지켜야 할 선이 분명하게 정해져 있다

콜록 교수와 스미스 교수는 뉴스 그룹에서는 크게 두 가지 선을 지켜야 한다고 말했다. "하나는 주제와 관련된 말을 해야 한다는 것이고, 다른 하나는 대화가 지속적으로 이어질 것이라는 사실을 알아야 한다는 것이다. 그러한 사실을 알고 행동하면 평판이 좋아질 수도 있고, 당장 눈앞의 이익을 위해 이기적인 행동을 하지 않게 된다."

토론 내용이 주제에서 지나치게 벗어날 경우에는 더 세분화한 주제에 대해 뉴스 그룹을 새로 만들면 된다. 한편, 뉴스 그룹이 얼마나 확고한 명성을 쌓을 수 있는지는 편집자의 손에 달려 있다. 편집을 잘하면 존경과 칭찬을 받는다. 그러나 잘못하면 무시와 비웃음을 산다. 모든 토론 참가자는 자신의 명예가 걸려 있다는 사실을 알고 있고, 그것이 사회 질서 수립에 도움이 된다.

집단 물건 사용에 대한 규율은 지역적 필요와 여건에 맞게 결정된다

오스트롬 박사는 다음과 같이 주장했다. "집단 구성원들은 자신이 속한 집단에서 일상적으로 일어나는 일들이 무엇인지, 그 집단이 어떤 어려움을 겪고 있는지 잘 알고 있기 때문에 지역 여건에 맞게 규율을 고칠 수 있고, 이렇게 함으로써 규율을 개선할 수 있다."

편집자로서 당신은 토론을 진전시키기 위해 최선을 다해야 한다. 그러나 몇 달 동안 토론에 아무 진전이 없어도 참가자들이 그에 대해 불평을 하지 않으면 당신이 싫증이 났다고 해서 토론 주제를 마음대로 바꿀 수는 없다.

토론의 구조나 방향, 의견 게시 방식, 게시하는 데 걸리는 시간, 심지어 게시 내용의 포맷에 불만이 있는 사람이 있으면 집단을 변화시키는 과정에 그 사람을 참여시켜라. 다음 두 원칙이 바로 그것에 관한 것이다.

규율에 영향을 받는 사람들은 대부분 그 규율을 수정하는 데 참여한다

외부 기관은 집단 구성원들이 스스로 규율을 만들 수 있는 권리를 존중한다

구성원의 행동을 감시하는 시스템을 두고, 감시는 구성원 스스로 한다

포럼 호스트는 한 발은 커뮤니티 안쪽에, 다른 한 발은 바깥쪽에 두고 있어야 한다. 다시 말해, 호스트는 공유할 유익한 정보를 가지고 있는 참가자인 동시에 한 발짝 물러나 외부에서 토론을 조정하는 편집자이기도 한 것이다. 호스트는 조정자이자 심판관이자 지휘관이기도 하다. 즉, 호스트는 편집자이자 조정자이자 통제권을 쥔 사람이다. 그러나 호스트 역시 참가자라는 사실을 명심해야 한다. 또한 호스트는 해결책이 어디에 있는지 파악하고 있어야 한다. 누가 서비스에 관해 질문하면 대답해 주어야 하고, 회사 정책에 대해 불만을 말하면 절차를 완화해 주어야 하며, 제품에 문제가 있다고 하면 문제를 해결해 주어야 하기 때문이다.

다양한 주제에 대해 여러 토론 그룹을 만들고자 할 경우에는 호스트의 역할을 분담하는 것도 좋은 방법이다. 예를 들어, 한 사람은 모든 그룹에서 대화가 잘 진행되고 있는지, 구성원들이 빠져나가지 않는지를 지키는 경찰 역할을 한다. 그리고 그 사람이 회사의 지식적인 측면을 대변하고 있는 여러 주제의 전문가들을 지원하도록 하는 것이다. 그렇게 하면 진정한 전문성을 해치지 않고도 질서를 유지할 수 있다.

그러나 대체로 토론 그룹의 질서는 자체적으로 지켜질 것이다. 예를 들어, 어떤 사람이 당신이 만든 껌이 단맛이 너무 금방 없어진다고 불평하는 글을 올리면 사람들이 알아서 나타나 맞장구를 치거나 반대하거나 또는 새로운 대안을 제시할 것이다. 중요한 것은 토론을 시작하는 것이다.

오스트롬 박사가 제시한 마지막 두 원칙은 처벌과 관련된 것이다.

단계적 처벌 시스템을 이용한다

구성원들은 비용이 적게 드는 분쟁 해결 메커니즘을 이용할 수 있다

뉴스 그룹과 같은 집단에서 가장 간단한 형태의 처벌은 구성원들의 조롱이다. 물론 남을 조롱하는 건 제 얼굴에 침을 뱉는 것과 마찬가지이지만 말이다. 그 다음 단계로 편집자인 당신이 순찰을 도는 경찰 역할을 해야 한다. 한편, 분쟁 해결에 비용이 적게 드는지 여부는 고객이 신경 쓰는 부분이 아니다. 책임자는 당신이며, 고객은 당신에게 비용을 지불하지 않아도 되기 때문이다. 그러나 분쟁 해결이라는 이 귀찮은 일을 누군가는 해야 하는데, 그 일을 해야 할 사람은 바로 당신이다. 그렇기 때문에 당신은 비용문제에 신경을 써야 한다.

그렇다면 어떻게 처벌하고, 어떻게 분쟁을 해결해야 할까? 신중하게 하라.

그림 5.10 독특한 성격의 전자 잡지 WORD는 독자들의 참여를 유도하는 데 심혈을 기울이고 있다.

비방과 명예 훼손을 둘러싼 소송

미국의 제1수정 조항과 관련된 문제만 전문으로 다루는 변호사 스티븐 리버만은 전세계 사람이 인터넷을 사용함에 따라 인터넷 상에서 정보를 제공하는 미국 회사들이 소송을 당할 가능성이 높아졌다고 말한다. 리버만에 따르면 명예 훼손 소송 때문에 '해외 자산을 소유하고 있는 미국 회사들이 경제적으로 엄청난 타격을 입을 것'이라는 것이다. 예를 들어, 한 회사가 싱가포르 정부를 비난하는 메시지를 인터넷에 올렸다고 하자. 그럴 경우 그 메시지를 읽은 싱가포르 사람이 명예 훼손으로 그 회사를 상대로 소송을 제기할 수 있다. 이론적으로 말이다. 마찬가지로 중국에서도 이러한 경우가 생길 수 있다.

Investor's Business Daily, 1996년 2월 27일, EduPage에 보고된 글에서 발췌 (listproc@educom.unc.edu)

실무자의 조언

SIMBA의 Online Tactics에 기고한 글에서 WORD(www.word.com, [그림 5.10] 참고) 편집부장 마리사 보위(Marisa Bowe)는 인터넷 상에서 자유롭게 오가는 아이디어들을 어떻게 관리할 것인지에 관해 몇 가지 조언을 해주었다.

게시판/포럼 관리 입문서

편집자는 자신을 솔직하게 드러내야 한다. 편집자가 솔직하고 과감한 스타일이면 사용자들도 그렇게 될 것이다.

사용자들이 한 말을 칭찬하라. 긍정적인 말을 사용해 정규적으로 응답을 해주면 참가율이 증가할 것이다.

'엄마가 되어라.' 게시판인 BBS 시스템은 대성공을 거두어 왔다. 그것은 아마 남성에 비해 세세한 것에까지 신경을 써 주는 여성들이 운영하고 있기 때문일 것이다. 사람들이 계속 참여하도록 하려면 때로는 응석을 받아 주기도 해야 한다.

내용이 잘 보이게 하라. 종종 토론 내용이 포럼 주제에 묻혀 잘 보이지 않는 경우가 있다. 그러면 사용자의 관심을 끌기 어렵다.

토론 주제의 수를 적절히 조절하라. 사용자들은 주제가 너무 많으면 혼란스러워하고, 너무 적으면 별로 흥미를 느끼지 않는다.

SIMBA Online Tactics, 1996년 1월

사람들은 자기 자신에 관해 말하는 것을 좋아한다

누구나 할 것 없이 사람들이 가장 좋아하는 주제는 자신과 관련된 것이다. 그러므로 사람들이 당신의 제품을 어떻게 생각하고 있는지 알고 싶다면 무턱대고 제품이 어땠느냐고 묻지 말고, 제품을 사용해 본 느낌을 물어 보는 것이 좋다. 즉, 제품을 사용하

고 나니 어떻게 달라졌고, 얼마나 도움이 되었고, 무엇이 불만이었는지를 물어야 한다는 것이다.

칭찬할 점 묻기

정말 마음에 드는 제품이나 서비스는 어떤 것일까? 그것은 사용하거나 이용했을 때 더 똑똑해지거나 더 행복해진 듯한 느낌이 들게 하는 것, 뭔지 모르겠지만 더 나아진 듯한 느낌이 들게 하는 것, 가족이나 친구 심지어는 비행기 옆좌석에 앉은 낯선 여자에게도 주저없이 권할 수 있는 그런 것일 것이다.

당신 마음에 쏙 드는 제품을 만든 회사가 당신에게 그 회사의 좋은 점에 대해 묻는다고 하자. 그 회사는 다음과 같은 질문을 할 수 있을 것이다.

"이전에는 못했는데 이 제품 덕분에 지금은 할 수 있게 된 것은 무엇입니까?"

"생활하는 데 있어서 편해진 점은 무엇입니까?"

"자식이나 직장 동료 또는 친구에게 이 제품을 권하고 싶습니까? 그렇다면 그 이유는 무엇입니까?"

'우리 브로셔에 적을 만한 좋은 점을 말씀해 주세요.' 라는 단순한 질문을 약간 변형시켜 보라. 그저 '좋다'는 대답이 아니라 그 제품의 실질적인 가치를 좀더 구체적으로 말할 수 있도록 물어야 한다. 가령 다음처럼 질문한다.

"만약 상사가 이 제품을 왜 계속 사용해야 하는지 이유를 말하라고 한다면 당신은 뭐라고 말할 것입니까?"

이것은 고객에게 제품을 변호해 달라고 하는 것이 아니라 제품의 사용을 변호해 달라고 하는 것이다. 즉, 제품의 좋은 점을 말해 달라고 하는 것이 아니라 그 제품을 구입한 것이 왜 현명한 선택이었다고 생각하는지를 말해 달라고 하는 것이다. 엄밀히 말하면 제품을 사용하기로 선택한 고객 자신을 변호하라고 하는 것과 다름없다. 그렇기 때문에 이러한 질문이 단순히 좋은 점을 묻는 것보다 더 개인적인 질문이라고 할 수 있다.

개선할 점 묻기

고객이 관심을 표시할 때 이에 긍정적으로 반응한다면 고객 역시 당신의 제품에 긍정적인 반응을 보임으로써 당신이 관심을 기울여 준 데 대해 보답할 것이다. 그러나 이 경우에도 미묘한 부분에 신경을 써야 한다.

회사의 개선점을 고객에게 물을 때 단순히 "어떻게 생각하십니까?"라고 물어서는 안 된다. 나는 깊이 생각한 다음에 대답하게 하려고 질문 형태를 바꾸는데, 가장 즐겨 묻는 질문은 다음과 같다.

"당신에게 요술봉이 있고 그 요술봉으로 저희 회사의 한두 가지 점을 고칠 수 있다면 무엇을 고치고 싶습니까?"

이렇게 물으면 막연하게 "어떤 점이 나쁩니까?"나 "우리가 어떻게 개선하면 좋겠습니까?"라고 물을 때보다 훨씬 대답하기 쉽다. 또한 고객은 그 제품에 대한 모든 불만이나 문제점들을 긍정적인 관점에서 생각하게 된다. 고객에게 불만을 말해 달라고 하는 것이 아니라 도움을 달라고 요청하는 것이기 때문이다. 또한 고객은 우물쭈물하며 "소음이 너무 심해요."라고 말하는 것이 아니라 거리낌없이 "소음이 너무 심한데 그걸 가장 고치고 싶어요."라고 말하게 된다.

질문의 순서도 중요하다. 예를 들어, 당신이 누군가에게 당신 제품을 상사에게 추천할 것인지 물었다고 하자. 그러면 그 사람은 제품의 장점을 모두 생각해 볼 것이다. 그러나 제품에 대해 불만이 아주 많은 사람에게 그렇게 묻는다면 별다른 대답을 얻어내지 못할 것이다. 오히려 그 사람은 그 제품을 산 것 자체가 잘못이었다는 생각이 들어 다음날 그것을 버릴지도 모른다!

그래서 제품에 불만이 많은 사람에게는 '요술봉' 식 질문을 먼저 해야 한다. 즉, 우선 불만을 다 말해서 가슴에 맺혔던 분노를 다 풀게 해주고, 그런 다음에 제품에 대해 칭찬할 만한 점을 말해 달라고 하는 것이다.

한편, 제품에 아주 만족하고 있는 사람들에게는 좋았던 점, 칭찬할 만한 점을 먼저 물어 본 다음에 고쳐야 할 점을 물어 보는 것이 효과적이다.

이용할 수 있는 도구들

HTML에 일일이 코딩을 할 필요는 없다. 자동으로 하려고 CGI 스크립트를 쓸 필요도 없다. 도구를 하나 구입하면 된다. 그다지 비싸지도 않다. 내가 이렇게 권하는 이유는 기능이 워낙 급속히 변하다 보니 당신이 이 책을 읽을 때쯤이면 Psychic Inference Engines in Simulated Kilocycle Yak Sessions (PIE in the SKY)를 파는 업자가 있을 것이기 때문이다.

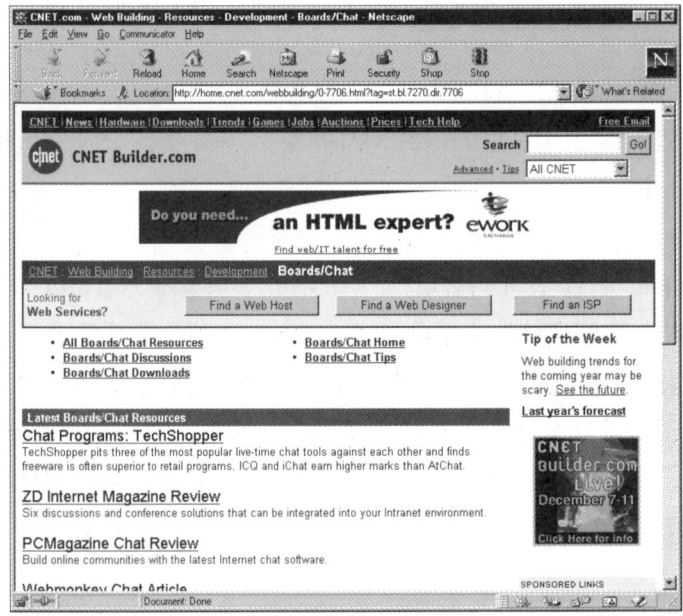

그림 5.11 CNET은 기술 관련 정보를 제공하는 아주 훌륭한 사이트이다. 심지어는 다른 정보를 찾는 사람들이 보기에도 아주 모범적인 사이트이다.

델 컴퓨터 사의 경우와 마찬가지로 O'Reilly 사 제품인 '웹보드'를 사용할 수 있을 것이다. 다음은 O'Reilly 사 사이트(webboard.oreilly.com)에 적힌 내용이다.

'웹보드'는 주로 온라인 고객 서비스나 기술 지원을 제공하는 데 사용된다. 특정 제품과 관련해서 토론방이 개설되면 고객이 질문을 올린다. 그러면 다른 참가자들이 자신의 경험을 토대로 답변이나 의견을 올리거나, 직원이 공식적인 답변을 제공한다. 웹보드 관리자는 적절한 해결책이 오르도록 하기 위해 토론 내용을 일부 편집할 수 있다. 일단 해결책이 토론방에 오르면 유사한 문제가 있는 다른 사람들도 그것을 볼 수 있다. 고객 지원 담당 직원들은 똑같은 정보를 반복해서 알려 주는 대신 질문에 대한 답변을 웹보드에서 찾아보라고 사용자에게 말한다. 웹보드에는 메시지 검색 기능이 있어서 메시지를 게시한 사람이나 날짜별로 주제에 대한 정보를 신속히 찾을 수 있다.

한편, 전체적인 것에 관해 토론하고 싶으면 CNET(www.cnet.com)을 방문할 수도 있다([그림 5.11] 참고).

리스트 서버

불만이 있는 고객을 상대하고 있다면 개인적으로 리스트 서버를 가지고 있는 것도 좋다. 리스트 서버란 이메일 리스트에 등록되어 있는 모든 사람에게 같은 메시지를 보내 주는 소프트웨어를 말한다. 메시지 게시는 리스트에 등록된 모든 사람이 하거나 편집자 한 명만이 하도록 조절할 수 있다. 리스트 서버는 뉴스 그룹과 다르다. 뉴스 그룹에서는 메시지를 보려면 직접 그 그룹에 방문해야 하지만, 리스트 서버에서는 이메일로 메시지를 받는다. 이메일을 통해 간단히 가입과 가입 해지를 할 수 있으며, 대부분 무료이다.

또한 리스트 서버는 설치하기도 쉽고, 고객으로 하여금 자신이 특별하다는 느낌을 받게 만든다. 선택된 그룹의 사람들에게 당신의 제품과 서비스에 대해서 조언을 해달라고 부탁하라. 그러면 고객은 당신에게 자신의 의견을 말해 줄 것이며, 당신의 단골 고객이 될 것이다. 고객은 당신의 수입원이다. 그러므로 고객의 생각이 어떤지에 적극적인 관심을 가져야 한다.

제대로 된 관리는 필수적이다

1995년 4월, 워싱턴 대학 교육공학과 대학원생인 사라 킴(Sara Kim)과 노스캐롤라이나 대학에서 경제학 박사 학위를 받은 비비안 혼(Vivian Hon)은 '사용자 피드백, 시스템 강화, 관리자의 역할, 조직 역학, 감시 도구 관점에서 본 사용자 지향적이고 사용자 중심의 리스트 서버 운영'에 관한 논문을 써서 게시했다.

킴과 혼은 세계은행의 '인구 건강 영양 부서'에서 PHNLINK라는 리스트 서버 프로

젝트를 관리하고 있었다. 논문은 이 프로젝트에 관한 것이었는데, 논문에서 두 사람은 리스트 서버 관리가 얼마나 중요한지 강조했다.

리스트 서버 관리자는 사용자와 시스템을 연결해 주는 중요한 고리 역할을 해야 한다. 그러기 위해서는 기술 지원 차원을 넘어 적극적으로 사용자에게서 피드백을 받고 시스템 개발자와 상의해서 사용자의 요구가 반영되도록 기술적인 특징을 개선해야 하며, 서비스 개선에 영향을 끼치는 기술 변화도 계속 파악하고 있어야 한다. 또한 관련된 다른 전자 자원이나 그 밖의 자원을 활용해 다른 정보 제공 업체와의 공조와 정보 교환의 기회가 있는지 살펴보아야 한다. 관리자에게 있어서 더 힘든 과제는 사용자들이 네트워크를 통해 합동 발의뿐만 아니라 정보까지 공유할 수 있는 기회를 증진시키는 참가 도구로 리스트 서버를 만드는 것이다. PHNLINK가 실시한 설문 조사 결과, 사용자들은 다른 가입자와 네트워크로 연결되어 있기를 바라면서도 원치 않는 메시지에 대해서는 여전히 우려하고 있는 것으로 나타났다. 이에 대한 해결책을 하나 제시한다면, PHNLINK 가입자만이 이용할 수 있는 소규모 리스트 서버 포럼을 만드는 것이다. 여기에는 가입자 전원이 참여하게 하는 것이 아니라 토론 주제가 자신의 업무와 밀접한 관계가 있는 사람만이 참여하게 한다.

다시 말해, 리스트가 고객에게 유용한 자산이 되도록 하려면 관리자는 주방장 대표이자 엄마이자 치어리더의 역할을 해야만 한다.

리스트 서버의 변천 과정

리스트 서버가 어떻게 변해 왔는지는 내가 가입한 토론 리스트인 High Tech Marketing Communicators(HTMARCOM), Internet Marketing(INET), Free Market을 보면 알 수 있을 것이다.

모든 것은 1994년 2월에 시작되었다. 당시 나는 인터넷에서의 마케팅에 관한 정보를 검색하다가 우연히 HTMARCOM을 발견했다.

HTMARCOM은 마케팅 전반에 관한 문제들을 실시간으로 토론할 수 있는 곳이었다. 예를 들어 제품 시사회, 브로셔 제작, 제품 관리, 그리고 회사 창립자나 엔지니어에게 마케팅의 중요성을 어떻게 설득하는지에 관한 내용을 다루었다. wolfBayne Communications의 킴 바인(Kim Bayne)이 관리를 담당했으며, 주제가 폭넓고 수준도 높았다.

킴은 융통성 있는 관리 방식을 택했다. 누구나 가입할 수 있고, 누구나 의견을 올릴 수 있으며, 어떤 내용도 상관없었다. 킴은 그저 지나친 비방이나 광고를 하는 사람에게 가끔씩 경고를 주기만 했다. 통제를 하는 대신 대화 방향을 조절했다. 대화가 주제에서 너무 벗어날 경우에는 그 문제에 대한 주제가 따로 있다고 넌지시 일러 줌으로써 대화를 다시 본궤도로 돌아오게 했다. 한마디로 킴은 어머니처럼 편안한 관리자였다.

1994년 여름, 킴은 인터넷 마케팅에 관해 게시되는 메시지 수를 줄일 수 있는 방법을 찾아 고민했다. 사람들이 올리는 메시지 내용은 대부분 서버 운영 방법, 셰어웨어를 찾을 수 있는 곳, 고객 유치 기법들에 관한 것이었다. 그러나 킴은 고객 유치 기법 외의 기술적인 문제에 관해서는 별로 관심이 없었다. 그래서 마침내 단호한 결정을 내렸다.

기술적인 문제는 따로 다른 리스트 서버에서 다루는 것이 어떻겠느냐고 회원들의 의견을 물었고, 그렇게 해서 2주 뒤인 7월 22일 Internet Marketing 리스트가 탄생했다. 이 리스트는 당시 신생 회사로 아직 온라인화가 덜 된 웹 프레젠스 공급 회사 Point of Presence Company의 주요 인물 중 한 사람인 그렌 플라이쉬만(Glenn Fleishman)이 그 관리를 맡았다.

그 결과 Internet Marketing 리스트는 Point of Presence Company의 홈페이지 (popco.com)에 확실히 자리잡았다. 그리고 HTMARCOM은 다시 인터넷 마케팅에 관한 문제만을 다루게 되어 토론이 좀더 원활해졌다. 킴은 극단적인 조치를 취하지 않고도 모든 것을 그대로 유지한 것이다.

The Internet Marketing List(www.i-m.com, [그림 5.12] 참고)는 처음부터 엄격한 관리를 통해 운영하기 위해서 만든 사이트였다. 단 한 사람 플라이쉬만만이 메시지를 게시할 수 있었다. 부적절한 내용, 지나친 비방, 중복 메시지, 원한이 가득한 메시지는 무조건 리스트에 서 제외됐다. 이처럼 플라이쉬만이 메시지를 전부 받아서 어떤 내용을 게시할지 여부를 혼자 결정했다.

가입자들은 이것이 좋은 방법인지를 놓고 한동안 토론을 했다. 가입자들은 모두 자기들에게 발언권을 달라고 입을 모았지만 플라이쉬만은 고집을 꺾지 않고 계속 메시지를 엄격히 관리했다. 가입자들은 대부분 플라이쉬만이 메시지를 관리하는 것이 옥석을 가려 주기 위한 것이라고 생각했지만, 일부 사람들은 이것을 아주 못마땅하게 생각했다.

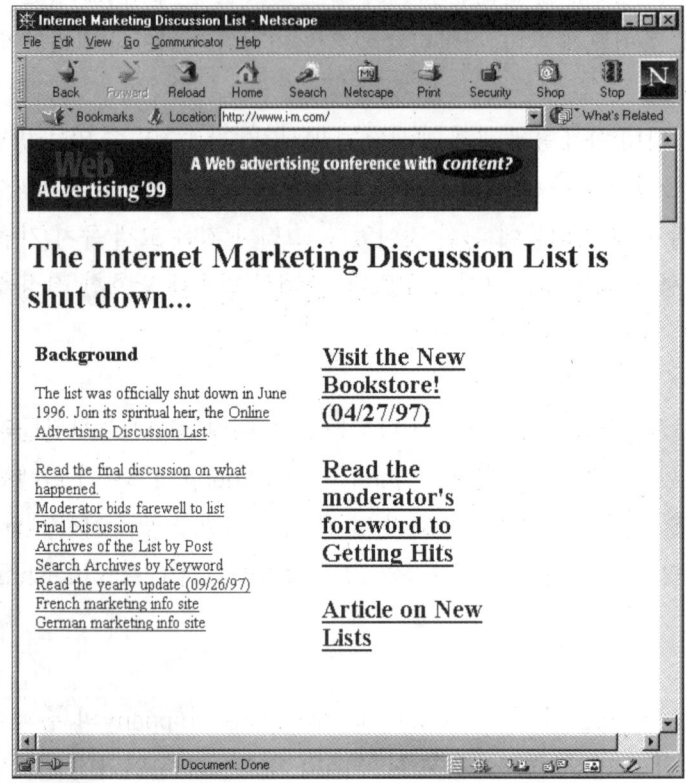

그림 5.12 The Internet Marketing List는 매우 수준이 높고 관리가 엄격한 리스트였다. 그 기록은 지금도 찾아볼 수 있다.

못마땅하게 생각하는 사람들은 한 사람이 모든 메시지를 관리하는 것은 검열이나 마찬가지이며 인터넷의 취지에 반하는 행동이므로 메시지 관리를 중단하라고 요구했다. 그러나 플라이쉬만은 응하지 않았다. 리스트를 운영하는 사람은 자신이며, 자신이 원하는 대로 운영하는 것이니 불만이 있는 사람은 직접 리스트를 만들면 되지 않느냐는 것이 그의 대답이었다. 그래서 탄생된 것이 Free Market 리스트였다.

Free Market 리스트에서는 규칙이 없다는 것이 유일한 규칙이었다. 광고를 제외하고는 누구나 어떤 내용이든 게시할 수 있었다. Free Market 관리자는 사람들이 무슨 말을 하든 무엇을 묻든 무엇에 대해 논쟁하든 관여하지 않았다. 즉, 이 관리자는 출판자가 아니라 인쇄자의 역할만 한 것이다.

그러나 쓸모없는 내용이 너무 많아 많은 시간이 필요했다. 누구나 참여할 수 있다는 특징이 오히려 귀중한 시간과 인터넷 자원을 허비하도록 만들었다. 내가 거기에서 탈퇴하기로 마음먹게 된 결정적인 계기는 광고도 마음대로 게재할 권리가 있다는 내용의 메시지를 이틀 동안 200개가 넘게 받은 것이었다. 자신을 변호사라고 소개한 어떤 사람에게서 언론의 자유에 관한 장황하고 황당한 메시지 세례를 받았다. 당당하게 자신의 이름을 밝히고는 쇼핑 방식이 완전히 달라질 것이라며 자신의 새 인터넷 쇼핑몰로 오라고 선전하는 메시지였다.

나는 '가만히 있으면 중간은 간다'는 말이 떠올랐다. 그리곤 거기에서 빠져 나왔다.

리스트 관리라는 고된 일을 맡은 사람은 친절하면서도 단호하게, 그리고 자신의 의도를 분명히 밝히고 관리해야 한다.

ClickZ(www.clickz.com)의 커뮤니티 개발 책임자 리처드 호이(Richard Hoy)는 1999년 6월 ClickZ 토론 리스트를 개설하고 다음과 같은 글을 게시했다.

지난 3년 동안 나는 온라인 광고 산업에서 가장 인기 있는 토론 리스트 중 하나를 운영했다. 7,300명 이상의 회원들이 거의 매일 의견을 나누고 토론했다. 회원들의 온라인 광고 산업에 관한 지식을 모두 합하면 여느 교과서나 잡지에 못지않을 것이다. 조언을 해주었고 업무를 달성했으며 관계를 형성했고 지식을 향상시켰다.

이것이 바로 토론 리스트의 장점이다.

그러나 토론 리스트에는 종종 나쁜 정보도 있다는 사실을 인정하지 않을 수 없다. 계속 말꼬리를 물고 늘어지고 논쟁이 격해져 서로에게 욕을 하고 별 가치도 없는 정보를 교환하는 것이 일반적이 되었다. 지난 3년 동안 토론 리스트를 관리하면서 나는 이런 일이 왜 일어나는지 그 이유를 몇 가지 알아냈다.

첫째, 모든 그룹에는 지도자가 필요하다. 마찬가지로, 토론 리스트에도 지도자 역할을 할 관리자가 있어야 한다. 즉, 토론의 방향과 중심을 잡아 줄 사람이 필요한 것이다. 회원들이 자유롭게 토론하도록 내버려두면 토론은 산만해질 것이다.

둘째, 고객이 토론 내용을 쉽게 알 수 있도록 해야 한다. 즉, 토론 내용을 전달할 때 고

객이 포맷을 쉽게 이해하고 접근할 수 있게 만들어야 한다는 것이다.

셋째, 어떤 업계에나 '숨은 정보 제공자'가 있게 마련이다. 즉, 매우 유용한 정보를 알고 있는데도 번거로워서 게시하지 않는 사람들이 있다. 관리자는 그러한 사람들을 찾아내서 '드러날 수 있도록' 도와주어야 한다. 그러기 위해서는 의견 게시 절차를 간단하게 만들고, 의견 게시에 대한 혜택도 제공해 주어야 한다.

마지막으로, 리스트 발전에 영향을 미치는 결정에 회원도 참여할 수 있도록 해야 한다. 만약 관리자가 회원의 가치를 무시한다면 모두 탈퇴해 버릴 것이다. 그러면 리스트도 더 이상 존재하지 못할 것이다.

그리고 나의 목표는 위에서 언급한 원칙을 채택하여 ClickZ를 차별화한 온라인 마케팅 토론 그룹으로 만드는 것이다.

내가 구상한 몇 가지 아이디어를 소개하면 다음과 같다.

1. 다양한 분야의 유명 인사들에게 도움을 요청한다. 이로써 정보의 질이 향상될 것이다.

2. 리스트는 일일 요약본(digest), 비(非)요약본(post-by-post), 주간 요약본 이렇게 세 가지 버전으로 만든다.

3. 매주 공식 주제를 하나 정하고, 그 밖에 회원이 제안한 여러 주제를 다룬다.

4. 토론 중인 문제에 관한 기본 지식이 없는 사람들을 위해 게시한 각 메시지에 참고 자료를 링크한다.

자신이 리스트를 어떻게 구상했는지 보여 주려고 리처드는 신규 가입자들을 위한 다음과 같은 응답 메시지를 만들었다.

안녕하십니까 --

ClickZ의 비요약본 토론 리스트에 오신 것을 환영합니다.

이 메시지를 지우지 마세요! 이것은 이 리스트 이용과 가입 해지 안내 메시지입니다.

우선 다음 주소를 클릭해 리스트에 가입하세요.

jsterne@targeting.com

다음 URL을 클릭하시면 언제라도 즉시 가입을 해지하실 수 있습니다.

http://um5.revnetexpress.net/U/xxxx

위의 방법으로 가입 해지가 안 될 경우에는 richard@click.com으로 직접 이메일을 보내주시기 바랍니다. 그러면 제가 직접 해결해 드리겠습니다.

이 리스트의 목적

우리는 업계 전문가들이 온라인 마케팅 산업의 좋은 점, 나쁜 점, 추한 점에 관한 정보를 있는 그대로 공유할 수 있는 자리를 마련해 주고자 ClickZ 토론 리스트를 만들었습니다.

이 포럼은 광고사의 후원을 받고 있습니다.

광고사의 후원 덕분에 이 포럼을 무료로 제공해 드리고 있습니다. 저희는 회원 정보를 어느 누구에게도 팔지 않을 것을 맹세합니다. ClickZ 회원이 아닌 사람들은 절대 정보를 볼 수 없도록 해 놓았습니다. 그러나 저희 후원 업체를 대신해 가끔씩 텍스트 광고를 비롯한 광고 메시지를 회원들에게 발송할 것이니 양해해 주십시오.

온라인 마케팅 담당자나 우리가 광고를 발송하는 것에 불만이 있는 분은 다른 리스트를 이용해 주시기 바랍니다.

이 리스트의 다른 버전

이 리스트에는 두 개의 버전이 더 있습니다. 발송 방법에만 차이가 있을 뿐 내용은 동일합니다.

지금 보고 계시는 것은 비요약본 버전입니다. 즉, 제가 승인한 것에 한해서 메시지를 하나씩 수신한다는 뜻입니다. 하루에 약 여덟 번 발송됩니다. 일일 요약본은 하루 뒤에 메

시지가 도착하는 데 반해 이 버전은 그날그날 메시지가 도착하기 때문에 정보를 빨리 받아 볼 수 있습니다. 또한 이메일 여과 기능이 있을 경우에는 수신되는 각 메시지를 여과할 수 있습니다. 그리고 각 메시지의 제목을 한 번에 볼 수 있습니다. 따라서 메시지를 읽고 응답하는 데 시간과 노력을 절약할 수 있습니다.

그 외에 일일 요약본 버전이 있습니다. 이것은 하루 동안 리스트로 발송한 모든 이메일을 다음날 한꺼번에 보내 줍니다.

마지막으로, 주간 요약본 버전이 있습니다. 이것은 일주일에 한 번씩 발송하며, 일주일 동안 발송한 모든 메시지를 한 문장으로 요약해 메일로 보내 줍니다. 각 메시지의 전체 내용은 메일에 제공한 링크를 통해 볼 수 있습니다.

버전을 바꾸고 싶으시면 다음 절차를 따르십시오.

1) 다음을 클릭해서 post-by-post 버전을 취소한다.

   http://um5.revnetexpress.net/U/xxxxx

2) 지금의 브라우저에 있는 페이지에서 가입 양식대로 기입하고, 원하는 버전을 선택한다.

저도 이것이 세련되지 못한 방법이라는 걸 압니다. 그래서 이보다 더 세련된 방법을 연구 중입니다.

리스트의 규칙

이것은 전문적인 주제를 다루는 포럼입니다. 더 중요한 사실은 수준이 아주 높다는 것입니다. 우리가 여기서 논의하는 주제는 오랜 사업 경험이 있는 사람들이나 논의할 수 있는 내용입니다. 또한 이 포럼은 제가 관리하고 있습니다. 다시 말해 제 승인이 없으면 어떤 내용도 게시되지 않는다는 뜻입니다. 잘난 척하는 것처럼 들리겠지만, 토론의 내용과 수준을 높게 유지하기 위해서는 어쩔 수 없습니다. 관리를 하지 않으면 경륜 있는 전문가들은 흥미를 못 느끼고 모두 떠나 버릴 것이고, 그러면 포럼의 전반적인 수준이 떨어질 것입니다.

규칙

1) 자기 신분을 밝혀야 한다. 최소한 자기 이름 석 자는 분명히 밝혀야 한다. 나는 신분을 밝히지 않은 사람의 메시지는 게시하지 않는다.

2) 자기 잇속만 차리는 메시지, 다시 말해 실질적인 도움이 전혀 안 되는 메시지는 사절이다. 토론 내용과 관련이 있고 찬반 의견을 제시해 조언이 되는 내용이라면 자신이 이권을 가진 회사나 제품을 선전하는 것은 상관없다. 그러나 지나치게 허풍을 떠는 판매자는 아무도 반기지 않는다. 그런 사람이 되지 않도록 주의하라. 그래서 규칙 3을 정했다.

3) 당신이 적극 홍보하는 회사나 제품과 어떤 우호 관계가 있다면 분명히 밝혀라. 홍보 대가로 중개료를 챙겼다는 사실이 나중에 알려지면 당신에 대한 신뢰는 땅에 떨어지고 말 것이다.

4) 반대로, 경쟁 업체를 비방하는 것도 금물이다. 기업 공개를 앞둔 경쟁 업체를 우리 포럼 같은 곳에서 비방한다면 그 업체에 큰 타격을 가할 수 있다. 나도 그런 경우를 겪었다. 이제 나는 누가 나를 비방하려는 조짐을 바로 찾아낼 수 있기 때문에 그런 일이 다시는 일어나지 않을 것이다. 그러니 경쟁 업체를 비방하는 것은 시도도 하지 마라.

5) 판권으로 보호되는 내용, 이를테면 뉴스 기사와 같은 것은 보내지 마라. 그런 메시지를 보내면 내가 골치 아파진다. 자기 글이 아닐 경우에는 출처와 함께 인용한 글이라는 사실을 명시하거나 URL을 적어 보내라.

6) 이것은 내가 개인적으로 가장 바라는 점인데, 서명 파일은 여섯 줄 이내로 작성하라. 서명 파일이 메시지 내용보다 긴 경우를 보면 좀 한심해 보인다.

7) 이것은 공공 포럼이라는 사실을 명심하라. 즉, 당신이 게시한 것 전부를 누구나 볼 수 있다. 당신의 이메일 주소도 말이다.

기초적인 수준의 질문이 있다거나 해당하는 주제에 관한 내용 중 잘 모르는 점이 있으면 richard@clickz.com으로 이메일을 보내 직접 물어 주십시오. 위의 규칙들이 좀 가혹하다고 생각하시겠지만 제게 질문을 보내 주시면 성심 성의껏 대답해 드리겠습니다.

질문과 회신 게시 방법

메시지 회신 방법은 다음과 같습니다.

1) 이메일 프로그램에서 '회신'을 누른다.

2) 회신하고자 하는 메시지에서 핵심 내용만 제외하고 전부 삭제한다.

3) 회신 내용을 작성한다.

4) '보내기'를 누른다.

5) 회신 끝

리스트로 직접 코멘트나 질문을 보내고 싶으시면 discussion@clickz.com으로 보내 주십시오.

위의 방법을 모두 이용해도 메시지를 발송하지 못했을 경우…

richard@clickz.com으로 저한테 직접 메일을 보내거나, 978-749-3737로 전화해 주시기 바랍니다.

리처드 씀.

이렇게 세세한 것에까지 신경을 썼기 때문에 이 리스트에 가입하는 사람들은 어떤 것을 기대해야 할지 정확히 알 수 있다. 즉, 리처드가 가입 절차와 메커니즘, 그리고 회원 준수 사항에까지 세심한 주의를 기울인 덕택에 가입자들이 혜택을 볼 수 있는 것이다.

공공 리스트 추적하기

뉴스 그룹에서 사람들이 당신에 관해 뭐라고 말하는지를 추적해야 하는 것과 마찬가지로, 어떤 공공 리스트가 당신을 칭찬하고 어떤 리스트가 당신의 이중성을 헐뜯고 있는지 파악하고 있어야 한다. E-mail Discussion Groups의 Liszt Directory (www. liszt.com, [그림 5.13] 참고)에 한번 들어가 보라. Liszt Directory는 세계에서 가장 큰 메일링 리스트 디렉터리로, 9,095개의 리스트를 독자적으로 관리하고 있다.

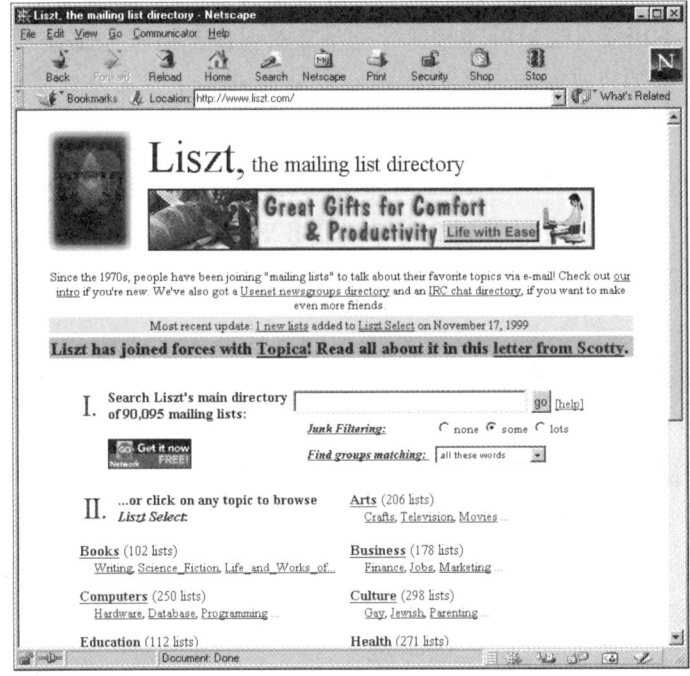

그림 5.13 E-mail Discussion Groups의 Liszt Directory에 들어가면 당신 회사에 관한 토론 내용이 어떤 리스트에 들어 있는지 찾을 수 있다.

배타적 토론 리스트

공공 뉴스 그룹인 Usenet에서는 누구나 메시지를 읽을 수 있다. 공공 리스트에도 누구나 가입할 수 있다. 그러나 당신 웹사이트의 게시판에 접근하려면 비밀번호를 입력해야 한다. 같은 맥락에서, 초대받은 사람만이 배타적 리스트에 접근할 수 있다.

1년에 한 번씩 몇 주 동안 나는 Internet Marketing Excellence Tenagra Awards 심사위원이 된다. 심사 위원으로서 나는 다른 인터넷 마케팅 전문가들과 여러 웹사이트

의 장점을 논의한다. 전문가들만이 참여할 수 있기 때문에 나는 거기에 참여하는 것을 아주 즐겁게 생각한다.

내가 참여하고 있는 또 다른 배타적 리스트에는 우리 아버지, 형 가족, 누나 가족, 삼촌이 회원으로 있다. 이것은 추석이나 크리스마스와 같은 명절에 함께 모일 장소를 결정하기 위한 리스트이다. 당연히 이 리스트에 모든 사람을 받아들일 수는 없다.

리스트 서버 소프트웨어 덕택에 비용 절감 효과를 가장 많이 본 경우는 포커스 그룹이다. 각계 각층의 고객을 비행기로 날라 호텔에서 재우고 음식을 먹이는 수고를 할 필요가 없을 뿐만 아니라, 몇 시간이고 고객을 답답한 작은 방에 가두어 놓지 않아도 된다.

또한 사람들은 상대방의 말을 끝까지 듣게 되고 개개인이 모두 발언의 기회를 갖는다. 그리고 장소나 시간에 구애도 받지 않으며 부대 비용도 거의 들지 않는다. 또한 동시에 여러 리스트를 운영할 수도 있고 리스트를 무한정 세분할 수도 있다.

온라인 환경에서는 집단 역학이 달라진다. 카네기 멜론 대학의 리 스프롤(Lee Sproull)과 사라 키슬러(Sara Kiesler) 교수는 온라인에서 접촉했을 때와 직접 대면했을 때 사람들의 상호작용이 어떻게 다른지를 비교하는 실험을 했다. 두 사람은 실험 결과를 이렇게 말했다. "네트워크를 이용했을 경우 사람들은 좀더 솔직해졌습니다. 또한 직접 대면할 경우에는 한두 사람만 말을 많이 했는데, 온라인에서는 거의 모든 사람이 말을 했습니다. 게다가 더 많은 의견을 제안했습니다."

또한 스프롤과 키슬러 교수는 온라인에서는 계층 구분이 없다는 사실을 알았다. 즉, 온라인에서는 모든 사람의 지위가 같다는 말이다. 자신의 복장, 키, 몸무게, 나이, 말씨에 관한 정보가 노출되어 있지 않기 때문에 사람들은 자신의 생각을 훨씬 더 편안하게 말하는 것으로 나타났다.

전문 소비자

ResultsLab(www.resultslab.com)의 론 리처드(Ron Richards)는 자신을 설득 엔지니어라고 말한다. 론 리처드가 일하는 모습을 지켜본 결과 그것이 정확한 표현이라는 것을 알 수 있었다. 리처드가 적절한 정보를 수집하기 위해 사용하는 방법 중 하나는 소위 '전문 소비자'의 도움을 받는 것이다. 리처드에 따르면 당신의 제품을 속속들이 알고 있는 사람들이 있는데, 그런 사람들이 '전문 소비자'라는 것이다. 그런 사람들은 당신의 제품을 아주 많이 사용했기 때문에 당신보다 그 제품에 대해 더 잘 알고 있을 정도이다. 그런 사람들을 한방에 모으는 것은 힘들겠지만, 한 리스트에 가입시키는 것은 그다지 어렵지 않다.

전문 소비자들은 일단 리스트에 오르면 자신들이 그 제품을 얼마나 잘 활용해 왔는지 자랑을 늘어놓는다. 그리고 그 제품을 활용하는 기발한 아이디어를 생각해 냈다며 자랑하거나, 서로 회사가 자기 의견을 채택했다며 자랑하느라 바쁘다. 그런 다음에 본론으로 들어간다.

이 사람들은 당신의 상품이 어떤 색이어야 하는지, 서비스 직원이 나타나기까지 고객이 얼마나 기다릴 수 있는지, 재고를 얼마나 가지고 있어야 하는지 잘 알고 있다. 그러므로 이 사람들끼리 토론을 하게 만들면 당신은 엄청난 정보를 얻을 수 있을 것이다.

물론 당신에 대해 거의 전문가적인 수준으로 알고 있는 소비자들을 한 '방'에 모아두었을 때 사람들의 상호관계가 점차 변화할 것이라는 사실은 염두에 두어야 한다.

자기소개에서 전면 공격으로

물론 전문 소비자들도 대화를 시작할 때 자기 소개를 한다. 어떤 회사에 다니는지, 직업은 무엇인지, 그리고 당신의 제품을 어떻게 활용해 왔는지 등을 말하는 것이 일반적이다.

자기 소개를 한 다음에는 당신의 제품을 얼마나 효과적으로 이용해 왔는지, 당신의 서비스를 현명하게 이용한 것이 얼마나 승진에 도움이 되었는지에 대해 약간의 자랑을 한다.

또한 당신의 제품과 서비스를 이용할 수 있는 가장 좋은 방법에 관해 약간의 논쟁을 할 것이다. 물론 처음에는 그다지 적대적이지 않다. 그러나 그러다가 당신의 제품과 서비스를 가장 잘 이용할 수 있는 적당한 방법을 놓고 서로 편이 갈라진다.

그런데 마침 어떤 한 사람이 질문을 던진다. 그러면 조금 전까지만 해도 적대적이었던 사람들이 서로 도움을 요청한다. 분열되어 서로 시비를 가리던 사람들이 한 가지 문제에 초점을 맞춘 하나의 자립된 지원 그룹으로 돌변하는 것이다.

갑자기 참가자들은 질문을 한 사람에게 자신이 알고 있는 정보를 알려 줌으로써 자기 개인의 능력을 뽐내고 싶어한다. 이것은 분열의 원인이기도 했던 바로 그 자아 동기 유발 때문이다. 그래서 사람들은 당신 제품을 가장 효과적으로 이용하는 방법에 대해 다시금 좀더 세부적으로 논의하기 시작한다.

어느 순간 누군가 의문을 제기할 것이다. 어느 순간 누군가 불만을 말할 것이다. 어느 순간 누군가 참가자 모든 사람들이 공감할 문제를 끄집어낼 것이다. 그러면 사람들은 한 가지 문제에 초점을 맞춘 하나의 자립된 지원 그룹에서 전형적인 폭도로 돌변한다. 이때 사람들의 공격 대상은 바로 당신이다.

모두 똑같은 문제를 겪고 있고 당신이 문제 원인을 제공한 장본인이라고 생각하는 순간, 사람들은 당신을 무차별하게 비난하기 시작할 것이다.

그럼 이제 당신은 승리한 것이나 다름없다.

침착하게 비난을 참아 내고 사람들이 하는 말을 적극적으로 수용하면 이 성난 폭도들은 당신이 함께 일해 온 어떤 사람보다도 강력한 제품 개발팀이 될 것이다.

그 사람들은 현명하고 동기가 있다. 또한 이 세상에서 당신의 제품에 관해 가장 잘 알고 있다. 그리고 당신의 제품과 서비스를 향상시키는 데 도움을 주고 싶어한다. 그래야 자신들도 그 제품과 서비스를 더 잘 활용할 수 있고, 더 많이 사용할 수 있으며, 새로운 고객에게 추천해 줄 수도 있기 때문이다. 그야말로 누이 좋고 매부 좋은 격이다.

특별 이해 집단

전문 소비자들을 모두 한 리스트에 등록시켜야 한다는 말은 아니다. 생산하고 있는 제품이 여러 종류라면 리스트를 여러 개 만들어라. 지역 특성에 따라 고객의 필요가 다르다면 지역별로 리스트를 만들어라. 언어나 수익, 유통망에 따라 리스트를 여러 개 만들 수도 있다. 세분화한 주제에 관해 토론하고 싶어하는 고객만 어느 정도 있다면, 그리고 세분화한 리스트를 관리할 인적 자원만 충분하다면 리스트는 얼마든지 세분할 수 있다.

주제는 너무 근시안적인 내용을 택하는 것보다 업계 전반에 관련된 내용이나 경쟁 업체와 관련된 내용을 택하는 것이 좋다. 생산 제품이나 회사 방침에 관한 것도 좋은 주제가 된다. 그러면 고객은 물론 공급 업체, 사업 파트너에게서도 많은 정보를 얻을 수 있을 것이다.

> 커뮤니티: 공통된 특징이나 이해 관계를 공유하고 있는 사회 집단. 어떤 면에서 그 집단이
> 속한 더 큰 사회 집단과 다르게 인식되거나 스스로 그렇게 인식함.
> 웹스터 영어 대사전, 1989년 판

개인적인 대화(이메일로 들어오게 해야 할 때)

공개 토론에서는 따로 개인적으로 말하는 것이 나을 때가 있다. 말하자면 상황을 진정시키거나 흥분을 가라앉히거나 또는 꼴불견이 발생하지 않도록 조용하게 몇 마디 해주어야 할 때가 있다. 고객끼리 토론을 하게 만들면 골치 아픈 문제가 불쑥 튀어나올 수 있다.

언제 어디서 불쑥 터질지 모르는 문제는 바로 가격 책정에 관한 것이다. 가격은 지역이나 제품 크기에 따라 정하거나 협상을 통해 정할 수 있는데, 어떤 방법으로 정했든 간에 고객이 가격을 비교해 따지기 시작하면 당신 입장은 매우 난처해질 것이다. 고객마다 가격이 다르게 책정되는 것이 보통이기 때문에 가격 책정에 관한 문제는 따로 채팅하도록 만드는 것이 좋다.

한편, 다른 사람들과 잘 어울리지 못하는 사람들이 있다. 이런 투덜이들에게는 모두 상냥하게 대해 주어야 한다. 이들처럼 상처를 받기도 잘하고 상처를 주기도 잘하는 사람들은 토론 밖에서 따로 상담해야 한다. 최악의 경우에는 토론에서 내쫓아야 한다. 고객을 내쫓는다고? 물론이다. 한 사람이 서비스 시간을 너무 많이 차지한다는 것은

회사 입장에서는 손실을 의미하며, 따라서 손실을 줄이기 위해서는 어쩔 수 없다.

실시간으로, 그리고 실제 사람과의 대화

회사 관점에서 봤을 때 웹사이트는 절대적인 극치를 의미한다. 당신이 웹사이트를 만든다. 그 웹사이트가 서비스를 제공한다. 그러면 당신의 모든 고객이 만족해 할 것이다. 당신이 사이트에 페이지를 몇 개 첨가한다. 그러면 고객은 더 만족해 할 것이다. 그것은 완벽한 조화다. 또한 고객이 그 회사 사이트에 접속할 때마다 회사는 전화 문의에 대답하는 데 드는 비용을 엄청나게 절약할 수 있다.

그런데 잠깐, 당신 회사는 그렇지 않다고? 웹사이트를 만들었더니 문의 전화를 하는 사람이 더 많아졌다고? 고객이 당신 홈페이지에서 정보를 더 상세히 알고는 더 답하기 힘든 질문을 한다고? 질문이 갈수록 까다로워지는 지금보다 몇 가지 질문에만 대답해 주면 고객이 만족해 하던 시절이 더 좋았던 것 같다고? 그러나 지금은 21세기다. 새로운 고객 서비스가 필요한 때인 것이다.

상점에서 쇼핑할 때와 온라인에서 쇼핑할 때 서비스에 대한 고객의 기대에 어떻게 차이가 있는지 내 경우를 예로 들어 보겠다. 상점에서 쇼핑을 할 경우 나는 매장을 5분 동안 둘러보았는 데도 직원이 제품에 대해 아무 설명도 해주지 않으면 다음에는 좀더 똑똑한 직원이 있기를 바라면서 매장을 떠난다. 그게 내가 기대하는 전부다. 그러나 온라인에서 쇼핑할 경우에는 더 많은 것을 바란다. 나는 내가 방문한 모든 웹사이트가 Amazon.com만큼이나 사용자 환경이 편리하고 선택의 폭이 넓으며 응답 시간이 빠르기를 기대한다. 왜냐하면 아마존사는 온라인 서점뿐만 아니라 전반적인 인터넷 회사들이 서비스를 어떻게 해야 하는지 그 기준을 정해 놓았기 때문이다.

서비스에 대한 고객의 기대는 빠르게 높아지고 있다. 컴퓨터에 의존해서 일을 하게 되자 서비스의 정확성이나 속도가 기대에 미치지 못하는 것을 참지 못하게 되었다.

아마존 사가 그랬던 것처럼 웹사이트 개발과 온라인 홍보에 회사 총수익 이상을 지출하도록 이사회를 설득할 수 없는 우리 같은 사람들은 고객에게 대안을 제시하는 수밖에 없다. 그런데 검색을 구매로 연결시키거나 고객의 불만을 누그러뜨릴 수 있는 최선의 방법이자 유일한 대안은 고객이 실제 사람과 실시간으로 대화하게 하는 것이다.

물론 Big Science(www.bigscience.com)의 앙드레(Andrette)를 사용할 수도 있을 것이다. 그러나 그것은 단지 컴퓨터를 이용해서 검색을 하는 것에 불과하다. 다시 말해 데이터베이스를 바탕으로 고객과 웹사이트가 대화하는 것이다. 내 말은 웹사이트가 아니라 실제 사람, 즉 전화상담원이 대기하고 있어서 고객이 원하는 때에 질문에 대답해 주고 고객을 도와줄 수 있어야 한다는 뜻이다.

가장 먼저 떠오르는 방법은 컴퓨터를 통해 고객과 회사가 서로 대화하게 하는 것이다. 오늘날 생산하는 대부분의 컴퓨터에는 마이크로폰을 내장해 놓았다. 지금이 그것을 사용할 때일지 모른다.

그러나 고객 관점에서는 아직 인터넷에서 VoIP(인터넷 프로토콜에 음성를 동시에 나르는 기술)를 이용하기에는 너무 이르다. 전화 시스템 대신 인터넷을 이용하는 VoIP는 예산이 빠듯한 상황에서 그리고 후미진 곳에 사는 노인과 연락을 취할 때는 아주 좋을 것이다. 아마 VoIP는 대학교 기숙사에 있는 학생들이 아버지와 연락하기 위해 가장 즐겨 사용하는 방법이 될지도 모른다. 그러나 대역폭이 연결되어 있는 환경에서 지속적으로 본격적인 고객지원을 하기에는 아직 전문적인 수준에 도달하지 못했다. 우리가 음성압축 기술에 있어서의 새로운 돌파구를 기다리는 동안 많은 사람들은 채팅에 의존하고 있다.

채팅 이용하기

최초의 인터넷 통신 방법 중 하나는 Unix의 명령어 'TALK'를 이용하는 것이었다. 방법은 아주 간단했다. TALK 명령어와 상대방의 ID를 입력하면 곧 대화 안내창이 화면에 떴다. 일단 '수화기를 들기만' 하면 문장을 주고받을 수 있었다.
그후 좀더 발전한 형태의 통신 방법은 '인터넷 릴레이 챗(IRC)'이라는 이름의 컨퍼런스 콜(conference call)로 여러 명이 실시간으로 타이핑하여 대화할 수 있었다. 북적거리는 식당에서 각 테이블에 마이크를 놓고 말하는 순서대로 대화 내용을 듣게 되

는 상황을 상상해 보면 될 것이다. 즉 A가 어떤 말을 하면 이에 B가 응답하고 그렇게 하는 동안 C와 D는 자신들의 대화 내용을 그 사이사이에 흩뿌려 놓는다. 상황을 더 복잡하게 만드는 것은 D와 C 그리고 Z에 이르기까지 모든 사람이 어떤 사람의 말에 대해서라도 의견을 말할 수 있다는 사실이다. 이 방법은 어떻게 보면 게임처럼 재미있어 보이지만 사업을 하기에는 상당히 복잡한 방법이다.

그러나 내용을 잘만 조절하면 채팅은 매우 효과적일 수 있다. 즉 채팅 내용의 검열 책임자를 두어서 가장 괜찮은 질문과 의견만 골라서 토론 지도자나 질문을 받는 사람에게 전달하는 것이다. 그렇게 함으로써 대화를 잘 관리할 수 있다.

그러나 채팅을 가장 잘 활용할 수 있는 방법은 여러 사람이 구체적인 주제에 관해 대화하게 하거나 일대일로 통신을 하게 하는 것이다. 전자도 주제가 세부적이고 시기만 적절하면 좋은 방법이기는 하지만 온라인 고객 서비스에는 후자가 아주 효과적인 것으로 드러났다.

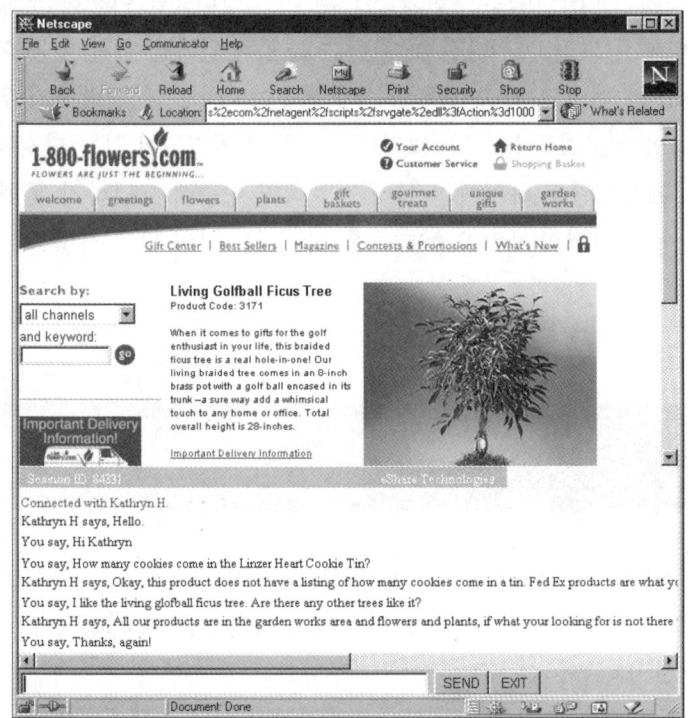

그림 5.14 1-800-flowers는 eShare에서 구입한 채팅 소프트웨어 덕분에 고객지원 비용을 줄였다.

예를 들어 1-800-flowers(www.1800flowers.com)의 고객 서비스 페이지에서는

이 회사와 접속할 수 있는 방법 세 가지를 소개하고 있다.

1. 'Online Customer Service eQ&A Chat' 으로 접속하세요.

2. 고객 서비스 설문지를 작성해 저희에게 이메일로 보내 주세요.

3. 무료전화 서비스 1–800–468–1141을 이용하세요.

1–800–flowers의 고객들이 구매 결정을 내리는 시간은 불과 몇 분에 지나지 않는다. 그러므로 모뎀 접속을 끊고 전화를 걸어 기다릴 필요 없이 신속히 응답을 받을 수 있다는 것은 고객에게 큰 매력이다. 1–800–flowers는 eShare(www.eshare.com)가 개발한 프로그램을 사용해서 고객에게 신속하게 응답해 주고 있다([그림 5.14] 참고).

이러한 매력은 일석이조의 효과가 있다. 1–800–flowers의 고객 서비스부 직원들은 동시에 네다섯 명과 통신할 수 있다. 즉 한 질문을 읽고 그에 대답해 준 다음 그 고객에게서 회신이 올 때까지 기다리는 동안 두 번째, 세 번째, 네 번째 고객으로 이동할 수 있다. 결국 채팅으로 하는 것이 전화로 하는 것보다 더 능률적이며 고객에게도 더 나은 서비스를 제공할 수 있다.

채팅은 비용도 절약해 주고, 돈도 벌 수 있게 해준다

채팅 서비스를 제공하면 고객이 만족할 뿐만 아니라 회사도 비용을 절감할 수 있는 것으로 나타났다. '일대일 마케팅' 이라는 용어를 처음으로 만든 Peppers & Regers (www.1to1.com)가 1–800–flowers를 조사한 결과 고객의 질문에 답할 때 채팅으로 하는 것이 이메일로 하는 것보다 비용이 30% 절약되는 것으로 나타났다. 이것도 엄청난 비용절감이지만 전화로 할 때와 비교하면 훨씬 크다. 또한 이메일 수도 25%나 줄어든 것으로 나타났다.

꽃을 사는 사람들만이 신속하면서도 비용이 적게 드는 구매 결정을 내리는 것은 아니다. 1–800–flowers 외에도 HP, Gateway computers, Mail Boxes Etc.도 eShare의 채팅도구 프로그램을 이용해 고객을 만족시키는 효과를 보고 있다. 그렇다면 이 회사들은 단지 비용을 절약하기 위해 채팅 서비스를 제공하는 것일까? 그렇지 않다. NFO

Interactive(www.nfow.com)가 설문조사한 결과 응답자의 절반 정도가 그때 그때 간단한 답변을 받을 수 있다면 더 많은 구매를 할 것이라고 말했다.

출장 사원들을 위한 웹사이트인 Igocorp.com은 개인용 디지털 보조기기와 그것에 딸린 제품 일체를 판매하고 있다. 이 사이트는 채팅서비스를 개설한 이후로 판매 개수뿐만 아니라 판매 규모도 증가했다. Igocorp.com의 이사장 켄 호크(Ken Hawk)는 FaceTime(www.facetime.com)의 채팅 패키지를 설치한 이후 평균 주문 규모가 12% 증가했다고 말했다. "우리는 출장 사원들의 편의를 돕고자 노력하고 있습니다. 출장을 나가면 여러 도움이 필요합니다. 예를 들어 호텔방에는 전화선이 하나밖에 없기 때문에 080 고객 서비스 전화를 이용하려면 사용 중이던 모뎀 접속을 끊어야 합니다. 우리는 그런 사람들을 더 편하게 해주는 것이 우리가 할 일이라고 생각했습니다."라고 호크가 말했다.

사실 아무리 컴퓨터가 발전했다고는 해도 아직 사람은 사람과 말하는 것을 좋아한다. 물론 "당신이 주문한 제품은 사흘 안에 배달될 것입니다."라는 것은 컴퓨터로도 알 수 있지만 나는 직접 확인하고 싶다. 사람이 직접 "사흘 안에 배달될 것입니다."라고 말하는 것을 듣고 그 목소리에서 느낄 수 있는 확신의 정도를 알고 싶다. 늘 그렇다는 얘긴지, 그러기를 바란다는 말인지 또는 생각에 잠긴 목소린지, 밝은 목소린지 직접 들어서 알고 싶다.

이전에는 팩스 수신을 확인하기 위해 전화를 이용했다. 그런데 사실 나는 이메일 수신을 확인하는 팩스를 받는다. 1999년 6월은 아직 고객 서비스 차원에서 채팅방을 개설하기 시작한 지 얼마 안된 때였다. 심지어는 911gifts.com, eToys, Furniture.com, HP가 실시간 채팅서비스를 제공하기 시작한 것을 뉴욕타임즈에서 기사화하기도 했을 정도였다.

사람들은 확인받고 싶어한다. 그리고 사람들에게는 그 마지막 한 가지 질문이 있다. 그 질문은 때로는 까다롭고 때로는 그렇지 않다.

고객이 예상 외로 수준이 너무 낮거나 너무 높은 질문을 할 경우에 대비해야 한다. 수준 이하의 질문은 "반품 안내는 어디 있나요?"와 같이 검색에 관한 질문부터 "프린터가 없는데 당신 웹페이지를 어떻게 인쇄하죠?"와 같은 컴퓨터에 관한 질문에 이르기까지 다양하다. 질문 수준이 이 정도로 낮으면 웹사이트에서 제공하는 고객 서비스는 콜센터 서비스라기보다 기술지원 서비스에 더 가까워진다.

그런가 하면 고객들은 더욱 똑똑해지고 있다. 회사 홈페이지를 통해 제품과 회사에 관해 속속들이 알 수 있기 때문이다. 그것도 스스로 말이다. 불과 2, 3년 전과 비교해도 오늘날의 고객은 훨씬 더 많은 정보를 가지고 있다. Cisco(www.cisco.com)의 콘텐츠 관리자 피터 콜레스(Peter Corless)는 이렇게 말한다. "고객들은 이전에 비해 더 많은 정보를 알고 있습니다. 그래서 전화나 편지로 하는 문의의 수준이 매우 높아졌습니다."

그 결과 서비스 직원들도 이전에 비해 더 많은 정보를 알고 있어야 하고 고객 질문에 대한 대답을 알고 있는 시스템이나 사람들과도 잘 연결되어 있어야 한다. 이에 대해 콜레스는 이렇게 말한다. "고객지원 직원들은 고객 거래를 억제하거나 방해하는 요인이 되어서는 안됩니다. 그보다는 고객 거래를 더욱 활성화하고 부추기는 요인이 되어야 합니다. 그러려면 고객이 스스로 정보를 얻기 위해 사용하고 있는 메커니즘을 알아야 합니다. 속속들이 그리고 고객의 관점에서 말입니다. 또한 컴퓨터 내부 기능에 관해서도 상세히 알아야 합니다. 백과사전 분량의 어마어마한 정보를 소화할 정도는 아니더라도 도서관 사서 정도는 알고 있어야 합니다."

National Semiconductor의 필 깁슨(Phil Gibson)은 실시간 채팅과 관련해서 한 가지 흥미로운 사실을 발견했다. "콜센터 직원들은 실시간 채팅을 더 선호합니다. 전화 받는 것은 아주 힘든 정신 노동입니다. 사람들은 보통 까다로운 질문이 있거나 어떤 불만이 있을 때 전화를 하기 때문이죠. 한편 이메일의 경우 도구의 지원을 잘 받고 집중적으로 한다면 하루에 4백 통의 이메일에 답변할 수 있습니다. 그러나 이메일에 답하는 일은 좀 지루합니다. 한 질문에 답하고 나면 다음 질문에 답하고 리스트 끝까지 계속 그런 식으로 답해야 하기 때문입니다."

그러나 필은 채팅의 경우는 좀 다르다고 말한다. "채팅은 좀더 생동감이 있습니다. 양방향으로 이루어지기 때문이죠. 즉 스크린 반대쪽에 답변을 기다리고 있는 누군가가 있는 것입니다. 그래서 직원들은 더욱 활기차고 즐겁게 일을 합니다."

"우리 직원들도 채팅이 더 효과적이라는 것을 알았습니다. 채팅을 이용하면 문제를

더 빨리 해결할 수 있기 때문입니다." 라고 필은 덧붙였다. 전화를 하고 있을 때는 데이터베이스에서 질문에 대한 대답을 찾거나 그것을 기억하려고 애쓰는 동안 머뭇거리게 되는 상황이 생길 수 있다. 그러나 채팅을 할 때는 여러 해결책을 찾고 그중에서 가장 적절한 것 하나를 선택하는 데 모든 에너지를 집중할 수 있다. 또한 채팅을 할 때는 답변을 찾느라 꼬박 1분을 침묵하고 있어도 크게 문제되지 않는다. 그러나 전화로는 그럴 수 없다. "지금 찾아보고 있으니 잠시만 기다려 주십시오."와 같이 아무 말이든 고객에게 계속 해주어야 한다.

온라인 채팅 서비스를 위한 소프트웨어는 전화시스템과 유사한 특징이 있는 것을 선택하는 것이 좋다. 예를 들어 주제나 내용 또는 발신자 ID에 따라 이메일을 배열할 수 있는 것이 좋다. 또는 컨퍼런스 콜처럼 동시에 두 명과 통신할 수 있는 것이 좋다.

고객이 당신 회사와 대화할 수 있는 방법을 고객 기호에 맞게 여러 가지로 마련하라. 고객에 따라 전화를 선호할 수도 있고, 이메일이나 채팅을 선호할 수도 있고, 이 세 가지 방법을 모두 이용하고 싶어하는 사람도 있을 것이기 때문이다.

통합이 중요하다

이메일에 대한 응답을 신속히 해주어야 하는 이유 중 하나는 고객에게는 인내심이 없기 때문이다. 그만큼 서비스에 대한 고객의 기대가 높아졌다는 의미다. 오늘날 고객이 얼마나 인내심이 없는지 예를 들어 보자. 장황하게 자신의 문제를 적은 다음 '보내기' 버튼을 누른다. 그리고 나서 크게 한 번 숨 쉬고는 당장 답변이 오기를 기다린다. 그 문제가 무엇이든지 상관없이 계속 머리 속에 맴돌아 결국 전화로 물어보려고 수화기를 든다. 통화가 될 때까지 기다리는 동안에도 혹시 답변을 찾을 수 있지 않나 해서 계속 홈페이지를 검색한다.

ServiceSoft Technologies(www.servicesoft.com) 직원들은 자신들이 이 문제에 대한 해결책을 가지고 있다고 생각한다. 고객이 이메일로 질문을 보내면 ServiceSoft Web Adviser 시스템에서 그에 대해 적절한 대답을 찾아준다. 대답을 찾아주고 나면 그 질문을 ServiceSoft E-mail Contact 줄에서 삭제할 수 있다. 이런 방법을 통해 고객이 필요로 하는 정보를 하나씩 알려준다.

적극적 행동은 위험할 수 있다

'적극적으로 행동하라.' 이것은 내가 icontact.com의 Internet World 전시홀에 갔을 때 부스 위 깃발에 적혀 있던 말이다. 나는 이 말에 회의적이었다. 거기서 받은 브로셔에는 '특유의 방법으로 적극적인 행동을 하라.' 라고 적혀 있었다. 그것을 보고 나는 이맛살을 찌푸렸다.

그래서 나는 그곳에 있던 단정한 옷차림의 영업사원에게 이렇게 물었다. "그건 고객을 감시하다가 이때다 싶으면 스팸 메일을 보내겠다는 뜻 아닙니까? 그건 네티켓에 완전히 반하는 행동이라고 생각하는데요. 사람들이 인터넷을 이용하는 것도 영업사원들한테 시달리지 않기 위한 것이지 않습니까?"

그러자 그 사원은 지난 사흘 동안 수백 번 같은 질문을 받았다는 투로 이렇게 대답했다. "사이트에 따라 다르지요." 그러나 그 사원은 설득을 포기하지 않았다.

그 사원은 나를 설득하려는 듯이 이렇게 물었다. "기존 고객을 모니터하다가 당신이 아주 잘 아는 사람을 발견했다면 어떻게 하시겠습니까? 잠재 고객이 어떤 것을 선택해야 할지 몰라 웹페이지를 여기저기 돌아다니고 있다면요? 서류 양식에 기입하는 방법을 잘 모르는 사람이 있는데 당신이 도와줄 수 있다면 어떻게 하시겠습니까?"

다음은 www.icontact.com 웹사이트에서 인용한 글이다.

고객이 한 제품에 대해서 여러 브랜드를 놓고 고민하고 있습니까?

icontact를 이용하면 제품의 특징에 관해 더 알고 싶은지 고객에게 물어볼 수 있습니다.

아니면 고객이 당신의 가상상점을 처음부터 끝까지 여기저기 검색하고 있습니까?

icontact를 이용하면 도움이 필요한지 고객에게 물어볼 수 있습니다.
고객이 카드번호를 알려줘도 괜찮을지 고민하고 있는 것 같습니까?

icontact를 이용하면 당신 웹사이트는 개인신상 정보를 철저히 보호하고 있다는 것을 설명

해 줄 수 있습니다.

오늘 당신 웹사이트에 사람의 손길을 가미하세요.

다음은 잡지 Net Company의 1999년 가을호에 실린 글이다.

다이앤 맥고왠은 웹디자인 컨설턴트로 Furniture.com이 만든 라이브 채팅 소프트웨어 사용법을 교육받아 왔다.

맥고왠은 사이트를 모니터하면서 사용자들의 속을 떠보기 위해 도움이 필요한지 묻는다. 보통 다음과 같은 대화가 오간다.

"수고하십니다. 저는 의자가 딸린 직사각형 모양의 식탁을 사려고 합니다. 의자는 윈저 스타일이 좋을 것 같습니다."

그러면 맥고왠은 이렇게 타이핑한다. "원하시는 목재와 스타일을 말씀해 주세요."

"글쎄요. 참나무 목재는 별로. 벚나무나 단풍나무가 좋을 것 같습니다. 색은 중간 정도나 좀 어두운 편이 좋습니다. 하지만 소나무로 만든 식탁도 있다고 들었는데 정말 그런가요? 그렇다면 좀더 중간 정도의 색을 입힐 수는 없는지 궁금합니다."

"가능합니다. 그리고 제조업체에 따라 사용하는 염료가 다릅니다. 저희 사이트에 색에 관한 페이지가 있으니 그곳에 들어가시면 더 자세히 알 수 있습니다."

이 기사는 어떻게 맥고왠이 견본 천 조각을 보내는지, 어떻게 고객의 시장바구니에 지금 무엇이 들어 있는지 알 수 있는지를 계속 설명한다. 이때 맥고왠은 반드시 고객의 허락을 받는다.

이것은 상점 손님에게 다가가서 '무엇을 도와 드릴까요?' 라고 묻는 것과 마찬가지다. 그러나 그것도 때와 방법이 잘 맞아야 한다. '무엇을 도와 드릴까요?' 라고 너무 성급하게 또는 너무 공격적으로 물으면 고객은 구매하고 싶은 생각이 싹 사라진다. 그런데 온라인에서는 그럴 가능성이 훨씬 높다.

사전 행동을 할 때는 아주 조심해야 한다. 자신을 감시하는 눈을 고객이 어느 정도까지 참아줄 수 있는지 모르기 때문이다.

당신 웹사이트가 '특유의 방법으로 적극적 행동을 하기' 로 한 것이 현명한 선택이었는지는 고객만이 판단할 수 있다. 아로마 치료법에 관심이 많은 사람은 누구나 자신을 어깨 너머로 보고 있는 누군가와 채팅할 수 있는 기회를 덥석 잡으려고 할 것이라고 생각한다면 오산이다. 고객에게 직접 물어보아라. 무언가를 추측하려거든 고객은 1-800-flowers 사이트 ([그림 5.15] 참고)에 있는 것처럼 커다란 '질문과 대답' 버튼을 볼 것이라고 생각하라.

그림 5.15 1-800-flowers는 고객이 채팅을 원하면 언제든지 가능하도록 한다.

한 가지 사실은 확실하다. 압박이 강해지면 사람들은 사람과 말하기를 원한다는 것이다. 이메일은 너무 느리고 채팅은 번거롭다. 그리고 voice-over-IP는 아직 완성된 단계가 아니다. 그러므로 고객에게 어떤 통신 방법을 제공하든 당신의 모든 웹 페이지에 반드시 회사 전화번호를 적어 두어야 한다. 돈은 전혀 들지 않는다. 그러나 이렇게 해두면 고객이 구매 결정을 하게 만들고 질문에 대답해 줄 수도 있으며 문제도 신속히 해결해 줄 수 있다.

사람과 직접 말해야만 만족할 만한 대답을 얻는 때가 종종 있다.

음성 서비스

당신의 모습이 보일 뿐만 아니라 당신의 목소리가 들린다면 고객을 도울 수 있는 능력이 한층 향상될 것이다. 웹사이트에서는 음성 연결이 다소 불안정하기 때문에(이 문제에 관해서는 뒤에서 자세히 논의할 것이다) 현재로서는 전화가 음성 서비스를 제공하기 위한 가장 좋은 방법인 것 같다.

가장 간편하고 가장 널리 사용되고 있는 방법은 모든 웹페이지에 무료 전화번호를 적어 놓는 것이다. 사이트에서 복합적인 내용을 다루고 있고 인력이 충분할 경우에는 Q&A 업무를 분담하는 것도 좋다. 즉 주제별로 페이지마다 다른 전화번호를 적어 놓는 것이다. 예를 들어 회계 관련 질문, 주문 관련 질문, 제품 사용에 관한 질문을 서로 다른 전화로 받는 것이다.

그러나 다음 단계는 좀더 적극적이 되어 고객에게 직접 전화를 거는 것이다.

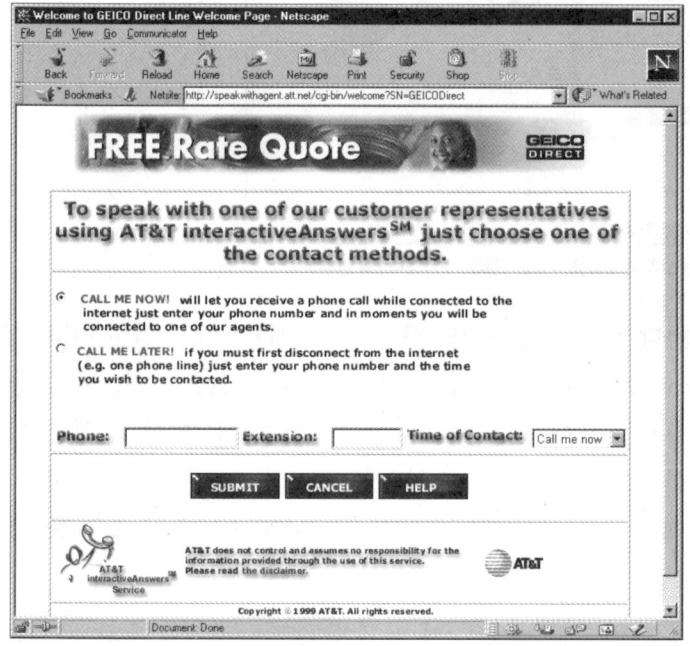

그림 5.16 고객 서비스 담당 직원에게 당신의 전화번호만 알려 주면 Geico Insurance 가 당신에게 전화해 줄 것이다.

Geico Insurance는 AT&T 서비스를 이용해서 'Call Me' 버튼([그림 5.16] 참고)을 처음으로 도입한 회사 중 하나다.

이것은 전화선이 여러 개이고 LAN을 통해 늘 인터넷과 연결되어 있는 직장에서 매우 효과적이다. 그렇다면 전화선이 하나뿐인 일반 가정에서도 이용할 수 있을까? 물론이다. 자신의 전화번호와 전화를 받고 싶은 시간을 적으면 된다. 일종의 예약이라고 할 수 있다.

이것은 고객과 회사 모두에게 최선의 방법인 것처럼 보인다. 정보를 많이 가진 고객 서비스 담당 직원이 도움을 주겠다고 하는 친절한 음성이 검색하는 모든 웹페이지에 첨가되는 것이나 마찬가지다. 그러나 그게 그렇게 쉬운 것은 아니다. 웹은 왜 달라야 하는가?

ClickZ 포럼(www.clickz.com)에서 Play Populi의 창립자 펠햄 무어(Pelham Moore)는 전화를 사용하는 경우와 모든 것을 온라인으로 하는 경우를 아주 예리한 시각에서 비교 설명했다.

날짜: 1999년 11월 19일 금요일
보내는 사람: Pelham Moore (APPALS@aol.com)
Re: ClickZ 포럼: Pelham Moore: Live Person은 아직 문제다.

회원 여러분께

그 동안 저는 내용이 잘 조절된 이 토론 포럼에서 수동적인 구경꾼이었습니다. 그런데 이 주제에 관해서만큼은 저도 한마디 해야겠다는 생각이 들었습니다. 모두 좋은 말씀을 하셨더군요!

저는 대규모 금융회사의 고객 서비스 담당 직원(CSR)으로 일하고 있습니다. 그러다 보니 오프라인 세계를 토대로 실제 사람이 서비스하는 경우의 장단점을 몇 가지 알게 되었습니다. 우선 실제 사람의 목소리를 들을 수 있는 전화의 장점은 다음과 같습니다.

1. 대부분의 잠재 고객이나 기존 고객은 당신의 전문가적인 도움과 확신을 주는 제안에

매우 고마워합니다.

2. 고객은 오류가 발생했을 때 당신의 해명이나 사과를 더 잘 받아 줍니다. 즉 오류를 쉽게 용서하고 잊어버립니다.

3. 시간이 지나면 각 CSR은 소수의 '담당 고객'을 갖게 됩니다. 특별한 혜택을 제공해 주었거나 문제 해결에 특별히 신경을 써주었을 때 특히 그렇습니다.

이제 모든 것을 온라인으로 했을 경우 생길 수 있는 단점을 설명해 드리겠습니다.

1. 직접 말로 통화를 할 때는 대화가 즉각적이며 부드럽고 분위기 파악이 가능합니다. 순발력 있게 칭찬이나 설명을 해주기도 하고 말투도 잘 조절할 수 있습니다. 또한 통화 시간 동안에도 상대적으로 통제할 수 있습니다. 목소리를 듣지 않고는 위에서 언급한 관계에 도달한다는 것은 논리적으로 불가능합니다. 그리고 타이핑하는 것은 말하는 것보다 훨씬 힘든 일입니다.

2. 전화에서와 마찬가지로 온라인에서도 첫 고객을 상대할 때는 발생하는 문제가 어떤 것이든 CSR를 불안하게 만들 것입니다. 문의를 해온 고객의 성격이나 말투 등에 대해서 참고할 만한 것이 하나도 없기 때문입니다. 또한 문제를 즉각 해결해 주어야 하는 것은 물론이고 알아서 파악할 수 있어야 합니다. 고객을 기다리게 하지 않으면서요. 음악도, 오디오 AD도 없는 온라인에서는 1분도 영원처럼 길게 느껴질테니 말이죠.

3. 온라인에서는 '담당 고객'을 가질 가능성이 거의 없습니다. 반면 실제 전화에서는 한 고객이 자신의 '담당' 상담원을 연결해 달라고 요구할 수 있습니다. 자신의 담당 상담원과 통화가 될 때까지 몇 분 정도 기다리는 것에 개의치 않습니다. 또한 다시 걸겠다는 말도 받아들입니다.

요약 : 기능의 통일성과 비용 효율성을 유지하려면 온라인상의 고객 서비스는 이 '새로운 매체'의 특징을 반드시 수용해야 합니다. 이 새로운 매체는 빠르고 생명력이 있으며 아주 확고합니다.

한편 오프라인 세계에서는 고객이 기다리는 동안 답례로 사탕이나 커피를 줄 수 있습니다! 그러나 가상공간에서는 그러한 혜택이 전혀 없습니다!

제 시각이 전자상거래에 유용한 정보가 되었으면 좋겠습니다!

PLAY POPULI 창업자 펠햄 무어

첨단 텔레포니 시스템이나 VoIP가 없어도 온라인 음성 서비스를 제공할 수 있다. PhoneMe(www.phoneme.com, [그림 5.17] 참고)와 같은 회사가 제공하는 서비스를 이용하면 된다.

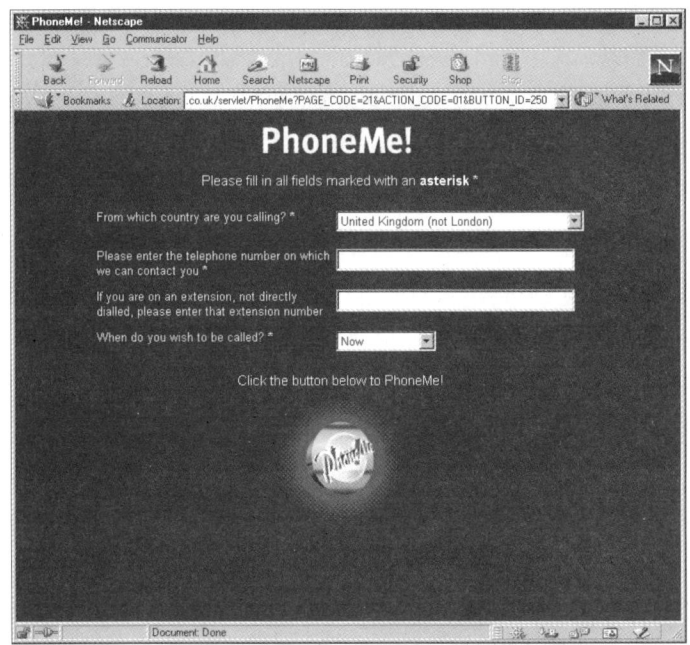

그림 5.17 PhoneMe는 소프트웨어 없이 'Call Me' 버튼을 당신 사이트에 둘 수 있는 서비스를 제공한다.

PhoneMe에 가입비 1천 달러 미만, 한 달 기본요금 1천 달러에 1분당 10센트씩의 사용료만 내면 당신도 온라인 전화서비스를 제공할 수 있다. 사용자가 자신의 이름과 전화번호, 전화 받고 싶은 시간을 기입하면 PhoneMe와 당신 회사에서 동시에 전화벨이 울린다.

이러한 종류의 서비스를 제공할 때 주의해야 할 점이 있다. 전화상담원을 항상 대기시켜 두어야 한다는 것이다. 전화는 자신이 기입한 시간에 맞게 왔지만 "저희 서비스

를 이용해 주서서 감사합니다. 당신의 전화는 매우 중요합니다. 지금 전화상담원이 통화중이오니 잠시만 기다려 주시기 바랍니다." 라는 메시지를 듣는다면 그 고객은 얼마나 불쾌하겠는가. 물론 공교롭게도 고객이 예약한 시간에 마침 전화상담원에게 전화가 걸려올 수도 있다. 그러나 고객 입장에서 한번 생각해 보라. 고객은 당신이 하라는 대로 전화통화를 예약했다. 그리고 당신이 말한 대로 예약한 시간에 전화를 했다. 그러나 통화할 사람은 아무도 없었다. 이 얼마나 황당한 일인가.

그러나 당신은 전화를 할 필요가 뭐가 있느냐고 반문할 것이다. 고객이 인터넷을 사용하고 있다는 것은 전화선에 연결되어 있다는 것이고 따라서 인터넷을 싱글밴드 보이스 캐리어로 이용하면 되는데 말이다.

Camelot Corporation의 DigiPhone(www.digiphone.com)이나 Grace Network의 WebPhone(www.gracenetwork.com/webphone.htm)과 같은 인터넷 전화 프로그램을 이용하면 컴퓨터를 전화처럼 사용할 수 있고 LAN을 통해 전세계 고객과 통신할 수 있다. 그러나 아직 사운드카드가 일반화 되지 않았다. 앞으로 대역폭이 널리 보급되면 인터넷 전화도 일반적인 추세가 될 것이다. 그러나 그때까지는 인터넷을 전화처럼 사용하고자 하는 시도는 보류하는 것이 좋다.

그러나 컴퓨터로 연결된 고객에게 어디를 검색해야 하는지 지시해 주며 알려주는 것은 어떤가?

리모트 컨트롤

이메일이나 채팅을 할 때 고객을 안내하는 것은 언제나 매우 쉬웠다. 올바른 페이지를 찾아 복사해서 당신이 보내는 메시지에 붙이기만 하면 된다. 이메일 클라이언트 소프트웨어는 URL을 클릭하면 바로 연결되도록 링크시킨다. 채팅 소프트웨어 중에도 같은 기능을 가진 것이 있다. 하지만 전화를 하는 동안에는? 그것도 물론 가능하다.

고객에게 연락하여 안내하는 데 사용할 수 있는 리모트 컨트롤에는 세 단계가 있다. 페이지 밀어넣기, 고객의 마우스 움직이기, 고객의 컴퓨터 점령하기가 바로 그것이다.

우선 '페이지 밀어넣기' 단계는 말 그대로 고객이 다음에 봐야 할 페이지를 서비스 직원이 선택해서 고객에게 보내는 단계다.

"캐시미어 스웨터를 찾고 계시다면 여기 이 파란색 제품은 어떠신가요?" Lands' End 는 최초로 인터넷 통신을 이용한 회사는 아니었지만 통신에 대해 최초로 대대적인 TV광고를 한 회사였다.

크리스마스 시즌이 다가오자 Lands' End는 온라인 쇼핑이 무엇인지 광고를 통해 전 미국인들에게 보여주기로 마음먹었다. 두 명의 발랄하고 건강한 젊은 여자가 웃으며 전화를 하고 있고 그 동안 한 여자가 여러 페이지를 밀어넣어 주고 다른 한 여자는 자 신이 원하던 바로 그 스웨터를 찾는 내용의 광고였다.

다음으로 '고객의 마우스를 움직이기' 단계에서는 당신 마음대로 고객이 보는 페이지 를 정할 수 있을 뿐만 아니라 마우스를 이용해 특정 부분으로 고객의 시선을 이끌 수 도 있다. 그러면 고객에게 어떤 형태의 정보든 줄 수 있는 것이다. 이때 주의할 점은 고객의 허락을 받아야 한다는 점이다. 사실 자기 컴퓨터에 대한 통제권을 인터넷상의 실체 없는 목소리에 뺏긴다는 것은 좀 불안한 일이다.

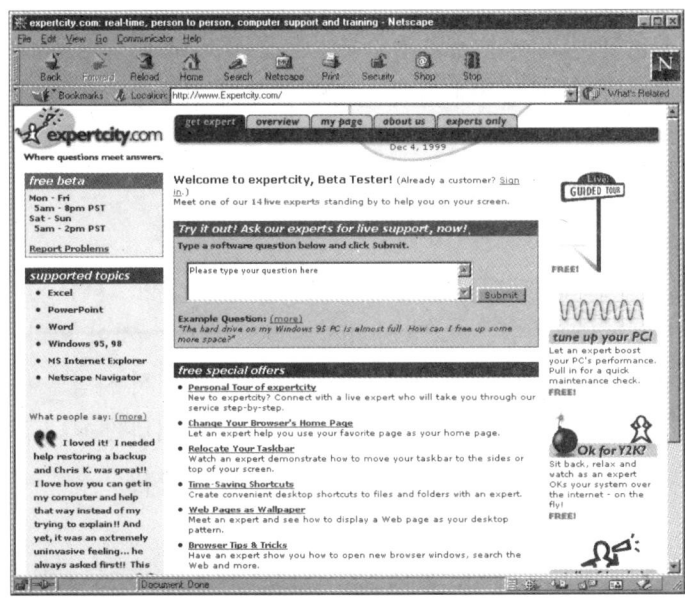

그림 5.18 Expertcity.com은 전문가와 도움을 필요로 하는 사람을 연결해 주어 전문가 가 고객에게로 와서 문제를 해결하도록 한다.

고객이 당신을 전적으로 신뢰한다면 그리고 그럴 만한 이유가 확실하다면 당신은 고객의 컴퓨터를 완전히 점령할 수 있다. 이것은 단지 브라우저에서 여기저기 클릭하게 하는 것만이 아니다. Expertcity.com은 바로 그러한 형태의 기술을 사용하고 있다 ([그림 5.18] 참고).

가령 당신이 특정 소프트웨어에서 특별 세팅의 사용법을 알고 싶어한다고 하자. 그러면 Expertcity.com에서 관련 전문가가 하나씩 클릭해 가며 그 방법을 알려줄 것이다. 그러나 전문가들은 아예 시스템 세팅을 바꿈으로써 시스템 문제를 해결해 줄 수도 있다. 전문가들은 열렬한 고객지원부 직원들이나 달려들 분야에까지 깊이 파고들 수 있을 정도로 대단한 권위를 가지기도 하니까.

그렇다면 단지 페이지 밀어넣기만으로 충분하지 않은 경우에는 어떻게 할 것인가? 대화할 내용이 아주 복잡한 경우에는 어떻게 할 것인가?

그림으로 설명해 드릴까요?

머리가 너무 복잡할 때 나는 냅킨이나 메모지에 무엇이든 적어 보면 훨씬 생각이 잘 돈다. 어떤 사람들은 나처럼 한 페이지에 길게 설명한 것보다 아무렇게나 적어 놓은 것을 더 쉽게 이해한다. 그런 사람들에게는 온라인 화이트보드가 아주 반갑게 느껴질 것이다.

물론 파워포인트로 멋있게 프레젠테이션을 만들어 보여줄 수도 있다. 그러나 이것은 강의에나 적합한 방법이다. HP 직원들이 'Webshops'라고 부르는 것이 있다. 나는 사람들에게 Webshops를 많이 나누어 주었다. 그럴 때면 전세계에서 사람들이 컨퍼런스 콜에 귀를 기울이며 내가 그들에게 파워포인트 슬라이드를 하나씩 보내주는 모습을 지켜볼 수 있었다. 그러나 일대일로 대할 때는 어떻게 해야 할까?

처음 전자 화이트보드가 나왔을 때는 한 사람만이 그림을 그려 발송할 수 있었다. 그후 업그레이드되면서 여러 사람이 그림을 그려 발송할 수 있게 되었는데 쓸 만한 내용이라기보다는 십대들 십여 명이 잡담하는 것에 불과한 경우가 많았다. 그러나 그후 전자 화이트보드는 급속히 발전했다.

Groupboard(www.groupboard.com, 그림 5.19 참고)에서는 동시에 여러 명이 최고 열한 가지 색을 사용해서 그림을 그릴 수 있다. 그것은 마치 몇몇 유령이 실시간으로 서로 협력해서 걸작을 만들기 위해 실제 화이트보드 앞에 서 있는 것과 같다.

그림 5.19 Groupboard는 그림으로 설명해 주어야 하는 고객을 상대할 때 매우 유용하다. 사실 그런 고객은 아주 많다.

이러한 방법을 사용하면 좀더 명확히 하고 싶은 내용을 도표로 설명할 수도 있고 모르는 것이 있으면 그 부분에 동그라미를 그려 표시할 수도 있다. 게다가 제품을 여러 각도에서 본 모양을 동시에 그려 보일 수 있기 때문에 고객은 무엇을 어디에 어떻게 배치해야 할지 쉽게 알 수 있다.

이것으로 충분하지 않다고? 그렇다면 애니메이션을 이용해 보라.

Cisco Systems는 'Macromedia Flash' 라는 만화 프로그램을 만들었다. 하지만 디즈니사가 경계할 필요는 없다. 그 만화에는 미키 마우스도 도널드 덕도 나오지 않으니까. 대신 Cisco 사가 최근 개발한 캠퍼스 스위치 라우터(campus switch routers, [그림 5.20] 참고)를 설치하는 방법을 알려 준다.

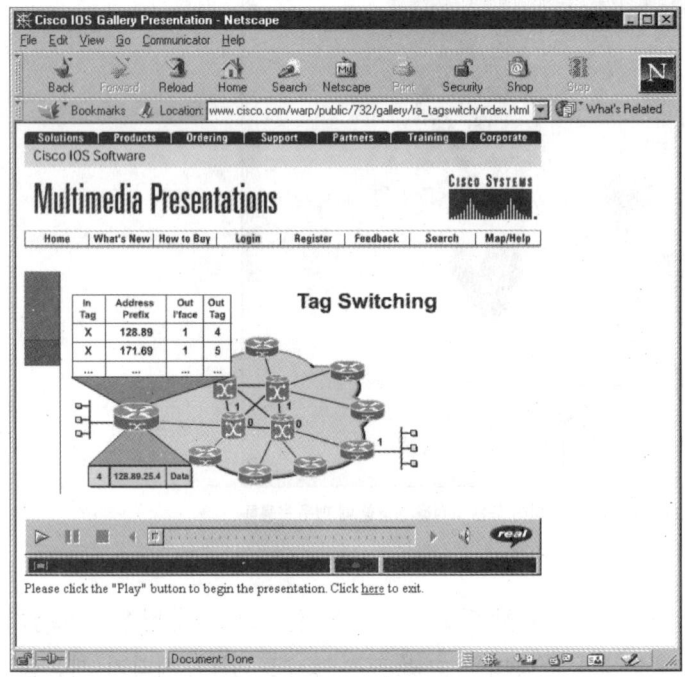

그림 5.20 Cisco사는 자사가 개발한 IOS 소프트웨어의 태그 스위칭 특징의 장점들을 보여 주기 위해서 Macromedia Flash를 이용하고 있다.

Macromedia Flash는 메모리 용량이 많이 필요한 비트맵 대신 벡터 그래픽을 이용한다. 벡터 그래픽을 이용한다는 것은 작은 메모리에도 많은 애니메이션을 저장할 수 있다는 말이다.

" '이만한 크기의 개폐기를 들려면 세 사람이 필요할 것이다.' 라고 쓴 글을 보내는 것과 세 사람이 무거운 개폐기를 드는 모습이 담긴 짧은 영화를 보여 주는 것은 완전히 다르다." 라고 Cisco 사의 웹 제품 관리자 짐 할토(Jim Halto)가 말했다. Cisco 사가 취한 다음 단계는 만화를 맞춤화해서 제공하는 것이다. 즉 고객이 자신의 상황을 설명하면 그에 맞게 개별화한 버전을 볼 수 있다.

이것도 부족하다고? 그렇다면 비디오를 이용해 보라.

인터넷 화상 전화

자신의 소리가 들릴 뿐만 아니라 모습까지 보인다면 고객을 도울 수 있는 능력은 한층 증가할 것이다.

지난 몇 년 동안 대형 공장설비 제조업체들은 고정 비디오 카메라를 제품명세에 포함시켜 왔다. 일부 프로세싱 공장 설비에는 웹서버에 신호를 송출해 고객이 보고 있는 것을 고객 서비스 담당 직원이 볼 수 있도록 하는 카메라가 장착된 헬멧이 같이 나오기도 한다.

그렇다면 머지않아 모든 사람이 인터넷 화상전화를 이용할 수 있을 것이라는 의미인가? 그런 것은 아니다.

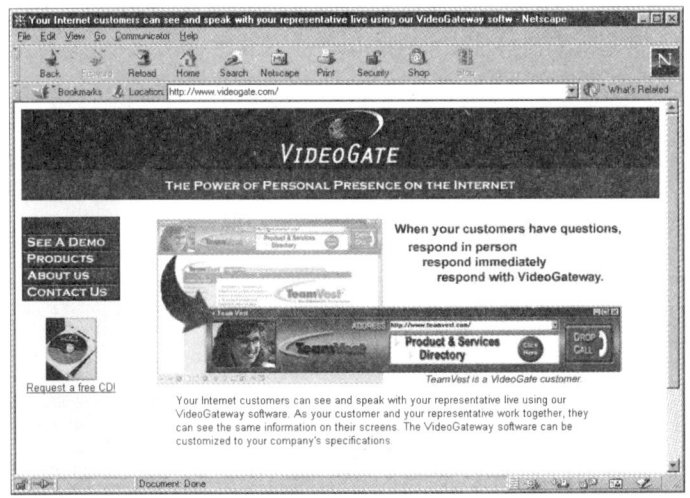

그림 5.21 Vediogate.com에서는 고객 서비스 담당 직원의 얼굴을 작은 화면을 통해 실시간으로 볼 수 있게 했다. 이렇게 하면 고객은 당신이 얼마나 성실히 서비스하는지 더 잘 파악할 수 있다.

이전에 오디오로 할 수 있었던 모든 것을 이제는 비디오로도 할 수 있다. 아니 더 많은 것을 할 수 있다. 웹사이트에 화상전화 서비스를 추가하는 것도 충분히 타당성이 있는 말이다. 우선 평균 접속 속도가 56.6kbps이고 1.5Mbps급 디지털 회선인 T1 라인을 수백 명이 공유하고 있다. 그리고 LAN이나 WAN이 깔려 있을 경우에는 화상 메시지가 아주 매끄럽게 송수신된다. 하지만 일반 인터넷에서는 속도가 너무 느리다. 그럼에도 불구하고 화상전화 서비스를 홍보하는 업체가 많이 있다. Vediogate.com도 그중 하나다 ([그림 5.21] 참고).

그러나 우선 서비스 담당 직원이 적정 수준의 서비스 정신을 가져야 한다. 사람에 따라 컴퓨터 서비스보다 전화 서비스를 선호하는 사람이 있는 것처럼 비디오로 자신의 모습을 보이는 것을 꺼리는 사람도 있을 것이다.

Vanguard Communications의 부사장 리사 스톡버거(Lisa Stockburger)는 상담을 의뢰하는 고객을 위해 고객관계 프로세스와 시스템을 시행하도록 회사를 계획, 설계하고 도와주고 있다. Customer Service Management지 (www.csmus.com) 1999년 9월호에서 리사는 양방향 화상전화의 장단점을 구체적으로 설명했다.

리사는 우선 화상전화의 장점을 다음과 같이 말했다.

- 기존의 고객 서비스에 필요했던 시설비나 인건비 등이 들지 않는다.

- 고객과 더 개인적이고 친밀한 관계를 형성할 수 있다.

- 고객 서비스 담당 직원들은 고객의 표정 변화를 보고 적절히 대응할 수 있다.

- 서비스가 미치지 않던 지역까지 시장을 확장할 수 있다.

그러나 리사는 화상전화가 과연 환상적인 장치라고 할 수 있는지 의문을 제기하며 몇 가지 단점도 지적했다. 화상전화를 이용한다는 것이 재미있는 일이기는 하겠지만 그렇게 절실히 필요한 것 같지는 않다는 생각이다. "고객 입장에서 생각해 봅시다. 웹이 있기 때문에 사람을 직접 대면하지 않고도 제품 조사를 할 수 있고 융자를 신청할 수도 있습니다. 도움이 필요하면 이메일을 주고받거나 채팅을 하면 되고요."

그러나 리사는 화상전화 기술이 상용화할 만한 수준에 올랐는지의 문제는 접어두고 아주 근본적인 질문을 던졌다. "집에서 세수도 안하고 머리도 헝클어진 채로 있는 모습을 컴퓨터 모니터로 보이고 싶을까요?"

또한 콜센터 직원들에 대한 우려도 나타냈다. "대부분의 콜센터에서는 복장 규율이 자유롭습니다. 그렇다면 화상전화 서비스를 제공할 경우 복장 규율을 강화해야 할까요? 코걸이를 하고 다니던 사람은 코걸이를 빼야 할까요? 올바른 서비스 태도에 대해서 서비스 직원들을 어떻게 교육해야 할까요? 복장 규율을 강화한다면 그 규율을 준수하는지 어떻게 감시해야 할까요? 그건 그렇고 잘 놀라는 고객들은 콜센터의 답답하고 좁은 공간을 보고 어떤 생각을 할까요?"

적절한 인력 배치

웹사이트를 설계하고 구축하려면 어느 정도 시간이 걸리고 지속적인 노력도 필요하다. 또한 웹사이트 지원 인력을 교육하는 데도 어느 정도 시간이 걸린다. 여기에도 물론 지속적인 노력이 필요하다.

전화선과 전화 상담원의 수를 적절히 조절하는 것이 회사의 효율적인 운영에 중요했던 시절이 있었다. 고객이 전화를 걸었는데 통화 중 신호가 울리거나 전화벨이 계속 울려도 아무도 받지 않는다는 것은 상담원 수가 부족하다는 의미로 이것은 고객을 불쾌하게 만들 수 있다. 한편 상담원이 벨이 울리자마자 전화를 받는다는 것은 상담원 수가 너무 많다는 의미이고 회사의 입장에서 보면 이것은 비효율적인 인력 배치라고 할 수 있다.

전화 상담원을 배치할 때 그 수를 적절히 조절하는 것이 중요한 것처럼 뉴스 그룹이나 토론 리스트에 게시한 내용 또는 이메일에 응답할 인력을 배치할 때도 반드시 그 수를 적절히 조절해야 한다. 전화와 마찬가지로 온라인 통신도 고객의 질문에 즉시 응답할 수 있어야 한다. 또한 이를 위해 충분한 예산도 마련해 두어야 한다.

한 세미나에서 연설을 하면서 나는 참석자 250명에게 웹사이트를 운영하면서 가장 어

려운 점 세 가지를 적어 달라고 부탁했다. 예상대로 대부분의 사람들은 경영진에게 자금 지원을 받는 것과 웹디자이너들에게 노트북 이용 고객은 초고속 인터넷 라인이 연결되어 있지 않다는 점을 납득시키는 것이 어렵다고 꼽았다. 그리고 마지막으로 이메일과 고객 토론을 관리하는 세세한 방법을 직원들에게 교육하는 문제를 꼽았다.

배워야 할 것이 너무 많다

당신 직원들은 다음과 같이 보통 고객 서비스 담당 직원들이 처리하는 일들을 처리할 줄 알아야 한다.

- 제품 특징

- 고객 애플리케이션

- 회사 조직

- 문제보고 절차

- 듣기 능력

- 고객 돌보기

- 고객 가치 평가 능력

- 의사 전달 능력

- 압박을 받아도 업무를 잘 수행할 수 있는 능력

- 프로젝트 관리

- 시간 관리

그 외에 다음과 같은 웹과 관련된 기술도 특별히 익혀야 할 것이다.

- 소프트웨어 사용법

- 인터넷 기초 지식

- 뉴스 그룹이나 검색도구와 같은 인터넷 자원 활용법

사람들이 종종 그 중요성을 간과하는 기술 중 하나는 작문 능력이다. 보고서 『Online Customer Service: Strategies for Improving Satisfaction and Retention』의 1999년 판에서 Jupiter Communications(www.jup.com)는 직원들의 작문 실력이 부족하다고 경고했다. "Jupiter가 조사한 모든 사이트에서는 이 문제를 가리켜 통신방법을 전화에서 채팅으로 바꾸도록 고객 상담원들을 교육할 때 처음으로 직면하게 될 어려운 문제라고 밝혔다." 직원들을 자체적으로 교육할 것인지 아니면 외부 기관의 도움을 받을 것인지는 당신이 결정해야 할 일이다.

고객 서비스 직원 아웃소싱하기

시간이나 인력, 기술적인 면에서 자체적으로 직원들을 교육할 여유가 없다면 외부에서 도움을 받아라.

대표적인 아웃소싱 서비스 전문업체는 PeopleSupport(www.peoplesupport.com)로 1년 365일 내내 인터넷 서비스 직원을 대기시키고 있다. 모두 소프트웨어 사용에 있어서 전문가들이며 고객의 필요에 맞게 별도로 교육할 수도 있다. 고객 서비스 문의가 지나치게 많을 때 이용할 수도 있고 항시 이용할 수도 있다. 단 직원들을 고객의 필요에 맞게 교육해야 한다는 사실을 명심하라.

자체적으로 할 수도 있고 도움을 받아 할 수도 있다. 어떤 방법을 선택하든 장기적인 성과를 입증해야 할 것이다. 다음 장이 바로 그것에 관한 내용이다.

제 **6** 장

성공도 평가

전문가들이 생각하는 방식이 아니라 고객이 생각하는 방식으로 생각하라.

—마이클 맥카덴(Michael McCadden), The Gap

고객 경험이 바로 차세대 경쟁의 장이다.

—제리 그레지오(Jerry Gregiore), 델 컴퓨터 사 CIO

웹사이트 고객 서비스의 투자 수익을 측정하는 일이 고민이라면 초점을 잘못 맞추고 있다. 고객 서비스를 제공하기 위해 웹을 사용하는 것이 투자할 만한 가치가 있는 일인지 사장이 묻는다. 당신이 비용을 과도하게 들였거나 아니면 사장을 제대로 다루고 있지 못하다는 뜻이다.

당치 않다고? 내가 당신의 사장을 잘 모른다고? 큰 회사의 공통된 골칫거리는 사장이다. 일선에 있는 당신과 나머지 사람들은 웹의 가치와 위력을 알고 있다. 웹이야말로 일상적인 업무를 훨씬 더 잘 처리할 수 있으며 회사를 고객만족과 서비스 면에서 한층 새로운 수준으로 끌어올릴 수 있다는 것을 알고 있다. 회사 중역들도 그런 소식은 들어서 알고 있을 것이다.

바보처럼 아둔했다면 고위 경영자 자리까지 오르진 못했을 것이다. 그들은 기내 잡지 같은 것을 읽고 뭔가 중요한 일이 벌어지고 있다는 것을 감지했다. 어떻게든 이 웹을 잘 사용해야 한다는 것은 알지만 어떻게 해야 하는지 모를 뿐이다. 그래서 그들은 당신 상사에게 지시한다. 당신 상사는 위원회와 포커스 그룹, 특별 조사반을 조직하고 보고서를 작성하게 하고 비교평가를 위한 벤치마크 연구를 위임하는 등 자신의 방식대로 일을 진행해 나간다.

웹 기반 고객 서비스를 구축하고 운영하려면 투자를 해야 한다. 생각 이상으로 돈이 많이 들 수도 있다. 그러나 당신 회사 사람 중 누군가가 전화기의 투자 가치를 측정하려고 마지막으로 연구했던 것이 언제였는가? 팩스 한 대의 투자수익률은? 이메일의 투자가치는? 고객 서비스 부서를 두면 그 대가로 생기는 이득은 무엇인지 생각해 보라.

각각의 회사는 나름대로 예산이 있다. 이러한 노력을 위해 자금을 성공적으로 확보하는 일은 스프레드시트나 공식보다는 기업 문화와 더 밀접하게 관련돼 있을 것이다.

사실 달러 단위로 비용절감을 검토해 볼 수는 있다. 선마이크로시스템즈의 첫번째 계산은 인쇄물 의뢰, 통화, 소프트웨어 패치의 수를 기초로 하였다. 그들은 인쇄 비용, 포장 비용, 우편 비용을 계산하였다. 그리고 전화받는 사람에 드는 비용과 전화 통화 비용을 계산하였다. 또한 자기(磁氣) 테이프를 제작하고 그것을 고객에게 우송하는 데 드는 비용을 조사하였다. 1995년 1월에 총 1,262,561달러의 비용을 절감했다.

물론 선의 온라인 브로셔를 본 사람, 그들의 FAQ에 들어간 사람 그리고 소프트웨어를 다운로드한 사람이 몇 명이나 되는지는 논쟁의 여지가 있다. 이들은 모두 웹이 없었더라면 아마 그렇게 하지 못했을 것이다. 이런 문제는 인터넷을 확실한 결과 면에서 설명하려고 할 때 직면하게 되는 아주 까다로운 문제들이다. 당신의 상사가 여전히 당신을 힘들게 하고 있다면 그가 자신의 스프레드시트를 붙들고 씨름하고 있는 동안 경쟁자들이 무엇에 매달리고 있는지 보여 주어라.

1999년 1월에 Cisco Systems가 고객 서비스를 온라인으로 제공하여 연간 5억 5천만 달러를 절감했다고 보고한 내용을 언급하는 정도면 될 것이다. 그렇다. 10억 달러의 절반이다. 영화 '트윈스'의 대니 드비토(Danny DeVito)를 기억하는가? 그는 10억이라는 말을 듣는 것만으로도 아주 기분이 좋았다. 나도 마찬가지다. 나도 Cisco의 고객 서비스 만족도가 20%나 향상됐다는 말에 어쩔 줄 모르겠다. 이것이 바로 보상이다.

그렇다면 무엇을 측정해야 하는가? 웹사이트 마케팅 부분에서의 통신량, 고객 서비스 부분에서 다운로드한 파일의 수, 질문 건수, 데이터베이스 문의 건수는 모두 추적할 가치가 있다. 그러나 더 중요한 투자수익률에 관한 문제는 바로 '누가 이 설비를 이용하고 있으며 또한 우리는 그들이 더 잘 이용할 수 있도록 어떻게 도와줄 것인가?' 하는 것이다.

사람들이 사이트에 들어와 그들의 수를 측정할 수 있게 될 때까지는 성공 여부를 가늠할 수 없으므로 우선 사람들을 당신의 사이트에 들어오도록 만들어야 한다. 따라서 당신은 우선 사람들이 당신의 위치를 알 수 있도록 목소리를 높여 알려야 한다. 또한 당신 사이트에 있는 고객 서비스 부분을 살펴보면 아주 이득이 많다고 사람들이 생각하게 될 때까지 계속 목소리를 높여 알려야 할 것이다.

우선 사람들 끌어모으기

고객 셀프서비스의 장점들을 알리기 위해 목소리를 높이는 일은 전적으로 비용만 드는 일이다. 당신 회사의 고객 서비스를 받을 수 있도록 고객에게 인터넷 서비스를 제공하고 있다고 광고해야 하며 광고는 비용이 적게 드는 일이 아니다.

예전에는 그런 일이라면 당연히 마케팅부서에서 할 일이라고 생각했다. 만일 회사에 정말 괜찮은 마케팅부서가 있고 아직 구조조정이 되거나 다른 부서로 흡수되거나 병합되거나 제거되지 않았고 또는 회사에서 마케팅 일을 외주로 처리하고 있지 않다면 물론 그 일은 마케팅부서에서 해야 한 일이다. 그러나 이것을 성공적으로 만들려면 당신의 돈도 약간 투자할 마음의 준비를 해 두는 것이 좋다.

알려지지 않은 800번 무료 전화번호로는 아무도 걸지 않는다

충격적인 음악 계보가 한 웹사이트에 올랐다고 한들 아무도 RealAudio 플레이어를 틀지 않는다면 유행을 이끌어낼 수 있겠는가? 백만 달러의 상금을 건 콘테스트를 개최하면서 아무에게도 말하지 않는다면 누가 우승을 하겠는가? 모든 고객들에게 도움을 주는 정보와 해결책이 가득한 멋진 고객 서비스 사이트를 만들어 놓고 이를 고객에게 알리지 않는다면 가치가 있겠는가? 물론 없다.

그림 6.1 Bethlethem Steel은 브로셔 · 지침서에서 온라인 고객 서비스를 권유하기로 결정하였다.

사업에 따라 새로운 인터넷 지원 서비스를 알리는 방법에는 여러 가지가 있다. 고객과 예산에 가장 잘 맞는 방법을 사용해야 한다. 다행히 당신은 목표 대상이 누구인지 잘 알고 있다. 바로 고객들이다. 그들이 어디 사는지도 안다. 그러므로 강한 인상을 주는 초대장을 그들에게 보내라.

Bethlehem Steel은 자기네 회사 하면 e-비즈니스를 떠올리게 해줄 만한 화려한 색상의 고급스런 3단 브로셔를 만들었다. "당신의 주문 상태를 온라인으로 알아보는 가장 빠르고 쉬운 방법을 알려 드립니다."라고 서두에 적고 그 아래에는 e-Charlie라는 만화 주인공을 그려 놓았다(앞 주머니에 펜을 가득 꽂고 안경 코걸이에 테이프가 감긴 검은 안경을 쓴 인물, [그림 6.1] 참고).

"안녕하세요. 난 e-Charlie라고 해요. Bethlehem 웹사이트 http://www.bethstee. com 에서 빠른 실시간 주문 접근 정보를 얻는 것을 도와 드릴게요."

이는 현실입니다...
매일 점점 더 많은 사업이 월드 와이드 웹에 연결되고 있습니다. Bethlehem Steel도 예외는 아닙니다. 우리는 항상 고객들에게 더 나은 서비스를 제공하고자 노력해 왔습니다. 그래서 '고객 코너'를 추가하게 되었습니다. 이는 1주일 내내, 24시간 더 빠르고 쉽게 주문 상태에 관한 정보에 접근하는 길입니다.
우리는 전자상거래를 잘 알고 있습니다. 많은 고객들과 이미 수년 동안 전자문서교환(EDI) 작업을 해 오고 있습니다. EDI는 대단하지만 투자를 많이 해야 합니다. 이는 고객 코너의 이점입니다. 당신이 필요한 것은 PC, 인터넷 접근, 패스워드 그리고 이를 사용하는 것뿐입니다.

한 달에 1,262,561달러를 절약하고자 한다면 사람들에게 가능한 한 모든 방법을 동원해 알리고 싶을 것이다. 절감액이 그보다는 많지 않기를 기대한다면 다소 비용이 덜 드는 마케팅 기술을 생각해도 된다.

선마이크로시스템즈는 거금을 절감하고, 당신이 그 사실을 알아주기를 원한다

선은 비용을 많이 절감하였고 적극적으로 할 여유가 있다. 회사는 절감한 돈을 자신들의 하드웨어와 인터넷 서버 솔루션을 구매하도록 사람들을 납득시키는 데 사용한다.

선은 1996년의 웹사이트 성공담을 자랑하고 있다(www.sun.com/960101/feature1 ([그림 6.2] 참고).

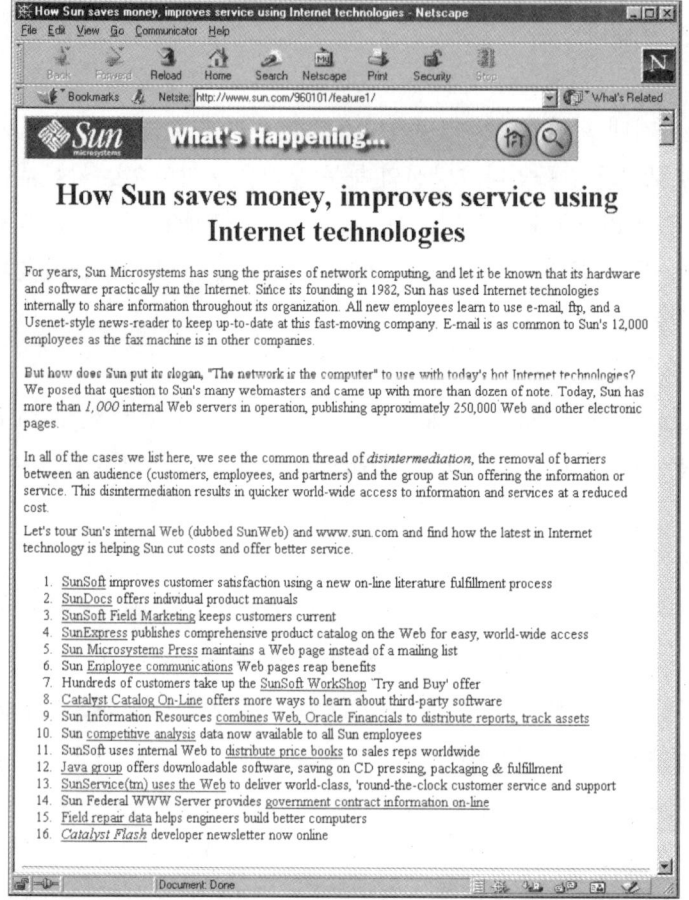

그림 6.2 선은 웹 기반 고객 서비스가 제품 판촉과 사이트 선전에 얼마나 효과적이었는지 사람들에게 알리고 싶어한다.

선은 광고를 하고 세미나를 개최하고 무역박람회에 등장해서 자신의 성공담을 자랑한다. 다른 회사들은 좀더 절도 있는 접근 방법을 취하고 있다.

고객들이 콜센터에 연락한 후에는 엽서를 보내서 당신의 제품과 서비스를 개선할 수 있도록 도와 준 것에 대해 고마움을 표시하라. 그리고 다음에는 당신의 웹사이트를 한번 체크해 보라고 넌지시 상기시켜 주어라.

이러한 적극적인 마케팅은 비용이 많이 들지도 않고 낭비도 없다. 웹에 접근할 수 있는 사람들은 도움을 받을 수 있는 방법이 또 있다는 사실에 기뻐한다. 접근하지 못하는 사람들이라도 자신의 판매상이 최첨단 방법을 제공하고 있다는 사실을 인식한다. 게다가 단지 문제가 생겨서 전화를 한 것뿐인데 감사장을 받은 것이다. 어느 모로 보나 기분 좋은 일이다.

하지만 더 이상 그들과 얘기하고 싶지 않다는 식으로 보이지 않도록 주의해야 한다. 고객의 관점에서 보면 그런 엽서나 팩스 또는 이메일은 마치 매정하게 거절하는 것처럼 보일 수 있다. '전화 주셔서 감사합니다… 앞으로는 절대 전화하지 마십시오.' 처럼.

상품 정보를 웹으로 옮겨 가는 한편 인간 관계 요소를 잃지 않도록 표현에 주의하라. 당신이 지켜 보고 또 주의 깊게 듣고 있다는 사실을 고객들이 알도록 웹사이트를 이용하는 모든 이들에게 정기적으로 설문조사를 실시하라. 그런 다음 그들의 제안을 활용하여 서비스를 개선하라.

이런 피드백 루프는 매우 중요하다. 고객은 한 번 정도 어떤 것을 제안할 수 있다. 그런데 당신이 그 제안을 실행하면 그 고객은 기뻐서 또 다른 제안을 할 것이다. 물론 모든 사람의 제안을 다 받아들일 수는 없겠지만 시간을 내준 것에 대해 감사를 표할 수는 있다. 사람들은 자신을 알아주는 것을 좋아하고 자신의 의견이 존중되는 것을 좋아한다. "당신의 의견에 감사드립니다. 우리에게 큰 도움이 되었습니다."는 고객의 충성심을 구축하는 데 큰 도움이 될 것이다.

도움받기 쉽게 하라

무엇보다도 사람들에게 도움이 필요할 때 도움을 주는 것이 당신이 원하는 바이다. Notebook Computers(www.notebookcomputers.com)에서는 도움을 많이 받을 수 있다. 다만 찾기가 어려울 뿐이다 ([그림 6.3] 참고).

배너 광고 밑에는 쇼핑 카트와 개인 구매자 또는 계정 접근으로 들어가는 버튼이 있다. 하지만 당신이 일반적인 고객 서비스를 원한다면 어느 버튼을 클릭해야 할까? 왼쪽에 있는 주메뉴 꼭대기에 Service라고 써 있는 별도의 탭이 있다는 것을 알아차릴 만큼 똑똑해야 한다 ([그림 6.4] 참고).

그림 6.3 Notebook Computers의 고객 서비스는 분명하지 않다.

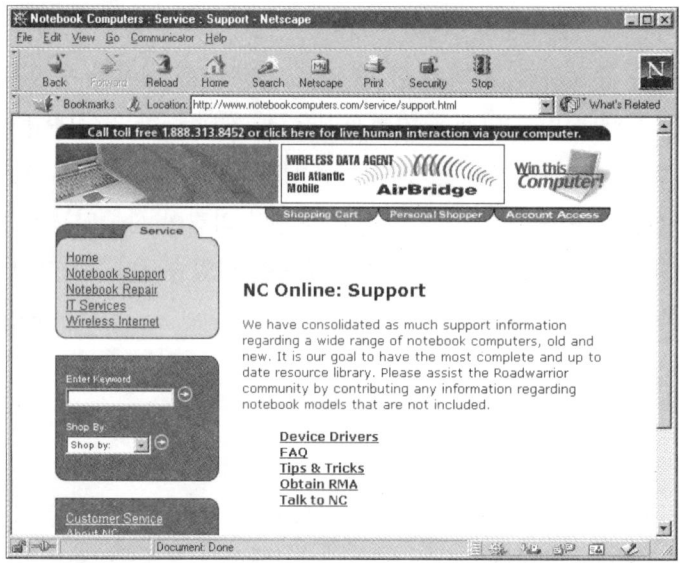

그림 6.4 당신이 어디를 봐야 할지 모른다면....

반면에 DogWatch(www.dogwatch.com)는 당신에게 도움을 주기 위해 그 자리에 있음을 아주 분명하게 나타내 주고 있다([그림 6.5] 참고). 개들이 길거리에서 나돌아다니지 못하게 하기 위한 전기 울타리를 생산하는 DogWatch는 홈페이지 최상단에 고객 서비스 버튼을 올려 놓기로 결정하였다. 자~알 했다, DogWatch!

그림 6.5 DogWatch 사이트에서 도움을 받고 싶으세요? 문제 없습니다.

당신의 리스트에서 배우기

제5장에서 우리는 온라인 토론 리스트에 관하여 이야기했다. 자 그러면 여기서는 측정 과정을 시작해 보자. 당신의 리스트에 가입한 사람은 몇 명인가? 당신의 판촉 노력은 결실을 맺고 있는가? 새로운 가입자가 많이 늘어나고 있는가?

새로운 가입자와 탈퇴자

어떤 것이 가장 효과적인지 판단하기 위하여 각 판촉 행사와 새로운 가입자간의 상관관계를 알아낼 수 있는가? 그럴 수 있다면 어떤 노력이 효과적인지 구별할 수 있으므로 그 방법을 다시 시도하라. 반대로 왜 사람들이 한꺼번에 탈퇴하는가? 통신량이 급강하의 소용돌이에 빠져 있는가? 게시된 내용이 지나치게 신랄한 것은 아닌가? 아니면 그저 지루한 것인가? 사람들의 감정을 상하게 하는 뉴스레터를 보냈는가? 그 이유를 찾아내는 것은 당신 책임이다.

리스트의 통신량 패턴

얼마나 많은 토론을 벌이고 있는가? 소규모 그룹에서 많은 채팅이 오고 가는가? 아니면 당신은 가장 훌륭하고 똑똑한 사람들이 참여하도록 유도하고 있는가? 그 토론 내용이 특정 정보를 찾는 사람과 그 정보를 잘 알고 있는 사람간에 주고받는 일련의 질의응답인가? 혹은 그 토론에서 좀더 지적인 아이디어 교환도 이루어지고 있는가?

리스트에 가입하는 사람들은 어디에서 오는가? 이메일 주소를 보면 회사 이름을 알수 있으므로 당신의 리스트 회원이 얼마나 다양한지 알 수 있다. 똑같은 배경과 똑같은 사업에 종사하는 사람들끼리 나누는 건전한 토론은 그들에게 매우 유익하다. 하지만 참여자들이 보다 폭넓은 집단으로 구성된다면 더 좋을 수도 있다.

이제 관심을 토론에서 웹사이트 자체로 옮겨 보자. 우리는 확대경을 꺼내서 당신의 서버 로그에 초점을 맞춘다.

서버 로그 파일 파고들기

모든 HTTP(Hyper Text Transfer Protocol) 서버는 처리하는 모든 트랜잭션의 로그 파일을 보관한다. 어떤 것은 아주 상세하고, 어떤 것은 그렇지 않다. 당신 회사에서, 인터넷을 통해 다운로드해 시스템 부서 사람들이 최대한 변경해 놓은 프리웨어 서버를 사용하고 있다면 그것으로 좋은 정보를 얻기는 어려울 것이다. 반면 시스템부서 사람들이 재주가 뛰어나고 그런 식으로 손보는 것을 즐긴다면 그들에게 시스템을 조금 바꿔 달라고 할 수도 있다. 그렇게 그들을 좀 알아두면 도움이 된다.

당신의 웹 서버를 전적으로 아웃소싱할 수도 있다. 그런 경우라면 로그파일이 유용할수도 있고 그렇지 않을 수도 있다. 로그파일을 주기억장치에서 보조기억장치로 옮겨보관할 수도 있고 그렇지 않을 수도 있다. 또한 고성능 로그 분석 소프트웨어의 지원을 받을 수도 있고 그렇지 못할 수도 있다.

웹 서버 로그는 사람들이 어느 페이지를 보았고 또 언제 보았는지 알려 준다. 또한 어떤 페이지를 가장 많이 보았는지도 알려준다. 이런 정보를 가지고 페이지 구성 및 전체 웹사이트 구성을 재고할 수 있다. Intuitive Systems(www.intuitive.com)의 데이브 테일러(Dave Taylor)는 수정 루프(revision loop)가 중요하다고 클라이언트들에게 지적한다. "가장 다운로드를 많이 하는 것은 무엇이며 사이트에서 가장 방문객이 많은 페이지가 어디인지를 알아야 하고 다음으로 온라인상에서 그것들을 아주 쉽게 찾을 수 있도록 만들어 줘야 합니다." 어떤 이유에서든 사람들은 그런 파일을 원한다. 그것에 접근하는 빠르고 쉬운 방법을 제시해 주는 것은 당신에게 달려 있다.

테일러는 로그에서 추적할 수 있는 것을 몇 가지 제안한다.

- 방문자 수

- 방문자의 출처(어느 .com, 어느 .edu 등)

- 방문자가 사용한 브라우저 소프트웨어 · 컴퓨터

- 검색한 정보 페이지의 수 그리고 검색한 페이지의 평균 수

- 가장 인기 있는 페이지

- 시간별 · 요일별 통신량

이 모든 변수들을 추적하면 도움이 되며 로그파일에서 바로 얻어낼 수 있다.

위치와 구성 평가

컴퓨터가 정보를 요청하면 웹사이트에서 페이지를 보내는데, 이때 서버 로그파일은 그 페이지들을 모두 저장하게 된다. 그 컴퓨터가 어떤 회사에 속한 것이라면 로그파일은 그것을 company.com에서 온 것으로 기록한다. 그래서 어떤 특정 고객에게는 정보가 더 많이 필요하다는 것을 알 수 있게 된다. 그리고 나서 도메인명을 역추적 (reversedomain name look-up)하면 그 회사가 어디에 있는지 알 수 있다.

당신의 지원 페이지를 사용하는 사람들이 왜 서남 판매 지역보다 동북 판매 지역에 더 많은가? 그쪽에는 연수 과정에 문제라도 있나? 대학에 있는 사람들(.edu)은 왜 이 서비스를 많이 이용하고 정부에 있는 사람들(.gov)은 왜 거의 이용하지 않는가? 정부 사람들은 인식하지 못하고 있는 것일까? 이런 질문들을 풀어 나가다 보면 웹에 기초한 지원 부문에 더욱 더 많은 사람들을 끌어들이기 위해 더 멀리, 더 넓게 말을 퍼뜨리는 방법을 알게 될 것이다. 동시에 실행한 판촉 활동의 결과도 볼 수 있을 것이다.

유용성 측정을 위한 경로 추적

고객들이 당신의 사이트에서 찾고자 하는 것을 발견하도록 진정으로 돕기 위하여 그들이 어디에 다녀갔는지 그리고 어떻게 거기에 도달했는지 살펴보라. 그들이 당신의 고객 서비스 부분으로 어떻게 접근했는지 알아보기 위해 클릭 흐름(click stream)을 따라가 보라. 이는 깨끗하게 청소한 카펫 위의 발자국을 분석하는 것과 같다. 고객들이 창밖을 내다보았는가? 책장으로 곧장 갔는가? 부엌으로 향했는가?

개개인이 사이트를 지나간 경로를 검토함으로써 사이트의 유용성을 더 잘 측정할 수 있다. 사람들이 길을 잃었는가? 홈페이지로 계속 되돌아갔는가? 두세 페이지만 보고 바로 떠나 버렸는가?

이런 질문에 대한 답은 '인간/컴퓨터 인터페이스 디자인(human/computer interface design)' 의 시발점이며 또한 스크린을 알아보기 쉽게 만드는 과학예술이다. 예전에는 이것을 '컴퓨터의 사용자 친화(user-friendly)' 라고 불렀으나 이는 백일몽에 지나지 않았으므로 이제는 그저 '유용성 디자인' 이라고 부르기로 했다. 유용성에 관한 가장 훌륭한 정보를 얻으려면 제이콥 닐슨(Jakob Nielsen)의 사이트(www.useit.com)를 한번 살펴 보라. 제이콥은 이 문제에 관한 한 반드시 만나야 할 사람이다.

HTTP 서버의 상태 식별 불능(statelessness) 때문에(다음 섹션 참고) 발자국을 추적하는 것이 확실하지 않을 수 있다. 로그파일은 방문자가 사용한 컴퓨터의 IP 주소와 방문자가 입수한 파일들을 기록하지만 방문자들을 식별하지는 못한다.

다시 말해 마이크로소프트에서 두 사람이 당신 사이트를 방문하러 왔다면 당신에게 상반되는 클릭 흐름이 남게 될 것이다. 두 사람 다 그들의 방화벽(firewall)에 있는 마이크로소프트 게이트웨이를 통해 당신 사이트에 들어오고 있다. 로그는 두 가지의 클릭 흐름을 포함하겠지만 그것들이 두 사람에게서 왔다는 것을 보여주지는 못할 것이다. 결국 카펫 위의 어느 것이 누구의 것인지 구별할 수 없는 동일한 두 쌍의 발자국을 보게 될 것이다. 양쪽 모두 안쪽 침실에는 들어간 것 같은데 서재는 한 쪽만 갔다. 누구일까?

194.78.15.11 같은 곳들은 말할 것도 없고 www-d4.proxy.aol.com과 www-j2.proxy.aol.com으로부터 많은 사람들이 당신 사이트를 방문할 것이라는 사실 때문에 상황은 더욱 어려워진다. 이러한 IP 주소는 그다지 도움이 되지 못한다. 194.78.15.11을 보고 산타 바바라의 Silicon Beach Communications에 산다는 것은 알 수 있지만 전화 회선 연결 모뎀(dial-up modem)을 통해 내가 방문했다는 것은 알지 못할 것이다. 그리고 물론 AOL에 가입하는 사람 수는 매일 늘고 있다.

게다가 캐시 혼동(cache confusion)으로 상황은 더욱 어렵게 된다. 캐시 혼동이란 만일 www-j2.proxy.aol.com에서 온 어떤 사람이 당신의 홈페이지를 보았다면 당신의 홈페이지는 www-j2.proxy.aol.com에 잠시 저장된다는 것을 말한다. 그래서 AOL에서 온 다른 누군가가 당신의 링크에 클릭하면 그들은 당신의 서버가 아니라 오히려 www-j2.proxy.aol.com이 당신의 페이지를 제공했다고 생각한다. 그래서 계산하기 어렵게 될 뿐이다.

방문자가 아니라 방문을 추적하라

정확히 누가 우리 웹사이트를 방문하고 있는지 알고 싶지만 인터넷으로는 알 수 없을 것이다. 월드 와이드 웹은 상태 식별이 불명확하고 개인에 관한 정보도 내놓으려 하지 않기 때문이다. 각각의 방문자를 추적하는 데 사용할 수 있는 기술이 몇 가지 있지만 어느 것도 절대적으로 확실하지는 않다. 이것을 어느 정도 뚜렷하게 해 둘 필요가 있다. 상태 식별 불능을 이해하고 그것을 극복하는 방법을 아는 것이 중요하기 때문이다.

상태 식별 불능 - "제가 아는 분인가요?"

누군가 당신의 웹사이트를 서핑할 때 실제로 그들은 당신의 컴퓨터(서버)에서 그들의 컴퓨터(클라이언트)로 몇 개의 파일을 복사한다. 그 파일은 홈페이지 텍스트와 홈페이지에 들어 있는 여러 가지 그래픽을 포함한다. 홈페이지 텍스트는 서버에 있는 다른 서류와 그래픽으로 들어가는 링크를 담고 있다. 방문자가 홈페이지를 다운로드한 시각과 다음 것을 요청하려고 링크를 클릭하는 시각 사이에는 아무 일도 일어나지 않는다. 전혀 두 기계 사이에는 아무런 연결이 없다. 서버는 공급한 뒤 바로 잠들어 버린다. 바로 동면 상태로 들어가서 다음 요청이 들어오기를 기다릴 뿐이다.

모든 거래가 마치 도서관에서 자신의 신분을 밝히거나 정식으로 대출할 필요가 없는데도 문학의 역사에 관한 책을 한 권 가져가는 것과 같다. 집에서 읽는 동안은 당신과 도서관 사이에 아무런 상호작용이 없다. 그 책은 도서관에서 찾을 수 있는 다른 책들에 관한 참고문헌으로 가득 차 있다. 그래서 그것을 읽으면 당신은 도서관으로 되돌아가 몇 가지 더 얻고 싶어질 것이다. 똑같은 방식으로 당신의 서버와 그들의 클라이언트는 다음 번 클릭이 들어올 때까지는 아무 관계도 없다. 로그파일에 있는 몇 글자를 제외하면 당신의 서버는 치매 상태인 것이다.

당신의 서버는 트랜잭션 상태에 관한 어떠한 정보도 유지하지 못하기 때문에 '웹 기반 카탈로그 판매'를 위해 쇼핑 카트를 만드는 것은 까다로운 일이다. 물건 사는 사람이 마추피추, 골든 버티고 또는 브론즈 아이디얼즈의 이탈리안 넥타이 중에서 결정하려고 애쓰는 동안 당신의 서버는 그 사람이 흰색의 혼방 핀 포인트 옥스퍼드지를 원했다는 것을 기억해야 한다.

지금까지 당신의 웹사이트에서 개별 세션(session)을 추적하는 데는 세 가지 방법이 있었다. 그리고 아마도 당신이 이 책을 읽을 때쯤에는 한두 가지 더 늘어나 있을 수도 있다.

- 당신의 링크에 URL을 내장하기

- 넷스케이프 쿠키 사용하기

- 그들에게 로그인하라고 요청하기

각각은 나름대로의 효용성과 문제점을 가지고 있다.

당신의 링크에 URL을 내장하기

당신의 웹페이지들을 신속하게 제공할 수 있다. 즉 그냥 앉아 있으면서 누군가 와서 웹페이지를 이용해 주기만 기다리기보다는 사람들이 요청하는 대로 웹페이지를 만들어야 한다. 도움이 될 만한 도구가 점점 더 많이 나오고 있지만 페이지를 신속하게 공급하는 것은 결코 단순한 일이 아니다. 앞으로는 대부분의 웹 서버들이 다이내믹 페이지를 제공할 것이다. 이것만이 대형 사이트의 콘텐츠를 적절하게 운영할 수 있는 필연적인 방법이다.

다이내믹 서버가 있거나 코드 쓰는 데 정말 탁월한 사람이 있으면 당신은 방문자를 구별하기 위해서 당신이 보내는 페이지 링크에 사용자 ID를 삽입할 수 있다.

[그림 6.6]을 보라. 스크린 상단에 넷스케이프 위치 창이 있다. 거기에 보이는 URL (www.amazon.com/exec/obidos/subst/home/home.html/103−3843450− 9707031)은 'www.amazon.com'을 타이핑한 결과이다. 아마존 서버는 나의 요청을 받고 나를 숫자 103−3843450−9707031로 지정하였다. 아마존 서버가 나를 위한 홈페이지를 만들었기 때문에 그것은 그 페이지에 나오는 모든 링크마다 그 숫자를 첨부한다.

그림 6.6 Amazon.com은 자사의 URL에 사용자 ID를 내장한다.

넷스케이프 창 하단을 보면 이런 기술의 예를 볼 수 있다. 커서 (이 스크린 사진 화면에서는 볼 수 없지만)가 상단의 Home Improvement 버튼 위에서 깜빡이고 있다. 하단에 보이는 URL에는 항상 나의 사용자 ID가 들어 있다. 내가 그 링크에 클릭하면 아마존 서버는 같은 사람이 되돌아왔다는 것을 안다.

그 다음 아마존 서버는 링크 안에 내장된 나의 ID를 가지고 같은 방식으로 Home Improvement 페이지를 제공한다. Home Improvement 페이지는 내 번호를 포함하는 링크와 연결되어 나온다. 이 페이지 하단을 보면 당신은 Tools & Equipment를 위한 링크에 첨부된 내 번호를 볼 수 있다([그림 6.7] 참고).

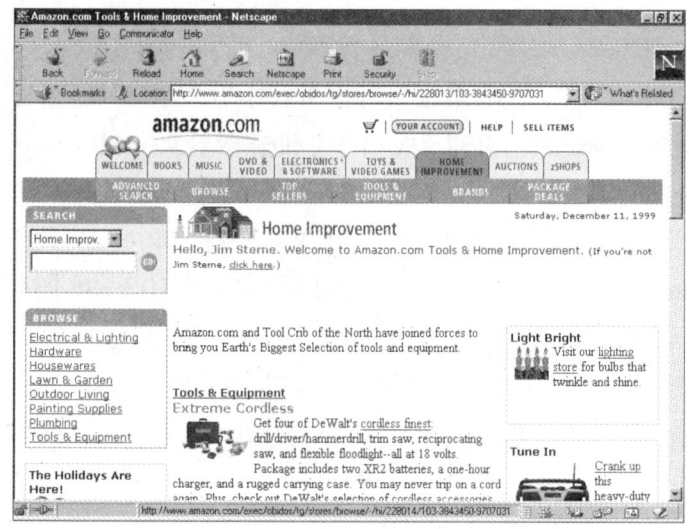

그림 6.7 Home Improvement 페이지도 그 안에 내장된 나의 ID를 가지고 있다.

그래서 Amazon.com은 내가 누구인지 아는 걸까? 처음에는 알지 못한다. 나는 그저 내가 이번에는 어디를 다녀갔는지 그들이 알도록 내 브라우저상에 브랜드를 지닌 익명의 방문자일 뿐이다. 다음에 나는 다른 번호를 받는다. 사실 내가 단순히 다시 읽기(Reload) 버튼을 누르면 나는 다른 번호를 받는다. 이것이 실제 서점이라고 가정하면 내가 정문으로 들어갈 때 나에게 번호가 붙은 모자를 주는 것과 같다. 비디오 카메라는 나의 진행을 추적하고 돌아다닐 때 나의 움직임을 녹화할 것이다. 내가 자리를 뜨면 심지어 주차 미터기에 동전을 넣으러 가는 잠깐 동안일지라도 내가 정문으로 되돌아올 때 나는 새 번호가 붙은 새 모자를 얻게 된다.

이 방법은 세션, 즉 방문을 추적할 수는 있지만 개인을 계속 추적하는 데는 도움을 주지 못한다. 아마존은 사람을 추적하고자 한다. 아마존은 내 이름으로 인사하고 싶어한다. 이를 위해서 넷스케이프는 쿠키를 창조하였다.

넷스케이프 쿠키 사용하기

간단히 말해서 넷스케이프 쿠키란 당신의 하드드라이브상에 저장되어 있는 파일로 웹 서버가 쓴 몇 가지 유용한 정보와 함께 사용자 ID, 암호를 저장하고 있다. 서버가 당신의 기계에서 쿠키를 전혀 인식하지 못하면 서버는 당신에게 쿠키를 준다. 서버는 자신이 창조했던 것 이외의 다른 쿠키는 전혀 읽을 수 없다. 서버가 쿠키를 인식하면 당신에 관한 정보를 아는 것이다. 서버는 당신이 3일 전에 다녀간 사람과 같은 사람이라는 것을 안다. 그리고 계속해서 당신의 모든 움직임을 추적할 수 있다. 또한 지난번 방문 때 당신이 말해 준 것을 보기 위하여 자신의 데이터베이스를 조사할 수도 있다. 지난번에 당신 이름을 말해 주었군. 서버는 당신에게 개인적으로 인사할 수 있다. 자, 이제 아마존이 어떻게 당신의 이름을 아는지 알겠는가.

단순한 '안녕하세요' 이상으로

전에는 단순한 야후!에 불과했다. 그러다가 야훌리건(Yahooligans)들이 쿠키를 만들기 시작하였다. 그 결과 우리는 이제 프로필을 작성함으로써 각자 자신만의 야후 버전을 즐길 수 있게 되었다([그림 6.8] 참고).

야후의 사람들은 당신의 이름, 우편 번호, 성별, 직업, 취미를 알고 싶어한다.

결국 그들은 당신이 돌아올 때 당신을 인식하기 위하여 쿠키를 사용하고 당신이 관심을 가지는 뉴스, 날씨, 사업 그리고 스포츠에 관한 것을 보여 준다([그림 6.9] 참고).

야후는 당신을 계속 돌아오게 하기 위하여 이 기술을 사용한다. 그래서 좀더 많은 광고 지면을 팔 수 있는 것이다. 당신이 프로필을 더 많이 알려줄수록 야후가 광고주에게 청구할 수 있는 가격은 더 올라간다. 야후에서 배너 광고 자리를 사는 것은 다소 싼 편이다. 그러나 당신의 목표 대상 범위를 더 많이 잡을수록 가격은 올라간다.

그러나 광고를 파는 사이트들만이 쿠키를 사용하는 것은 아니다. 쿠키는 개별화한 사

이트에서도 이용된다. 예를 하나 들어 보면, 선마이크로시스템즈의 MyVites.com (http://My Sun.sun.com), Radiology Community 사이트(http://radcom.org), Greater Fresno Valley Plaza 사이트(www.valleyplaza.com), Healthwell.com 등이 있다.

유감스럽게도 쿠키가 완벽한 것은 아니다. 몇 가지 문제점을 안고 있다.

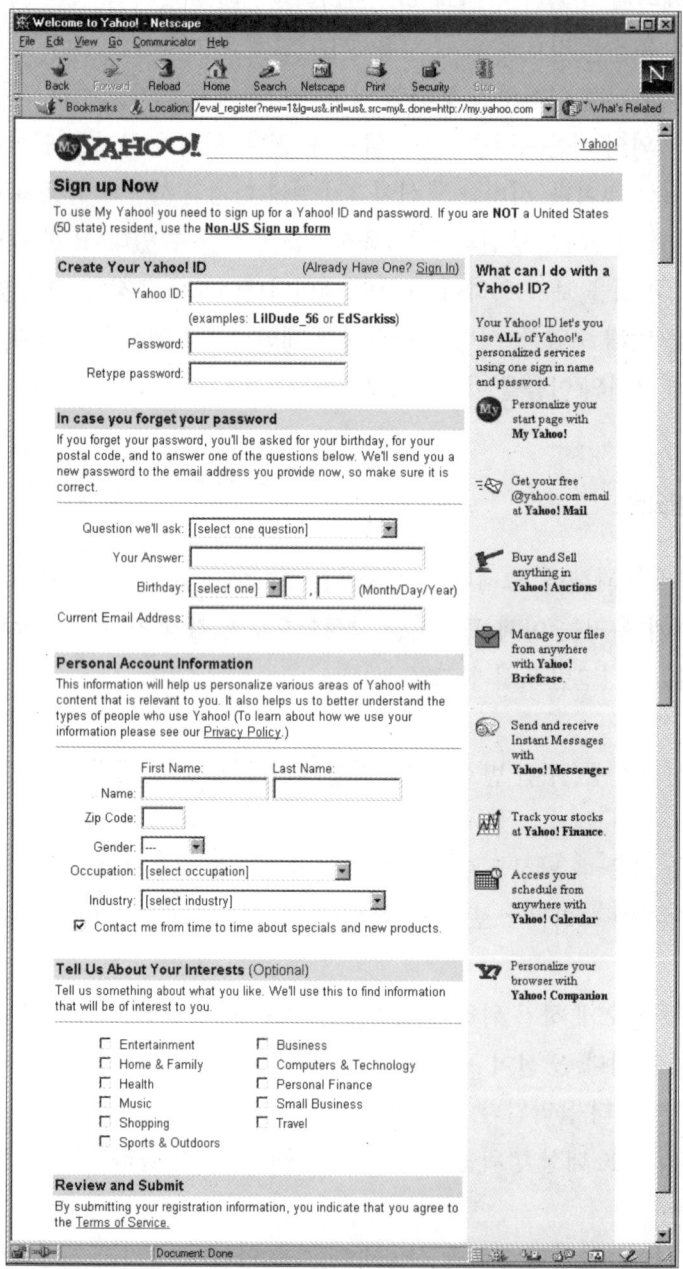

그림 6.8 야후! 프로필은 당신의 관심사에 관하여 많은 것을 묻고 있다.

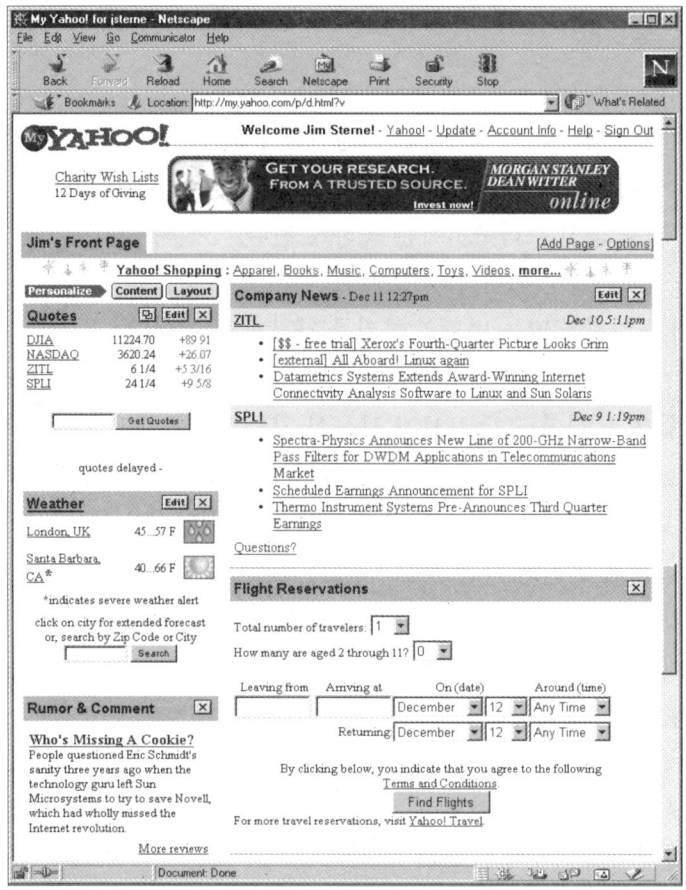

그림 6.9 다른 사람의 myYahoo!를 봄으로써 그 사람에 관하여 많은 것을 알 수 있다.

쿠키의 약점

한 바구니의 쿠키가 맛있어 보이는 만큼 문제점도 많다. 우선 쿠키는 클라이언트의 기계에 들어 있는 평범한 텍스트 파일이어서 사용자에 의해 쉽게 수정되거나 삭제될 수 있다. 추후 열람을 위해서 독재 재벌이 당신의 하드드라이브 상에 뭔가를 써 놓는다는 생각이 싫은가? 그들이 당신에 관한 정보를 수집하고 있다는 생각이 꺼림칙한가? 그러면 그 파일을 폐기해 버려라.

더 심한 경우 그것들을 꺼 버려라. 프라이버시 요청에 대한 응답으로 넷스케이프와 마이크로소프트는 각 사용자가 브라우저에서 '쿠키 사절(Accept No Cookies)' 옵션을 할 수 있는 기능을 더했다. 그 남자가 전에 여기 왔다갔는지 알고 싶다고? 미안하

지만 그는 말하지 않을 것이다.

쿠키는 또한 특정 브라우저에서만 가능하다는 문제점을 안고 있다. 브라우저당 단 하나의 쿠키, 즉 각각의 쿠키는 오로지 하나의 브라우저에만 속한다. 일단 쿠키가 쓰이면 그 쿠키는 당시에 사용 중인 브라우저에만 속하게 된다. 당신의 고객이 마이크로소프트의 인터넷 익스플로러뿐만 아니라 넷스케이프에서도 서핑을 하고 싶다면 그들은 각각의 소프트웨어 패키지에 맞는 별도의 쿠키를 가지게 될 것이다.

또한 쿠키는 변하기 쉽다. 당신의 고객 보브가 사무실 친구 프레드에게 T1급 전용선과 LAN으로 연결된 보브의 컴퓨터로 서핑하라고 하면 당신의 서버는 프레드가 보브라고 생각할 것이다. 보브가 집에 가서 자기 집 컴퓨터를 통해 당신의 사이트에 들어오면 그는 당신의 서버에게 완전히 다른 보브처럼 보인다. 그는 완전히 다른 쿠키를 사용하고 있다. 게다가 보브가 출장을 갈 때는 랩탑 컴퓨터를 사용한다. 역시 다른 쿠키에 다른 보브가 되어 버린다. 그러면 당신의 서버에는 세 명의 보브가 있고 그중 하나는 때때로 프레드라고 생각한다.

대체로 넷스케이프 쿠키는 훌륭한 개념이다. 그러나 정말로 고객을 개인별로 추적하고 싶다면 그들에게 로그인하도록 해야 한다.

로그인 요청하기

당신의 웹사이트에 사람들을 로그인하게 하는 것만이 그들을 확실히 확인하는 유일한 방법이다. 물론 암호를 풀 수는 있지만 그렇게 하기 위한 뚜렷한 이유가 있어야만 한다. 어떤 컴퓨터도 100% 안전하지는 않다는 사실을 기억하라. 그 점에 있어선 어떠한 자동차, 집, 비행기, 스튜 통조림도 100% 안전하다고 말할 수는 없는 것과 마찬가지다. 월드 와이드 웹의 보안에 관해 알고 있는 정보 이상의 것을 얻고 싶다면 가장 좋아하는 검색 엔진에 가 보고 놀랄 준비를 해라. 고객 서비스 매니저로서 당신의 의도를 충족시키기 위해 당신 회사가 제공하는 충분한 보안을 신뢰할 수 있어야만 한다. 웹 서버 보안 기술자로서 당신을 위해 그 일을 중단하라.

일단 사용자가 당신의 웹사이트에 로그인했으면 내장된 URL 또는 쿠키를 사용해서 그들을 따라갈 수 있고 그들이 어디로 가는지 볼 수 있다. 그들이 이미 로그인했으므로 당신은 분명한 ID를 가지고 있다. 사용자 ID와 패스워드는 누가 프레드이고 누가 보브인지 확인해 주고 그것들은 당신의 데이터베이스에서 프레드로 되지 않도록 하기 위해 매번 쿠키를 다시 맞출 것이다. 그러면 당신은 존스라는 고객은 검색 도구를 좋아하고 스미스라는 고객은 색인을 좋아한다는 사실을 계속 추적할 수 있다. 또한 브라운이라는 고객은 현재 가지고 있는 것보다 신형인 모델을 읽어 보느라 시간을 보냈다는 것을 알 수 있다. 판매 전화를 할 시간인가?

유인책을 제공하라

당신은 사람들이 컴퓨터에 자신들을 확인시키는 데 익숙해져 있다고 생각할 것이다. 맞는 말이다. 하루에도 여러 번 그렇게 해야 하기 때문에 우리는 그것에 어느덧 익숙해져 버렸다. 작업 중에 로그인하고 우리가 사용하는 데이터베이스에 로그인한다. 우리가 사용하는 온라인 서비스에 로그인한다. 자동금전출납기에 우리의 비밀번호를 입력하고 또 식료품 가게에서도 그렇게 한다. 문제는 로그인해야 할 장소가 너무 많다는 데 있다. 인터넷 세상에 흩어져 가지고 있는 그 모든 코드, 번호, 패스워드를 다 기억하기란 거의 불가능하다.

사람들에게 로그인하라고 요청하는 데 따른 문제점은 그것이 그들의 참여를 직접적으로 방해한다는 점이다. 따라서 당신은

1. 사람들이 시간을 들이고

2. 자신을 노출하고

3. 모든 패스워드를 기억하게 할 만한 가치 있는 무언가를 제공해야만 한다.

BankAmerica는 꼬치꼬치 파고든다

Jim Sterne 은행을 한번 살펴보자(www.bankamerica.com, [그림 6.10] 참고). 아니 당신은 그것을 볼 수 없지만 나는 볼 수 있다. 나는 서명을 했고 나에 관하여 몇 가지를 말해 주었다. 그래서 내가 로그인하면 나는 이익을 얻는다. 어떤 이익을? 나에게 흥미가 있는 특정하게 선별된 돈에 관한 기사들이다. 내가 무엇에 흥미를 느끼는지

그들이 어떻게 아는가? 가입 당시 그들이 물어보았다.

BankAmerica는 나의 재정적인 기호에 맞추어진 뉴스레터를 만드는 것과 함께 달력에도 신경쓴다. 서버는 내가 은행의 전자 지점(branch office)에 마지막으로 다녀간 날을 알고 있다. BankAmerica는 내가 아무것도 놓치지 않기를 바라므로 내가 마지막으로 다녀간 이후 새로운 소식란(What's New)을 조사한다. 그래서 나는 새로운 소식 페이지를 살필 필요가 없다. 또한 내가 관심을 갖지 않는 새로운 소식을 알려 주려고 귀찮은 이메일도 보내지 않는다. 그냥 BankAmerica는 내가 부재중에 일어난 일을 적어 둔다.

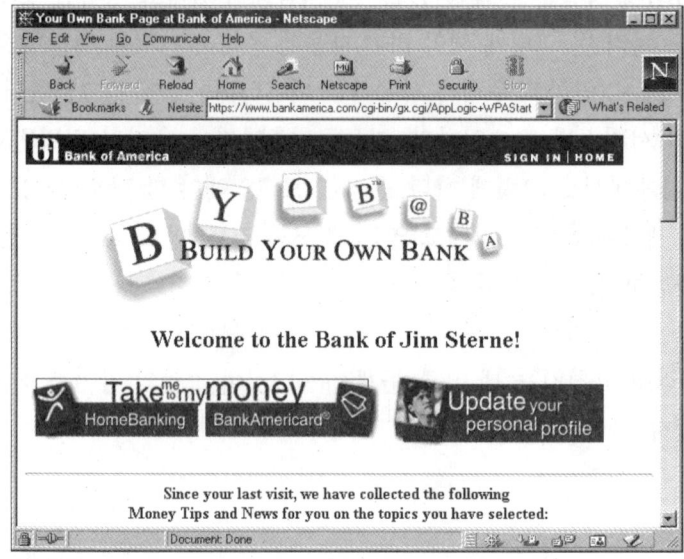

그림 6.10 Jim Sterne 은행은 쿠키처럼 작용하지만 매우 높은 대가를 치러야 한다.

쿠키가 변할 수 있다는 것을 알고 있는 BankAmerica는 패스워드를 요구한다. BankAmerica는 로그인한 사람이 당신이라는 것을 확실히 확인한다. 그래서 당신에 관하여 몇 가지 알고자 한다. 이름, 주소, 이메일 주소를 요구한다. 그 다음 당신의 전화번호를 원하고 당신에게 흥미가 있는 토픽을 선택하라고 한다. 즉

■ 재정적으로 조직되기

■ 저축과 투자

■ 주택 구입과 주택 개량

■ 사업하기

■ 퇴직

■ 경제 시장과 재정 시장

■ 전자상거래

■ 환경

이 모든 정보는 공정한 거래이다. 그 대가로 BankAmerica는 당신에게 정말로 흥미가 있는 뉴스레터 홈페이지를 만들어준다. 멋지지 않은가! 하지만 잠깐! BankAmerica 는 여기에 몇 가지 더 알고자 한다. 당신의 성별, 나이, 직업, 주택을 소유한 것인지 임대한 것인지 그리고 소득을 물어 올 것이다. 속이 좀 불편해진다고? 갑자기 뉴스레터에 대해 치르는 대가가 훨씬 많아진다. 대부분 사람들은 자신이 얼마나 버는지를 낯선 컴퓨터에게 말하는 것이 불편해진다. 이 정보로 무엇을 할 것인가? 오로지 나의 이익만을 위해서 그것을 사용할 것이라고 어떻게 믿는가?

BankAmerica는 그 비밀을 지키겠다고 약속한다.

BankAmerica는 당신의 모든 정보를 비밀에 부칠 것입니다. 그 정보를 다음을 위해 사용할 것입니다.

■ 이 사이트에 다음 번 방문시 당신을 확인한다.

■ 당신이 특별히 흥미를 가질 만한 토픽에 관한 정보를 제공한다.

■ 양식이나 지원 서류 작성시 당신의 시간을 절약하게 해준다.

■ 누가 우리 사이트를 방문하고 있는지 알고자 한다.

이러한 보장에도 불구하고 단순한 개별화한 뉴스레터를 만들기 위해 그들이 필요이상으로 알려고 하는 것 같다. 하지만 Amazon.com은 단지 내가 좋아하는 작가와 나의 이메일 주소만을 알고자 한다. 아마존으로부터는 스페인의 종교 재판 같은 심문을 받지 않는다. 게다가 BankAmerica가 제공하는 정보는 로그인해서 볼 가치가 있을 만큼 흥미롭지도 않다. 너무 꼬치꼬치 캐물을 뿐만 아니라 내 패스워드를 기억하는 것조차도 그런 작은 결과를 위해 치르기에는 값비싼 것같다.

Quicken은 가치를 제공한다

한편 나는 Quicken 사이트(www.quicken.com, [그림 6.11] 참고) 사이트의 전혀 낯선 사람에게 나의 투자 포트폴리오에 관한 실속 있는 정보를 기꺼이 나눠주고 싶다. 왜? 내가 원할 때면 언제든지(15분만 지나면) 나의 투자에 관한 현재 상태를 볼 수 있기 때문이다. 이 정보는 아주 개별적이지만 그들이 제공하는 가치는 매우 높다.

당신이 정말로 큰 웹사이트를 운영하고 있거나 당신의 웹사이트가 회사와 고객간의 통신 수단의 중요한 부분을 의미한다면 당신은 당신의 로그 파일로부터 의미 있는 것을 수집할 수 있는 도구에 투자해야 한다.

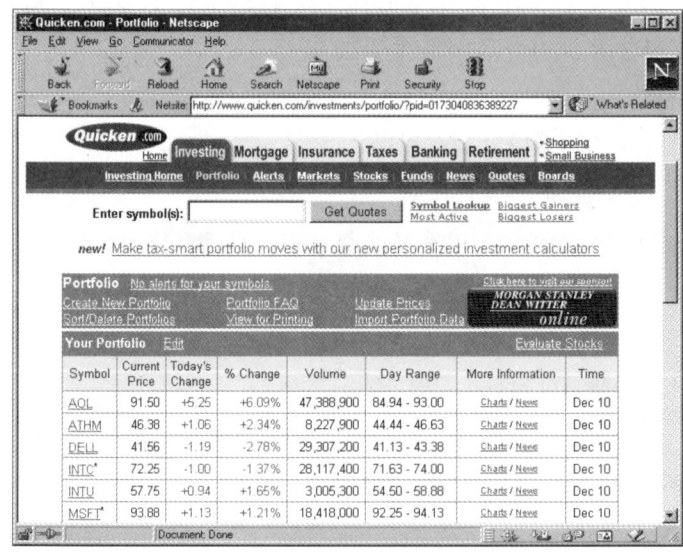

그림 6.11 Quicken은 광고 후원을 받아 주식 인용 시스템(stock quote system)을 운영한다.

아주 강력한 로그 분석 도구

시작할 때는 최대한의 효과를 원하고 또 기대하지만 결국에는 아무 결과에나 만족해 버리기 쉽다. 사실 웹사이트 로그는 읽기 쉽지 않고 당신 사이트에서 실제로 일어나는 것을 정확하게 반영하지도 못한다. 또한 당신이 바라는 것을 꾸준하게 줄 수도 없다. 로그파일을 혼란시키는 것들이 몇 가지 있다. 그 모든 것들은 인터넷이 어떻게 작용하는지와 관련되어 있다.

캐시 파일은 실제보다 적게 , 세게 만든다

캐시 파일은 속도 면에서 생기는 인터넷의 두 가지 어려운 문제점을 훌륭하게 해결해 주었다. 거시적 관점에서 인터넷을 고안해낸 사람들은 전체 시스템이 오가는 모든 데이터를 실어 나를 수 있을지 걱정하였다. 미시적 관점에서 보면 웹페이지를 기다리는 것은 은행에서 자기 차례를 기다리는 것만큼 재미없는 것이다.

그 해결책은 정보를 가능한 한 적게 움직이는 것이었다.

링크에 클릭하고 처음으로 웹페이지를 요청하면 당신의 브라우저는 당신이 전에도 그 페이지를 본 적이 있는지 확인하기 위하여 당신의 하드디스크에 있는 캐시 파일을 들여다본다. 거기서 찾지 못하면 당신의 브라우저는 당신의 인터넷 서비스 공급업자 (ISP)의 프록시 서버에 있는 캐시 파일을 찾아본다. 거기서도 찾지 못하면 웹을 따라 호스트 서버로 가서 그 페이지를 요청한다. 호스트는 희망한 페이지를 찾아 당신에게 보내고 그 일을 자신의 로그파일에 기록한다.

당신에게 오는 도중에 파일은 당신의 ISP 머신에 있는 캐시와 당신의 하드디스크에 있는 캐시에 복사된다. 당신은 그 페이지를 보고 원하는 링크를 발견한 다음 클릭해서 나가 버린다.

몇 차례 클릭한 후에 당신은 몇 페이지 뒤로 되돌아가고 싶어져서 돌아가기(Back) 버튼을 누른다. 당신의 브라우저는 캐시 파일에 가서 즉시 그 페이지를 보여 준다. 네트워크에 들어갈 필요가 없는 것이다. 당신의 ISP 시스템에 추가 부담을 주지 않고도 원하는 정보를 바로 받아 볼 수 있다.

잠시 후 당신과 같은 ISP를 사용하는 다른 사람이 똑같은 페이지를 보고 싶어졌다. 링크에 클릭하거나 URL에 타이핑을 하면 그들의 브라우저는 당신의 브라우저가 했던 일을 반복한다. 그것은 자신의 캐시 파일을 보고 아무것도 찾지 못하면 ISP의 캐시 파일을 찾는다. 그 페이지가 전에 당신이 불러왔을 때 이미 저장되어 있으므로 이후에 찾는 사람은 ISP에서 바로 불러올 수 있다. 따라서 중앙 네트워크에 통신량을 추가하지 않고도 아주 빠르게 검색할 수 있다.

한 가지 문제점이 있다. 호스트 서버는 당신이 그 페이지를 다시 찾았다는 것도 같은 ISP에 있는 다른 사람이 그 페이지를 보았다는 것도 전혀 모르게 된다. 그 작업은 로그 파일에 보고되지 않는다.

로봇이 수치를 높인다

당신은 당신의 서버 로그를 추적하고 시간이 감에 따라 엑세스 경향을 기록한다. 어느 날 당신의 모든 고객에게 이메일을 보내서 당신 사이트에 새로 나온 특별한 기능을 알려준다. 그러면 사이트 방문 횟수가 엄청나게 뛰는 것을 볼 수 있다. 축하할 일인가? 아직은 이르다.

우선 추가 방문이 검색 스파이더가 남긴 발자국이 아닌지 확인해야 한다. 검색 엔진들은 당신 사이트를 읽고 색인을 달기 위해 웹에 스파이더를 보낸다. 그것들은 적절한 정보를 수집하기 위해 이 페이지에서 다른 페이지로 링크를 따라간다. 그래서 당신이 가지고 있는 모든 링크에 클릭함으로써 검색하는 사람들을 위한 적절한 정보를 수집하는 것이다. 이 때문에 어떤 일정한 날에 당신의 로그 파일이 아주 꽉 차 보이는 것이다.

하나의 컴퓨터에 몇 사람이?

당신의 보고서에서 로봇을 제거하면 이제는 그 모든 클릭이 나타내는 사람들이 얼마나 되는지 조사하고 결정해야 한다. 같은 컴퓨터(예를 들어, 207.154.137.4)에서 한 모든 요청을 일괄 처리함으로써 그것들이 전부 같은 사람에게서 온 것이라고 추정할 수 있다. 단 IP 주소의 동적 지정(dynamic assignment)과 게이트웨이(gateways)를 제외하고.

당신의 로컬 ISP에 전화하면 당신은 IP 주소를 할당받는다. 그 번호는 ISP가 가지고 있는 번호들로부터 끄집어낸 번호로 전화할 때마다 매번 같은 번호를 받지는 않을 것임을 확신해도 좋다. 가령 당신이 어떤 사이트에 가고 그 다음 당신의 모뎀을 끊었다고 하자. 다른 사람이 전화해서 방금 당신이 사용했던 IP 주소와 같은 주소를 할당받고 똑같은 사이트에 들어간다. 그러면 그 사이트의 서버 로그는 그것이 오로지 한 사람이었다고 생각하게 된다.

로그를 혼란시키는 또 하나의 상황은 게이트웨이 컴퓨터이다. 이것은 내부 기업 네트워크를 보호하고 AOL 같은 온라인 서비스를 사용하는 많은 사용자들을 통제한다. AOL을 통해 서핑하는 모든 사람들은 AOL 게이트웨이를 통해 당신 사이트에 온다. 다시 말해 10명의 다른 사람이 단 한 명처럼 보일 수 있다.

당신의 웹사이트에 대단히 흥미가 있는 것처럼 보이는 어떤 사람은 마이크로소프트에서 온 사람인가? 아니면 당신 사이트에서 빌 게이츠의 우스꽝스런 사진을 찾을 수 있다고 잘못 알고 왔다가 아무것도 못 찾고 그냥 나가 버린 200명이나 되는 사람들이 모두 마이크로소프트에서 온 사람들인가?

수 처리(Number crunching) - 힘이 많이 든다

오마 아매드(Omar Ahmad)는 넷스케이프의 서버들을 관리한다. 그들은 무수히 많은 서버를 가지고 있다. 그들은 하루에도 수백만 페이지를 제공한다. 그러나 그들이 가지고 있는 가장 큰 기기들은 오로지 서버 로그 분석에만 사용된다. 왜? 큰 힘이 들기 때문이다.

당신이 100만 페이지를 제공하고 각 페이지는 열 개의 파일로 구성되었고 각 파일은 약 20킬로바이트라고 한다면 당신의 서버는 200테라바이트(TB, terabyte, 메모리의 측정단위로 약 1조 바이트)의 데이터를 찾고, 읽고 그리고 보내야만 한다. 그것은 아래 라인들을 따라 각 트랜잭션을 기록한다.

207.77.01.38 — — [06/Dec/1999:09:25:28 — 0600] "GET products/
tools/wrenches/left—handeds/crescent.html HTTP/1.0" 200 132

텍스트의 그 라인은 120바이트이다. 그것을 백만 페이지와 열 개의 파일에 곱하면 당

신은 1.2TB의 데이터만 갖는다. 그것은 제공된 200TB보다 훨씬 작다. 그렇다면 무엇이 문제인가?

문제는 데이터를 제공하는 것과 그것을 분석하는 것이 아주 다르다는 데 있다. 데이터를 분석하기 위하여 소프트웨어는 그것을 분류하고 기억장치에 보관하며 비교하여 결과를 보고한다. TB의 데이터를 조사하는 일은 당신이 그런 페이지를 제공하기 위해 사용하고 있는 똑같은 기기에서 하고 싶은 일은 아니다.

그렇다면 거물들은 어떻게 그것을 하는가? 거대한 웹사이트를 가지고 있는 회사들은? 존재 자체가 자기 사이트에 있는 정보에 달려 있는 순수 인터넷 회사들은? 그들은 독한 콜라와 피자로 먹고 사는 아주 총명한 사람들이거나 아니면 모든 것을 추적할 수 있는 아주 중요한 소프트웨어를 산다.

NetGenesis(www.netgen.com)는 사람들이 당신 사이트에서 무엇을 하는지 주시한다. 그들의 말을 빌리면 다음과 같다.

> NetGenesis의 NetAnalysis 4.5와 CartSmarts는 방문자의 행동, 동적 사이트 콘텐츠, 검색 엔진 키워드 그리고 광고 클릭해서 들어가기(advertising clickthroughs)를 조사한다.
>
> 제삼자 응용 데이터뿐만 아니라 고객 데이터, 트랜잭션 내력, 프로필과 마케팅 캠페인 데이터는 e-비즈니스 결정권자들에게 온라인 사업의 가장 완전한 시야를 제공하기 위하여 온라인 행동 정보와 상호 관련될 수 있다.
>
> 보고서는 다음과 같은 내용을 포함한다.
>
> ■ 쇼핑 카트 활동: 고객이 어떻게 카트를 사용하는지 즉, 그들이 어떤 카트를 버리고 무엇을 구매하는지를 이해한다.
>
> ■ 구매 빈도와 새로운 구매: 고객이 사이트에서 얼마나 자주 구매했는지 평가한다.
>
> ■ 획득 출처: 어떤 사이트가 가장 바쁜 쇼핑객과 그에 버금가는 구매자를 당신의 사이트로 몰아오는지 안다.

- 방문자 프로필 보고서: 당신의 웹 마케팅 프로그램에 딱 맞추기 위하여 인구 통계 정보를 기초로 온라인 방문자들을 구분한다.

- 제품 카테고리 보고서: 구매를 유인하는 제품과 크로스 셀링 또는 업 셀링을 할 수 있는 제품을 식별한다.

- 투자수익률 보고서: 어떤 마케팅 프로그램이 최대한의 투자수익률을 이끌었는지 안다.

- 교차 채널 역학 보고서: 방문자들을 조직적으로 파악하기 위해 오프라인 채널에서의 데이터와 서로 관련시킨다.

- 고객 평생 가치: 어떤 고객이 당신 사업에 가장 기여하는지 평가한다.

등록과 상호작용을 계산하라

이달에는 몇 명이 등록하였나? 몇 사람이 자신의 주문을 추적하였나? 다른 고객이 물어 온 질문에 몇 사람이 대답하였나? 당신 사이트의 반응을 살필 수 있는 방법이 수없이 많고 그 모든 방법들이 다 효과적이다.

그 모든 방법들은 상황을 개선시키기 위해 취할 수 있는 행동을 가리킬 수 있다. 등록이 떨어지고 있는가? 무역 잡지에 '고객 서비스 최우선'이라는 광고를 실어서 당신의 굉장한 월드 와이드 웹 서비스가 클라이언트에게 기여한다는 점을 선전하라. 뉴스 그룹간의 토론이 부진한가? 날카로운 질문을 하는 이메일을 보내서 웹사이트상에 토론의 불을 지펴라. 티셔츠를 나눠 줘라. 고객 감사잔치를 개최하라. 서커스의 연기 주임으로서 당신이 해야 할 일은 이 서커스를 활발하게 움직이게 하고 고객들의 주의를 끄는 것이다.

성취한 것을 계산하라

가장 단순한 측정 방식은 웹 로그에서 그 양을 측정하는 것이다. 가장 복잡한 방식은 고객들로부터 얻은 피드백에서 그 질을 측정하는 것이다. 그 둘 사이에 당신이 해야 할 가장 중요한 영역이 있다. 그것은 고객들의 문제를 해결하는 데 도움을 주는 영역으로 측정 가능하다. 즉 쉬워 보이지만 제대로 하려면 시간이 다소 걸리는 질문을 몇 가지 함으로써 그것을 처리할 수 있다.

1. 당신의 고객 서비스 부서는 무슨 일을 하는가?

2. 어떤 구체적인 서비스를 제공하는가?

3. 그런 서비스를 전달하기 위하여 어떤 작업을 수행하는가?

두 가지 사례를 들어 보자(당신의 마일리지는 바뀔 수 있다).

사례 1 :

1. 당신의 고객 서비스 부서는 무슨 일을 하는가?
   ■ 고객들이 제품을 설치하고 이용하는 것을 돕는다.

2. 어떤 구체적인 서비스를 제공하는가?
   ■ 전화 지원

3. 그런 서비스를 전달하기 위하여 어떤 작업을 수행하는가?
   ■ 전화 받기
   ■ 통화 기록하기
   ■ 전화에 응답하기
   ■ 전화로 설치 장비에 대한 적절한 조치를 취하기

사례 2 :

    1. 당신의 고객 서비스 부서는 무슨 일을 하는가?
       ■ 배달에 관한 질문에 답하기

    2. 어떤 구체적인 서비스를 제공하는가?
       ■ 전화, 팩스, 이메일 통신

    3. 그런 서비스를 전달하기 위하여 어떤 작업을 수행하는가?
       ■ 전화, 팩스, 이메일 받기
       ■ 발송 조사
       ■ 예상 배달 날짜에 맞추기
       ■ 고객 스케줄 문제 해결하기

당신이 일상적으로 하는 일 중에서 특정 업무의 리스트가 주어지면 웹사이트가 고객을 위해 얼마나 일을 많이 향상시켰는지 측정할 수 있다.

당신은 받는 전화와 이메일 메시지의 수를 추적할 수 있다. 해결한 문제의 수를 측정할 수도 있다. 사람들이 전자적으로 답을 스스로 찾음으로써 당신이 얼마나 많은 전화를 유예했는지를 계산하기 위한 공식을 도출할 수도 있다.

사람들은 무엇을 찾고 있는가?

사람들은 자신의 웹사이트에 검색 도구를 가지고 있겠죠? 또한 사람들이 문제에 대한 해결책을 빨리 찾을 수 있기를 바라시죠? 이 책의 제3장을 읽었나요? 좋습니다. 그냥 한번 확인해 봤습니다.

검색 도구는 당신의 웹사이트가 얼마나 잘 짜여졌는지, 검색 도구가 올바른 답을 제대로 제공하는지 그리고 사이트를 방문하는 사람들이 무엇에 관심을 가지는지에 관한 귀중한 정보를 제공한다.

사이트에서 검색 결과를 조사해 본다면 다음과 같은 흥미 있는 사실을 알게 될 것이다.

■ 사람들이 가장 관심을 가지는 것이 무엇인가?

■ 회사에서는 흔히 사용하지 않는 것을 찾기 위해 사람들이 쓰는 용어는 무엇인가?

■ 검색 도구를 어떻게 잘못 사용하는가?

■ 특정 계절에만 이용되는 검색이 있는가? 주기적인 것은?

■ 현재 진행 중인 행사와 그날의 화제 등에 어떤 반응을 보이는가?

사람들이 가장 관심을 가지는 것이 무엇인가?

이 문제에는 큰 관심을 가지고 있을 것이다. 즉 해답을 찾고 있는 사람들의 머리 속을 자세히 들여다볼 수 있는 기회인 것이다. 그들의 마음 속에 있는 주제는 무엇인가? 그들이 가장 알고 싶어하는 것은 무엇이며 당신은 이 정보를 어떻게 담아 낼 것인가?

또한 사람들이 검색을 실행하기 전에 어느 페이지를 보았는지 추적함으로써 그들의 사고 과정을 간파할 수 있을 것이다. 사람들이 당신의 홈페이지를 누르자마자 바로 검색 버튼을 눌렀는가? 아니면 잠시 이곳 저곳을 배회하였는가?

좋은 웹 서버는 조회 페이지를 추적할 수 있다. 조회 페이지는 방문자가 현재 페이지에 오기 전에 있었던 페이지이다. —이는 웹마스터가 넷상에서 사람들을 당신 사이트로 끌어들이는 가장 강력한 광고 링크가 무엇인지 알기 위해 사용했었다. 추적이 제대로 되면 사람들이 찾는 것을 포기하고 검색 버튼으로 가기 전에 어디에서 곤란을 겪었는지 잘 알 수 있게 된다. 만약 당신의 '전원 공급' 페이지에 들어간 모든 사람들이 2분 정도 읽어 보다가 바로 검색 도구로 가서 '배터리'를 입력해 버린다면 당신은 뭔가 더 나은 안내 방법을 지원해야 한다는 사실을 깨닫게 될 것이다.

사람들은 무엇을 읽는가?

어느 문서를 다운로드하고 있는지 그리고 어느 것이 가장 인기 있는지를 예의 주시하면 당신은 사람들이 어떤 영역에서 더 많은 정보와 지시를 필요로 하는지 알 수 있을 것이다. 당신의 기록 보관소에 접근해 있지 않는 사람들도 이런 토픽들에 애를 먹고 있음은 의심의 여지가 없다. 어떤 영역에서 당황하는지 알면 당신은 이 영역을 적극적으로 공략할 수 있다. 훈련 과정을 강화하고 사용자 매뉴얼에 새로운 장을 첨가하고 광고 카피를 바꾸거나 판매 직원들에게 제품과 서비스를 설명하는 새로운 방법을 알려줄 시간이다.

사람들은 검색 도구를 어떻게 잘못 사용하는가?

사람들이 모두 다 도서관에서 연구만 하는 과학자는 아니다. 그들은 상관 데이터베이스, 부울논리연산(Boolean logic), 개념 검색, 목표 지향 목록 또는 퍼지 이론(fuzzy logic)과 같은 학문을 공부하지 않았다. 그렇지만 그들은 당신 사이트에서 뭔가를 찾고자 한다. 그들은 어떠한 실수를 저지르는가? 그 사람들이 더 쉽게 찾으려면 당신은 검색 도구를 어떻게 바꾸고 추가로 지침이나 훈련은 어떻게 제공할 것인가?

특정 계절에만 이용되는 검색이 있는가? 또 주기적인 것은?

똑같은 검색 요구가 매일, 매주 줄곧 같은 빈도로 들어오는가? 아니면 당신의 사업은 특정 계절에만 한정된 것인가? 겨울철 상하기 쉬운 제품에 대한 배달 일정을 묻는 질문이 폭주할 것으로 기대하는가? 사람들이 여름철 대량 구매시 할인 혜택을 받을 수 있는지, 크리스마스 즈음 하룻밤 만에 선적이 가능한지를 알고 싶어하는가? 그에 따라서 계획을 세워라. 장치가 계절적 특수를 감당할 수 있는지 확인하라. 검색 엔진이 당신의 서버에 부담을 줄 수 있으므로 로드가 많아질 때의 하중에 대비해 서버를 항상 모니터하도록 하라.

사람들은 현재 진행중인 행사와 그날의 화제 등에 어떤 반응을 보이는가?

월스트리트 저널 1면 기사로 인해 방문자들의 검색 습관이 바뀌었는가? 갑자기 모든 사람들이 당신의 수익에 관심을 가진다면 그들이 클릭할 수 있는 홈페이지에 버튼을

하나 만들어라. 그래서 사람들이 군이 '재정 상태', '총수익' 또는 '주식 가격'을 검색하지 않고도 바로 찾을 수 있는 투자 관련 버튼을 제공해 줘라. 그러면 그들은 숨바꼭질을 하지 않고도 관련 기사를 빨리 찾을 수 있다. 사람들이 검색을 멈추지 않게 해주고 또 그들의 마음 속에서 가장 궁금해 하는 것을 더 쉽게 찾도록 해줘야 한다.

신제품 공고를 했는가? 소프트웨어를 새로 출시하였나? 신제품 리콜은? 당신의 홈페이지는 연례 보고서 커버라기보다는 목차가 결합된 잡지 커버와 흡사하다는 것을 명심하라. 그것은 단지 '안녕! 여기에 와 줘서 기뻐!'라고 말하기 위해서 있는 것이 아니다. 그것은 통신 수단이다. 시대에 뒤떨어지지 않기 위하여 그 페이지에 최신 정보를 빠르게 실을 수 있는 절차를 마련하라. 당신은 이제 출판 비즈니스에 종사하고 있는 것이다.

당신은 얼마나 잘 비교하는가?

로그 파일에 유의하는 것 외에도 데이브 테일러(www.intuitive.com)는 또 클라이언트에게 웹에 들인 노력에 대한 고객들의 피드백을 주의 깊게 살피라고 일깨운다.

■ 사이트 디자인은 괜찮으며 쉽게 알아볼 수 있는가?

■ 문제점에 관한 보고가 신속하게 나오는가?

■ 문제점을 신속하게 처리하는가?

■ 고객들이 정말로 급한 경우에 우선권을 받을 수 있는가?

■ 고객들에게 훈련 기회를 제공하는가?

■ 고객들에게 시스템과 제품 변화, 즉 소프트웨어 업그레이드, 고쳐진 버그 등에 관하여 알려 주는가?

당신이 고객에게 이 두 번째 질문을 물을 때는 이야기가 달라진다는 사실을 명심해야 한다. 그것은 더 이상 로그, 차트 혹은 통계에 관한 문제가 아니다. 그것은 인식의 문제이다. 고객이 필요한 정보를 얻거나 또는 마땅히 받아야 할 대접을 받고 있다고 생각하지 못한다면 당신의 로그에 지난주보다 이번주에 더 많은 방문객이 있다고 해도 아무 소용이 없다.

Consumer Reports를 보면 컴퓨터를 가지고 있는 사람들은 자신들이 받고 있는 고객 서비스에 만족하지 않는다고 한다. 컴퓨터 제조업자의 지원에 '완전히 만족한다' 또는 '매우 만족한다'고 한 사람은 절반도 안 된다(40%). 이는 '우리가 서비스에 대해 측정했던 만족도 가운데 최저치 중의 하나'라고 Consumer Reports는 보고한다. 38%가 통화중에 '터무니없이' 오래 기다려야 했다고 생각하였다. 그들은 통화한 직원이 도움을 줄 만큼 제대로 알지 못했다고 불만을 표했고, 34%는 전혀 해결을 보지 못한 문제점이 있다고 주장하였다.

흔히 퍼스널 컴퓨터 산업 때문이라고 변명할 수 있다. 이는 온갖 종류의 응용에 대해 모든 종류의 사람들이 사용하는 매우 복잡한 제품이다. 하드웨어 결함, 소프트웨어 결함, 통신 결함, 네트워킹의 문제 그리고 가장 흔히 주장하는 설정 결함 등 문젯거리는 어디에서고 나온다. 그래서 모든 판매상들은 '각각의 부품은 제대로 작동하지만 각 요소들의 결합이 잘못된 것이다'라고 흔히 말한다.

그런 종류의 산업이라는 것을 고려한다면 회사들이 얼마나 잘 꾸려 가는지 측정하는 가장 공정한 방법은 자신이 제공하는 서비스와 경쟁자들의 서비스를 비교하는 것이다. 지금 당신들이 경쟁자들을 예의 주시하고 있다면 잘하는 것이다.

당신의 경쟁자들은 무엇을 꾀하고 있는가?

당신과 같은 업계에 있는 사람들은 웹사이트 개발의 모든 단계에 처해 있을 가능성이 있다.

심의 중. 우리가 이것을 어떻게 할지 아직 확실하지 않으므로 다른 사람들이 먼저 할 때까지 기다릴 것이다.

건설 중. 고객과 그들의 손자의 손자를 위해, 훌륭한 웹사이트를 만들기 위해서도 전

력을 쏟고 있다고 믿으셔도 됩니다.

브로서 단계. 우리는 훌륭한 제품을 가진 훌륭한 회사입니다. 이 페이지를 당신에게 보내 드릴까요? 여기를 클릭하세요.

판매 주기 지원. 여기를 클릭하세요. 판매원의 성가신 얘기를 듣지 않고도 구매 결정을 하는 데 필요한 상세 정보를 얻을 수 있습니다.

소매 판매. 주문하려면 여기를 클릭하고 당신의 신용카드 번호를 입력하세요.

클라이언트 판매. 주문하려면 여기를 클릭하고 당신의 클라이언트 계좌번호를 입력하세요.

고객 서비스. 무수한 문제에 대해 즉석 해결책을 원하시면 여기를 클릭하세요.

자세히 살펴보고 당신이 얼마나 잘 진행시키는지 보라.

칩 사업은 굉장히 경쟁력이 있다

National Semiconductor는 경쟁상 우위를 중요시한다. 주기적으로 독자적인 리서치 회사에게 50명의 디자인 엔지니어(National Semiconductor의 핵심 고객들—컴퓨터 고수들 중의 고수)를 고용하게 하여 National의 사이트와 세 개의 경쟁 사이트 앞에 앉힌다. 그런 다음 그들은 각 엔지니어에게 다음과 같은 작업을 건네주면서 주의 깊게 관찰한다. 즉 가격을 찾아라. 구성 요소를 파악하라. 한 부분에서 평균 고장 간격 시간을 찾아라. 어려운 질문에 대한 답을 구하라.

그들은 그 일에 시간이 얼마나 걸리는지 측정한다. 엔지니어들이 몇 번이나 눈살을 찌푸리는지 잰다. 엔지니어들을 인터뷰하고 각 사이트가 얼마나 사용하기 쉬운지 묻는다. 그들이 가장 좋아한 사이트는 무엇인가? 그들이 가장 많이 이용할 것이라고 생각되는 기능은 어떤 것인가?

그 결과 National Semiconductor는 웹사이트에 구조적 변화와 외관적 변화를 주고 분기별로 새로운 기능을 추가한다. 완성된 웹사이트라는 것은 없다.

경쟁 계획을 세워라

매달 달력에 '경쟁력 재고'의 날을 표시해라. 가장 큰 라이벌이 무엇을 하는지 체크할 사람을 둬라. 당신이 1주일 전에 실행한 기능을 경쟁사들은 아직 갖추고 있지 않은가? 고객과 잠재 고객에게 다른 공고를 보내서 당신이 전자지원 면에서 선두주자임을 알려라.

그들이 경쟁을 위해 사이트에 전혀 새로운 지원 서비스를 만들었다고? 그렇다면 결과를 측정하기 위해 최고수들의 회의를 소집해야 할 때다. 그것이 사소한 문제든 또는 당신의 시장 우위에 대한 강력한 도전을 제기하는 문제든 말이다. 만일 후자라면 문제점을 신중히 가려내서 어떻게 하면 더 잘할 수 있을지 해결해야만 할 것이다. 그리고 신속하게.

사람을 선정해서 계획적으로 또 정기적으로 경쟁사들을 감시하라. 경쟁력이 있다고 느끼는 회사와 선두 기업이라고 느끼는 회사의 매트릭스를 만들어라. 상단에는 그들의 각 사이트에서 제공하고 있는 색다른 것을 리스트하고 시간이 지남에 따라 계속 기록을 남겨라. 이렇게 하면 첫눈에 그들을 따라잡을 수 있는 방법을 알 수 있고 또한 경쟁사들이 웹을 얼마나 중요하게 여기는지 잘 알 수 있을 것이다.

절약과 이익을 위한 벤치마킹

존 앤톤(John Anton) 박사는 Purdue대학교 고객 지향 센터에서 고객 서비스 전략을 전문으로 하고 있다. 그는 콜센터에 초점을 맞추고 있지만, 그가 벤치마킹에 관해 이야기하는 내용은 곧바로 웹 기반 고객 서비스에도 적용되는 것들이 많다.

1. 벤치마크할 프로세스, 업무 또는 서비스를 확인하고 상세히 기록하라.
   당신이 다른 회사에 들어가서 많은 정보를 흡수하면 흥미야 있겠지만 결국 너무 많은 모순되는 요소들에 막히게 될 것이라고 앤톤 박사는 지적한다. 당신은 실제로 분명한 행동 지침 리스트를 얻고 싶어한다. 프로세스 리스트 등이 짧은 시간에도 처리할 수 있을 만큼 쉬워야 그 결과를 업무에 즉시 이용할 수 있다.

박사는 일을 다 마칠 때까지 상부 경영자들의 관심을 잡아 두는 것을 걱정했지만 인터넷 상에서의 움직임이 너무 빨라서 6개월짜리 연구는 도움이 되지 않을 것이다. 우리는 끊임없는 진보의 시대, 경쟁에 의한 변화의 세상에 살고 있다. 벤치마킹으로 최대한의 성과를 얻기 위해 당신은 서둘러서 중대한 결정을 내려야만 한다. 앤톤 박사가 말하는 것처럼 '낮게 매달려 있는 과일을 따라'.

2. 당신이 벤치마크할 회사를 확인하라.
경쟁자들의 웹사이트에 있는 어떤 기능은 눈에 띄고 비교할 수도 있다. 그러나 어떤 것은 패스워드 보호장치 뒤에 숨어 있어서 밖에서 보는 사람들에게는 안 보일 수 있다. 그렇다면 유사하지만 경쟁하고 있지 않은 다른 회사들을 찾아라. 예를 들어 그런 회사들은 당신과 같은 업계에 있을 수 있지만, 당신과 같은 분야는 아닐 수도 있다. 또는 그들이 당신과 같은 제조 분야나 서비스 또는 유통 분야에 종사하지만 같은 업계는 아닐 수 있다.

아래 단계는 필수 사항이다.

3. 이들 회사에 관한 데이터를 수집하고 저장하라.

4. 그 데이터를 분석하라.

5. 앞으로 할 일을 계획하라.

6. 결과를 통보하고 조직 내에서 허락을 얻어내라.

7. 목표를 수립하라.

8. 각 목표마다 행동 계획을 세워라.

9. 실행하고 그 결과를 모니터하라.

10. 반복하라.

이 리스트가 간단해 보이긴 해도 실제로 무시해서는 안 될 몇 가지 중요한 성공 요소를 담고 있다고 앤톤 박사는 훈계한다. 상부 경영자의 지원, 조직의 뚜렷한 목표, 조직의 유연성, 일부 경쟁사를 포함하여 다른 회사와 기꺼이 정보를 공유하려는 자세, 다른 사람에게서 수집한 독점적인 정보를 보호하는 것 등은 모두 중요한 요소이다.

최종적으로 벤치마킹이란 다른 누군가의 프로세스를 복사하는 것이 아니라 그 프로세스가 더 잘 작동하는지, 어떻게 그것을 당신의 사업에 채택할 것인지를 이해하는 것이다. 경쟁사들이 만들고 변형한, 강력한 방법을 베끼는 것은 정체로 이어지는 위험한 비탈길이라고 톰 피터스(Tom Peters)는 말하고 있다. 그것들을 연구하라. 하지만 모방하지는 말아라. 대신 그것들보다 훨씬 잘하도록 노력하라.

비밀 조사원(secret shopper)을 고용하라

얼마나 잘하고 있는지 정말 알고 싶다면 스파이를 고용하라.

경영자에게 자신의 회사에 전화를 해서 고객 서비스가 정말로 잘되고 있는지. 확인해 보라고 권유하고 싶다. 전화를 얼마나 빨리 받는지. 얼마나 오래 기다려야 하는지. 대기 중에 나오는 음악은 어떤 것인지, 전화받는 사람의 목소리가 친절한지.

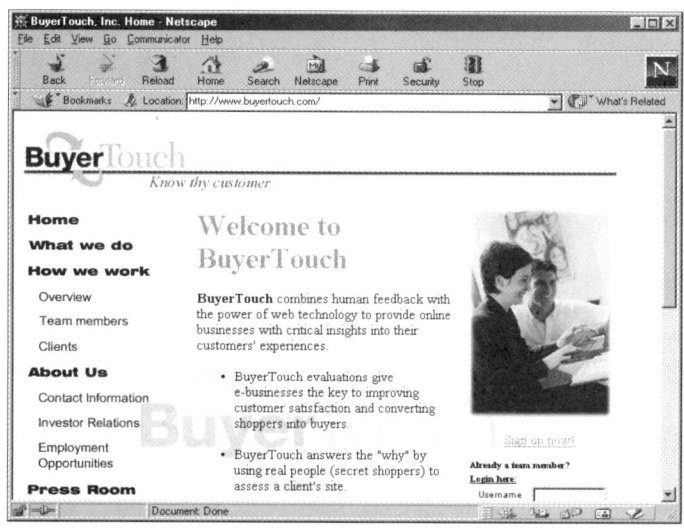

그림 6.12 BuyerTouch는 고객 서비스 능력을 평가하여 보고해 주는 것이다.

어려운 부분에는 어떤 대답이 나올 것인지, 나올 수 있는지 또 나와야 하는지를 알게 될 것이다. 따라서 외부 서비스 업체에 의뢰해서 비밀 조사원을 고용하고, 당신이 얼

마나 잘해 나가는지 테스트하는 편이 낫다. BuyerTouch(www.buyertouch.com [그림 6.12] 참고)는 그런 일을 하는 업체다.

경쟁하기 위한 우선순위를 정해라

당신이 이 책을 다 읽을 때쯤에는 아마 실행에 옮기고 싶은 아이디어가 많아질 것이다. 운이 좋다면 아주 많은 아이디어를 갖게 될 것이다. 그러나 무어보다 중요한 문제는 시간이다. 당신 사이트에 이미 갖춰진 것을 근거로...경쟁사가 제공하는 것을 근거로...경쟁사가 그 일을 수행하는 데 3개월이 더 있다면 무엇을 할 수 있는지를 가정해 보고.. 당신이 기필코, 단호히 앞으로 3개월 안에 사이트에 첨가해야만 하는 이유는 무엇인가?

웹에 들이는 노력을 끝없는 진행의 연속이라고 생각한다면 당신은 아주 정확하게 꿰뚫어 본 것이다. 실행할 시간적, 금전적 여유보다 두 배나 되는 리스트를 확정했다면 시작을 제대로 한 것이고 이제는 그 우선순위를 정해야 할 때다. 우선순위를 정하는 기본적인 방법이 있다.

당신 사이트에 추가할 수 있는 가장 쉬운 기능은 무엇인가? 가장 쉬운 것을 1로, 가장 어려운 것을 10으로 분류하라.

추가할 경우 가장 저렴한 기능은 무엇인가? 가장 싼 것을 1로, 가장 비싼 것을 10으로 분류하라.

고객이 가장 많이 요청하는 기능은 무엇인가? 가장 많이 요구하는 것을 1로, 어쩌다 한두 명의 괴짜로부터 듣고 있는 요청은 10으로 분류하라.

어떤 기능이 가장 적은 훈련과 문화적 변화를 필요로 하는가? 가장 적은 분열을 요하는 것을 1로, 모든 사람들이 새로운 사고 방식을 채택해야 하고, 외국어를 배워야 하는 것들은 10으로 분류하라.

어떤 기능이 정치적 혼란으로부터 가장 영향을 적게 받을 것인가? 모든 사람들에게 괜찮게 들리는 것을 1로, 기업의 사활을 흔들어 놓을 만큼 위협적인 것을 10으로 분류하라.

물론 몇 가지 다른 측정 방법도 추가하고 싶겠지만 그 결과는 마찬가지다. 모든 수치를 다 더해서 가장 낮은 점수를 받은 것이 우선권을 얻는다.

고객의 비평을 위한 문을 열어 둬라

뭔가 한 가지를 기억해야 한다면 이 웹사이트는 고객의 것이지 당신의 것이 아니라는 사실이다. 웹사이트가 얼마나 좋은지 의도대로 잘 제공되고 있는지 그리고 조직에 얼마만한 자산이 되지는 고객들이 그것을 어떻게 인식하는가에 달려 있다.

고객에게 자주 물어라

고객들이 당신 리스트의 순위를 정하는 것을 도와줄 것이다. 왜냐하면 그들이야말로 그 결과에 의존해야만 하기 때문이다. 고객들은 당신이 그들의 삶을 더 쉽게 해주기 위해 무엇을 할 수 있는지에 관한 아이디어를 기꺼이 제공할 것이다. 그러니 그들에게 물어라.

각 페이지에 단순한 피드백 버튼만 제공하지 말고, 구체적인 질문을 던져라. 한 페이지를 할애해서 사람들이 제품을 이름별 또는 부품 번호별로 볼 수 있게 하라. 각 페이지 하단에 조그마한 텍스트 박스를 첨가하라. 거기에는 "필요한 정보를 얻으셨습니까?"라고 적어라. 모든 제품 설명 아래에 고객들이 도움을 받을 만한 것이 더 있는지 물어라.

사람들이 자의로 48쪽짜리 설문조사에 답해 주기를 기대하지 마라. 대신 그들이 보고 있는 페이지와 직접 관련된 질문을 이곳에서 한 가지, 저곳에서 한 가지 하는 식으로 물어라. 또는 48쪽짜리 설문조사에 응해 줄 만큼 강력한 보상을 제공하라.

United Airlines는 약간의 뇌물로 목적을 달성할 수 있다는 것을 알았다. 그것이 나한테는 잘 먹혀 들어갔다. 마일리지 혜택을 받기 위해서라면 나는 무슨 일이든지 할꺼니까...

수신인 : jsterne@silcom.com
보내는 사람 : United Airlines 마일리지 플러스 〈ual@mileageplus.com〉
받는 사람 : Mr.James B.Sterne 〈jsterne@targeting.com〉
제목 : 의견을 주시면 1,000마일 보너스를 드립니다
날짜 : 1999년 7월 14일, 수. 12:35:31

스턴 씨에게

당사에 대해 어떻게 생각하십니까?

의견을 주시면 1,000마일의 보너스 혜택을 드립니다.

기록을 보니 최근 저희 마일리지 플러스(R) 서비스센터에 연락하셔서 프로그램 정보나 계좌 데이터를 문의하셨더군요. 이번에 당사에서는 고객의 문의에 대한 응답이 시기 적절한지 또 귀하의 특정한 요청을 재대로 처리했는지 검증하기 위하여 간단한 조사를 하고자 합니다. 다음 질문에 답하셔서 아래 주소로 보내 주신다면 대단히 감사하겠습니다.

http://www.uasurvey.com/mpp059

이 이메일을 받으시고 30일 이내에 답을 보내 주시면 1,000마일 보너스를 드립니다. 이 보너스는 조사가 끝나고 4주 내지 6주 후에 귀하의 계좌에 더해질 것입니다. 귀하의 의견은 대단히 중요합니다. 앞으로도 더 나은 서비스와 안락한 여행으로 모실 것을 약속 드립니다.

감사합니다.

콜린 샌더스
고객 조사 코디네이터

++
질문이나 의견을 보내시려면
저희의 고객 서비스 웹페이지를 방문하십시오.
http://www.ual.co/CService

가입을 해지하시려면

가입을 해지할 의사가 없으시다면 이 이메일에 답하지 마십시오. 이 주소로 보내진 메일에는 답을 보내지 않습니다. United Airlines 마일리지 플러스 이메일 리스트에서 귀하의 이름을 삭제하고 싶으시면 이 메시지에 답장을 하시면서 제목란에 가입 해지(Unsubscribe)라고 적어서 보내 주십시오.

++

이 이메일 메시지와 내용은 저작권 보호를 받으며 United Airlines의 독점 제품입니다. 저작권 1999 United Airlines, Inc. All rights reserved.

UAMP 15653 7/99(MPP 059)

다른 사람들을 시켜서 고객에게 물어라

요즘에는 BizRate(www.bizrate.com [그림 6.13] 참고)와 같은 제3자와 제휴할 수 있다.

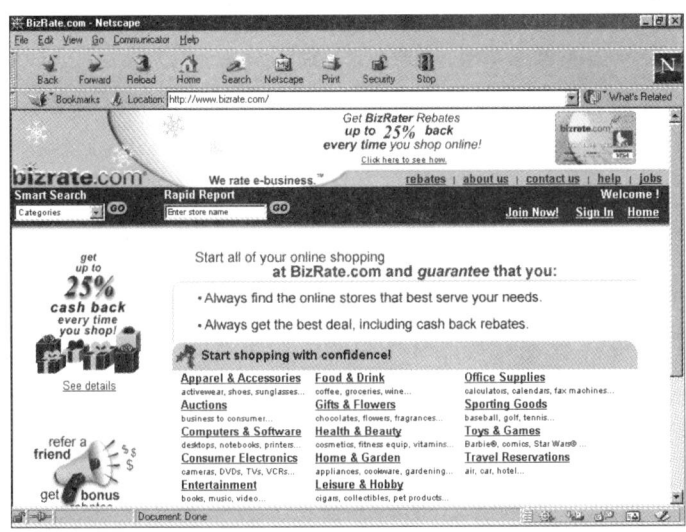

그림 6.13 Bizrate는 쇼핑 포털·비즈니스의 등급을 메기는 시스템이다.

검색 엔진, 프라이스 보츠 그리고 포털은 가장 돈을 많이 내는 상점들만 싣고 있지만 BizRate.com에서는 모든 우수 상점을 웹상에 무료로 올릴 수 있다. 사실 온라인 상점들은 BizRate.com의 리스트에 오르거나 실리기 위해 돈을 낼 수 없다.

또한 BizRate.com이 구매하는 수백만의 실제 고객들에게 직접 피드백을 계속 해서 수집하는 유일한 곳이기 때문에 어느 웹사이트가 좋은지 그들의 어떤 점이 우수한지 그들의 서비스가 매일 어떻게 변하는지 알게 된다. 그래서 BizRate.com은 당신의 특정한 욕구를 받아들이고 그 욕구에 가장 잘 맞는 상점과 연결해 줄 수 있는 유일한 사이트이다.

이런 직접적인 피드백은 소매 웹사이트가 간절히 원하는 것이다.

BizRate.com은 회원들의 온라인 상점의 영수증 페이지(receipt page)에 자리잡고 있으면서 BizRate.com 설문조사에 참여하라고 구매자들을 독자적으로 초대한다. 상인들이 실시한 고객 설문을 모아서 고객들에게 제시한다. 이 결과는 www.bizrate.com에 '고객 보증(Customer Certified)' 등급으로 올라 있다. 상인들도 이 정보를 편집되지 않은 고객의 피드백으로 그리고 실용적인 시장조사로 활용한다.

> 상인 회원들은 어떤 이득을 누리는가?
> 고객들이 주는 의견에 무료 접근
> BizRate.com 네트워크에 무료로 상정
> 무료로 매월 특정 사이트 시장조사
> 마케팅을 위해 BizRate.com의 고객 보증 메달을 무료로 사용
> 전자상거래의 '뜨거운' 토픽에 관한 무료 시장조사

프로세스 향상

고객들이 당신을 더 높이 평가해 주기를 바라는가? 그들이 보는 프로세스를 고쳐라. 이메일에 얼마나 빨리, 얼마나 잘 응답하는지가 실제로 어떻게 그것을 하는지보다 훨씬 더 중요하다. 우리는 레스토랑의 화장실을 자주 그리고 깨끗하게만 청소해 논다면 어떻게 청소하는지는 상관하지 않는다.

『온라인 고객 관리(Online Customer Care, ASQ Quality 간행물, 1998)』에서 마이클 쿠삭은 당신의 고객들이 주시하고 있는 사항 몇 가지를 나열하고 있다. 그는 이 리스트를 대고객 프로세스라고 부른다. 그 중 일부를 예로 들어 보자.

회사로 오는 고객의 전화(이메일 등)를 적절한 담당자에게 보내기

고객 계정 관리 처리 능력, 예를 들어

    고객 주소 변경
    가격 전략 변경
    되돌아온 메일에 대한 반응
    계약 갱신 또는 취소
    신용 한도 수정
    청구서 발송 책임 변경
    고객의 의견 수렴

판매 전에 하는 요청에 대한 해결 능력, 예를 들어

    가격 문의(비고객)
    제품 특성 정보
    가장 가까운 지점 · 상점 위치

고객 주문과 예약 처리 능력, 예를 들어

    재고 조사
    신용 거래 승인
    가격 협상

일반적인 질의와 문제에 대한 해결 능력, 청구서 관련 질의에 대한 해결 능력, 예를 들어

    가격 문의 (고객)
    송장 사본 요구
    청구서 발송 주기 변경
    첫번째 청구서에 대한 설명
    제품 특성 변화에 대한 설명
    수정 청구서 작성
    세금에 대한 설명

요구 즉시 청구서 제시

수집한 자료 처리 능력, 예를 들어

늦은 통지에 대한 반응
처리 보고에 대한 반응
미납 비활동화에 대한 반응

고객 불만 사항에 대한 처리 능력
잘못 보내 온 호출(이메일 등)에 대한 처리 능력
고객 전화의 온라인 단계적 확대
고객 담당자 콜백 약속 처리 능력
고객이 시작한 콜백 처리 능력

왜 쿠삭은 프로세스 가능성을 그토록 길게 열거하고 있는가? 이는 우리 대부분이 시작할 때는 소규모로 시작하고, 점점 성장함에 따라 이런 내용에 그다지 신경쓰지 않기 때문이다. 거대한 고객 서비스 조직에는 모든 업무와 예외 사항 그리고 승인 머리글자 세트를 약술해 논 커다란 바인더들이 있다. 작은 조직에는 대부분의 것들이 구전으로 전달된다. 그래서 그 시간에 방에 있지 않았던 사람들은 그 구전 메모를 듣지 못하게 된다.

일이 어떻게 처리되는가에 관심을 가져라. 만약 고객이 당신의 일 처리 과정을 볼 수 있다면 또는 고객이 프로세스 과정의 일부에 있다면 정말 잘해 보이도록 해라.

관계를 맺어라

가능한 한 고객과 항상 접촉하라. 그들이 질문해 오면 그들에게도 질문을 던져라. 문제를 해결해 주고 고객들을 그냥 되돌려 보내지 마라. 그들과 좀더 긴 대화를 할 수 있도록 유도해서 그들에 관하여 더 많이 알도록 노력해라.

받는 사람 : '소중한 고객님'
보내는 사람 : '고객 서비스' 부서의 존 스미스

Re : 귀하의 고견

웹에서 저희의 고객 서비스 진행 과정에 관하여 지난달 저와 얘기해 주신 데 대해 다시 한 번 감사드립니다. 귀하께서는 다른 고객들이 7100 모델 15sf를 자기네 회사에서 어떻게 사용하고 있는지에 관한 사례를 더 보고 싶다고 말씀하셨죠? 이에 우리는 http://www.ourcompany.com/cases6.html과 /cases7.html에 두 가지 사례를 추가하였으며 귀하의 정직한 피드백을 얻고 싶습니다.

이번 일이 귀하에게 도움이 되기를 바랍니다. 아울러 이 두 사례에 관하여 더 많은 정보를 얻고 싶으십니까? 귀하의 의견을 기다리겠습니다.

추신. 귀하의 사례도 보내 주시기를 바라 마지않습니다.

매달 소수의 고객을 선별해서 전화를 하라! 그들과 대화하면서 어떻게 하면 이 웹사이트가 고객 서비스를 위한 훌륭한 장이 될 수 있는지 알아내라. 이를 위해 당신이 개선할 수 있는 것을 그들에게 물어라. 고객들을 개별적으로 알아 가면서 이메일을 통해 계속 대화하라.

뉴스레터 'Marketing Technology' 1999년 5월호에서 마케팅의 천재이자 훌륭한 컨설턴트인 크리스틴 지바고(Kristin Zhivago)는 '즉석 마켓 리더십'으로 인정받을 만하다고 생각되는 회사에 관하여 글을 썼다.

기존 시장에 들어가서 순식간에 리더가 될 수 있을까요? 있습니다. 그리고 우리는 works.com이 그런 회사들 중 하나가 될 것이라고 예견합니다. 왜죠? 그건 그들이 너무나 많은 일을 올바로 진행하고 있기 때문입니다. 마케팅은 요트 경주와 흡사합니다. 실수를 가장 적게 하는 사람들이 우승하죠. Works.com은 이제 막 출발했지만 이미 무리를 앞지르고 있습니다.

Works.com은 사무용품을 판매하는 회사입니다. 그러나 단순한 온라인 상점 이상입니다. 즉 이들은 구매 과정을 쉽게 제공해 주고 있습니다. 마케팅의 명수 보 홀란드(Bo Holland)가 회사를 운영하고 있습니다(놀라셨죠?). 다른 회사들도 보에게서 배울 점이 많습니다. 그래서 그가 어떻게 하고 있는지 자세히 살펴 보겠습니다.

고객 중심 운영

먼저 Works.com의 임무 선서를 볼까요? "Works.com의 임무는 제품을 구입하는 회사들에게 더 나은 방법을 제공하는 것입니다. Works.com은 규모, 위치, 구매 전력에 상관없이 모든 회사에게 다양한 사무·기술용품을 직도매가로 제공함으로써 임무를 달성합니다." "게다가 회사들은 구매 요청, 주문 승인, 추적 그리고 보고에 이르기까지 전구매 과정을 자동화하여 운영할 수 있습니다. 이렇게 함으로써 각 회사는 구매와 저가 매입을 계획하고, 능률적으로 하며, 처리 시간을 절약하고, 지출을 억제할 수 있습니다."

흔히 자기 본위의 따분한 문구로 일관되는 임무 선서도 분석해 볼 만한 가치가 있다. 첫번째 문장에서 그들은 "제품을 구입하는 회사들에 더 나은 방법을 제공한다."라고 직접 그리고 분명하게 자신들만의 훌륭한 가치를 나타내고 있다.

가장 상투적인 "…의 선도하는 공급자가 되는 것…" 운운하는 이야기는 전혀 없다.

충격 : 회사가 리서치를 한다

그렇다면 보와 팀원들은 고객이 무엇을 원하는지 어떻게 알았을까? 아주 간단하다. 그들에게 물어 보았단다! "저는 지난 12년 동안 상업상의 소프트웨어 분야에서 일해 왔습니다. 가장 어려운 일 중의 하나는 고객이 경험하고 있는 것이 무엇인지, 그들이 무엇을 필요로 하는지 그리고 왜 그런지를 조직 내의 모든 사람들에게 이해시키는 것이었습니다."라고 보는 말한다. 이 일을 올바로 수행하는 것은 아주 중요하다. 특히 당신이 웹 기반 회사에 있다면 더욱 그렇다고 할 수 있다. "사이트가 곧 회사입니다. 상품을 박스에 넣어서 담 너머로 던져 주고 나서는 저쪽 편에서 얼마나 괴로워하는지 알아보는 식이 아닙니다. 첫째, 당신은 고객이 그 제품을 사용했을 때 실제 어떻게 작동하는지 즉시 알아내야 합니다. 둘째, 판매를 지원해 주는 모든 기능을 자동화해야 합니다."라고 분명하게 말하고 있다.

이번에는 보가 자신의 직원들이 고객 경험을 총체적으로 이해하도록 하기 위해서 어떻게 했는지 보자. "우리는 초창기부터 그리고 앞으로도 계속 고객들에게 매주 전화를 드릴 것입니다. 매주 화요일 10시에 우리는 회의실에 모여 스피커폰으로 고객들과 통화합니다."

"고객은 전화를 기다립니다. 그리고 우리는 불만에 찬 고객을 자주 발견하곤 합니다. 이 시간이 절대 즐거운 시간은 아닙니다. 오히려 '누가 우리 때문에 화가 났지?'를 알아내는 시간이 즐거운 시간입니다. 그리고 그런 사람이 전화에다 자신이 경험한 것을 우리에게 말해주겠다는 동의를 얻어냅니다. 회의실에 앉아 3,40분 정도 그 고객의 이야기를 듣습니다."

고객들은 전화에 앞서 약간 준비를 합니다. 고객이 문제에 대해 전화를 했건 아니면 고객에게 전화가 갔건간에 문제는 드러납니다. "그들에게 전화로 그 문제에 대해서 자세히 설명해 줄 수 있는지 묻습니다."라고 보는 말한다.

그는 계속 주장한다. "그 반응은 믿을 수 없을 정도입니다. 한 번은 사이트에서 열여섯 장을 프린트하고 각각에 주석을 달아서 우리에게 팩스로 보내 준 사람도 있었습니다. 전화로 1시간 30분을 얘기하고 인터페이스의 바꿔야 할 모든 요인을 낱낱이 점검하였습니다. 즉 '저는 이 정보는 여기에서 나왔으면 좋겠어요. 아니요, 이것을 여기에서 보여 주면 너무 늦다구요... 이건 정말 어리석은 거예요. 시간만 낭비하는 거라구요.... 이 말은 도대체 무슨 말인지 모르겠네요.' 정말 굉장했습니다."

만족 공식

시스코 시스템즈가 고객들이 자신의 웹서비스에 관해 어떻게 생각하는지 추적하려고 했을 때 그들은 "1에서 10까지 중에서 우리 웹사이트에 평점을 매겨 주십시오."라는 것 이상이 있다는 것을 알았다. 그래서 그들은 그것을 복합측정 기준으로 분류하였다.

우리의 검색 엔진에 얼마나 만족하는가? 우리가 제공하는 정보의 완성도에 얼마나 만족하는가? 질문에 대한 응답 속도에 얼마나 만족하는가? 지식 베이스에 얼마나 만족하는가? FAQ는? 고장 수리에 대한 안내는? 원거리 진단 도구는?

그런 다음 시스코는 한 단계 더 나아갔다. Cisco Connection Online부서 소프트웨어 센터에서 콘텐츠 매니저로 있는 피터 콜레스(Peter Corless)는 "모든 기능의 만족도는 중요합니다. 그러나 그 기능이 중요하지 않은 것이면 만족도에는 차이가 없습니다."라고 설명한다.

물론 그들은 돈을 절감할 수 있는지 알고 싶어했다. "시스코의 웹사이트를 방문하면 전화를 안 걸어도 되던가요?" 그들은 한 발 앞서 게스트 유저(사이트는 방문하지만 등록을 안한 사람)와 서비스 고객(좀더 자세한 정보에 접근하기 위하여 추가로 돈을 지불한 사람) 사이를 나눴다. 그러나 그들은 사람들에게 전화를 걸 필요가 없게 된 것이 얼마나 중요한지를 물었다.

물론 그들은 전체적인 만족을 물으면서도 동시에 유용성, 완성도, 검색의 용이성, 반응 속도 그리고 사용의 용이함 등에 관한 사용자 의견을 깊이 조사하였다.

"당신이 가장 큰 차이에 따라 재분류하려고 한다면 고객들이 우리 사이트의 완성도와 책임감에 굉장히 만족하고 있다는 것을 알 수 있을 것이다. 이제 그들이 우리에게서 더 원하는 것은 주로 검색 성능 면입니다. 그것은 거대 사이트로서 우리가 직면한 가장 큰 과제입니다.... 당신이 중요하다고 여기는 것을 찾도록 우리가 어떻게 해주어야 할까요? 다음은 사용의 용이성 문제와 서비스의 유용성 문제입니다. 이를 위해 기존 애플리케이션에 기능을 추가하거나 아니면 현재는 없는 새로운 애플리케이션을 추가해야 할 것입니다."라고 피터는 말한다.

"이들 각각은 포커스 그룹과 유용성 조사가 수반되는 연속적인 질문으로 끝없이 이어집니다."

Loyola대학교 마케팅 교수인 캐롤린 피셔(Caroline Fisher)는 Customer Service Management지(1999년 11,12월호)에서 의식을 넓혀 주는 기사를 제공하였다. 그녀는 요즘의 만족도 측정은 단지 고통이 없는 상태만을 찾고 있다고 안타까워하며 문장을 시작했다. "고객을 당신의 제품이나 서비스로 끌어들이고 유지해 주는 것의 존재는 나타내지 못합니다."

고객이 감지하는 것으로서 제품이나 서비스의 가치를 측정하는 것이 훨씬 더 낫다고 피셔는 제안한다. "가치란 구매와 사용의 긍정적 결과와 부정적 결과 사이에서 평균을 취하는 것입니다." 그녀는 만족과 가치 사이의 차이점을 이런 식으로 약술한다.

만족 지향	가치 지향
긍정적 결과만 측정	평균 측정
한 브랜드 측정	주요 경쟁사들 비교
제품에 초점	제품 사용에 초점
속성에 초점	속성, 결과 그리고 가치를 사용
단기 견해 제공	장기적 전망 제공
증진 변화 장려	근본적 변화 장려

피셔가 말하는 차이점을 제대로 이해하기 위하여 사례가 풍부한 다른 표를 살펴보자.

제품	속성	결과	가치
캔디	설탕	달콤한 맛	만족
치킨	저지방	적은 칼로리 소비	건강
컴퓨터	저가	적은 돈이 듦	절약
패스트푸드	빠른 서비스	줄서 있을 필요가 없음	능률적
치약	플루로이드	충치 예방	건강
꽃 배달	신선한 꽃	장시간 보존	사회적 인정
꽃 배달	신속한 배달	정시 도착	사회적 인정
꽃 배달	예쁜 꽃꽂이	비싸 보임	사회적 인정
꽃 배달	신용카드 결재	외상 구입 가능	효과적인 예산 짜기

그런 다음 고객의 목소리를 모아서 시스코가 한 것처럼 중요도를 측정하라고 피셔는 말한다. 그러나 반드시 결과와 가치의 비중도 고려해야 한다.

고객이 얼마나 만족하는지 측정하는 것을 도와줄 외부의 도움이 필요한가? Marketing News지 1999년 10월 25일자에 고객 만족도 측정 회사 1백여 곳의 명부가 실려 있다(www.ama.org, [그림 6.14] 참고).

고객을 만족시키는 것은 사람들을 만족시키는 일에 대한 것이다. 그들과 개별적으로 대화를 하는 것이 그 첫 단계이다. 당신의 컴퓨터로 그들과 개별적으로 통신하는 것은 다음 단계이다. 그리고 이를 다음 장에서 자세히 다루고 있다.

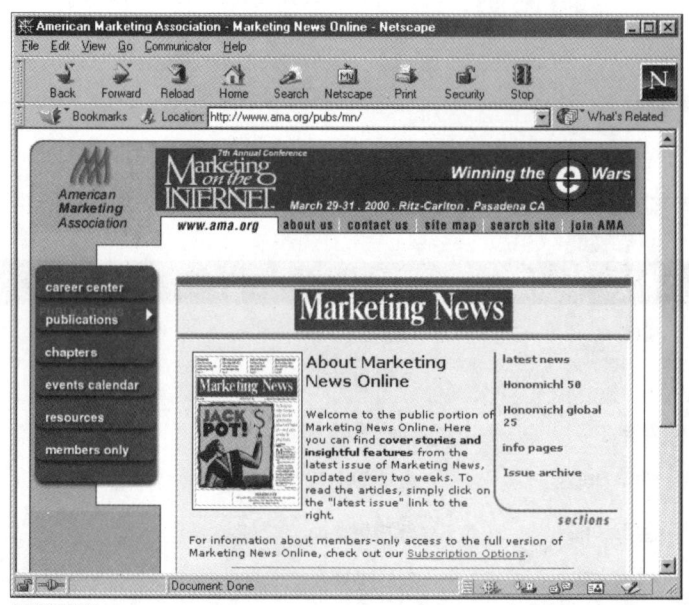

당신이 할 수 있는 것을 계산하고 당신이 계산한 것을 추적하라. 일단 당신의 웹 기반 고객 서비스를 사용하는 사람이 얼마나 되는지 그들이 그것을 어떻게 생각하는지 감지하면 당신은 그 사이트를 더 낫게 만들기 위해 무엇이 필요한지 회사의 경쟁적 이점으로 어떻게 전환시키는지 알게 될 것이다.

그림 6.14 미국 마케팅협회의 Marketing News는 당신이 고객 만족도를 측정하는 데 도와줄 회사 리스트를 싣고 있다.

제 **7** 장

고객을 개인으로서 재인식하기

앞으로는 고객 유치 경쟁에서 고객이 어떻게 그리고 왜 자사의 물건을 구입했는지 개별적으로 인식하고 한 번에 한 사람을 자사의 고객으로 끌어들이는 방법을 아는 기업만이 승리할 수 있다.

−로브 잭슨(Rob Jackson)과 폴 왕(Paul Wang), 전략적 데이터베이스 마케팅

NTC Business Books, 1994

대량 수송과 매스컴이 발달하기 전 존슨 씨는 General Store의 운영자로서 고객에 대해 모르는 것이 없었다. 예를 들어 칼슨 부인은 시동생 가족이 방문하는 날이면 밀가루와 설탕을 더 많이 산다. 또한 존슨 씨는 설리반 박사 병원 건너편에 사는 사람들이 만성적으로 병을 앓고 있는데 아마 박사가 처방해 준 강장제와 특효약을 먹고 그런 것 같다고 추측할 수 있을 정도였다. 그리고 마킨스 부인의 다음 출산 예정일이 언제인지도 알고 있었고, 프레드 페터슨이 건너편에 있는 사람을 쳐다보는 이유는 페터슨 부인의 머리가 좀 큰 편이라 새로 사서 포장해 둔 아름다운 모자가 맞지 않으면 어쩌나 걱정하고 있기 때문이라는 것도 알고 있었다.

따라서 마을사람 누구든 General Store에 들어오면 존슨 씨는 그들에게 가족 안부나 건강 상태 또는 요즘 무슨 생각을 하는지 물었다. 그리고 떠돌이 상인이 마을에 들어오면 존슨 씨는 다음달에는 무엇이 잘 팔리고 무엇이 잘 안 팔릴지 정확히 알고 물건을 준비해 두었다. 그는 사람들이 무엇을 심을 준비를 하는지, 누가 아픈지 누가 겨울이 되기 전에 세상을 떠날지도 알았다. 그리고 누가 새로 헛간을 짓느라 물품이 필요한지 그리고 어느 집에 다른 마을에서 손님이 와서 식량이 더 필요한지도 알고 있었다.

일본에서는 1700년 중반부터 약품 소매업자들이 고객과 개인적인 친분을 갖고 지냈다. 지금으로부터 3백년 전인 1700년에 말이다. 판매 상담자들은 개인적으로 가정을 방문하여 자신의 회사에서 만든 약상자를 점검했다. 그래서 다 쓴 약은 새 것으로 바꾸어 주고 남은 약은 유효기간에 따라 버리거나 새 것으로 교체해 주었다. 약품 소매업자들은 이 방법이 아주 성공적이라고 생각하여 지금까지도 이러한 방법으로 고객을 관리한다.

미국에서는 기업들이 전역에 흩어지면서 상황이 바뀌었다. 또한 라디오나 텔레비전을 통해 수많은 사람들에게 메시지를 전달할 수 있게 되면서 상황이 바뀌었다. 대량 운송과 매스컴이 발달한 새로운 시장에서 물건을 팔기 위해 기업들은 대량 마케팅에 의존했다. 대량 마케팅은 개인보다는 통계 수치를 중시했고 거리의 사람들보다는 여론조사상의 사람들을 중시했다. 기업은 더 이상 고객을 사람으로 대하지 않고 하나의 덩어리로 보았다.

멀리 있는 고객에게 물건을 팔기 시작하면서 고객에 관해 개인적인 정보를 얻을 수가 없었다. 그리고 인구통계나 여론조사, 표본이나 추측에만 의존해야 했다. 포커스 그룹(시장에 내놓을 상품에 관해 토의하는 소비자 그룹)은 기업에게 듣고 싶은 말만 해주었기 때문에 기업은 스스로 만들고 싶은 제품을 만들 수 있었다. 그러다 결국 확실하고 분명한 과학적 연구를 했다고 강조하며 이렇게 말했다. "수치상으로 보면 이 제품은 날개 돋친듯 잘 팔려야 하는데 왜 시장에서 잘 팔리지 않는지 알 수가 없다."

고객들은 그런 제품을 사지 않는다. 왜냐하면 기업이 소비자에게 등을 돌리고 소비자와의 대화를 멈춘 채 독백을 시작했기 때문이다. 고객의 피드백을 충분히 받아들이지 않고 계속 혼자말만 했던 것이다. 그리곤 왜 기업의 처방이 고객의 병을 치료해 주는지 설명했다. 그리고 고객이 아픈 곳이 없다고 하는데도 기업은 고객에게 병이 있다고 설득하기 시작했다. 만일 제조업체가 고객이 필요한 것을 알아내서 그것을 채워 주는 역할을 하지 못하면 필요 그 자체를 만들어냈다. 집안일 관리나 셔츠 칼라 주위에 끼는 때 때문에 무엇인가 필요하다고 지역 상인에게 불평한 사람은 아무도 없었다. 이런 과정에서 기업은 더 이상 고객의 말에 귀기울이지 않았다. 고객에게 일대일로 주의를 기울이는 일을 그만 둔 것이다.

시각장애인만 있는 나라에서는 눈이 하나 있는 사람이 왕이다. 시장을 보지 못하는 세계에서는 다이렉트 메일에 2%만이라도 답장을 받는 기업이 왕이다.

친밀감 되돌리기

정보를 수집하고 저장하고 분석하는 대상이 소비자로 옮아가고 있다. 이 대상은 처음에는 제조업체였고 그 다음에는 상점이었다. 그리고 오늘날에는 웹사이트 덕분에 곧장 소비자의 손으로 돌아가게 되었다. 정보 자체는 기업 전체의 시각에서 시작하여 그 다음에는 지역의 시각으로 범위를 좁혔다가 다시 상점 수준으로 그리고 이제는 고객 한 명 한 명에게 초점을 맞추게 되었다. 이러한 추세는 정확한 상품을 정확한 가격으로 정확한 소비자에게 정확한 시간에 전달해야 한다는 필요성을 인식하면서 생겨났다.

기업 시각

뉴 햄프셔의 런던데리에 있는 Stonyfield Farm은 요구르트 제조업체이다. Stonyfield

Farm 사는 자사 제품의 맛에 관한 유행과 변화를 알아보고 싶었다. 그래서 제품 용기 위에 달린 상표에 자신이 좋아하는 맛과 어떤 맛의 제품이 나왔으면 좋겠는지 직접 말해 주거나 글로 써 달라고 써 붙였다. 고객들은 그 대답을 종이 쪽에 적어 보냈는데 정보를 정리하는 과정에서 종이를 분실하는 경우가 많았다. 그래서 Stonyfield Farm 사는 맛에 관한 소비자의 의견을 계속 추적할 수 있는 데이터베이스를 구축하여 정보 추적 능력을 향상시켰고 지금은 소비자 기호에 더 신속하게 반응할 수 있게 되었다. 신맛 나는 체리 요구르트를 원하는 사람이 꽤 많다면 이 회사는 그런 제품을 생산할 것이다.

유감스럽게도 Stonyfield Farm 사가 수집한 정보와 조치는 시장 전반의 경향에 기초를 둔 것이었다. 이 회사는 구매 조사 결과와 종합적인 자료에 기초를 두기보다는 자사의 고객을 대상으로 여론조사를 했어야 했다. 하지만 여전히 극소수의 의견을 추론하여 이를 다수의 사람이 원하는 것이라고 생각하고 있다. 이 회사가 수집한 정보는 일방적이다. 소수의 의견만 듣고 이에 다수가 동의하기를 바랐던 것이다.

상점 시각으로 관찰

오래 전부터 제조업체들은 상점에서 각각 무엇을 팔고 있는지 아는 것이 얼마나 큰 힘인지 잘 알고 있었다. Mrs. Field's Cookies사의 이야기가 전해지자 데비 필드(Debbie Field)에 관한 기사가 신문에 났다. 상점들이 모두 컴퓨터를 이용하여 그날 그날의 쿠키 판매에 관한 정보를 유타주의 파크시티에 있는 본사로 보낸다. 본사에서는 무엇을 어디에서 팔고 있는지 평가하고 그 평가에 따라 다음날의 출하량을 결정한다. 쿠키를 현장에서 시간에 맞춰 생산해야 하기 때문에 파크시티에 있는 본사에서는 시간에 맞춰 원료를 공급기만 하면 된다.

Anheuser-Busch 사는 상점에서 버드와아저 열두 팩이 얼마나 팔리는지 알아내고 그 주변 지역에 살고 있는 사람들의 수입, 인종, 인구밀도와 판매량을 서로 참조하여 철저히 조사한다. 누가 자사의 제품을 구입하는지 알아내어 정확한 소비자에게 정확한 시간에 정확한 메시지를 전달하기 위해서이다. Anheuser-Busch 사의 소매 기획 및 항목관리 고위담당자 조 패티(Joe Patti)는 1980년대에 Advertizing Age라는 잡지에서 다음과 같이 말했다. "과거에는 분석할 자료를 수집하는 데 시간을 거의 다 보냈지만 오늘날에는 이 정보가 무엇을 의미하는지 분석하는 데 대부분의 시간을 보냅니다."

베네통도 의류 산업에 같은 방법을 적용했다. 이 회사는 흰 옷만 만든다. 그것이 주목할 만한 점이다. 왜일까? 이 회사는 전세계에 있는 자사 상점에서 매일 어떤 품목의 무슨 색깔 옷이 잘 팔리는지 정보를 수집하기 때문이다.

사람은 재미있는 동물이다. 특히 젊은이들은 더욱 그렇다. 일단 어떤 초콜릿 칩이 맛있다고 생각하면 몇 년 동안 그 과자만 먹는다. 하지만 옷은 전혀 다르다. 베네통은 젊은이들과 유행의 첨단을 걷는 사람들을 만족시킨다. 유행을 따라 잡기란 매우 어렵다. 고객은 유행을 따르려고 하고 유행은 하루가 다르게 변한다. 이를 따라잡기 위해 베네통은 매일 소매 판매량을 분석하고 미리 만들어 놓은 옷에 무슨 색을 염색하여 다음날 출하할지 결정한다.

베네통의 소비자들은 어떤 색 옷이 좋은지 지갑으로 투표한다. 그러면 첨단 유행에 뒤지지 않으려고 친구나 이웃이나 유행을 따르는 사람들이 상점으로 몰려와 같은 색 옷을 구입한다. 하지만 이들은 쇼핑몰에서 나와 건너편 가게에 가서는 열두 살 때부터 먹어 온 Debbie사의 화이트 초콜릿 천크 마캐다미아 너트 쿠키를 사먹는다. 베네통은 소비자들이 변덕스럽다는 사실을 잘 알기 때문에 상점 상황에 민첩하고 민감하게 대응한다.

고객의 눈높이로 보기

Direct Marketing Association이 1992년 1월에 발표한 조사에 따르면 B2B기업 중 90% 이상이 고객을 새로 끌어들이고 기존 고객을 유지하는 데 데이터베이스 마케팅 기술을 사용하고 있다고 했다. 이들 기업은 고객이 자사 제품을 더 많이 재구입하게 하려면 어느 요일에 계산대 근처에 음료수를 진열해 놓는 것이 좋은지 알아보는 것보다는 고객에 관해 잘 파악하는 편이 훨씬 낫다는 것을 깨달은 것이다.

호텔 업계는 이 사실을 운좋게도 우연히 발견했다. 1983년 Holiday Inn은 항공사로부터 조언을 듣고 최초로 항공기를 자주 이용하는 고객 클럽을 만들었다. 호텔 업계에서는 이 클럽에 많은 관심을 보였고 다른 호텔들도 이러한 클럽을 만들기 시작했다.

목표는 간단했다. 고객들이 얻은 점수에 따라 호텔 무료 숙박권이나 선물, 항공 이용권 등을 제공하여 고객들이 호텔을 다시 찾게 하는 것이다. 이 방법은 성공적이었다.

메리어트 호텔이 회원 3만 명을 대상으로 조사한 결과에 따르면 명예 고객이 된 후 같은 고객이 이 호텔에 투숙하는 일수가 2.5배나 증가했다고 한다. 이 호텔은 고객 보상 서비스를 사용하여 손님을 끌고 고객과 유대관계를 형성했다.

고객과 유대관계 형성하기

사람들에게 당신이 누구인지 알리는 것이 고객과 유대관계를 형성하는 첫 단계이다. 그런 다음에 고객과 생각을 공유하고, 관계를 맺고 커뮤니티를 형성하기를 원할 것이다. 그리고 계속 잘해 나간다면 당신의 옹호자가 되길 바랄 것이다. 리차드 크로스 (Richard Cross)와 자네트 스미스(Janet Smith)가 쓴 『Customer Bonding, Pathway to Lasting Customer Loyalty(NTC,1995)』에서는 이들 단계에 관해 상세히 설명하고 있다.

인지 유대관계

인지 유대관계는 0에서 60까지 아주 빠르게 올라간다. 처음에는 당신에 관해 전혀 들어 보지도 못한 사람들과 시작하지만 마지막 단계에서 사람들은 당신이 경쟁자와 비교하여 어떤 위치에 있는지까지 파악하게 된다. 이 단계까지 오르는 일반적인 방법은 대중매체 형식의 마케팅, 즉 텔레비전, 잡지, 광고 게시판, 공중광고 등을 이용해 가능한 한 많은 사람들이 당신의 이름을 볼 수 있게 하는 것이다.

크로스와 스미스는 인지 유대관계는 깨지기 쉬우며 비용이 많이 들고 일방적이라고 지적한다. 고객의 마음을 경쟁자에게 빼앗기기 쉽고 엄청난 예산이 들며 결국 메시지를 전달하고자 했던 대상에 관해 아무것도 알아내지 못한다. 이런 상황은 인터넷에서도 마찬가지이다. 사실 웹사이트가 모두 고객의 시간을 끌어들이기 위해 경쟁하고 있기 때문에 오히려 고객의 마음을 경쟁자에게 더 쉽게 빼앗길 수 있다.

정체성 유대관계

정체성 유대관계란 당신이 제품과 서비스 및 조직에 구현해 놓은 가치와 정서에 고객이 일체감을 느끼며 공명하게 되는 것을 말한다. 다시 말해 당신이 아직 알지도 못하는 잠재 고객에 관해 치밀하게 가정하는 것이다. 그러면 사람들은 당신의 제품이 아주 우수하고 환경보호에도 관심이 있으며 사회적 책임감이나 남자다운 기백이 있다고 생각하여 당신이 만든 티셔츠를 입고 당신이 만든 범퍼 스티커를 자랑스럽게 붙이고 다니고 당신의 웹사이트에 들어오게 된다는 것이다.

이러한 유착관계에도 인지 유대관계와 어느 정도 유사한 약점이 있다. 다른 경쟁자가 더 우수하고 유행을 앞서가며 더 올바른 생활 방식과 태도를 내보이면 쉽게 잠재 고객을 끌어갈 수 있기 때문이다. 그리고 인지 유대관계와 마찬가지로 정체성 유대관계는 효율성을 측정하기 아주 어렵다. 만약 사람들이 당신의 회사와 접촉할 때마다 아주 좋은 인상을 받았을 뿐만 아니라 정서와 가치 면에서 감명을 받았다 하더라도 더 수준 높은 회사가 나타나면 그 회사로 가 버릴 것이다.

관계 유대관계

고객과 상호관계를 맺는 데 있어 다음 단계는 관계 유대관계이다. 이 단계에서는 고객이 당신 회사와 이미 충분히 상호교류했으므로 그 고객을 개별화하여 인식하고 추적할 가치가 있다. 여기에서는 일반적으로 데이터베이스 마케팅이 필요하며, 거래를 계속 하는 것에 대해 고객에게 보답한다.

한 항공사를 많이 이용하면 무료로 티켓을 얻을 수 있다. 한 호텔의 체인에 여러 번 투숙하면 무료 숙박권을 얻을 수 있다. 자신의 거래를 추적하는 데 동의하면 업체들은 그만한 가치를 약속한다. '고객 유대관계의 단계'에 이런 접근 방식을 사용하면 경쟁 업체가 고객을 끌어가기 어렵다고 크로스와 스미스는 말한다. 만약 무료로 항공 티켓을 주고 무료로 차를 빌려주고 무료로 투숙시키고 한 번 여행하는 데 마일리지를 세 배로 늘려 준다면 나는 다른 경쟁사로 가지 않을 것이다. 하지만 그럴 가능성도 있다. 이 유대관계를 더욱 강화하려면 커뮤니티 유대관계로 옮겨 가야 한다.

커뮤니티 유대관계

이 단계에서는 업체가 고객간의 상호관계를 장려해야 한다. 이러한 관계를 생활방식 유대관계라고도 한다. 이런 접근법의 가장 성공적인 사례 중 하나가 Harley-

Davidson Motorcycles의 Harley Owners Groups(H.O.G)으로 이 단체는 전세계에 지부가 있다(www.harley-davidson.com [그림 7.1]참고). Harley의 고객들은 이 상표에 매우 헌신적이며 자주 모여 함께 오토바이를 타면서 동지애를 나눈다. 이 모임에서 고객과 제조업체의 유대관계는 보기 드물게 강하다. Harley 외에 다음과 같은 글을 홈페이지에 올릴 수 있는 회사는 극히 드물다. '사람들에게 당신의 제품을 사게 하는 것과 당신의 이름으로 문신을 하게 하는 것은 별개의 일이다.'

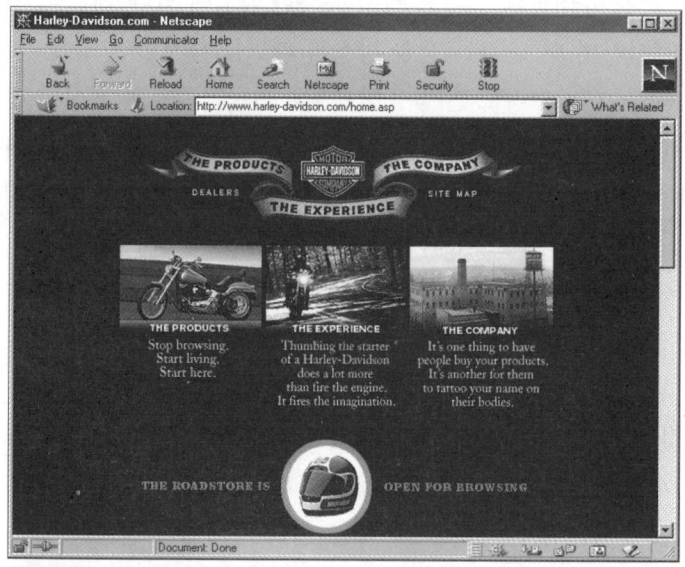

그림 7.1 Harley-Davidson은 고객이 충성스럽다는 사실을 알고 있다. 그리고 그렇다고 말하기에 주저하지 않는다.

당신의 상표, 제품, 서비스, 지원자, 명분, 조직을 둘러싸고 커뮤니티 유대관계를 형성하는 고객과 지지자들은 대개 극단적으로 충성심이 강하다. 경쟁자가 이런 충성심을 흔들어 놓기란 대단히 어려울 것이다. 생각해 보라. 사람들이 모여 당신의 제품에 관해 얘기를 나누면서 진심에서 우러나는 충성심을 표출한다면 다른 사람들은 그 모습을 보고 판단할 것이다. 그들이 그렇게 할 수 있다면 당신의 옹호자도 될 수 있다. 말하자면 그들은 다른 사람들을 설득하여 당신의 물건을 팔려고 할 것이란 말이다.
  －고객 유대관계(Customer Bonding), p.152.－

옹호 유대관계

고객이 상품을 선전할 정도가 되면 이는 고객 유대관계의 가장 높은 단계라고 크로스와 스미스는 말한다. 소문이라고 부르든지 추천이라고 부르든지 열렬한 칭찬이라고 부르든지간에 이는 당신의 제품에 대한 공헌이며 광고의 가장 강력한 형태이다.

돈 슐츠(Don Scultz)는 노스웨스턴대학 통합 마케팅 담당 교수로 당신이 만든 제품을 기꺼이 다시 사는 사람과 당신 회사를 다른 사람에게 추천하는 사람 사이의 차이를 적절하게 설명한다.

"우리는 고객 만족을 1에서 5등급으로 나눕니다. 그리고 4. 5등급 이상에 속하는 사람들에 대해 관심을 가지고 있습니다. 이 사람들은 가장 긍정적으로 말합니다. 고객 만족도가 3등급인 사람들을 4등급으로 올리려는 노력은 시간 낭비입니다. 바로 4.4에서 4.6으로 높이는 데 노력을 기울여야 합니다. 이때 고객은 옹호자에서 복음 전도사로 바뀝니다."

웹상의 고객 유대관계

인지 유대관계와 정체성 유대관계는 마케팅 영역에 속한다. 관계 유대관계와 커뮤니티 유대관계는 고객 유지 및 고객 서비스 영역에 분명하게 속한다. 지금부터는 당신이 고객을 개별화하여 추적할 수 있는 능력을 갖추었는가 그리고 개별화한 경험을 고객에게 제공할 수 있는가로 구별될 것이다. 고객에게 개별화한 경험을 웹 상에서 제공할 수 있는 능력을 갖추는 것이 경쟁 우위를 차지하는 첫 단계이다.

고객 중심 가치

고객 각자의 정보를 저장하는 일은 매우 어려워 보인다. 하지만 경쟁자가 그렇게 하고 있다고 생각하면 그렇게 어려워 보이지도 않을 것이다. 결국 목표는 최선을 다해 고객을 유지하는 것이다. 기존 고객에게 제품을 팔거나 새 고객에게 물건을 파는 비용에 일반적으로 약간의 계수 상승이 있다. 20년 전에는 새 고객을 끌어들이려면 기존 고객을 유지하는 데 드는 비용보다 다섯 배가 더 들었다고 한다. 하지만 요즘은 새 고객을 끌어들이려면 투자 비용이 일곱 배나 더 든다.

존 그로만(John Groman)은 Epsilon 사의 부사장으로 이 회사는 수년 동안 금융업과 소매업계를 상대로 고객 정보를 수집해 왔다. 그로만의 말에 따르면 사업을 성장시키는 데는 단 세 가지 선택 사항이 있다고 한다. 고객을 더 많이 끌어들일 것인가, 상품을 더 많이 팔 것인가, 수익성이 더 높은 상품을 팔 것인가이다. 이 세 가지 선택 사항은 상호작용한다.

당신은 모든 고객으로부터 어느 정도의 수익을 얻는다. 이를 그로만은 기본수익이라고 부른다. 하지만 기존 고객에게 제품을 더 많이 팔았다면 운영비가 덜 들어 비용을 절감할 수 있다. 말하자면 기존 고객의 경우 새로 정보를 입수할 필요가 없고 물건을 처음 배달할 때처럼 틀린 주소로 보내는 일도 없다. 또한 오래된 고객이 다른 사람에게 추천하여 새로 판매 실적을 올릴 수도 있다. 행복한 고객은 수익성 있는 고객이다. 고객 각자를 한 개인으로 대우하면 그 사람은 행복한 고객이 될 가능성이 더 높아진다.

돈 페퍼스와 마사 로저스는 B.조세프 파인 2세(B. Jo- seph Pine Ⅱ)가 발행하는 Harvard Business Review의 1995년 5·6월 호에 『고객을 영원히 유지하고 싶습니까?』라는 제목으로 기사를 썼다. 대답은 분명하게 '그렇습니다.'였다. 이들은 이 기사에서 평생 고객으로 만드는 일이 얼마나 필수적이고 가치 있는지 설명했다. 그리고 마케팅의 역할은 고객의 인생 단계를 따라다니며 정확한 시기에 정확한 메시지를 확실히 전달하는 일이라고 했다. '지금 고객이 대학을 졸업한다. 지금 직장 생활을 하고 있다. 지금 여행을 하고 있다. 지금은 새 가정을 꾸미고 있다.' 이렇게 인생 단계를 따라다니며 마케팅하라는 것이다.

같은 잡지 7·8월 호에서 칼럼니스트 마이클 쉬라게(Michael Schrage)는 모든 고객을 평생 유지한다는 아이디어에 예외가 있다고 설명했다. 마이클은 분명하게 경제적인 면으로 볼 때 없는 편이 나은 고객이 있다고 말했다. 어떤 고객은 돈벌이가 되고 어떤 고객은 경우에 따라 돈벌이가 되며 어떤 고객은 말 그대로 물음표이며 어떤 고객은 돈벌이가 안된다는 것이다. 그러므로 돈벌이가 안되는 고객은 '무시해 버리시오!'라고 충고한다. 그리고 어디에 투자해야 가치 있는지 결정하려면 어떤 고객으로부터 가장 많은 수익을 올릴 수 있는지에 초점을 맞추라고 제안한다.

자신을 알라, 자신에 대해 모두 알라

고객이 마우스를 클릭하고 이메일을 사용할 때마다 이를 신속하게 분석하는 데 사용할 수 있도록 자료로 저장해 놓을 수 있느냐에 기업의 미래가 달려 있다. 이 점을 명심해야 한다. 컴퓨터 성능과 저장 능력 그리고 소프트웨어 개발로 이러한 일이 가능해질 것이다. 또한 이러한 일이 가능한 후에야 수익이 생길 것이다. 이러한 자료 저장과 분석에 관해서는 다음 두 장에서 더 자세히 알아 두고 살펴볼 가치가 있다.

그 전에 간단히 다뤄 보자. 고객이 잠시 웹사이트를 이용하는 동안 고객의 최신성(Recency)과 이용 빈도(Frequency) 그리고 금전적 가치(Monetary value) 이 세 가지(RFM)를 계속 추적하자. 물건을 구입한 지 얼마나 됐는가? 얼마나 자주 물건을 구입하는가? 물건을 구입할 때 얼마나 소비하는가?

최신성(R)은 매우 중요한 통계 수치다. 왜냐하면 신규 고객일수록 다시 거래를 할 가능성이 높기 때문이다. 신규 고객일수록 경쟁업체에 이끌리거나 주소를 바꾸거나 구매 경향을 바꿀 가능성이 적다. 신규 고객에 대한 정보는 6개월밖에 안된 고객의 정보보다 훨씬 정확하다.

이용 빈도(F) 면에서 고객이 얼마나 자주, 얼마나 많이 제품을 구입하는지 알아야 한다. 고객이 대기업 구매 담당 직원이라 제품을 많이 구입하거나 상인이나 소매업자라 자주 구입할수록 판매에 드는 비용은 적다. 이러한 고객을 상대로 장사하기가 더 쉬우며 거래도 더 원활하게 이루어진다.

금전적 가치(M)는 판매를 한 번 할 때마다 생기는 수익성을 말한다. 만약 고객이 특가품만 구입한다면 금전적 가치 면에서 점수가 낮다. 그러나 고객이 이윤이 많이 남는 제품을 계속 구입했다면 그 고객을 잘 대우하라.

R과 F와 M을 종합하여 최종적으로 고객의 등급을 정할 수 있으며 이를 참고로 서비스 비용을 조정할 수 있다. 최상의 파트너가 누구인지 알아내고 분류하면 마케팅과 고객 서비스 제공의 초점을 그들 그리고 그들과 같은 고객들에게 맞출 수 있다. 마찬가지로 최악의 고객을 알아낼 수 있고 마이클 쉬라게가 충고한 대로 그들을 무시해

버려라. 실제로 최악의 고객이 될 만한 사람을 끌어들이기 위해 마케팅에 전력하는 일은 분명히 없어야 한다.

고객에 관한 정보를 조금이라도 잘 알고 있으면 웹사이트를 이용하여 고객에게 개인적으로 대응할 수 있다. 당신의 사이트는 방문자의 기호에 따라 다양하게 보일 수 있다. 말하자면 고객에게 들어가도록 허용한 범위까지만 보여줄 수 있는 것이다. 방문객이 특정 페이지에 얼마나 자주 들어왔는지 얼마 만에 다시 방문했는지에 따라 화면상으로 많은 도움을 제공할 수도 있고 적게 제공할 수도 있다.

경쟁에 뛰어들 때 부딪치는 장벽

고객은 웹사이트에서 자신에 관해 알려준다. 마음에 드는 백화점에 당신의 치수를 알려 주는 데는 시간이 걸린다. 그 백화점 사이트에 들어가면 항상 좋은 제안을 해주기 때문에 시간을 들일 만한 가치가 있다. 하지만 열두 개 상점에 셔츠나 신발이나 양말 사이즈들을 입력해 넣으려면 조금 귀찮다는 생각이 들 것이다. 그러므로 고객의 충성심은 최고의 서비스를 제공하는 소수 상점에게만 돌아간다.

마찬가지로 당신이 어떤 컴퓨터를 사용하는지 알고 있어서 그 모델을 위한 그날의 스페셜을 보여주는 웹사이트에 끌리기 마련이다. 모뎀을 새로 주문할 때, 그 웹사이트는 당신이 데스크탑에 쓸 것인지 랩탑에 쓸 것인지를 묻는다. 이제 더 이상 어느 제조업체의 어떤 칩의 어떤 운영 체계인지 따위는 물어 볼 필요가 없다. 그 웹사이트는 이미 알고 있다. 이런 식의 고객 서비스 때문에 이 분야에 새로 뛰어들려는 업체는 높은 벽에 부딪치게 된다.

그래서 당신의 회사가 중소기업이든 대기업이든 고객을 인식하고 기억하고 존중하는 방향으로 출발해야 한다는 것이다. 그리고 그 첫 단계는 어떻게 고객을 세분화하느냐를 알아내는 일이다.

고객을 개별화하기 전에 고객의 필요에 따라 그룹으로 분류하라

부루스 카사노프(Bruce kasanoff) 씀,『일대일 가속화(Personalization.com에 발표)』

고객과 관계를 맺어 끌어들일 가능성이 없다면 당신의 회사가 고객에게 의미 있는 개별화 서비스를 제공하기란 거의 불가능하다. 하지만 대기업이라 할지라도 고객을 한 번에 한 명씩 관찰하여 거래 가능성을 발전시킬 수는 없다. 우선 고객을 그룹으로 나누어 거래 가능성을 발전시켜야 한다. 그래야만 개인별로 수익성 있는 거래를 할 수 있다.

우리는 이 과정을 고객이 이끄는 회사가 되는 안내 원칙 중 하나로 다음과 같이 요약해 놓았다. '고객을 가장 섬세하고 수익성이 높은 필요 단계로 분류하라.'

가장 섬세하다는 말은 고객이 필요로 하는 물건을 가장 긴밀하고 자세히 이해한다는 말이다. 수익성이 있다는 말은 충분히 가치 있는 고객을 같은 그룹으로 분류하여 기업이 그들의 필요를 충족시켜 수익을 얻을 수 있다는 뜻이다.

이 원칙은 기업이나 부서, 상업기구나 그 하위집단 등 어떤 조직에도 적용할 수 있다. 적용하는 조직의 단계가 높을수록 그 영향력은 크다.

델 컴퓨터는 세계 주요 기업들 중 일대 일 비즈니스에서 가장 앞서가며 이 원칙을 적용한 기업의 사례로 들기에 가장 적당하다.

1994년 델 사는 35억 달러라는 판매액을 기록했는데 이때 이 회사는 고객을 두 그룹으로 분류했다. 그중 하나는 소위 대규모 고객이고 나머지 하나는 소규모 기업과 고객이었다. 대규모 고객은 소규모 기업이나 고객과 필요로 하는 물건이 분명히 달랐다. 무엇보다 이 접근 방법은 대체적인 판매, 마케팅 전략으로 델사는 두 그룹과 거래하기 위해 각각 다른 전략을 사용했다.

1996년 델 사는 고객을 대기업, 중기업, 정부와 교육기관, 소규모 고객 이렇게 네 그룹으로 나누었다. 그리고 판매액 120억 달러를 기록했던 1998년에는 고객을 총 여덟 개 그룹으로 분류했다.

그룹이 거대해질 때마다 델 사는 그룹을 더 세분화하여 고객에게 좀더 가까이 다가가고 더 가까이 머무르려고 노력했다. 이러한 방법에 관해 미첼 델(Michael Dell)은 그의 저서 『Direct from Dell』에서 이렇게 말했다. "세분화 작업을 하려면 긴밀한 피드백 고리가 필요합니다. 그래야 그룹을 더 작고 더 친밀하게 만들 수 있습니다."

델은 또한 이렇게 덧붙였다. "일부에선 우리가 성장할수록 고객과 접촉할 수 없을 것이라며 우려를 나타냈는데 오히려 사실은 그 반대였습니다. 세분화해 나갈 때마다 고객의 독특한 요구 경향에 관해 조금씩 더 잘 알 수 있었습니다."

델이 무엇을 알아냈는지 생각해 보자. 그것은 바로 빠르게 성장할수록 필요에 따라 고객을 더욱 세분화하여 분류할 수 있고 고객이 원하는 것에 초점을 맞춰 구성한 각 단위를 고객의 요구에 맞게 배열할 수 있다는 사실이다.

델 사에게 가장 중요한 순간이며 동시에 일대일 경영 방식을 추구하기 시작하는 어느

회사에게나 중요한 최초의 순간은 고객의 필요에 따라 조직화하는 일이 판매와 마케팅의
전략일 뿐 아니라 기업 전체의 경영전략이라는 사실을 인식하는 바로 그때이다.

델 사의 각 부서는 나름대로 판매, 마케팅, 운영, 제조 활동을 수행해 오고 있으며 그 결
과 고객의 타입에 따라 원하는 것을 충족시키도록 제품과 서비스를 맞춰 나갈 수 있게 되
었다. 이때 고객의 타입에 맞게 델사의 비즈니스 단위들이 서비스를 제공한다.

여기 분명한 질문이 하나 있다. 왜 일대일 관계를 구축하기 위한 첫 단계가 고객을 그
룹으로 분류하는 일인가? 그 대답은 간단하다. 성장 위주의 경영을 하는 기업이 고객 개인
에 관해 거래 가능성을 발전시키는 일은 실용적이지도 효율적이지도 못하다. 오히려 소규
모 비즈니스처럼 필요한 것이 같은 고객 그룹을 중심으로 거래 가능성을 구상하는 것이 이
치에 맞다. 기업이 수익을 높이면서 그렇게 할 수 있게 되자마자 기업은 그룹을 각각 고객
각자의 요구에 따라 미세하게 조정한 집합으로 나누어야 한다.

예를 들어 Joe's Pizza Shop과 거래 가능성을 개척하려는 회사는 서비스를 새로 구축
하는 데 자금을 충분히 투자할 수가 없을 것이다. 하지만 지역의 소규모 기업을 하나의 중
요한 그룹으로 보는 회사는 그 회사가 할 수 있는 혁신적인 서비스를 개발하고 고객 각자
의 개인적인 요구에 맞추기 위해 개별화 작업을 할 여유가 있다.

개별화 수준

'저를 아십니까?' 이것은 American Express의 광고에 나온 문구이다. 이 위대한 문
구는 서비스로 800번 무료 전화번호를 알려 주는 브로셔나 마찬가지인 웹사이트와
경쟁적 우위를 중요시 여기는 웹사이트 사이를 구분하는 선이 되었다. 사이트를 방문
하는 사람들을 인식하는 일은 쿠키를 사용하는 일만큼 쉽다. 쿠키에 저장한 사용자의
ID번호는 무엇일까? 데이터베이스에서 찾아 보면 바로 'Hello, Jim' 이라는 사실을 알
수 있다.

하지만 당신은 나에 관해 무엇을 기억하고 있는가? 내가 런던의 날씨뿐 아니라 캘리
포니아 산타바바라의 날씨에도 관심이 있다는 사실을 기억하는가? 그리고 그런 걸
기억한다고 해서 당신의 사이트를 방문하는 내 경험에 얼마나 영향을 줄까? 여기에
서 웹사이트 개별화 수준에 따라 간단히 등급을 매겨 보았다.

인식

짐 스턴 씨, 환영합니다. (만약 짐 스턴 씨가 아니라면 여기를 클릭하십시오.)

이것이 내가 Amazon.com에 들어갔을 때 본 문구다. 이 사이트는 누구에게나 마찬가지다. 하지만 Amazon의 홈페이지는 아는 사람들이 들어왔는지 살핀다. 만약 내가 여행하는 동안 아내가 내 데스크탑을 이용하면 그녀는 'not Jim Sterne'이라는 링크에 클릭하여 자신의 신분을 밝힌다.

만약 사이트가 이용자에게 위와 같이 대한다면 그 목적은 무엇일까? 우선 친절한 태도다. 사이트를 보고 당신을 기억할 만큼 관심을 가지고 있다고 생각하면 따뜻하고 편안해질 것이다. 더욱 중요한 것은 사이트에서 당신이 무엇을 하고 있는지 지켜본다는 사실이다. 그래서 당신에게 조언을 할 수도 있다.

추천하기

MIT Media Lab에서 나온 신생기업 Firefly는 음악을 추천해 주는 사이트에서 시작했다. 마이크로소프트 사에서도 이를 일찍부터 받아들였다. 하지만 Amazom.com은 지금 합작 필터링(collaborative filtering)이라고 부르는 것을 가장 잘 이용해 오고 있는 것으로 보인다.

간단히 말해 소프트웨어로 내가 무엇에 클릭하는지, 무엇을 사는지, 관찰하여 나에 관한 프로필로 만든다. 그런 다음 나와 프로필이 비슷한 사람을 데이터베이스에서 찾아 내 프로필을 비교한다. 그런 다음 그 사람들이 모두 샀는데 내가 아직 안 산 것이 무엇인지 찾아내어 그 물건을 추천한다. 그 성과는 아주 좋다([그림 7.2] 참고).

어떻게 즉시 추천(Instant Recommendation)을 할 수 있는가?
우리는 당신이 전에 구입한 물건들과 당신이 가장 잘 사는 물건의 등급 그리고 당신이 추천 제품 페이지에서 평가한 제목들을 보고 무엇에 흥미가 있을지 판단합니다. 그 외에 당신에게 추천할 제목을 알아내기 위해 다른 고객이 흥미있어 하는 제목과 당신이 흥미있어 하는 제목을 비교해 봅니다.
추천 내용이 얼마나 자주 바뀌는가?

당신에게 추천하는 내용은 당신이 물건을 사거나 어떤 제목에 등급을 매기면 즉시 바뀝니다. 다른 고객의 흥미가 변해도 추천하는 내용은 바뀝니다. 당신의 리스트가 계속 바뀔 것이기 때문에 추천 내용 중에 관심 있는 제목이 나온 페이지를 북마크해 두거나 희망 목록에 추가해 두십시오. 그러면 당신이 즐겨 읽을 수도 있는 제목을 찾지 못하는 일은 없을 것입니다.

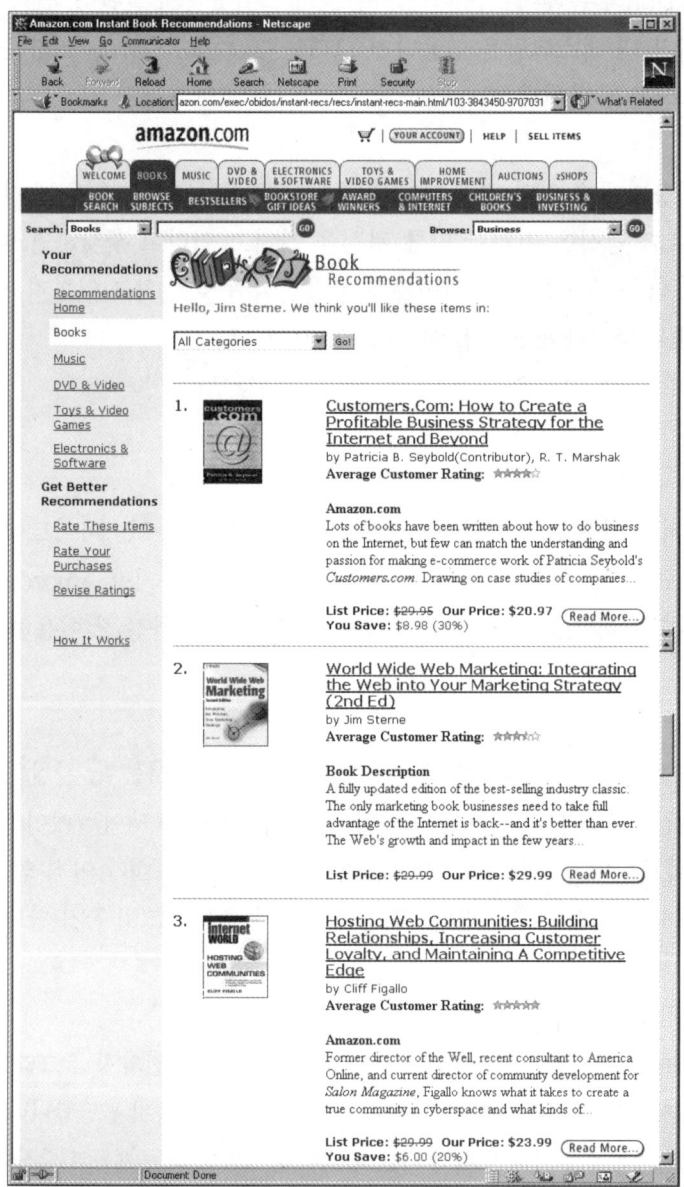

그림 7.2 Amazon.com은 내가 좋아할 것 같은 책을 잘 찾아낸다.

패트리샤 B.시볼드(Patricia B. Seybold)가 쓴 『Customer.com』과 내가 쓴 『World Wide Marketing』과 클리프 피가로(Cliff Figallo)가 쓴 『Hosting Web Communities』 그리고 이반 I.슈와르츠(Evan I. Schwartz)가 쓴 『Digital Darwinism』과 미첼 R.타이랜(Michael R. Tyran)이 쓴 『The Vest-Pocket Guide to Business Rations 』 등은 제목만 보면 모두 괜찮다. 하지만 이러한 추천이 훌륭하다고는 할 수 없다.

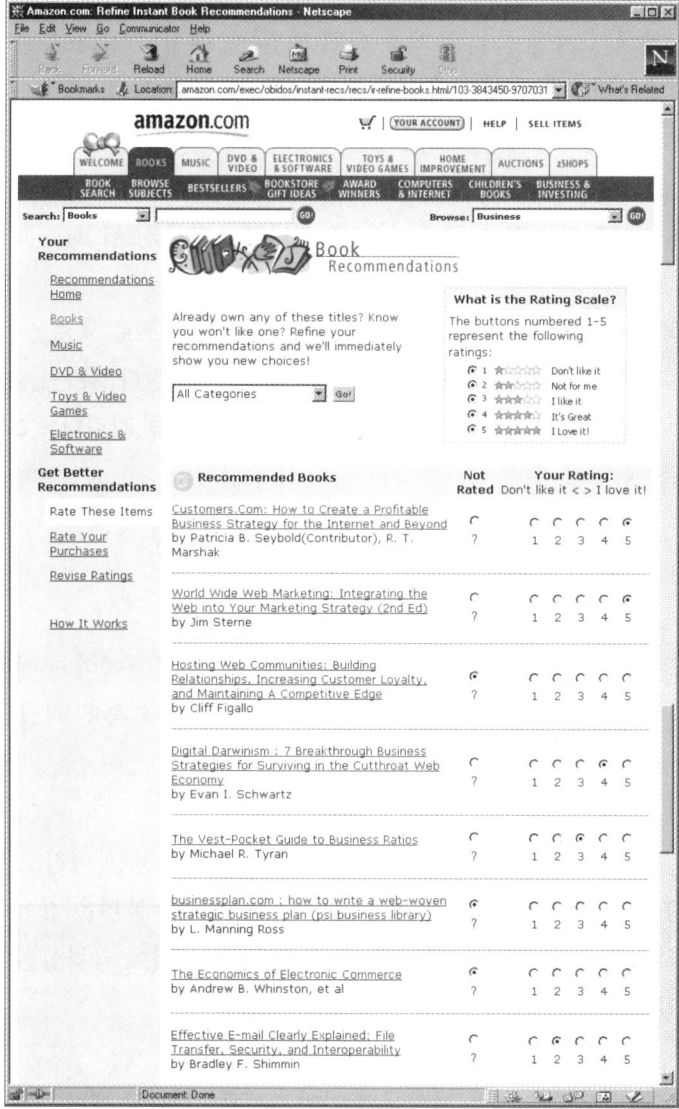

그림 7.3 Amazon.com의 제안에 등급을 매기면 빠르고 편리하며 더 나은 추천 사항을 볼 수 있다.

아마존은 내가 패트리샤 B.시볼드 저서의 초판을 가지고 있다는 사실을 몰랐다. 그리고 내가 『World Wide Marketing』을 썼다는 사실을 알아볼 수 있도록 데이터베이스를 구축해 놓지도 않았다. 그리고 『Digital Darwinism』은 선물로 받았다는 사실, 즉 다른 곳에서 샀다는 사실도 몰랐다. 그래서 책벌레라면 무엇을 하겠는가? '이 항목들에 등급을 매겨라.'

Amazon은 자사가 '세계에서 가장 폭넓은 제품 선택 범위'를 가지고 있다고 계속 주장하겠지만 동시에 세계에서 Amazon만 유일하게 책, CD, 장난감 등을 조달하는 것은 아니라는 사실도 알고 있다. 그러므로 사람들이 Amazon의 데이터베이스에서 보지 못한 물건을 살 수 있는 다른 장소는 틀림없이 있을 것이다. 그래서 Amazon은 자사가 추천하는 사항에 우리가 등급을 매길 수 있도록 했다([그림 7.3] 참고).

일단 추천 내용에 등급을 매기면 당신이 최근에 입력한 내용을 기초로 새로운 책 목록이 뜬다. Amazon은 전에 구입한 제품 목록에도 등급을 매기게 한다. 나는 1996년 초부터 Amazon에서 쇼핑을 했기 때문에 이 부분에서는 시간이 좀 걸린다. 그 결과는? 아주 최신의 추천 목록을 볼 수 있다.

고객 서비스 추천하기

이제 곰곰이 합작 필터링을 사용할 방법을 생각해 보라. 만약 이 시스템이 구매할 물건에 대한 추천 목록을 작성할 수 있다면 문제 해결을 위한 추천 목록도 작성할 수 있다.

데이터베이스를 잠깐 보면 '펜티엄 II, 28.8모뎀, 250MB 디스크 공간'이라고 나와 있는 프로필을 가진 사람들은 일반적으로 구형 운영 시스템 때문에 불편을 겪고 있으며 다른 많은 작업을 하려고 해도 RAM이 충분하지 않아 FAQ 문서에 클릭할 수밖에 없다는 사실을 알 수 있다.

만약 데이터베이스 상에 이 사람은 이웃 사람들과 마찬가지로 그 동안 세탁기에만 문제가 있었다고 나타난다면 데이터베이스에서는 그 사람에게 경수 연화제(軟化劑)가 제대로 설치되었는지 들여다보라고 제안할 수 있다.

프로필 접속―패스워드 필요

내가 당신의 사이트에서 본 것을 당신이 주문제작하기 위해서는 내 프로필을 저장하고 내가 그 안에 들어가 마음대로 사용해 볼 수 있게 해야 한다. MyCNN, MyNetscape, MyYahoo!는 모두 내가 관심을 갖는 뉴스, 교통, 날씨, 스포츠를 선택할 수 있는 방법을 제공하고 있지만 나는 그 정도로만 이용한다. 이들 사이트와는 거래하지 않고 그냥 읽기 자료 탐색만 한다.

고객이 수정할 수 있는 프로필을 사용하게 되면, 이는 타이어가 도로를 만난 격이다. 아니면 날개가 하늘을 만난 격이라고나 할까.

개인 프로필에서 더 나아가 개성을 프로필에 나타내기, UAL 사 제공

United Airlines(www.ual.com)는 고객 프로필을 오래 전부터 보관해 왔다. 그리고 이제 고객은 자신의 프로필을 업데이트할 수 있게 되었다([그림 7.4] 참고).

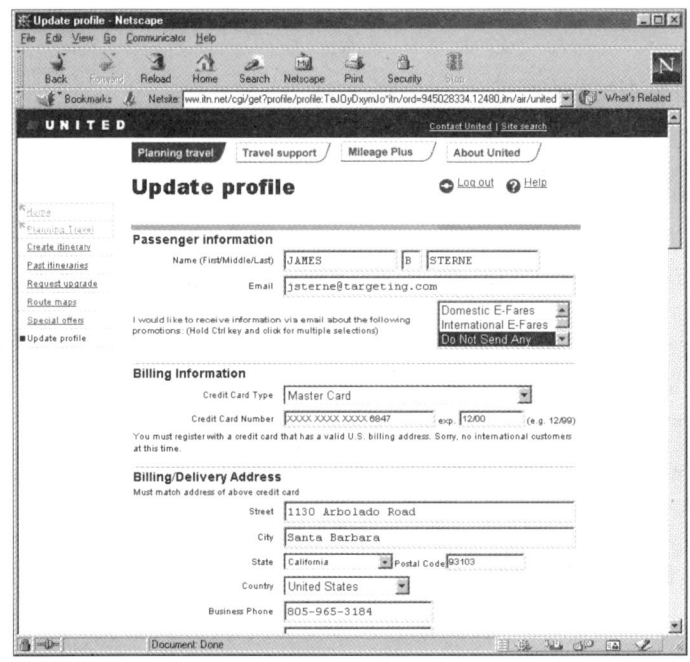

그림 7.4 우정국 사이트는 한 가지 대답으로는 사람들이 만족하지 못한다는 점을 잘 알고 있다.

United Airlines는 당신이 들어와 고칠 수 있습니다.

■ 이름과 주소

■ 청구서 받을 주소

■ 사용하고자 하는 신용카드

■ 예약문 발송을 위한 이메일 주소들

■ 휠체어 필요 여부

■ 좋아하는 정보의 화면 표시 방법(예를 들어 공항 이름을 약자로 표시하는 것이 좋은지 아니면 생략하지 않고 표시하는 것이 좋은지)

■ 어느 공항에서 집으로 전화하는지

■ 여행할 때 주로 이용하는 객석

■ 선호하는 좌석(창가인지 복도 쪽인지)

■ 선호하는 식사(채식주의자인지 유대교식 식사를 하는지)

■ 한 번에 몇 개의 비행기편을 보여 주기를 원하는지

■ 가격, 거리, 연결 횟수 등을 기준으로 선별한 비행기편을 원하는지

■ 단골 고객 프로그램에 속해 있는 다른 항공사 이름(상응하는 점수를 기록하기 위하여)

■ 공동 단골 고객 프로그램 번호

■ 렌트카 선호사항

■ 선호하는 자동차 종류

■ 선호하는 렌트카 회사

■ 렌트카 회사 회원번호

■ 호텔 선호 사항(객실 형태, 공항까지 거리)

■ 호텔 회원번호

United Airlines 예약 시스템은 이러한 정보를 가지고 여행 계획 작성 절차를 빠르게 처리한다.

소프트웨어를 얻기 위한 개인 정보 교환하기

마이크로소프트의 아래와 같은 서비스에 등록해 보십시오.

■ 마이크로소프트의 소프트웨어 무료로 다운로드하기

■ 마이크로소프트의 제품과 서비스에 관한 뉴스레터 무료로 받아보기

■ 마이크로소프트의 경품 서비스 사용
Microsoft.com을 자주 방문하는 고객이시라면 앞에서 언급한 무료 소프트웨어나 경품 사이트나 이메일 뉴스레터와 같은 몇몇 사항에 등록하라고 요청받은 적이 있으실 것입니다. 하지만 일단 등록하시면 다음에 방문하실 때 저희는 당신이 누구인지 기억합니다. 그래서 다음부터는 등록 양식을 모두 작성할 필요 없이 등록 ID와 패스워드만 입력하시면 됩니다. 빠르게 이용하시도록 나머지 사항은 저희가 작성해 드립니다.

프로파일에 기초한 다이내믹 콘텐츠

American Airlines는 Broadvision 사이트(www.broadvision.com)에서 소개한 고객 성공 사례 리스트에 포함되어 있다.

이 사이트에서는 각 회원에게 가치 있고 개인적인 경험을 제공해 주기 위해 세 개의 데이터베이스, 즉 여행 기호, American Airlines의 유익 정보, 고객 제공 정보 이렇게 세 개의 데이터베이스를 하나의 고객 프로필 데이터베이스로 통합했다. Broadvision One-to-One을 사용하면 각 방문자는 고객 프로필 및 American Airlines의 비즈니스 목표에 기초한 콘텐츠를 제공받는다.

American Airlines가 제공하는 자료는 이들 특정 고객의 프로필을 기초로 동적으로 구성되어 있으므로 출발 공항과 선호하는 도착지 같은 정보를 반영할 수 있다. 이 경우 뉴욕의 한 회원이 한 달 후에 캘리포니아와 하와이로 가족과 함께 휴가 여행을 가려고 특별휴가 정보를 요구하고 있다면 이 고객은 처음에 www.AA.com에 로그인하면 다음과 같은 자료를 받는다.

샌프란시스코 와인 컨트리
샌프란시스코, 숨쉴 때마다
'시티바이더베이'와 사랑에 빠질 것입니다.

그 동안 American Airlines의 비즈니스 매니저는 하와이 여행 중에 환상적인 대우를 하는 여행 패키지를 완성해 놓는다. 매니저는 Broadvision One-to-One Dynamic Command Center를 열고 이 여행에 관심 있는 방문자 그룹에게 이 특별 여행 패키지를 보여 줄 규칙을 목표로 설정한다. "우리는 언제 콘텐츠를 전시할 것인지에 관한 비즈니스 규칙들을 관리하기 위해 Broadvision One-to-One Dynamic Command Center를 사용합니다. 그러면 크로스 셀링을 쉽게 할 수 있으며 특별 제안을 할 수 있고 또한 투자수익률을 올릴 수 있습니다." ―샌디 헌든(Sandy Herndon), American Airlines의 AA 양방향 마케팅 매니저

이 회원의 프로필에서는 와이키키 휴양지가 그의 가족이 선호하는 여러 가지 여가 활동과 즐거운 이벤트를 제공하므로 이 여행이 흥미로울 것이라고 알려 준다. 이 방문자가 AA.com에 들어와 다시 특별 여행을 검토해 보면 새로운 특별 정보를 알려 준다. 휴가까지는 아직 한 달이 남았으므로 휴가를 떠나는 이 가족은 아직 결정할 시간이 많이 있다.

명시적 정보 vs. 암시적 정보

현재의 최고 등록 사이트들은 처음에는 구독자가 제한된 업계 잡지로서 시작했다. 내가 구독한 한 정보업계 잡지·웹사이트에서는 나와 내가 있는 정보기술부서에 관해 많은 것을 알고 싶어했다. 다음과 같은 것을 물었다.

■ 당신의 주요 직책은 무엇입니까?

■ 당신의 부서에서 주로 하는 비즈니스 활동은 무엇입니까? 그 부서에서 현재 그리고 앞으로 구입하는 컴퓨터, 네트워크, 커뮤니케이션 장비와 소프트웨어의 연간 달러 가치는 얼마입니까?

■ 다른 부서에서 현재 그리고 앞으로 구입하는 컴퓨터, 네트워크, 커뮤니케이션 장비와 소프트웨어의 연간 달러 가치는 얼마입니까?

■ 다음에 나오는 제품, 서비스 그리고 기술 중 현재 구매를 승인하거나 지정하거나 추천하거나 또는 구매에 영향을 주는 것은 무엇입니까? 또 그럴 계획인 것은 무엇입니까?

왜 이렇게 캐내고 싶어하는 것일까? 그렇게 해야 구독자에 대한 데이터베이스를 분석할 수 있고 광고주를 더 많이 끌어들일 수 있기 때문이다. 당연히 2, 3년에 PC 한 대를 구입한다고 말하는 일이 조금 내키지 않았다. 내가 사람 한 명과 개 두 마리로 구성된 회사를 운영하고 있다고 광고주에게 알려주면 나는 구독자로서 광고주에게 별로 깊은 인상을 주지 못할 것이라고 생각하는 것이 당연하다.

그래서 나는 거짓말을 한다.

수백만 달러어치의 소프트웨어와 인터넷 관련 제품 구매를 담당하고 있다고 말한다. 사실 내 사무실이 있는 것도 아니다.

바로 이 점이 명시적인 정보를 요구할 때 생기는 현실적인 문제다. 사람들은 당신이 제공하는 서비스를 받기 위해 당신이 듣고 싶어한다고 생각하는 대답을 할 것이다. 그리고 자신에 관해 생각해 주길 바라는 대로 무엇이든 대답할 것이다. 기억을 최대한 되살려서 대답할 것이다. 바로 이런 이유 때문에 암시적인 정보가 훨씬 더 가치 있다.

무계획적인 고객 추적하기

시작은 아주 간단하다. 고객이 마지막으로 떠날 때 있었던 부분을 기억하는 것이다. PKWARE(www.pkware.com)는 사람들 대부분이 사용할 수 있는 PKZip 유틸리티

를 만들어냈다. PKWARE은 자사의 사이트로부터 다운로드를 제공하고 시스템을 사용하여 백호(backhoe)가 전송과 전력선을 차단하기 전에 당신이 비트를 얼마나 이용했는지 기억해 둔다.

> 다운로드 소프트웨어는 Sm@rtCert가 전자적으로 둘러싸고 있으며 간단한 두 단계 과정을 거친다.
> 　1단계: Sm@rtCert Download Manager를 당신의 데스크탑이나 다른 폴더에 전송한다. Sm@rtCert Download Manager는 당신의 새 소프트웨어와 연결된 파일을 모두 담고 있는 래퍼이다. Sm@rtCert Download Manager는 빠르고 사용하기 편리하다. 만약 어떤 이유로든 당신의 다운로드에 장애가 발생하면 Sm@rtCert Download Manager는 당신이 멈춘 지점을 기억하여 시간과 노력을 절약하게 해준다.

이는 훌륭한 출발이다. 하지만 순전히 기술적인 면만을 고려한 것이다. 만약 당신이 고객 각자가 마지막으로 본 페이지가 무엇인지 기억하고 있다면? 만약 당신의 사이트에서 자주 뜨는 해설에 고객이 FAQ에서 얼마나 깊이 질문했는지 저장한다거나 아니면 고객이 얼마나 자주 당신의 접시 닦기 웹사이트의 플로딩에서 검색하는지에 관해 기억하고 있다면 어떻겠는가?

전기문 읽기를 좋아한다고 말하고 Amazon이 이메일로 공고문을 보내 주길 원할 수 있다. 하지만 개에 대한 책을 사는 데도 Amazon은 당신의 추천 리스트에 무엇을 써넣어야 할지 안다.

당신이 실제로 무엇을 하고 있는지 관찰하는 일은 당신이 어떤 것이 흥미롭다고 말하는 것을 읽는 일보다 훨씬 공개적이다. 그리고 이런 식으로 공개하는 일이 이치에 맞다고는 할 수 없다.

전기 면도기를 사는 사람이 동시에 CD 플레이어를 산다. 이런 종류의 일을 마케팅 전문가들이 가상의 비밀 회의실에서 알아낼 수 있을까? 아니다. 이치에 맞지 않다. 하지만 사실이다. 그래서 지금 마케팅 전문가들은 새로운 데이터 포인트를 이용하고 있으며 이 시스템은 막후에서 실시간에 그런 종류의 정보를 알아낼 수 있다. 고객 서비스 시스템도 이와 같은 일을 할 수 있고 또 그렇게 할 것이다.

적극적으로 행동하기 - 예상 엔진

Quick & Reilly(www.quick-reilly.com)는 스스로 개인 공간, 즉 개인 홈페이지를 만들 수 있게 해준다. 하지만 한 단계 더 나아가 당신의 포트폴리오와 검색과 뉴스에 역동적으로 반응하는 개인 페이지를 가질 것인지 선택할 수 있게 해준다. 버튼 옵션은 당신이 어떤 종류의 투자를 하는지에 따라 저절로 바뀐다.

e마케터가 살펴볼 만한 웹사이트인데 이 사이트는 1999년 3월 Ogilvy Interactive (www.ogilvy.com/o_interactive)의 사장인 J.G.샌덤(J.G. Sandom)을 인터뷰했다. 이 인터뷰(www.emarketer.com/enews/enews_sandom.html)에서 샌덤은 누군가가 웹사이트에서 무엇을 원할 것인지 예측하는 능력과 어떻게 이 능력을 최대한 이용할 수 있는지 설명했다.

만약 우리가 35에서 45세로 수입이 x 수준인 여성들의 마음을 움직이려고 한다면 우리는 이 사이트를 통해서 그들의 패턴으로 돌아가 관찰할 것입니다. 당신은 실제로 들어가서 보고 다음과 같이 말할 수 있습니다. "이 특수한 목표 계층에 대해 즉, 특수한 대상에 대해 실제로 작용할 OSP(Optimal Site Paths, 최적의 사이트 경로)는 약 여섯 개 정도가 되는 것 같군."

그런 다음의 작업은 어떻게 우리가 각자의 대상들을 정확한 OSP를 통해 이끌지 결정합니다. 우리가 사용하는 기술이 몇 가지 있지만 여기서 그중 세 가지만 설명하겠습니다.

첫째, 아웃바운드 이메일을 사용합니다. 내 일반적인 경우를 다시 예로 들면 사용자는 홈페이지로 들어가서 자동차 구성기(configurator)와 금융 구성기(configurator)와 거래자 위치 입력기(dealer locator)로 들어간 다음 이메일 센터로 들어가서 거래자에게 어떤 제품을 원하는지 말합니다. 하지만 만약 사용자가 홈페이지로 들어가서 자동차 구성기로 들어갔지만 계속 비용 문제를 처리하지 않는다면 어떻게 되겠습니까? 우리는 아웃바운드 이메일을 보내어 다음과 같이 알릴 수 있습니다. "Ford Credit는 이번달에 특별 서비스를 실시합니다." 그 이메일에 링크가 되어 있어 만약 사용자가 그 링크에 클릭하면 이곳에서 자동적으로 금융 구성기로 들어가도록 되어 있을 것입니다. 그래서 이제 우리는 그 고객을 3단계로 들어가게 한 것입니다.

아웃바운드 이메일을 사용하여 우리는 고객들에게 매물을 하나 보여 주고 그 매물이 충분히 마음에 들도록 설득하여 고객이 클릭을 해서 OSP의 다음 단계로 가게 합니다. 아웃바운드 이메일은 훌륭한 기술입니다.

두 번째 기술은 개별화입니다. 개별화는 최종 사용자가 개별화한 홈페이지를 구축할 수 있도록 하는 능력입니다. 이렇게 개별화한 홈페이지에서는 많은 일을 할 수 있습니다.

이것은 레이아웃과는 다릅니다. 오히려 그 홈페이지에 관한 기술입니다. 이는 방문자가 결정하는 최고의 선택 같은 것을 포함합니다. 나는 최종 소비자로서 들어가서 그 사이트 내에서 이용 가능한 수천 가지의 링크들에 대해 언급했습니다. 이 링크들이 내가 항상 방문하는 여섯 개의 섹션입니다. 나는 이 섹션들을 광선 버튼으로 선택합니다. 그러면 요란한 소리와 함께 홈페이지상에 이 섹션들이 나타납니다. 우리는 또한 ECRM이 결정하는 최고의 선택이라는 것을 합니다. 여기서 CRM이란 고객 관계 관리를 말합니다. 이렇게 해서 내가 앞서 말했던 것처럼 우리는 고객의 행동을 추적합니다. 만약 누군가가 이 여섯 개의 링크를 자신의 홈페이지에 연결하기 원한다고 해도 우리는 그가 항상 두 개의 다른 섹션에만 들어간다는 사실을 알고 있습니다. 그리고 사이트에 나와 있지 않은 비즈니스 규정이 있습니다. 이 규정에 따르면 만약 우리가 이 방문자의 움직임을 추적하여 이 방문자가 그의 개별화한 홈페이지 상에서 찾을 수 없는 다른 곳으로 그의 양식을 통해서 가는데 이 기간에 X번 이상 그 사이트에 간다면 자동적으로 다른 섹션들을 그의 홈페이지에 게재합니다. 개별화한 홈페이지가 가지고 있는 다른 기능은 개인별로 탐색한 문서를 보관하는 기능입니다. 나는 한 번도 탐색한 자료를 제대로 기억한 적이 없습니다. 만약 당신도 나와 마찬가지라면 한 사이트에 검색한 결과를 보관할 수 있어서 좋을 것입니다. 마지막으로 가장 중요한 기술은 OSP로의 다음 단계인 개별화한 홈페이지를 우리가 자동적으로 순회하고 있는지 확인하는 일입니다. 바로 이 기술 때문에 처음에 나는 이런 바보 같은 일을 시작하게 된 것입니다.

만약 누군가가 들어와서 홈페이지로 들어간다면 자동차 구성기로 들어간 다음 아마 금융 구성기에 들어갈 것입니다. 하지만 이 방문자가 아직 거래자 위치 탐사기로 들어가지 않았다면 우리는 그의 개별화한 홈페이지 상에 OSP들을 순환시킬 것입니다. 물론 이 홈페이지에는 우리가 지금 보유하고 있는 새롭고 멋지고 작은 거래자 위치 입력기로 연결된 링크도 포함돼 있습니다. 그러면 어떻게 될지 예상해 보십시오. 그 링크에는 간단한 편집 코멘트가 다음과 같이 뜰 것입니다. '만약 우리의 새로운 거래자 탐지기를 이용하시면 가까운 주유소에서 20% 할인 혜택을 받을 수 있는 쿠폰을 드리겠습니다.' 이런 식으로 방문자에게 인센티브를 제공합니다.

방문자가 OSP를 이용하게 하는 다른 방법은 보조창을 띄우는 것입니다. 이 보조창은 짧은 메시지, 즉 간단한 판촉 정보를 제공하여 방문자가 다음 단계를 이용하도록 합니다.

그렇다. 위의 예는 마케팅 시각에서 본 것이다. 하지만 조금만 고개를 돌려 살펴보면 고객 서비스 관점을 파악할 수 있다.

만약 배달이 늦는다고 불평하며 자신들이 주문한 자전거를 조립할 줄도 모르는 사람들을 알아낼 수 있다면 어떻겠는가? 당신 사이트의 데이터베이스가 방대하여 늘 배달이 잘못 온다고 불평하는 사람들과 그들이 온라인으로 주문하는 속도와의 관계를 파악할 수 있다면 어떻겠는가?

이에 대해 무엇을 할 수 있겠는가? 당신은 적극적으로 행동할 수 있을 것이다. 고객에게 이메일을 보내라. 그리고 일반 뉴스레터를 고객의 시각으로 개별화하라. 그리고 당신의 홈페이지에 그 고객만이 볼 수 있는 버튼을 추가하라.

까다로운 사생활 문제

이제는 인터넷의 위력을 살펴본 사람들 모두가 개인 정보의 안전성에 의심을 갖기 시작하는 단계에 이르렀다.

수많은 연구단체들이 일반 인터넷 이용자를 대상으로 사생활 침해에 대해 걱정하고 있는지 물어 보았더니 우려를 표명한 사람들이 아주 많았다. 1999년 말 Forrester Research에서 뉴미디어업계의 간부들에게 웹사이트를 개별화할 때 겪는 가장 큰 어려움이 무엇인지 질문해 보았다. 그중 6%가 어떤 정보를 추적해야 할지 생각해 내는 데 어려움을 겪고 있다고 대답했다. 그리고 기술이 아직 개별화를 따르지 못한다는 대답과 자신들의 사이트가 점점 늘어나는 로드(적재)를 처리하지 못할 것이라는 대답이 각각 14%로 나타났다. 그리고 16%가 어떤 콘텐츠를 전달해야 할지 고민이라고 답했고, 자료가 부족하다고 말한 사람이 20%였다. 1위를 차지한 대답은 '방문자의 사생활 침해에 대한 우려'로 32%가 이 점에 대해 이마를 찌푸렸다.

당신이 클릭할 때마다 누군가가 컴퓨터로 관찰하기를 원하나? 어떤 회사에서 컴퓨터로 당신이 FAQ에 클릭한 내용을 기초로 하여 당신이 관심있거나 필요한 것을 어렴풋이 추측하기를 원하는가? 결국 평판이 좋은 조직과 거래하고 있다면 그 대답은 '그렇다'일 것이다.

사생활 보호하여 높은 수익 올리기

짐 스턴, 목표 마케팅(Personalization.com)에 발표

요점을 정확하게 파악하고 싶다면 여기 그 답이 있다.

> 당신에게 정보를 제공해야 하는
> 이유를 말해 주시오.
> 그런 다음 그 정보를 이용해서
> 내게 더 많이 파시오.

1995년에는 이랬다. 페퍼와 로저스의 책 『The One to One Future(BantamDoubleday, 1995)』에서 이렇게 쓰고 있다. 새 고객을 끌어들이기보다 기존 고객에게 물건을 파는 편이 비용이 적게 든다.

만약 당신이 내 기호와 습관을 안다면 나를 개인적으로 대우할 수 있다. 그러면 당신의 제안에 더 많이 관심을 가질 것이다. 나는 양식을 작성할 필요도 없고 나에 대해 다시 설명할 필요도 없다.

그래서 이제 당신은 아주 중요한 문구를 알고 있다. 웹사이트 개별화로 가는 길을 따라가면서 모든 단계에서 알려 줘야 하는 철학이 여기에 있고 침입자에 대비해 기업 데이터 보안 시스템을 강화해야 하는 이유가 여기에 있다. 그것은 바로 개인 존중이다.

개-인-존-중이 자신에게 무엇을 의미하는가

처음 식료품 가게에 가면 주인은 친절하게 당신의 안부를 묻고 다음번에 찾아가면 당신을 기억한다. 이렇게 시작된 일이 이제는 국제화하고 지나치게 개인을 침범하고 있으며 개인 정보가 다른 사람 손에 잘못 넘어갔다가는 무슨 일이 생길지 모르며 그 저장된 정보량이 어마어마해졌다.

누군가가 나쁜 마음을 먹고 당신에 대해 관찰한 다음 나쁜 목적으로 사용한다고 생각하면 무기력한 느낌이 들 것이다. 당신이 마음속 깊이 담고 있는 생각을 다른 기업에 팔아넘겨 그 기업이 거절할 수 없는 제안을 우편함이 넘치도록 보낼 수도 있다.

만약 청교도연합(Christian Coalition)에서 당신의 의견이나 입장, 믿음, 구매 성향에 대한 정보를 알아내면 어떤 종류의 전화를 하고 우편물을 보낼 것인가? 만약 동물보호단체인 Pacifists for Animal Rights에서 당신이 www.nra.org를 방문할 때마다 그 사실을 안다면 어떻겠는가? 만약 직장 상사가 서비스업체와 계약하여 당신이 취업 전문업체인 Career Mosaic에 지난주 세 번 방문했다는 사실을 알게 된다면 어떻겠는가?

자료에 목마른 마케팅 업계의 정식 구성원으로서 당신은 사생활 문제에 대해 어떤 입장을 취하고 있나?

규칙, 법, 우수한 마케팅

유럽연합 데이터 보호령(European Union Data Protection Directive)은 미국이 국제 마케팅 데이터 관리를 어렵게 만들 것으로 예상했던 명령으로 1998년 10월에 효력을 발휘하기로 되어 있었다. 이 명령은 미국 회사들이 보다 신중하게 처신하도록 압력을 가하려는 것이었다.

네 가지 기본 규칙은 다음과 같다.

1. 자신에 관한 자료를 수집하고 있다는 사실과 이를 무엇에 이용할 것인지 설명한다.

2. 이용자가 추적당하는 일을 거절할 수 있게 한다.

3. 이용자가 자신의 데이터에 들어가 수정할 수 있게 한다.

4. 이용자에게 자신의 데이터를 다른 사람이 볼 수 없다는 사실을 확신시킨다.

첫번째 규칙은 본인의 구체적인 동의 없이는 개인 데이터를 특별한 경우 외에는 사용할 수 없다는 뜻이다. 말하자면 만약 당신이 누군가에게 차 주전자를 팔았을 때 그 사람이 데이터 보안을 포기하지 않았다면 다시 돌아서서 차를 팔려고 할 수 없다는 말이다.

만약 규칙이나 규정을 따르기 어렵다면 오하이오 주립대학 법학부 부교수인 피터 스와이어(Peter Swire, www.osu.edu/units/law/swire.htm)에게 도움을 받을 수 있다.

하지만 단순히 마케팅을 잘하려고 한다면 어떻게든 이 규칙을 따라야 한다. 사실 존중하는 마음으로 고객을 대하면 더 많은 제품을 팔 수 있다. 하지만 그렇게 하지 않으면 데이터 나치주의자라는 오명을 얻게 될 것이다.

제이슨 캐틀러(Jason Catlett)는 Junkbusters(www.junkbusters.com)라는 회사를 운영하는데 이 회사는 개인 사생활과 웹사이트를 보호한다. 그는 목표 마케팅이 행패를 부리고 있다며 그 예로 다음과 같은 이메일을 보냈다.

친애하는 존스 씨

저희가 조사한 바에 따르면 귀하는 최근 SpiffyMart에서 콘돔을 구입하지 않으셨습니다. 마지막으로 구입하신 때가 8주 전이군요. 게다가 여성 위생용품도 구입하시지 않았습니다. 그러나 같은 기간에 냉동피자와 저녁 대용식품을 사 가시는 횟수는 급격히 늘었습니다.

조디 샌더스양과는 이제 더 이상 함께 사시지 않는 것 같습니다. 그런데 우리는 그것이 오히려 잘되었다고 생각합니다. 샌더스양은 늘 싸구려 샴푸만 구입하셨고 그래서 두 분이 경제적으로 어울리지 않았기 때문입니다. Postal Service의 데이터베이스를 통해 샌더스양이 주소 변경을 신청한 사실을 확인했습니다.

저희 Hotflicks International이 위로의 말씀을 드립니다.

최고의 성인 비디오 판매상으로서 저희 제품이 당신이 어려운 시기를 극복하시는데 도움이 되었으면 합니다. 외로움을 느끼실 때 그 무엇과도 비교할 수 없는 저희 카탈로그를 살펴보시면 구입하시고 싶은 것이 분명히 있을 것입니다. 이 카탈로그를 보시고 주문하시면 테이프 하나를 '무료로' 드리겠습니다.

Hotflicks 마케팅 관리부 올림.

나의 개인 정보를 중요시한다고 확신시켜 주어야 한다. 만약 나에 대한 정보를 모두 수집했다면 당신의 제안을 보고 흥미를 느끼게 될 것이다. 만약 내 정보를 존중하는 마음으로 다룬다면 당신과의 관계를 더 만족스럽게 느낄 것이다.

이 점에 대해 당신의 머리 속에 맴도는 의문은 데이터를 수집하고 보호하는 이 모든 일에 힘써야 할 만한 가치가 있는가 하는 것이다.

투자수익률(ROI)

모든 고객이 진정으로 선택해 들어오고 진정으로 접근할 수 있는 시스템에 투자하여 과연 수익을 올릴 수 있을까? 그런다고 해서 고객의 구매 성향을 바꿀 수 있을까? 그렇다. 왜냐하면 초점을 돈이 아닌 시간에 맞추기 때문이다.

물론 돈은 중요하다. 내가 돈에 관심이 없다는 말이 아니다. 나는 아침마다 수익을 얼마나 올릴지 가늠해 본다. 정말로 그렇다. 그리고 당신의 고객이 여기에서 1달러를 절약하고 다른 곳에서 20% 할인받기를 좋아하는 만큼 우리는 모두 시간이 많지 않다.

시간과 신용이 중요하다

Barnsandnoble.com은 훌륭한 서점이라고 할 수 있다. 그리고 지금까지 수집해 놓은 책도 아주 많을 것이다. 그리고 지금까지 본 어떤 서점보다 책값도 저렴할 것이다. 하지만 이 사이트에는 절대 들어가지 않을 것이다.

나는 이 사이트에서 내가 어디에 살고 선물 포장에는 어떤 포장지를 좋아하며 삼촌이 어떤 책을 좋아하는지 알려 주느라 시간을 보내지 않을 것이다. 나는 이미 Amazon.com에 이 정보를 모두 알려 주었다. Amazon.com과 관계를 맺은 것이다. 거래하는 사이트를 바꾸는 일은 내 인내의 한계를 넘는 일이다. 그래서 나는 서적 관련 사이트는 하나만 이용하자는 주의다.

지금까지 거래를 하면서 Amazon은 블러드하운드(후각이 예민한 탐색 견)처럼 나를 따라 다녔다. 그리고, 내가 사는 책은 모두 기억하고 내가 본 것과 나에 대한 정보를 다 기억한다. 그리고 Amazon의 이름을 걸고 한 약속은 모두 지켰고 나에 대한 정보를 악용하지도 않고 내 쇼핑을 더 즐겁게 하는 데만 이용했다.

그래서 다른 서점으로 거래를 옮기고 싶은 생각이 없을 뿐만 아니라 책에 대한 깊은 욕망을 Amazon에서 충족시킬 수 있다는 사실을 잘 알고 있다. 그리고 Amazon은 나를 실망시키지 않는다. 그들은 사생활을 침해하는 순간 내가 Motley Fool이나 CNNfn, Quote.com에서 친구들 모두에게 말해 버릴 것이라는 사실을 알고 있기 때문이다. 그리 보기 좋은 일은 아닐 것이다.

고객에 대한 정보를 알아내고 관리하고 이를 고객에게 이용하라. 그러면 고객은 더 많은 물건을 사서 보답할 것이다. 하지만 고객에게 그에 상응하는 존경심을 보여 줘야만 한다.

웹사이트를 보면 사생활 침해에 관한 글이 많이 올라와 있으며 읽어볼 만한 가치가 있다. 왜냐하면 당신의 고객이 당신 회사에 대한 글을 읽고 있을지 모르기 때문이다. 주의를 기울여 만든 마이크로소프트의 Statement of Privacy(www.microsoft.com /info/privacy.htm [그림 7.5] 참고)를 살펴보라.

마이크로소프트는 당신에 대한 정보가 왜 필요한지 설명한다. 그리고 당신이 원하지 않는다면 힘들여 얻은 사생활에 대한 정보를 마지못해 넘겨주지 않아도 된다고 분명히 밝힌다. 물론 '등록해야 하는 부분은 이용할 수 없다.' 이 회사는 제삼자와 당신에 대한 정보의 일부를 공유하며 고객은 탈퇴할 수 있다고 말한다.

마이크로소프트는 당신이 자신의 개인 정보를 볼 수 있고 편집할 수 있다고 알려 주며 이 정보를 안전하게 지킨다는 확신을 준다. 또한 부모들이 의식을 높이길 원한다. "부모님과 보호자들에게 말씀드립니다. 저희는 자녀의 사생활을 지킬 수 있도록 돕고

싶습니다. 아이들이 인터넷을 사용하는 동안 개인 정보를 안전하고 책임감 있게 사용하라고 지도해 주실 것을 권합니다. microsoft.com Internet Safty 사이트에서 풍부한 정보를 알려 드립니다." 이 회사에서는 쿠키에 대한 질문에 답해 주고 프로필을 작성하면 어떤 점이 좋은지 확실히 알려준다.

당신은 이보다 더 못할 수도 있다.

전체적인 요점은 신뢰와 충성심을 쌓는 데 있다. 그리고 신뢰와 충성심은 단순히 밖에서 살 수 있는 것이 아니다. 얻어내야 하는 것이다.

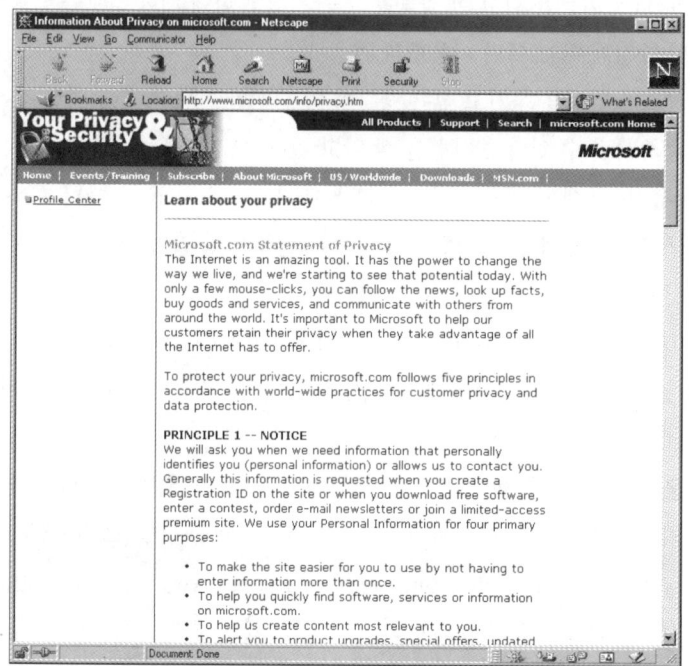

그림 7.5 만약 마이크로소프트가 자사의 Statement of Privacy를 게재하는 데 특별히 주의를 기울인다고 판단했다면 옳게 본 것이다.

신뢰와 충성심

고객이 당신의 사이트를 믿고 제품을 배달시킬 수 있을까? 제품의 품질은 좋을까? 이는 결국 상표 문제로 요약할 수 있다. 시간이나 지식이 제한된 상태라면 나는 상표를 믿을 것이다. 나보다 앞서 어떤 회사를 현재 거물급으로 성장하게 만든 수백만 소비자를 믿을 것이다.

사람들은 모두 같은 지점에서 출발한다. 말하자면 당신에 대해 들어 본 적이 없다. 그리고 당신은 사람들이 가능한 한 빨리 당신과 관계를 맺는 경로로 들어오게 하려고 노력한다.

- ■ 인식
- ■ 친근감
- ■ 편안함

- ■ 안전
- ■ 신용
- ■ 의지하기

- ■ 옹호

신용은 고객이 제품을 사게 하는 데 필요하고 의지하는 마음은 고객에게 빠르고 지속적으로 올바른 대답을 제공할 때 쌓인다. 고객은 당신이 믿을 만하다고 생각하기 때문에 도움이 필요할 때 의지한다. 그런 다음 당신을 친구나 동료에게 추천한다.

일단 고객의 신용을 얻고 충성심을 얻으면 고객의 가장 사적인 정보도 깊이 있게 알 수 있어 고객이 좋아하는 것과 싫어하는 것, 바라는 것과 두려워하는 것, 꿈과 계획 등 전에는 그저 추측만 해왔던 사실까지도 알 수 있다. 이제 사생활의 중요성에 대해 잠시나마 알아보아야 하는 이유를 이해했을 것이다.

재미와 수익을 위한 데이터마이닝

여름에 플로리다에서 아이스크림을 팔면 겨울에 위스콘신에서 보다 더 많이 팔 수 있을 것이라는 사실은 누구나 알 수 있다. 하지만 선전용으로 경품행사를 열었는 데도 수익이 감소하는 이유가 무엇인지 알아내는 일은 다른 문제다.

브라질의 한 식품점에서 엄청난 비용을 들여 대형 경품행사를 연다고 선전했다. 가게에 와서 물건을 살 때마다 텔레비전이나 스테레오, 전자레인지 등을 받을 기회가 생겼다. 이 가게에서는 대다수 고객의 관심을 끌어야 하기 때문에 신중하게 경품을 선택했다. 하지만 행사를 하다 보니 가게를 찾는 고객은 늘어났지만 수익은 줄었다. 그 이유는 무엇일까? 해답을 찾기 위해 데이터마이닝을 이용했다.

데이터마이닝은 거대한 양의 데이터를 참고로 관심 있는 문제의 답을 찾는 기술이다. 이때 대량의 데이터는 당신의 회사에 대한 모든 것, 즉 모든 거래와 모든 고객, 모든 비용 등을 알아내려고 수집한 것이다.

브라질은 빈부의 차가 심하다. 이 식품점 직원 중 누군가가 아주 중요한 질문을 하나 제기해 보기로 했다. 가장 수익을 많이 내는 고객의 프로필은 어떨까?

경쟁을 위해 이 가게는 주요 상품 대부분을 경쟁가격에 팔았다. 그리고 가게에 있던 비교적 수량이 적은 사치품을 팔아 가장 높은 수익을 올렸다. 가게에서 어떤 경품을 제공할 것인지 관심이 있는 사람들로 인해 오가는 사람들 수가 늘었다. 하지만 그것이 문제였다. 저소득층 가족들이 더 많이 와서 손님을 끌려고 싸게 내놓은 세일품만 사가고 수익이 많이 남는 상품은 사지 않았던 것이다. 그러면 어떻게 해야 수익을 낼 수 있을까? 경품을 바꿔야 한다.

이 경품행사 중반 이후에는 다이아몬드 장신구나 밍크 코트, 롤스로이스와 같은 경품을 내놓았다. 그랬더니 수익이 급격히 증가했다.

Peapod는 온라인 식료품 가게(www.peapod.com [그림 7.6] 참고)로 이곳 역시 데이터마이닝이 얼마나 중요한지 깨달았다.

Peapod는 이곳을 이용하는 고객 모두를 대상으로 쇼핑 선호 리스트 조사를 계속 하고 있다. 콜레스테롤 수치를 걱정하는 사람, 칼로리를 계산하며 식사하는 사람, 채식주의자 그리고 그 외에 특별한 식사를 하는 사람들을 모두 조사에 포함시킨다. 여기에 덧붙여 고객 각자의 특별한 형태의 소모품을 진열해 놓은 진열대에 대한 구매 변화를 기록했다.

Peapod 사이트에서는 위의 정보와 함께 계절별 매물과 개별화한 특별 할인 쿠폰을 제공한다. 이 모두는 과거의 판매 기록, 프로필과 고객이 그 순간에 그 가게에 들어오게 된 경로를 바탕으로 하여 선택한다. 그런 다음 판매 촉진을 위한 협력을 강화하기 위해 공급자에게 이 조사 결과를 보고한다.

 Peapod의 정보담당자 존 퍼톤(John Furton)은 이렇게 말한다. "P&G사는 인스토어

(in-store) 환경에 비하여 전자상거래에서 자사 제품이 차지하는 비율이 어느 정도 인지 알고 싶을 것입니다. 일반 잡화점에서 P&G제품인 Tide가 가루비누 판매의 45%를 차지한다는 사실을 쉽게 알 수 있습니다. Peapod에서는 마찬가지로 Tide가 가루비누 판매의 45%를 차지하겠지만 이 제품을 이용하는 여성 중 80%가 대학을 졸업했고 자녀를 둘 이상 두고 있으며 직장을 다닌다는 사실도 알 수 있습니다." 특별 쿠폰을 제공할 시기는?

그림 7.6 Peapod는 당신이 좋아하는 제품과 당신이 사는 물건과 어떤 진열대를 자주 찾 는지를 추적한다.

만약	도메인	AOL	
그리고	키워드	broncos	
그리고	성별	남자	
그리고	나이	18~49	
그 결과	광고	ESPN	68 percent
		AUTOBYTEL	18 percent
		Amazon	9percent
		마이크로소프트	5 percent

간단히 말해 데이터마이닝은 귀납적 분석이다. 자료가 너무 방대하고 복잡하여 사람이 처리할 수 없을 때 비율이나 공식 형태로 요약해 보면 어떤 패턴이 나타나는 경우가 많다. 예를 들어 웹사이트에서 나오는 자료의 양은 너무 방대해서 방문자가 구매를 하거나 어떤 광고나 배너를 클릭했을 때 그 상황을 나타내는 패턴을 볼 수 없는 경우가 많다.

데이터마이닝 소프트웨어는 데이터베이스에 있는 한 분야의 값에 다른 분야가 어떻게 영향을 미치는지 보여 준다. 예를 들어 총구매와 같은 분야에 방문자의 나이, 성별, 조회 엔진, 방문자가 사용하는 키워드와 같이 당신의 로그나 양식 데이터의 값, 분야가 영향을 미친다. 그러므로 데이터마이닝은 방대한 데이터베이스로부터 이런 패턴들을 찾아내어 끌어낸 다음 반복하는 과정이라고 정의할 수 있다. 이것이 패턴 인식이다.

『Data Mining Your Web Site』지저스 메나(Jesus Mena), Digital Press 1999

이런 경우 강력한 컴퓨터, 대규모 데이터베이스 및 신경 회로망 같은 첨단 소프트웨어가 사용할 만한 가치가 있다. 낮은 수준의 데이터를 기초로 높은 수준의 패턴을 검사하는 능력은 현재 고객 구매에 적용하고 있다. 하지만 웹사이트를 처음으로 판매에만 집중적으로 사용하자 오래지 않아 사람들은 온라인 CRM의 필요성을 인식했다.

유용한 도구

시장에 흥미로운 도구가 많이 나와 있어 개별화 작업에 도움을 줄 수 있게 되었다. 이 도구들이 어떻게 작용하는지 알면 고객이 지금 무엇을 할 수 있는지 알 수 있는 단서와 미래에는 무엇이 가능할 것인가 하는 통찰력을 얻을 수 있다.

시장이 너무 빠르게 변해 인터넷으로 돈을 많이 벌다가도 하루아침에 다 잃을 수도 있다. 그렇기 때문에 나는 기능에 대한 설명만을 보고 다음과 같은 도구들을 선택했다. 이중 일부는 분명 아주 뛰어나지만 일부는 그저 알고만 있을 뿐이다. 다음에 설명하는 도구들 중에는 내 투자 포트폴리오의 큰 부분을 차지하고 있는 것들도 있지만 그 기능을 보증할 의도는 없다. 하지만 모두 구매자의 최종 선발 리스트에 오를 만하다.

개별화를 위한 응용 소프트웨어에 대한 Accelerating1to1 (www.accelerating.com)

의 기사에서 아래의 자료를 간략하게 발췌할 수 있게 해준 데 대해 브루스 카사노에게 감사한다. 기사 제목은 『고객과 파트너를 차별화하기 위한 진보적 전략, 일대일 관계를 가능하게 하는 소프트웨어(Advanced Strategies for Differentiating Customers and Partners: Software That Enables 1to1 Relationship)』이다.

추적도구

이 도구는 당신의 서버 로그 파일을 읽거나 사람들이 당신의 사이트에서 무엇을 하는지 관찰할 수 있는 제품이다. 이 도구를 이용하면 사람들이 어디에서 왔는지, 당신의 사이트에 들어와 무엇을 하는지, 어디로 나가고 언제 나가는지를 알 수 있다. 이 도구는 처음에는 로그 분석 도구였지만 2세대와 3세대를 거쳐 발전을 거듭해 왔다. 이러한 도구들은 한때 서버에서 어떤 종류이든 측정법을 알아내려던 웹 전문가들의 제작품이었다. 그러나 이것은 이제는 빠르게 발전하는 기술개발 기업과 경쟁이 치열한 거대 웹사이트간의 공동연구 결과다.

NetGenesis

NetGenesis는 당신의 웹사이트를 방문한 사람들로부터 얻은 정보를 통해 고객의 행동을 인지하고 개별화를 이끌 비즈니스 규칙을 만들고 테스트하는 데 도움을 준다. 이 소프트웨어를 통해 얻은 정교한 정보는 고객 개인이 각각 무엇을 원하는지 당신의 회사가 이해하는 데 도움을 준다. NetGenesis는 net.Instrument 모듈을 통해 고객 온라인 행동 데이터를 분석, 제 삼자의 데이터와 당신이 사용 가능한 애플리케이션을 종합하여 온라인 방문자에 대해 더 광범위한 시각을 제공한다. 예를 들어 고객이 당신의 사이트에 등록하고 또한 전통적인 경로로 물건을 구입했다면 net.Instrument는 온라인 데이터와 당신의 다른 데이터베이스 내의 정보를 상호연결시켜 고객이 온라인상에서 어떻게 다르게 행동하는지 알려 준다.

웹사이트를 이용하면 과거 어느 마케팅 담당자보다 고객 행동에 대해 훨씬 더 잘 알 수 있다. 만약 당신의 회사가 이 정보를 얻을 수 있고 이를 통합하여 사용할 수 있다면 비즈니스 규칙의 토대를 마련하는 가정들을 확인하지도 않고도 개별화를 무모하게 추진하는 기업보다 일대일 관계를 훨씬 성공적으로 발전시킬 수 있다.(Accelerating1to1)

스마트 다이내믹 서버

다이내믹 서버는 웹사이트가 나온 지 3일 만에 개발되어 지금까지 사용되고 있다. 클릭한 이용자 개인에게 정적인 페이지를 보여 주는 대신 다이내믹 서버는 콘텐츠의 데이터베이스나 디자인 템플릿의 데이터베이스에 들어가 신속하게 페이지를 만든다. 이들 페이지를 개별화하는 일은 당연한 것처럼 보인다.

스마트 서버는 인터넷 이용자가 그 순간 이 사이트에 들어와서 무엇을 하는지를 기초로 개인 프로필을 함께 참고하여 콘텐츠를 선택한다.

Broadvision

나는 Accelerating1to1에서 다루기 어렵다는 이유로 아직도 Broadvision에 대해 다루지 않은 점을 유감스럽게 생각한다. 위에 나온 일반적인 설명을 제외하고라도 이 도구를 설명하는 것은 어렵다.

Broadvision의 일대일 제품 생산라인은 수많은 거래를 실시간에 해내는 대량 사이트가 정확한 콘텐츠를 결정하여 제공할 수 있게 하려고 만들어졌다. Broadvision은 빠르게 변하는 비즈니스 규칙을 기초로 제공할 콘텐츠를 선택한다. 녹색 스웨터를 좋아하는 사람이 갈색 모자도 좋아할까? 이들 고객에게 이 제품들을 보여주는 비즈니스 규칙을 세워라. 마술 주문과 함께 그 다음에 녹색 스웨터를 찾는 사람에게 갈색 모자를 제안할 것이다.

이런 마술을 부리기 위해 Broadvision은 경보 장치와 속성 탐색, 합작 필터링, 커뮤니티 등급, 이메일 타게팅, 제목 정하기, 이벤트에 기초한 매칭(matching), 전체 텍스트 검색, 매칭 에이전트, 관찰, 규칙에 기초한 매칭, 사용자 프로필을 이용한다. 열 배는 더 빠르다고 할 수 있다.

합작 필터링

이 기술로 당신에게 무엇을 제안할지 알아내기 위해 당신의 습성과 다른 사람의 습성을 비교할 수 있다.

Net Perceptions

Net Perceptions의 합작 필터링 소프트웨어는 개별화한 서비스를 제공하는 데 편리하도록 크기를 바꾸었다. 소규모 기업이 아무리 고객을 개인적으로 잘 알 수 있다고 해도 대기업이 Net Perceptions을 사용하면 소기업보다 개인화한 맞춤 서비스를 더 잘 제공할 수 있다.

이는 20세기 비즈니스계에서 일어난 가장 근본적인 변화이며 그 영향 또한 엄청나다. Net Perceptions의 소프트웨어를 이용하면 커뮤니티 인식 능력을 향상시킬 수 있다. 커뮤니티 인식은 당신의 고객 기반인 회원 모두의 종합적인 취향과 기호를 말한다.

고객이 많을수록 취향과 수요가 같은 고객이 많을 가능성이 높다. Net Perceptions을 이용하는 기업은 다른 고객들로부터 통찰력을 모으고 이 통찰력을 이용하여 각 개인에게 더 유용하고 요구에 꼭 맞는 서비스를 제공할 수 있다. (Accelerating1to1)

프로필에 따른 앤서봇

Big Science의 안드레를 기억하는가? Big Science는 난국을 잘 견뎌냈다. 하지만 수많은 기업들은 고객과 실시간 대화를 하기 위해 노력하고 있다. Big Science와 Ask Jeeves와 같은 일부 기업들은 자주 받는 질문에 대한 데이터베이스를 구축하고 있다. SelectResponse와 Inference를 갖춘 eHNC와 같은 기업들은 신속하게 정확한 대답을 만들기 위해 지식 기반을 면밀히 조사할 수 있는 시스템을 구축하고 있다.

Inference

Inference K-Commerce 소프트웨어는 고객과 더욱 자연스럽고 개별적인 관계를 유지하여 전자상거래 판매를 늘리고 남보다 우수한 서비스를 제공하고 대화를 지원하게 해준다. 이 회사는 K-Commerce Sales와 K-Commerce Support, 이렇게 두 개의 생산라인을 가지고 있는데 각각 전자상거래 고객의 생활 방식에 중점을 둔다.

Inference의 K-Commerce Sales 애플리케이션을 이용하면 당신의 사이트를 방문하는 고객 각자에 대해 프로필을 자세히 만들어 조언, 협조, 광고와 그 고객의 요구를 충족시키기 위한 콘텐츠를 제공할 수 있다. 이 회사의 K-Commerce Support 애플리케이션은 대화접근법을 사용한다. 대화접근법은 고객담당센터 전반에 걸쳐 신속하게 질문의 답을 제공하고 문제에 대해 필요한 해결책을 주는 데 목적이 있다.

이 소프트웨어는 규칙과 사례를 기초로 기술을 응용하여 서비스를 제공하는데 이때 서비스는 웹사이트에서 흔히 제공하는 방법보다 오래된 개인 서비스라는 느낌이 든다.

Inference가 K-Commerce Sale에 대해 추구하는 목표는 기업들이 웹사이트상에서 더 많은 고객에게 추가로 더 많은 제품과 서비스를 팔 수 있게 하고 더 많은 브라우저들을 구매자로 만들고 장기적이며 충성도 높은 고객 관계를 구축할 수 있게 하는 데 있다.(Accelerating1to1)

거래 가시화

동적으로 발생하는 웹사이트에서 일어나는 모든 일을 지배하기란 아주 어려운 일이다. 그 성공의 절반은 정보를 알아내는 데 있고 나머지 절반은 알아낸 정보를 유용한 방법으로 나타내는 데 있다.

E.piphany

E.piphany에는 총 열여섯 개의 소프트웨어 모듈이 있는데 이 다양한 소프트웨어 모듈은 고객 관계에 대해 계기판 역할을 한다. 고객이 조작하기 쉬운 웹브라우저를 이용한다면 책상에 앉아 이 고객에 대한 정보를 즉시 얻을 수 있다.

자동차 계기판을 발명하지 않았다면 어떻게 됐을지 상상해 보라. 속도 측정기나 오일 경고등, 연료 측정기, 회전 속도계, 전조등 표시기, 자동차 오디오 같은 것들이 없었다면 어떻겠는가? 아마 전혀 다른 운전 습관을 가지게 됐을 것이며 지금보다 더 많이 모르는 채 운전을 하고 있을 것이다. 이와 마찬가지로 많은 기업인들은 고객에 대한 가치 있는 정보를 거의 모르거나 전혀 모르는 채 운영하는 데 익숙해져 있다.

그래서 데스크탑 PC를 통해 이런 정보를 이용할 수 있는 융통성 있는 소프트웨어만 있다면 고객이 질문을 할 수도 있고 반드시 물어볼 질문이 무엇인지 알 수 있어야 할 것이다. 여기 E.piphany 소프트웨어가 당신을 대신해서 대답해 줄 수 있는 질문을 간단하게 나열해보겠다.

■ 각 고객층별로 이 제품으로 인해 수익이 얼마나 발생하는가?

■ 이 고객층이 선호하는 제품은 무엇인가?

■ 고객 평생 가치(LTV)란 무엇인가?

■ 이 제품을 구입한 고객 중 몇 %가 캠페인이나 광고의 대상에서 제외되었나?

■ 만약 고객이 개별화한 웹사이트 콘텐츠를 받는다면 이 고객이 제품을 구입할 가능성은 높은가?

■ 이 제품을 구입한 고객이 또 어떤 제품을 구입했으며 얼마나 많이 구입했는가?

■ 감사하다는 메일을 받은 고객이 곧 다음번 주문을 하는 경향이 있나? 다음 주문은 규모 면에서 어떤 차이가 있나?

■ 어떤 고객층이 가장 수익성이 높은가?

■ 주문을 한 상태에서 그 주문을 취소하는 고객은 얼마나 되는가?

■ 배달이 지연되면 고객이 동요할 가능성은 높은가?

■ 웹사이트에 등록한 고객이 제품을 구입할 가능성은 높은가?

■ 값비싼 물건을 구입하는 고객이 온라인으로 비용을 지불할 가능성은 많은가, 적은가? (Accelerating1to1)

적은 자본으로 개별화하기

짐 스턴

Inc. Technology, 2000년 3월

어서 오십시오. 기다리고 있었습니다.

저렴한 개별화 도구는 사이트를 방문한 모두를 그저 수많은 관람객 중 하나라는 기분이 들게 한다. 축구 경기장에 가면 나는 수만 명의 축구 팬 중 한 명이다. 극장에 가면 수백 명의 관람객 중 하나이다. 텔레비전을 볼 때는 우리 가족 서너 명 중 한 명이다. 하지만 웹사이트에 들어가면 나는 혼자다.

인터넷 이용자가 혼자 여행을 한다는 사실이 바로 인터넷의 강점이다. 십여 개의 소프트웨어 패키지가 온라인 고객에게 개인적인 경험을 제공하며 인터넷을 이용하는 동안만은 마치 세상이 자신을 중심으로 돌아가는 것 같은 기분을 느끼게 할 것을 약속한다.

Broadvision(www.broadvision.com)을 설치해 보라. 그러면 당신의 사이트를 방문하는 고객들의 움직임과 이들이 흥미있어 하는 것이 무엇인지를 추적할 수 있고, 방문자의 가슴을 설레게 할 광고와 특별 제안을 할 수 있다. Net perceptions의 GroupLens(www.netperceptions.com)을 이용하면 취향이나 구매 경력이 비슷한 고객의 구입품을 바탕으로 제품을 권하는 Amazonian 축제를 개최할 수 있다. 고객이 보낸 이메일을 이해하고 고객의 특수한 질문에 대답하는 인공지능 패키지를 원하는가? 그렇다면 eHNC의 SelectResponse(www.ehnc.com)가 있다.

물론 소프트웨어를 구입하고, 시험 가동하고, 조정하고, 이를 작동할 인력을 구하는 데 드는 비용이 5백만 달러에서 천만 달러 정도나 든다. 유감스럽게도 비용이 문제인가?

그렇다면 당신 스스로 하는 방법도 있다. 이미 쿠키를 사용하는 방법이나 고객을 인식하고 고객의 이름을 사용하여 인사하는 방법은 알고 있을 것이다. 게다가 고객의 기호를 기억하는 데이터베이스와 고객을 위한 페이지를 빠르게 구축할 수 있는 다이내믹 서버를 설치할 수도 있다. 하지만 조심하라. 문서화도 안된 상태로 아주 복잡한 웹사이트를 더 복잡하게 장식하는, 일하면서 배우는 개발업자 부류에서 선두가 된 자신을 발견하게 될지도 모른다. 이는 전자상거래 제국을 위해 안전한 토대를 다지는 길이 아니다.

다행히 아직도 비용을 적게 들이고 조금은 구미가 당기는 방법이 있다. 그 비법은 고객을 세분화하여 접근하는 방법이다. 세분화한 그룹은 주문을 받을 수 있을 정도로 작아야 하지만 이들을 관리하기 위해 일단의 소프트웨어가 필요할 정도로 커야 한다.

웹사이트에 반영하라

방문자들은 웹사이트에 들어가 자신에 대한 내용을 보고 그 웹사이트가 개별화했다고 생각한다. 말하자면 고객을 대할 때 대략적으로 다루는 일은 피해야 한다. 예를 들어 당신이 치과용품 회사를 경영하는데 알게논 K. 플룸(Algernon K. Floom)이 드릴을 사려고 당신의 사이트를 방문했다고 하자. 당신은 알게논 K. 플룸이 자신의 이야기를 가지고 작성할 양식을 제공할 소프트웨어를 갖출 만한 여유가 없다. 그래서 그의 이름을 사용하여 "안녕하십니까? 알게논 K. 플룸 씨입니까?"라고 인사하고 알게논 K. 플룸에게 맞는 매물을 보여준다. 하지만 이때 그에게 아래와 같은 질문을 했다고 가정해 보자.

■ 당신이 개업의라면 여기를 클릭하십시오.

■ 당신이 치과협회 회원이라면 여기를 클릭하십시오.

■ 당신이 병원 구매담당자라면 여기를 클릭하십시오.

■ 당신이 HMO의 물품담당자라면 여기를 클릭하십시오.

위의 질문들은 알게논 K. 플룸에게 드릴 구매자가 모두 같은 직업을 가진 사람이 아니라는 사실을 당신이 이해하고 있다고 보여준 것이다. 즉 그가 구체적으로 필요한 것이 있으며 당신이 정보를 제공하고 가격을 정하여 그에게 필요한 것을 제공하고 시장을 세분화하여 그가 속한 그룹에 맞는 서비스를 제공하려고 노력하고 있다는 사실을 보여 준다. 당신은 아직 구멍을 뚫어 내려가지는 않았을지 모르지만 적어도 구멍은 뚫고 있는 것이다.

고객에게 당신이 그들만을 위해 뭔가 노력하고 있다고 보여 주는 또 다른 방법은 고객의 요구에 일련의 질문을 하는 것이다. 당신 회사가 제품 하나만 판다고 가정해 보자. 그 제품은 소음이 전혀 없는 초고속 드릴이고 오른손잡이나 왼손잡이 의사 모두 사용할 수 있고, 일회용 타구도 함께 판다. 이 드릴을 홈페이지에 위와 같이 설명하고 모든 치과의사에게 클릭하여 구매하라고 초대할 수도 있다. 아니면 의사들에게 다음과 같은 질문을 할 수도 있다.

■ 당신은 충치용 드릴을 매일 사용합니까 아니면 1주일에 한두 번 사용합니까?

■ 당신은 드릴을 사용할 때 오른손을 씁니까 아니면 왼손을 사용합니까?

■ 당신은 환자에게 헤드폰을 착용하게 합니까?

■ 당신은 고속 드릴에 팔목에 차는 타구가 있는 것을 원합니까, 없는 것을 원합니까?

제품 설명 한 가지만 제공하는 대신 고객의 응답을 보고 바람직해 보이는 드릴의 특성을 합쳤다고 강조하면서 다른 몇 가지 제품 설명을 쓸 수 있다. 오른손잡이 치과의사는 오른손잡이용 드릴이라고 설명하는 페이지에 들어갈 것이다. 이 드릴이 왼손잡이 의사가 사용하기에도 적합하다는 사실은 중요하지 않다. 고정 타구를 가지고 있는 치과의사들은 팔에 차는 부속품이라는 설명이 없는 제품 설명을 읽는다. 당신은 그런 타구는 팔지 않는다. 갑자기 당신이 하나가 아닌 여덟 가지 제품을 파는 것처럼 보이고 고객이 자신에게 가장 잘 맞는 제품을 확실히 고르게 하는 것에만 관심이 있는 것처럼 보인다.

여러 가지 질문을 하면 두 가지를 성취할 수 있다. 하나는 고객이 클릭하며 선택해 나

가면서 데이터가 풍부한 로그 서버를 만들어 이를 시장조사하는 데 이용할 수 있다. 다른 하나는 고객이 자신의 요구 사항을 정하면 그들은 자신이 산 물건에 대해 일반적으로 만족해 한다. 만약, 누군가가 가게에 가서 디지털 카메라를 사려고 하는데 판매원이 곧바로 RX7-11을 권한다면 고객은 이 모델이 이윤이 가장 많이 남기 때문일 거라고 의심한다. 그러나 판매원이 왜 그 카메라를 권하며 어떻게 사용할 계획인지 물은 다음 RX7-11을 권한다면 고객은 판매원을 믿고 자신이 한 선택에 만족해 할 것이다.

메일이 도착했습니다(저로부터)

나는 지난번 칼럼에서 최고의 고객을 위한 개인 홈페이지를 만드는 일이 얼마나 중요한지 설명했다. (Inc. Technology 1999년 11월호의 'A Fine and Private Page' 참고) 이 전략은 소수의 기업 계정을 서비스하는 사이트에 효과적이다. 하지만 만약 수백에서 수천 명의 고객을 상대한다면 고객 개개인 홈페이지를 관리할 수 없다. 그 대안으로 고객 수백에서 수천 명에게 그들의 주소로 뉴스레터를 보내는 방법이 있다. 꼭 개인이 아니더라도 소중한 개별 고객 그룹에 보내면 된다. 이 방법은 기술이 적은 기업에 효과적이다. 특히 소프트웨어 고객은 주로 당신의 사이트에서 보내는 뉴스레터와 메일링 리스트를 관리하는 소프트웨어를 받으려고 신청하기 때문이다.

개별화 노력이 대부분 그렇듯이 뉴스레터를 보내는 데에도 세분화가 필요하다. 다양한 고객이 당신의 제품과 서비스를 어떻게 이용하는지 확인하라. 고객이 해결하고 있는 다양한 문제, 고객이 이용하고 있는 다양한 업체, 고객이 당신과 거래하는 다양한 이유들에 대해 생각해 보라. 이러한 특성들에 따라 고객을 그룹으로 나누고 이들 그룹에 관한 소식과 아이디어를 방심하지 말고 살펴라. 당신의 일반 뉴스레터는 고객 모두에게 가치 있는 정보를 담고 있을 것이다. 하지만 만약 개인병원을 운영하는 치과의사에게 보내는 뉴스레터에 아주 좋은 진료실 공간을 찾는 방법을 알려 주는 글을 써 보낸다면 그리고 병원 물품 담당자에게 X선 필름을 다량 구입하면 할인해 준다는 메시지를 보낸다면 이들 고객은 당신이 자신에 대해 관심을 가지고 있다고 생각할 것이다.

그렇다고 매달 제대로 만든 네 쪽이나 여덟 쪽 혹은 서른두 쪽 분량의 뉴스레터를 보내야 하는 것일까? 아니다. 어쩌다 한 번씩, 우연히 만나듯이 짤막한 홍보물을 보내는 것이 더 효과적이다. 고객에게 보내는 메일은 모두 아주 흥미로워야 한다는 사실을 명심하라. 그렇지 않으면 당신은 고객에게 골칫거리만 될 뿐이다. 당신이 고객에게 고통만 주고 아무 도움도 주지 못했다는 사실을 어떻게 알 수 있을까? 고객이 가입을 해지할 때 알 수 있다.

만약 이러한 일도 당신의 웹호스팅 서비스가 관리하기에 어렵다면 파산하지 않고도 고객에게 개인적으로 다가갈 수 있는 제품이나 서비스를 생각해 볼 수 있다.

예를 들어 MessageMedia의 Unitymail(www.unitymail.com)은 뉴스레터를 보내고 고객을 세분화하는 일을 맡아주는 웹사이트다. 고객은 여전히 당신의 사이트에 들어와 뉴스레터를 구독하고 자신들이 알고 싶은 주제를 선택한다. MessageMedia의 디지털 전문 영역의 가입 양식을 구축하면 MessageMedia에서 주소를 쓰고 메일을 보내는 일을 매달 200달러에 관리해 준다.

MultiActive(www.multiactive.com)의 소프트웨어 제품인 Entice!는 당신이 사이트를 훑다가 대답 의존형 경로(answer-dependent path)에 잠깐 멈출 수 있게 해준다. 그래서 만약 방문자가 크루아상이나 잼보다는 베이글과 잼을 더 좋아한다고 말하면 당신의 사이트에서는 크림치즈를 권할 수 있다. 게다가 Entice!는 당신의 사이트에 방문자가 도착한 장소를 바탕으로 고객에게 다른 메시지를 보낸다. 예를 들어 베이글 페이지에 들어간 사람이 자신의 우편함에서 슬라이서를 세일한다는 메시지를 받아 볼 수 있을 것이다. 그리고 당신은 제품의 멋들어진 게시판을 보고 당신의 사이트 주변으로 고객이 실시간 여행을 하고 있는지 관찰할 수 있다. Entice! 소프트웨어는 전자상거래 엔진을 포함하여 25,000달러이므로 그렇게 나쁘지 않다. 만약 이 가격도 너무 비싸다면 GuestTract과 GT/Mail(www.guesttrack.com)을 이용해 보라. 이들은 함께 MultiActive와 같은 정도의 개별화 서비스를 6천 달러에 제공한다. 무엇이 함정일까? GuestTract과 GT/Mail은 개발자들이 사용하는 도구다. 그래서 당신은 당신의 SQL 데이터베이스와 전자상거래 애플리케이션을 구축할 각오를 하고 그럴 마음을 가지고 이를 구축할 수 있어야 한다.

물론 이 도구들은 모두 당신이 제공하는 양식에 기능을 제공할 뿐이다. 그리고 그 양식은 고객에게 돈을 쥐고 흔드는 획일적인 대중이 아니라 한 개인으로 친밀하게 이해하는 데서 나온 것이다. 아니 당신은 고객을 모두 왕처럼 모실 여유는 없을 것이다. 하지만 당신이 고객을 대공처럼 대한다면 고객은 만족해 하며 돌아갈 것이다.

고객 개별화가 오프라인으로 새어나오고 있다

오프라인 세계에서 개별화 아이디어에 대해 처음 들었을 때 나는 마케팅 도구의 위력이 얼마나 강한지 알 수 있었다. 처음에는 웹에 정통한 IBM 웹의 새로운 시도를 보고 알았다. IBM은 고객이 선택할 수 있게 한다. 어떤 브로셔나 게시문, 최신 뉴스, 일반 우편 정보를 고객이 받고 싶어하지 않을까? 그 전에는 IBM 웹사이트에서 고객이 패스워드를 입력하면 장황한 문서 목록이 길게 나왔다. IBM이 마케팅 열정에 넘쳐 습

관적으로 보내는 목록이었다. IBM의 마케팅 간부들은 그 결과에 놀랐다. 사람들이 무리 지어 가입을 해지한 것이다.

처음에는 다음과 같은 이메일이 왔다. '저의 사무실로 쏟아져 들어오는 정크 메일을 처리할 수 있게 해주셔서 감사합니다.' 고객이 원하지 않는 메일을 보내지 않으면서 예산 수치에 변화가 왔다. 수백만 달러를 절약할 수 있었던 것이다.

영국의 Viking Office Products 다이렉트 메일팀은 고객을 기쁘게 하는 대단한 방법을 알아냈다. 그들은 고객의 구매 기록에 대한 데이터베이스를 고속 컬러 디지털 프린터와 결합시켰다. 그 결과 메일을 받는 고객 각자가 개인 카탈로그를 받게 되었다. 처음 시도했을 때는 고객이 어떤 반응을 보일지 알아 보려고 고객 몇 천 명에게만 보냈다.

가능한 한 최상의 대답을 얻기 위해 전력을 다하면서 그들은 커버 위에 고객의 이름을 프린트하면서 고객이 주로 구입하고 언제라도 다시 구입할 제품에 대해 대폭 할인을 해주겠다는 제안을 같이 프린트하도록 했다. 지금은 데이터베이스 규범(database canon)이라고 부르는 것을 프로그램한 것이다.

그들은 목표를 달성했다. 최고의 반응을 얻은 것이다. 모든 사람들이 주문을 했던 것이다. 모두가 말이다.

기업간 상거래 개별화

이 모든 개별화의 마술은 개인적이라는 데 있는 것으로 보인다. 그렇다면 B2B 세계에서는 어떨까? 종이 클립이나 실리콘 칩을 구입하는 데 대해 어떤 종류의 개인적인 기호가 있을까?

이 질문의 대답은 두 가지다. 하나는 기업인도 사람이라는 사실이다. 사람들은 모두 자기 일을 조금씩 다르게 한다. 사무실에서 구매를 담당하는 사람은 오전 근무를 하는 사람일 수도 있고 다음 사람은 웹사이트를 클릭하기보다는 이메일을 이용해 일하기를 더 좋아할 수도 있다. 당신이 고객 시장에서 이용하는 모든 도구와 기술을 기업

내에서 일하는 개인에게 적용하라.

두 번째는 첫번째보다 응답에 시간이 더 걸린다. 사실 이 대답을 하려면 한 장 (chapter)에 걸쳐 설명해야 한다. 두 번째 대답은 당신이 거래하는 기업에 대한 웹사이트를 만들어야 한다는 것이다. 그래서 엑스트라넷이라는 것이 필요하다.

제 **8** 장

엑스트라넷 — 살아 있는 정보를 얻는 길

일찍이 대기업들은 필요한 물건을 인터넷에서 구입하기 시작했다. 이를테면 General Electric 사는 자사의 트레이딩 프로세스 네트워크를 구축하였다. 이 네트워크 상에서 자재 공급업체는 부품 계약을 위한 입찰에 컴퓨터로 참여할 수 있다. 사업 파트너와 공급업체도 앞으로는 이와 똑같이 해야만 한다. 그러므로 인터넷 거래를 할 수 없거나 그 거래를 원치 않는 기업들은 점차 도태될 것이다.

-이코노미스트(1999년 6월 26일자)

여기서 간단하게 정의를 내려보자. 엑스트라넷은 두 개의 인트라넷을 연결하는 것이다. 다시 한 번 설명하겠다. A라는 회사가 회사의 내용으로만 웹 기술을 사용한다면 이것은 인트라넷이다. 그런데 A사에서 B사가 주문을 하거나 다른 용무를 볼 수 있도록 자사의 인트라넷의 특정 지역을 제공한다면 이 경우에는 엑스트라넷이 된다. 엑스트라넷은 이미 자리를 잡아 상거래 분야 전반에 걸쳐 자유롭게 이루어지고 있는 전자문서 교환이라고 생각하면 된다.

당신이 엑스트라넷을 선택하게 된 근거나 의도가 무엇이든지 엑스트라넷은 아직 몇몇 산업에만 국한되어 있지만 앞으로는 모든 업계가 치열한 전투를 벌일 전선이다. 1998년에 포드사는 어떤 글에서 납품업자들에게 6개월 이내(1999년 봄까지)에 포드가 인터넷에서 물품을 구입할 수 있도록 해달라고 하면서 그렇게 되지 않으면 다른 곳에서 구입하겠다고 말했다. 일시적인 유행이 아니라 실제 현상이다.

매번 확인할 때마다 인터넷 이용 인구는 증가하고 있다. 매번 델 컴퓨터사의 인터넷을 통한 컴퓨터 판매량은 증가하고 있다. 델 컴퓨터가 웹사이트를 통해 매일 1,500만 달러, 1,900만 달러, 2,500만 달러어치의 컴퓨터를 팔았다는 보도는 요즘 기자나 대변인이 얼마나 빨리 최신 소식을 알려 주는지 확인할 수 있는 잣대가 되었다. 가장 최근의 판매액은 얼마인가?

어떻게 이런 일을 할 수 있는가? 사업체의 크기에 관계없이 자신의 사업 고객 각각에게 개인 페이지를 만들어 주었기 때문이다. 델 컴퓨터에 대해서는 나중에 더 말하겠다. 우선 이런 식으로 서로를 연결한 것이 왜 그런 놀라운 현상을 불러일으키는지 이해하는 것이 중요하다.

당신의 사업을 전체적으로 향상시킬 수 있는 것, 당신에게 성공을 보장해 줄 수 있는 것을 하나 꼽으라면 무엇이 있을까? 더 많은 고객? 노동의 강도도 그만큼 높아질 것이다. 값싼 원자재? 너무 싼 원자재를 쓰면 제품의 질은 나빠질 것이다. 더 나은 현금 유동성? 현금이야 이번달에는 잘 돌아간다 해도 다음달에는 어떻게 될지 모르는 것이다. 원래 현금유통은 매끄러울 수 없는 것이기 때문이다.

그렇다고 답이 없는 질문을 한 것은 아니다. 답은 있다. 이 전자상거래 시대에 성공할 수 있는 확실한 방법은 정확하고 살아 있는 정보를 얻는 것이다.

내년에 당신의 고객이 필요로 하는 제품과 서비스가 얼마나 될지 정확하게 말할 수 있다면 어떨까? 그리고 부품 제조업체의 재고량이 얼마나 되는지 정확하게 알 수 있다면 어떻겠는가? 또한 부품 공급을 원활히 하기 위해 부품 공급업체를 체인화할 수 있다면 어떻겠는가? 이것이 바로 살아 있는 정보다.

주문과 배달, 대금 지불 방식의 구조를 제대로 파악할 수 있는 능력이 있다면 제품이 필요할 때 꼭 필요한 물건만 살 수 있다. 또한 필요한 물건만 만들 수도 있다. 또한 수요가 폭발적으로 증가했을 때 밀려들 주문량을 소화하기 위해 각 배급 체인에 충분히 재고를 확보해 놓을 수도 있다. 그럼으로써 전체 공급 체인에서 거품을 70% 정도 걷어낼 수 있다. 이렇게 되면 당신은 무적 불패의 승리자가 된다.

이 모든 것을 하려면 무엇이 필요한가? 당신과 거래에 있어 가장 신뢰감을 주는 그런 사람과 거래를 해야 할 것이다. 당신도 고객에게 그런 판매업체가 되어야만 한다. 그런 사업 파트너에게는 사람들이 몰려들 것이다. 이것은 시간이 남아돌아서 푼돈이 아쉬워서 자원봉사로 하는 그런 종류의 일이 아니다. 변화하는 판매인이 되어 기업이 밟아온 전철을 뒤엎고 원래의 원칙을 완전히 바꾸어야 한다.

만약 1999년에 있었던 스티브 코비의 강연에 참석했다면 『성공한 사람의 일곱 가지 습관』이라는 책의 저자인 그 사람이 '트림 탭(trim tabs)'에 대해 이야기하는 것을 들었을 것이다.

트림 탭은 지도자의 지도 원리다. 아주 큰 배를 움직이려고 할 때 너무 큰 키는 돌리기가 힘들다. 그래서 키의 맨 밑에다 작아서 움직이기 쉬운 꼬마 키를 달아 두는데 이것이 트림 탭이다. 트림 탭은 힘을 조금만 주어도 움직일 수 있어서 배를 앞으로 나가게 하는 큰 키를 움직이도록 하는 지렛대 역할을 한다. 당신이 받아들여야 하는 것은 당신이 해야 할 일이 회사를 운영하는 간부들을 움직이게 하는 트림 탭이 되어야 한다는 것이다.

이렇게 하는 것은 꽤 어려운 일이다. 당신은 거대하고 낡아빠진 데다 관료주의적 관습에 젖어 있는 조직에 다가서야 하는 것이다. 이 조직원들은 자신이 한 일이 모두 옳으며 계속해서 자신이 해오던 방식으로 일해야 한다고 굳게 믿고 있다. 당신이 할 일은 그 사람들에

게 모든 것이 틀렸다고 말하는 것이다. 이것은 시간이 좀 걸리는 힘든 일이다. 이 일이 불가능하다고 생각할 수도 있다. 당신 회사의 업무처리 속도가 너무 느려서 죽기 전에 과연 트림 탭을 움직여 생산적인 일을 할 수 있을지 의문이 들지도 모른다. 하지만 어쨌든 능력있는 컨설턴트가 되려면 경영진에게 다음의 글을 이메일로 보내기만 하면 된다.

안녕하세요, 밴 윙클씨. (주 : 립 밴 윙클. 20년간 자다가 깨어났다는 소설의 주인공)

당신이 조는 사이에 이 세상은 몇 바퀴 돌아서 태양은 다른 방향에서 비추고 있습니다. 당신은 주판으로 포트폴리오의 현재 순가치를 계산하고 있습니다. 당신에게 아부하는 사람들이 당신에게 듣기 좋은 말만 하는 것을 듣고 있죠. 그리고 당신에게 온 이메일을 비서에게 프린트해서 서류 상자에 넣어 두라고 시키고 있습니다. 그러나 이미 비즈니스 환경은 가상공간 속으로 옮겨 가고 있습니다. 마침내 3D 입체의 세상이 도래한 것입니다.

당신이 다른 사람들과 전혀 교류하지 않으면서 당신 주위에 있는 한 무리의 측근들과 당신이 세워 둔 벽 뒤에서 안전하다고 생각하고 있을 때 그 벽은 반투명으로 변했다가 곧바로 투명해집니다. 이제 사람들은 당신을 볼 수 있습니다. 사람들은 당신이 거짓말하는 것을 볼 수 있습니다. 사람들은 당신이 머뭇거리는 것을 지켜봅니다. 사람들은 당신의 태도가 수시로 변하는 것을 알게 됩니다. 사람들은 당신이 성실한 사람인지 아닌지 알게 됩니다.

당신이 대단치 않다고 무시하던 한수 아래의 고객들이 이제는 컴퓨터를 통해 당신과 당신의 회사에 눈높이를 맞추고 있습니다. 그 사람들은 다른 회사에다 구매 주문을 하고 있습니다. 그 회사들은 모든 벽을 허물고 시스템을 개방하여 거래 파트너간에 정보가 물 흐르듯이 통할 수 있도록 해 두었습니다.

고객들은 지갑을 흔들며 입찰에 들어와 엄청나게 주문을 해댑니다. 거대하게 무리 지어서 말이죠. 과거 우리의 경쟁자들은 그것을 알아차리고 50년의 사업 전통은 무시하고 인터넷에서만 손님을 맞는 신세대 사업가들을 따라잡으려고 최선을 다하고 있습니다.

어디에 문제가 있는 걸까요, 밴 윙클씨? 문제는 당신과 내가 다른 시대에 살고 있다는 것입니다. 지난 10년간 모래 속에 머리를 박고 있느라 당신은 당신이 있는 곳을 잘 모르고 있습니다. 그저 비행기에 타고 있을 때만 잡지를 읽고 연필의 어느 쪽에 지우개가 있는지 아는 정도입니다. 하지만 지난 수십 년간 열심히 일하는 사람들에게 일을 미루고는 자기 자리를 지키기에만 급급했던 사람들은 지금의 변화에 아주 겁먹고 있습니다. 웹 서핑이 발전할 수 있는 데까지 발전하게 되면 자신들은 일자리를 잃을 거라고 생각합니다. 재미있는 것은 그 사람들의 생각이 옳다는 거죠. 그리고 이 현상을 멈추게 할 수는 없다는 것입니다.

이제 당신의 껍데기를 벗으세요, 립. 깨어나서 고객이 어떤지 살펴봐야 할 때입니다. 그리고 낡아빠져서 삐그덕거리는 이 조직에 아주 뛰어난 인재가 없다는 것을 인정해야 할 때입니다. 시대에 뒤떨어진 한물 간 사람들뿐입니다. 답답하고 낡아빠져 먼지만 가득한 이 싸구려 회사를 유망한 기업으로 만드는 일뿐만 아니라 고객을 만족시키기 위한 모든 방법을 다하는 사람이 필요합니다.

고객이 주문한 제품을 언제 받을 수 있는지 고객들이 알 수 있도록 하십시오. 우리가 고객을 위해 어떻게든 최선을 다하고 있다는 것을 고객에게 보여 주십시오. 신문의 보도 자료나 기사 뒤에 숨으려고 하지 말고 사람들과 얼굴을 맞대고 컴퓨터 모니터에 들이대고 사람들과 만나 보십시오.

고객 서비스부에서 어떻게 그런 일을 할 수 있는지 알려 드릴까요? 이야기를 하고 싶으면 '여기를 클릭(Click here)' 해서 제 달력을 보십시오. 거기에는 회사 문제로 스트레스를 받아서 의사에게 진찰을 받으려고 예약해 둔 것도 표시해 두었고 내가 늘 생각해 오던 인터넷 사업에 대해 벤처 투자가와 상담을 하려고 약속을 잡아 둔 것도 있습니다. 내 스케줄은 모두에게 공개되어 있습니다. 그리고 이런 방법이 얼마나 효과적인지 보십시오.

당신으로부터 답장을 빨리 받기 바랍니다. 눈앞에 있는 빙산에 부딪혀 회사가 산산조각이 날 상황인 지금 당신이 책임자이기 때문입니다.

그래서? 당신은 경영진으로부터 회의 통고를 들었는가 아니면 해고 통지를 받았는가? 해고 통지서를 받았다고? 지금이 바로 회사를 떠날 때다. 회의를 한다고? 좋다. 다음은 예전의 립과 검토해 볼 만한 몇 가지 문제이다.

주문 처리

고객이 자기 돈을 주겠다고 할 때는 받는 것이 옳은 일이다. 그리고 사람들이 더 편하게 돈을 쓸 수 있도록 해주면 사람들은 더 즐겁게 돈을 쓸 것이다.

전자쇼핑에 대한 많은 연구에서 넷서퍼들이 마지막에 Submit 버튼을 누르지 않아 쇼핑 카트의 60%, 70% 어떤 경우에는 90%가 그대로 버려진다고 한다. 왜 그럴까? 인터넷 쇼핑을 한 번 해보면 그 이유를 알 수 있을 것이다.

그림 8.1 Amazon.com은 물건을 얼마나 쉽게 구입할 수 있는지를 알게 해준 첫번째 사이트다.

배달료가 얼마나 되는지 알아보기 위해 계산 과정을 처음부터 끝까지 다 거쳐야 한다. 많이 구입할 경우 할인을 해주는가? 세금은 얼마나 되는가? 이런 것을 알아보려고 해도 마찬가지다. 손님을 잘 모시고 싶은가? 그러면 가능한 한 물건을 쉽게 살 수 있도록 서비스를 제공해야 한다. 동료인 인터넷 비평가 피리파 갬스(Philippa Gamse, www.CyberSpeaker.com)는 최근 나에게 이런 이야기를 해주었는데 핵심을 지적하는 말이었다. "CD Now에서는 물건을 19.99달러어치 이상 사면 10달러를 할인해 준다더군. 그래서 산타나와 데비드 보위의 CD을 사려고 들어갔지. 내가 아직 수집하지 못한 CD였거든. 싸니까 아무거나 하나 사자라는 마음이 아니었다구.

그런데 쇼핑 카트에 있는 이 두 CD는 공교롭게도 서로 다른 대리점에 있는 거라며 배달료를 각각 두 번 내야 한다고 알려 주더군.

어디에 뭐가 있는지 인터넷 창고에 대한 안내도 있어야 할 것 같더라고. 그렇지 않으면 간단하게 살 수 있을 것 같았던 CD도 한참을 찾아 헤매기 십상이야. 결국 Amazon에 가서 샀어."

Amazon이 엑스트라넷 서비스를 한다고 말할 수는 없다. 하지만 Amazon에서는 한 번의 클릭으로 쇼핑을 할 수 있는 멋진 서비스를 제공하고 있다([그림 8.1] 참고).

정확한 위치를 한 번만 클릭하면 책 한 권을 사게 된다. 아주 간단하다. 친구가 나에게 읽어야 할 책이 있다고 메일을 보내 왔을 경우에 나는 Amazon에서 보내준 링크를 클릭한다. 그리고 30초 후에는 이미 내 책이 되어 있는 것이다. 그것 하나로 아마존은 나의 신임을 얻게 된다.

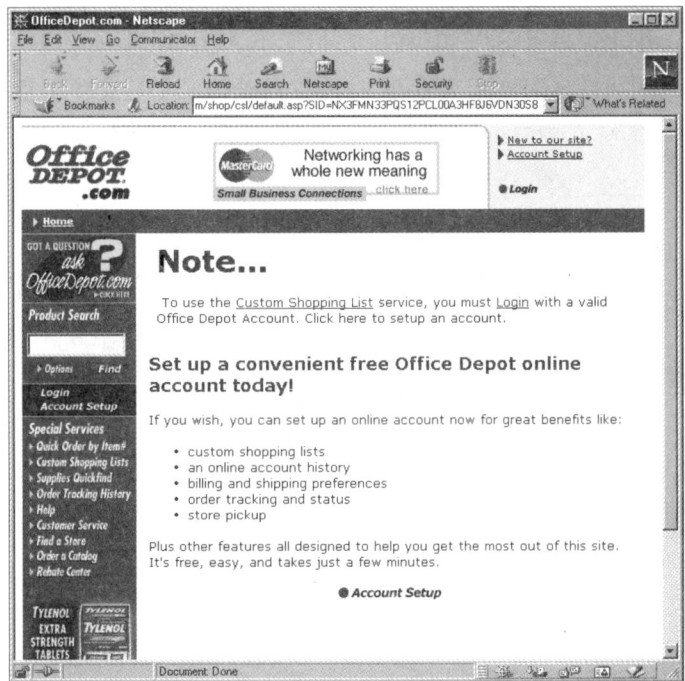

그림 8.2 Office Depot의 개인 계정에는 고객 쇼핑 리스트, 계정 기록, 개인적으로 선호하는 것, 기존 주문 기록과 현재의 주문 접수 상황, 상점에서의 물건 수령이 모두 포함되어 있다.

이 개념을 개인이 아닌 기업에 적용한다면 어떨까? 그러면 구매하는 기업들 각각의 필요에 맞게 특수 제작된 엑스트라넷을 만들 수 있다. Office Depot(www.officede-pot.com)가 자사 웹사이트로 가는 태그를 "Ba da bing, ba da boom(원하는 대로 주문하세요.)"으로 설정한 것은 이런 점을 염두에 둔 것이었다.

Office Depot는 고객들이 자신만의 인터넷 계정을 만들 수 있도록 해줌으로써 고객 개개인에게 독립된 구매 환경을 만들어 주었다([그림 8.2] 참고). 1999년 2월에는 5,800개의 회사에서 40,000명이 Office Depot를 이용했으며 매주 이용 회사가 200개 씩(이용자 수로는 700명에서 1,000명) 늘어나고 있다고 한다.

제품 진열

직원이 10,000명인 회사를 경영한다고 가정해 보자. 그리고 6,000명의 직원에게 3년 마다 새 컴퓨터가 필요하다고 가정하자. 그러면 매년 PC를 2,000대씩 구입해야 한다는 말인데 이렇게 되면 직원들은 개인의 귀중한 시간을 카탈로그나 브로셔를 보고 컴퓨터 가게에 들리고 IT 부서의 친구와 이야기하는 데 허비하게 된다. 이런 일들에 허비되는 시간은 천문학적으로 많은 시간이다. 한군데로 구입처를 통일하면 어떨까?

포드가 델 컴퓨터사와 계약을 한 것은 바로 이 때문이다. 델은 포드의 특수성에 맞는 서로 다른 다섯 가지의 PC 사양을 준비해 놓고 주문 기능이 있는 포드 전용 엑스트라넷을 만들었다. 포드의 직원이라면 그 페이지로 가서 마음에 드는 PC를 골라 BUY 버튼을 누르면 된다.

마이클 버클리(Michael Bulkeley)는 the Raytheon Systems의 전자 카탈로그를 관리하고 있다. 1998년 10월 26일 Computerworld에 난 기사에서 마이클이 관리하는 전자 카탈로그를 이렇게 설명하고 있다.

Raytheon사는 직원들이 전기제품이나 컴퓨터의 부품부터 관리용품, 사무용품까지 모든 사무비품을 구입할 수 있도록 인트라넷에 사이트를 개설한 기업 중 하나다. 이 사이트는 플로리다주 탬파에 있는 Trade'ex Electronic Commerce System 사의 도움으로 개발되었다. 이 사이트는 50개의 공급업체로부터 카탈로그를 모두 모아 알차고 쉽게 이해할 수 있도록 사이트를 구성해 놓고 있기 때문에 과학자와 연구소 기술자에서부터 회사 관리 인력과 비서까지 Raytheon 사에 근무하는 모든 직원이 50개의 사이트를 일일이 찾아 다녀야 하는 수고를 덜어 주고 있다.

고객들이 더 쉽게 구매할 수 있도록 하라는 것이 이 글의 요점이다. 델 사의 사이트에서는 서비스 접속번호만 입력하면 최근 정보 갱신 내용과 다운로드 사항에 대해 알려 주고 당신이 가지고 있는 특정 컴퓨터에 대한 서비스 메모도 보내 준다. 그리고 다른 하드웨어나 주변기기 중에서 당신의 컴퓨터 시스템과 호환되는 기종에 대한 정보도 제공한다.

생산성만 향상된다면 포드가 서명란에 서명을 할 만한 이유는 충분하다. 하지만 앞의 글에서 밝힌 바대로 생산성 향상은 빙산의 일각에 불과하다.

이 사이트에는 Raytheon 사의 직원들만 구입할 수 있는 독점적인 가격과 조건을 갖고 있는 제품이 있다.

협상 가격

포드는 델 컴퓨터 사에게 판매업체로서 최고의 혜택을 누릴 수 있도록 약속해 주면서 비용도 많이 절약했다. 포드는 모든 PC를 델 컴퓨터로부터 사기로 하고 그 대가로 델 컴퓨터는 가격을 낮춰 준 것이다. 가격이 싸면 사는 쪽에서 확실한 이익을 보듯이 파는 쪽에서도 확실히 이익을 본다. 고객을 고정적으로 확보할 수 있고 다른 업체와 경쟁할 필요가 없어지기 때문이다.

로브 하이트마이어(Rob Heitmeier) 씨는 미시간주의 그랜드 래피즈시에 소재한 Ste-elcase 사의 자재, 조달 업무를 위한 공정개발부의 책임자이다. 하이트마이어 씨가 하는 일은 공급업자와 더 나은 가격을 위해 협상을 하는 것이다. 그런데 그와 부하 직원들은 구매 주문서를 쓰고 판매업자와 고객들 사이에 생긴 문제를 해결하는 데 시간을 다 보내고 나니 협상을 할 시간이 없었다. 하이트마이어 씨는 앞에서 언급한 잡

지인 Computerworld의 기사에서 다음과 같이 말했다. "인터넷을 구축하면서 우리는 가장 좋은 공급업자를 선택할 수 있었고 전체 가격도 줄일 수 있었으며 더 좋은 조건으로 협상을 했습니다."

낮은 가격을 제시하여 협상에 참가하라. 인터넷 거래를 통해 편리함과 생산성 향상을 기할 수 있음을 보여 주어라. 이와 같은 향상된 고객 서비스를 바탕으로 판매를 성사시킬 수 있을 것이다.

구매 주문 비용

포드 사는 왜 인터넷으로만 공급업체와 거래하기로 했을까? 계산을 해본 결과 엄청난 비용을 줄일 수 있었기 때문이다. 인터넷으로 거래를 하면 델 컴퓨터 사에서 컴퓨터를 사는 데 드는 비용을 200만 달러나 절약할 수 있게 된다. 이것은 가격협상을 통해 절약된 것이 아니라 단지 기업간에 서류 처리를 하지 않은 데서 절약되는 비용이다.

델 컴퓨터 사는 구매하는 기업 측에서 구매 과정에 필요한 직원 수를 열여섯 명에서 네 명으로 낮출 수 있을 정도로 처리과정을 자동화했다. 마이크로소프트 사는 가장 뛰어난 자사의 엑스트라넷을 이용해 사무용품을 구입함으로써 용지를 구입하기 위해 서류 작업을 할 때 필요했던 인원 열아홉 명을 두 명으로 줄일 수 있게 되었다고 밝혔다.

National Purchasing Association은 상당 기간 구매주문을 낼 때마다 평균 150달러 정도의 비용을 써왔다. Texas Instrument(TI)는 한 번 구매할 때마다 기존의 시스템으로 서류를 받아 보는 데만 100달러씩을 사용해 왔다. 심지어 10달러짜리 물품을 구매하는 데도 그만한 돈이 들어갔다고 한다. 현재 TI는 최대 공급업자와 엑스트라넷을 통해 구매를 하면서 주문당 3.50달러로 처리 비용을 낮추었다. 1년에 수만 건의 주문을 하는데 그것을 다 합하면 절약되는 돈은 어마어마하다.

마스터카드 사는 마이크로소프트 사의 홈페이지에 연속광고를 실을 정도로 최근 성공에 대해 만족하고 있다. "마스터카드 사에 근무하는 메이 모린 양은 마이크로소프트 사의 프로그램에 기반을 둔 새로운 기업 구매 시스템을 사용하여 인터넷으로 주문을 함으로써 주문할 때마다 마스터카드사가 최대 85달러까지 절약할 수 있게 해준다. 그런데 마스터카드 사의 직원들은 매년 6,000건 이상의 인터넷 주문을 한다." 대충 계산해 보면? 매년 절약되는 금액은 최고 50만 달러에 이른다.

실시간 재고 목록

당신이 가지고 있는 물건의 종류가 무엇인지 그 물건이 어디에 있는지 바로 파악할 수 있다면 고객은 어떤 물건을 언제 주문해야 하는지 쉽게 결정을 내릴 수 있다.

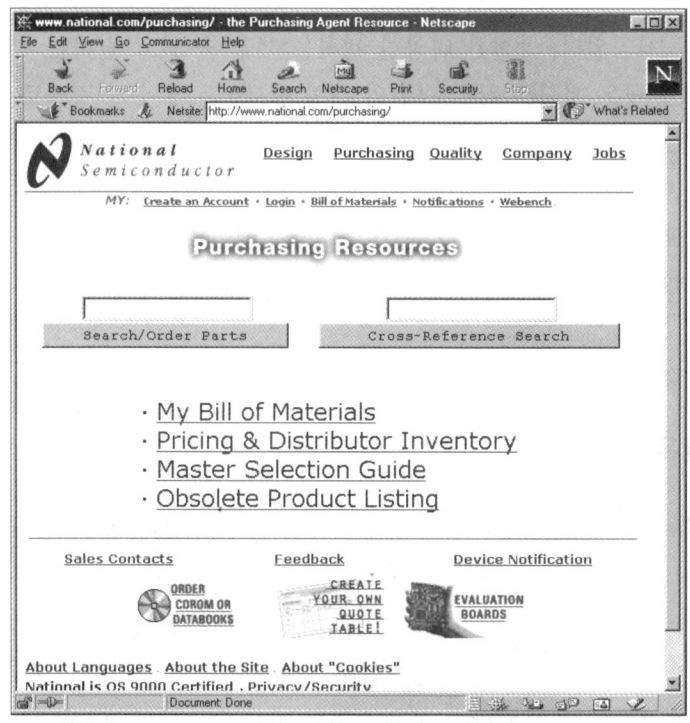

그림 8.3 National Semiconductor는 고객 회사의 구매 담당 직원들을 위해 특별 사이트를 구축했고 동시에 지속적인 신임을 얻게 되었다.

National Semiconductor의 인터렉티브 마케팅 부문의 이사인 필 깁슨은 진취적으로 일을 밀어붙이는 스타일로 변화를 주도하는 사람으로 알려져 있다. 깁슨 씨와 그의 팀은 인터넷을 통해 자신들의 고객인 디자인 기술자가 제품의 정보를 얻을 수 있도록 한 것에 대해 만족스러워 했다. 하지만 깁슨의 판매팀에서는 고객의 반을 무시한 것

이라는 지적을 했다. 그래서 National semiconductor에서는 기술자가 요구한 대로 물건을 구입해야 하는 고객 회사의 구매 담당 직원을 위해 구매 포털을 구축하는 작업에 착수했다([그림 8.3] 참고).

나의 물품 구매 목록

'나의 물품 구매 목록'은 무엇인가?

이것은 National에 등록한 사용자를 위해 만든 개인화한 목록으로 당신이 특별히 요구하는 사항을 위한 개인용 웹사이트다. ―부품번호와 포장의 타입, 부품 상황, 가격과 판매업자의 재고량, 표준 규격 포장법 그리고 사용자가 선택한 배급업자의 리스트가 포함되어 있는데 이 리스트에는 원할 때 이용할 수 있는 재고품 목록이 핫링크로 연결된 주문서와 함께 제공된다. 당신은 다양한 계획을 세울 수 있고 원하는 정보를 선택할 수 있다. 당신이 세운 계획은 각각 당신의 개인 웹사이트에 추가 링크로 만들어질 것이다.

이러한 개인 기준 선택 목록(selection criteria)의 장점은 매일 업데이트된다는 것으로 당신이 부품을 원할 때는 당신이 원하는 부품에 대한 가장 최근의 정보를 얻을 수 있게 된다.

가격과 배급 업자의 재고 목록

'나의 물품 구매 목록'을 이용하는 구매업자들의 반응이 아주 좋았다. 부품의 번호를 보여주고 포장에 들어간 양도 보여 주며 각각의 특정 부품을 소유한 배급업체까지도 알려 주었기 때문이다. 깁슨 씨와 그의 직원들이 말한 단 한 가지 문제는 구매 가능량을 파악하기 위해 수많은 배급업체의 사이트를 돌아다녀야 했다는 것이다. 그들은 가격 협상의 일환으로 현재의 구매 가능량에 대한 수치가 필요했다.

인터렉티브 마케팅팀은 고민 끝에 한 가지 해결 방법을 제안했다. 혁신적인 면을 보자면 장족의 발전을 한 것이지만 현실에 비추어 보면 당연한 순서이다. 구매업체가 '나의 물품 구매 목록'을 열람하면 National Semicoductor의 웹사이트는 곧바로 몇몇 배급업체의 인터넷 시스템에 접속해 재고 상황을 보여 준다([그림 8.4] 참고).

National Semicoductor는 내리막을 걷는 공급업체의 상황도 보여 준다. 이들의 배급 업체들이 반대하지 않을까? 몇몇은 그렇다. 아마 기업들이 거래를 하고 싶어하는 배 급업체보다는 주문을 더 작게 받을 것이기 때문이다.

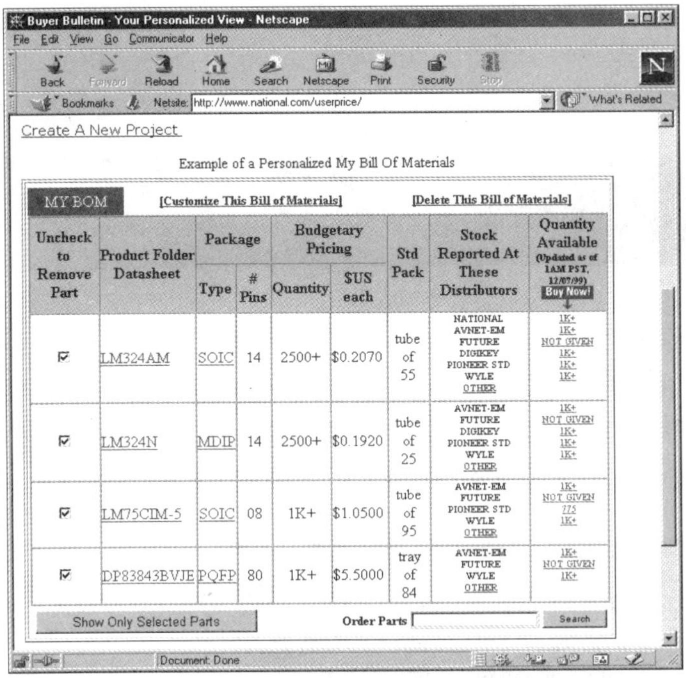

그림 8.4 National Semiconductor의 고객들은 최상의 거래를 제공받는 기쁨을 안다.

델 사의 마스터 셀렉션 가이드는 모든 주문 가능한 제품을 보여 주고 구 제품 목록에 서는 모든 구입이 불가능한 제품을 알려 준다. 이것은 고객의 말을 주의깊게 들을 때 할 수 있는 일종의 기능성 서비스다. 이 서비스는 모든 고객의 말을 잘 들었을 때 할 수 있는 서비스다.

물품 배급업체가 당신의 재고 현황과 또 그 보관 위치를 파악할 수 있다면 당신에게 어떤 물품이 언제 필요할 것인지에 대해 훨씬 쉽게 파악할 수 있을 것이다. Thompson Consumer Electrics가 이에 대한 적절한 예가 될 수 있다.

톰슨 사는 RCA와 GE의 TV와 비디오를 생산한다. Circuit City와 Kmart와 같은 그들의 고객은 RCA와 GE의 물품 배급업자와 똑같은 불평을 했다. 그것은 바로 제품의 구매 가 능 여부이다. 물건을 사기로 마음먹고 지갑에는 돈을 가지고 가게에 들어왔는데 이제 막 고등학교를 졸업한 듯한 점원이 물건이 없다는 말을 하면 누구나 실망하게 된다. 재

고가 바닥이 날 것을 우려하고 있는 경우이거나 아니면 급하게 물건이 필요한 개인 소비자의 경우 재고 조사 결과 물건이 바닥났다는 말을 들으면 실망하지 않을 수 없다.

요즘 톰슨 사는 자신들의 재고품 정도와 예상치를 엑스트라넷에 게시하여 공급업체는 주문서를 작성하는 수고만 하면 되도록 하고 있다.

주문 추적

이제 필요한 제품도 찾아 주문도 했는데 그것들은 어떻게 해야 하나? 물건이 창고에 있다는 것도 알고 FedEx로 배달을 한다는 것도 안다. 그런데 내가 주문한 것은 어떤 과정에 있는 것일까? 델 컴퓨터 사는 주문 추적을 아주 중요하게 생각하여 당신이 모든 과정을 눈으로 확인할 수 있도록 하고 있다([그림 8.5] 참고).

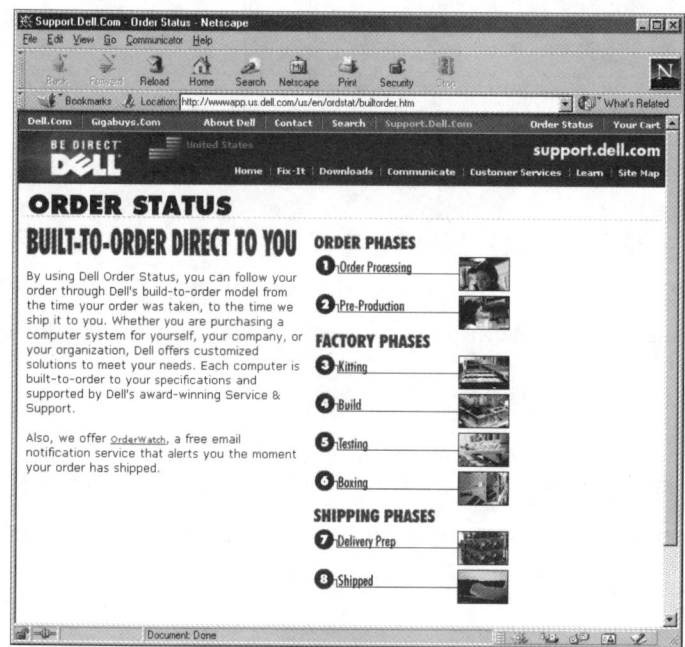

그림 8.5 델 컴퓨터 사는 고객에게 전체 주문이 이루어지는 진행 과정을 창을 통해 보여준다.

다음은 델 컴퓨터 사의 사이트에서 인용한 '진행 과정' 이다.

델 컴퓨터 사의 주문 진행

고객이 주문하신 내용을 공장으로 넘겨 주기 위해 현재 처리 중입니다. 고객이 지정하신 형태로 대금 입금이 승인되면 주문은 공장으로 넘어갑니다. 신용카드로 대금을 결재하시면 일이 더 빨리 진행되고 다른 형태의 대금 결재는 일이 처리되는 과정에서 시간이 더 걸립니다. 일단 입금이 확인되면 고객께서 주문하신 물품이 제작에 들어갑니다.

델 컴퓨터 사의 사전 제작

저희는 고객께서 주문하신 제품 제작을 스케줄에 넣기 전에 재고품 창고에 구성 부품이 도착하기를 기다리고 있습니다.

사전 제작은 주문한 제품의 시스템에 따라 달라지고 부품의 수급 여부에 따라 크게 좌우됩니다. 주문에서 배달까지 걸리는 예상 시간은 부품이 오는 데 걸리는 시간과 주문 물건을 생산하는 데 걸리는 시간을 고려하여 계산합니다. 이것은 주문을 확인할 때 고객에게 알려드렸습니다. 주문 확인은 고객의 판매 대리인과 전화로 했거나 인터넷 주문의 경우 이메일로 했을 것입니다.

장비 갖추기

주문하신 시스템을 제작하기 위해서는 이용 가능한 재료를 확인하고 컴퓨터를 완성하는 데 필요한 부품을 모두 큰 용기에 담습니다. 모든 부품이 담겨 있는 용기를 컴퓨터의 틀과 함께 컨베이어에 두면 거기에서 제작하는 곳으로 이동합니다.

제작

조립팀은 부품이 담긴 용기를 가져와 부품들로 컴퓨터를 조립합니다. 이 팀이 컴퓨터의 전체 제작 과정에 대한 책임을 맡고 있습니다. 이렇게 책임을 부여함으로써 제품의 질에 대한 책임감과 회사의 이름에 대한 자부심을 갖게 됩니다. 그 다음에 시스템은 테스트를 거치게 됩니다.

테스트

델 컴퓨터 사가 만든 진단 테스트로 컴퓨터를 시험해 보고 소프트웨어를 다운로드해 보는 것으로 테스트를 합니다. 여기에는 Dellplus Customers가 요구한 대로 전매특허를 낸 상업용 패키지뿐만 아니라 델 컴퓨터 사의 소프트웨어 도서관에 있는 200개가 넘는 프로그램도 포함되어 있습니다. 시험이 성공적으로 끝나면 컴퓨터를 상자에 넣어 포장하는 곳으로 옮깁니다.

포장

완성된 컴퓨터는 고객이 요구한 대로 마우스와 키보드, 전원 코드와 제품 보증서 그리고 사용설명서와 함께 상자에 넣습니다.

포장이 끝나면 컴퓨터 상자를 봉합해서 고객에게 운반해 줄 적당한 트럭으로 옮깁니다.

배달 준비

배달 준비는 대개 제작이 끝난 다음 하루 안에 마칩니다. 하지만 대량으로 주문을 했거나 취급하는 데 특별한 주의를 요하는 주문품은 더 많은 시간이 걸릴 수 있습니다.

운송

고객이 주문한 물건은 선적되어 '선적 날짜'에 명시된 배달 목적지로 가고 있는 중입니다. 배달 시간은 주문서를 제출할 때 정한 선적 방법에 따라 달라집니다. 고객의 주문품은 '선적 날짜'에 적힌 대로 대개 거래 개시일 2일에서 5일 안에 지정한 목적지에 도착합니다. 고객의 주문번호, 이름, 메일 주소를 기입해 주시기 바랍니다. 그리고 '주문 등록(Register Your Order)' 버튼을 클릭하면 고객님의 새 델 컴퓨터가 언제 배달되는지 메일을 받아볼 수 있습니다.

물론 그리고 나서 FedEx나 UPS에다 당신이 주문한 것이 비행기에 있는지, 트럭에 있는지, 인편으로 보내지는지를 확인하고 누가 배달을 맡고 있는지를 알아 보는 것은 간단한 일이다. 그 다음에 해야 할 일은? 당연히 계산서를 납부하는 것이다.

계산서 제시

이 일은 은행에서 시작한다. 은행에서는 당신이 ATM 기계와 그 다음에 인터넷으로 계좌의 잔고를 확인하도록 한다. 그리고 나서 계좌간에 돈을 이체할 수 있도록 해준다. 손으로 컴퓨터를 조작해야 하기 때문에 수동식 온라인 지불이라고 할 수 있으나 어쨌든 계산은 온라인으로 하게 된다. Wells Fargo(www.wellsfargo.com)는 대금 지급 방법에 있어 전자지불 기술을 아직 완성하지 못했다([그림 8.6] 참고). 그래서 때로는 전자식으로 지불이 이루어지지만 때로는 여전히 종이 문서로 이루어지기도 한다.

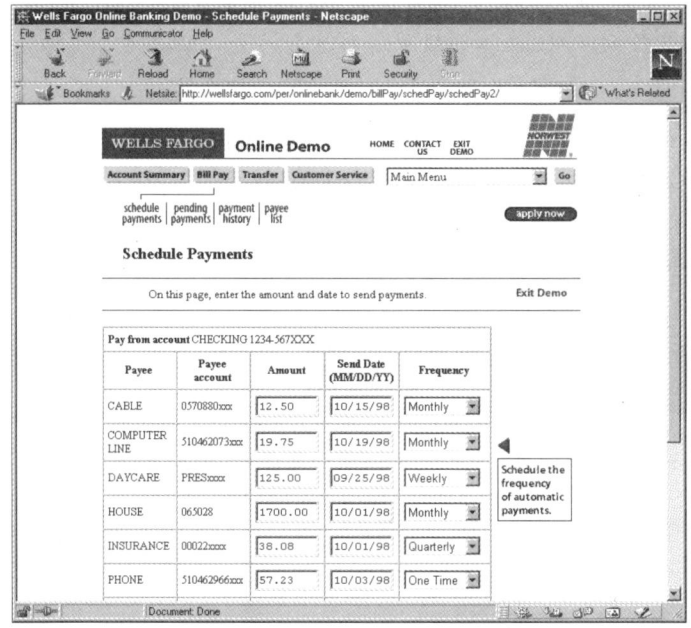

그림 8.6 Wells Fargo를 통해 지불하라. 그러면 계산서를 프린트하여 우편으로 보내 준다.

Q: 누구에게 지불할수 있나요?

A: 미국 내에 있는 상인이나 기관, 개인 누구에게나 할 수 있습니다. 신용카드회사나 공익 사업주, 친척 그리고 애 봐주는 사람에게도 돈을 지불할 수 있습니다.

Q: 배급업자 명부에 있는 대금 수령인들은 모두 전자지불 방식으로 대금을 수령합니까?

A: 고객 명부에 있는 대부분의 수령인들은 전자지불 방식으로 대금을 받을 수 있게 되어

있습니다. 우리는 가능한 한 많은 거래가 전자지불 방식으로 이루어지도록 이 리스트를 항상 업데이트하고 개선시키고 있습니다.

Q: 거래처가 전자지불 방식으로 돈을 받게 되는지 수표로 받게 되는지는 어떻게 알 수 있나요?
A: 죄송하게도 아직 어떤 수취인이 전자지불 방식으로 대금을 받게 되는지에 대해 알아볼 수 있는 절차는 없습니다. 그래서 지불 방식에 관계없이 대금 고지서에 약속된 거래 개시일로부터 최소한 5일 이전에는 지불 방법을 결정하셔야 합니다.

Q: 수취인은 무엇을 받게 되나요?
A: 전자지불 방식의 대금 수취인은 지불 계좌 시스템을 자동적으로 업데이트 해 주는 일종의 전자 포맷 형식으로 지불 정보를 얻게 됩니다. 비전자식 수취인과 개인 수취인은 레이저로 프린트 된 수표를 우편 서비스를 통해 받게 됩니다.

한편 First USA(www.firstusa.com) 사의 경우는 Wells Fargo를 통해 신용카드 대금을 전자식으로 지불하는 것이 가능하다([그림 8.7] 참고).

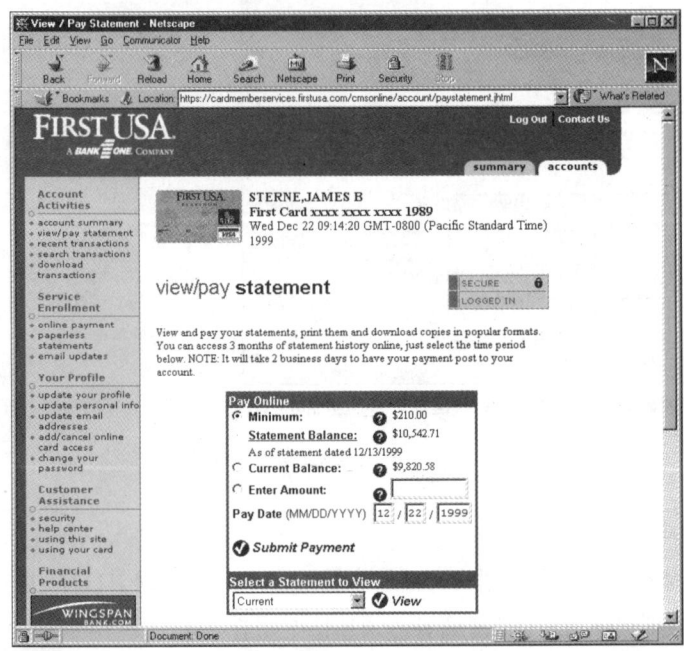

그림 8.7 First USA 사에게 어디서 돈을 받을지 알려 주기만 하면 된다. 그러면 그들이 알아서 처리하고 당신에게 알려 줄 것이다.

AT&T의 'You Will' 서비스는 고객에게 인터넷으로 대금고지서를 확인하도록 하고
있다([그림 8.8] 참고).

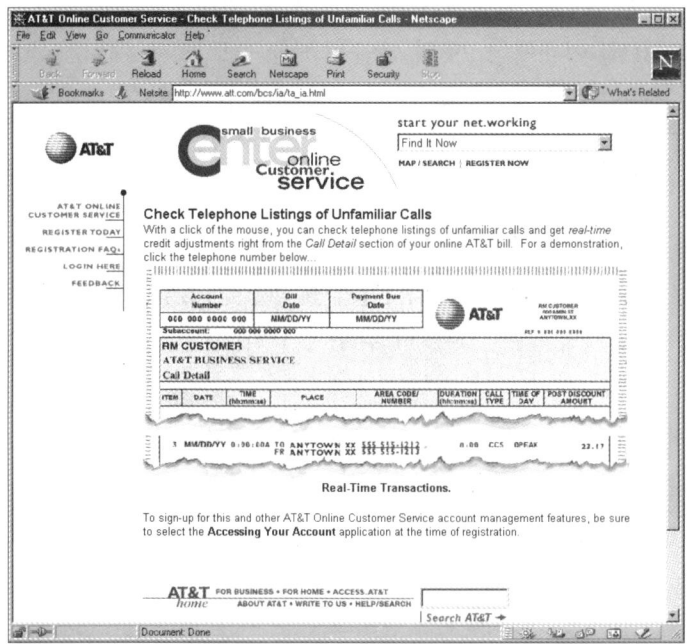

그림 8.8 통화내역 중 낯선 전화번호를 확인하려면 그 번호를 클릭하기만 하면 된다. 아주 간단하다.

당신이 갖고 있는 AT&T의 온라인 영업 계좌를 관리하라.

안전한 인터넷 환경 내에서 예금 관리를 통해 대금 지급을 꼼꼼히 챙겨라.

■ 예금 잔고를 조사하라.

■ 매달 AT&T의 요금 고지서를 살펴보라.

■ 실시간 예금 잔고 정산서를 받아라.

■ 통화 내용을 항목별로 자세히 정리한 AT&T의 계산서를 당신의 PC로 다운로드하라.

■ 낯선 전화번호로 된 통화 내역이 있으면 확인하라.

이런 기술을 엑스트라넷에 적용하면 요금을 청구하고 지불하는 과정이 변한다. 지불 금액을 협상할 수 있다면 지불 기간도 협상할 수 있게 된다. 전자계산서로 청구하고 지불할 수 있게 되면 변동 할인율 적용에 대해 합의할 수 있다. 3일 내에 지불하면 5%, 5일 이내에는 3%, 10일 이내에는 2%의 할인을 해줄 수도 있다. 게다가 30일 이후에 지불할 때는 2%, 45일 이후에는 5%, 60일 이후에는 10%의 수수료를 받도록 협상을 할 수도 있다.

요금을 지불하는 때를 정확하게 조정할 수 있기 때문에 고객들은 이런 방식을 선호할 것이다. 고객들은 지불을 빨리 할 수 있을 때는 할인 혜택을 얻고 필요할 때는 지불을 미루면서 현금의 흐름을 더 적극적으로 관리할 수 있게 된다.

기업이 다른 기업과 거래할 때 중요한 요소는 돈을 관리하는 것이지만 고객이 시간을 관리할 수 있도록 해주는 것도 무엇보다 중요한 점으로 급부상하고 있다. 여기서 실시간 정보를 받을 수 있는 회사가 진가를 발휘하게 된다.

실시간 정보는 주문 추적에만 쓰이는 것이 아니다

인터넷에 실시간 정보를 게시하기 시작하면 당신은 회사를 새로운 차원으로 운영할 수 있는 능력을 고객에게 부여하는 것이 된다. 이것은 회사가 얼마를 수주했으며 채무는 얼마이고 만기는 언제까지인가를 파악하는 것과는 별개의 문제이다. 다만 당신의 고객에게 유용한 자료가 다양하게 있다는 것만은 분명하다. 어떤 것들인가? 경우에 따라 다르다.

만약 소프트웨어 회사를 운영한다면 고객의 지원 요청안이 어떻게 처리되고 있는지 확인할 수 있도록 해주는 것이 좋을 것이다.

오라클사의 확실한 문제 해결법

아놀드 왕(Arnold Wong)은 오라클 서포트 서비스(OSS) 사의 아시아 태평양 지역 고객 관리와 품질을 담당하는 사람이다. 그는 고객 관리의 달인으로 회사는 피드백을 통해 고객과 직원의 요구를 최대한 충족시켜 주는 방법을 파악할 수 있다고 믿는다.

"오라클 메타링크는 오라클 서포트 서비스에서 개발했는데 이를 통해 저희 고객 지원 전문가와 접촉할 수 있고 하루 24시간, 1년 365일 기술 서비스 정보를 이용할 수 있습니다."라고 왕 씨는 말한다. "이 서비스를 이용하는 동안 고객은 가장 최근에 나온 제품에 대한 정보와 설치 안내를 받을 수 있고 서포트 사의 내부 데이터베이스 기술 게시판과 '문제와 해결'에 관한 글들, 인터넷 문서에 대한 질문을 검색할 수 있습니다. 그리고 기술 포럼에서 아이디어를 나눌 수 있습니다." 왕 씨는 한 문장을 말한 후 잠시 간격을 두곤 했지만 오라클이 고객에게 이익을 주기 위해 웹을 어떻게 이용하는지에 대해서는 대체로 열심히 이야기했다.

오라클 메타링크를 통해서 고객은 OSS에서 사용하는 기술 지원 저장소와 서로 정보를 교환할 수 있다. 이 기술 유지 저장소에는 문제 해결 시스템과 문제 추적 시스템, 기술 도서관도 있다. 고객들은 또한 기술 지원 요청(TARs)의 상황을 확인할 수 있는데 이것을 통해 문제 해결 방법이나 발생할 수 있는 문제들에 대한 정보를 얻을 수 있다.

고객은 메타링크로 자신의 관심 분야에 대한 정보를 게시할 수 있는 맞춤 홈페이지를 만들 수 있다. 그리고 고객 자신의 동의하에 제품의 구입 가능성, 고장, 수정, 기술 지원 요청(TAR)의 변동 상황을 이메일로 받을 수 있다.

사용자 정보 관리 시스템은 또한 사용자가 가지고 있는 소프트웨어의 라이선스를 모두 게재하는데 여기에는 고객이 동의한 지원의 수준과 지원 계약 만기일 그리고 '지원 전면 해제(de-support)'의 날짜를 명시하고 있다. 지원 전면 해제란 오라클식의 완곡 표현으로 더 이상 업그레이드하지 않는 소프트웨어 제품의 플러그를 뽑아 버린다는 것을 의미한다. 그것은 반드시 알아두어야 하는 중요한 정보라고 할 수 있다. 그리고 내용은 모두 영어로 되어 있지만 당신은 사용자 정보를 변경하여 당신이 원하는 언어로 인터페이스를 꾸밀 수 있다.

기술 도서관은 제품과 컴퓨터 운영 시스템으로 구성되는데 제품 설치 방법, 제품 설명서, 백서, 문제와 해결란, 버그 정보, 발매 노트 그리고 오라클의 최신 보완 버전에 대한 정보가 있다.

오라클은 기술 포럼 기록과 버그(bug) 데이터베이스를 포함한 메타링크의 저장소에 있는 모든 내용에 대한 전문(全文) 질의를 위해 지원용 지식 기반(support knowledge base)을 제공한다. 포럼에서 고객은 다른 오라클 고객과 정보와 아이디어를 나눌 수 있고 기술 분석가에게 질문을 해서 영업일 이틀 안에 답을 받을 수도 있다.

메타링크 외에도 오라클은 하드웨어와 소프트웨어 회사만이 제공할 수 있는 일종의 앞선 고객 지원 서비스를 제공한다. 예를 들어 1998년 10월 오라클이 소개한 엑스퍼트 온라인 같은 것이다. 엑스퍼트 온라인은 감시(monitoring), 진단(diagnostic), 추천(recommendation) 서비스인 엑스퍼트 디텍트와 통합적인 인터넷 데이터베이스 관리 서비스인 엑스퍼트 DBA로 구성되어 있다.

델 컴퓨터 사의 확실한 예측

델 컴퓨터 사는 제품 배급업체들에게 델 컴퓨터 사가 미래의 주문량을 정확히 예측할 수 있다는 것을 보여 준다. 이것은 아주 민감한 정보다. 왜 밴 윙클 씨 같은 사람이 이런 종류의 넘쳐 나는 정보의 물결 때문에 골머리를 썩이고 있는지 알게 될 것이다.

델 컴퓨터 사는 몇 가지 수치를 이용하여 예측을 한다. 지난해 같은 기간의 주문량, 이번달의 주문량 증가치가 지난달 주문량 증가치의 몇 배인가 하는 수치, 현재까지 받은 주문량, 인터넷 주문의 성장률이 그것이다.

델 컴퓨터는 이러한 수치를 주문해야 할 구성 요소와 부품의 수를 정확하게 예측하는 데 이용했는데 이는 회사가 제시간에 제조 공정을 맞출 수 있도록 하기 위함이었다. 하지만 델 컴퓨터의 배급업체는 자신의 재고 물량을 계획하기 위해 끊임없이 더 자세한 예측을 문의했다. 델 컴퓨터는 마침내 이것을 알아차리고 배급업체들이 필요로 하는 정보를 주기 시작했다. 대량 주문이 들어오기 시작하는 개학 시기나 정부의 회계 연도가 시작될 때 공급업자들이 빈 손이 된다면 델 컴퓨터 사로서는 큰 손실이 아닐 수 없기 때문이다.

눈에 띄는 Penske의 트럭

FedEx가 당신의 물건이 어디에 있는지 알려 주는 동안 Penske Truck Leasing은 당신에게 다음과 같은 것들을 알려 줄 것이다.

- 운송수단의 위치 추적과 노선

- 운송수단, 운전자에 대한 보고 또는 정시 배달에 대한 보고(예외는 있음)

- 자동차와 엔진의 성능 보고

- 운전자의 직무 수행 보고

- 컴퓨터로 작업한 이동거리 계획

- 컴퓨터로 계산한 연료 세금 보고

- 대량 차량 수송의 이점

- 연료의 경제적 관리

- 고객의 위치까지에 대한 계산(배달 시간, 요금, 장소)

- 운송수단 배치 소프트웨어

- 운송수단 추적과 노선

Home Depot의 확실한 계획

Home Depot(www.homedepot.com)는 좋은 고객을 분류하기 위해 여러 가지를 보지 않는다. 그들의 눈에는 작은 건물에 사무실을 임대하고 있는 회사가 가장 가치 있는 회사다. 왜냐하면 그 회사들은 규모가 작아서 제조업체로부터 직접 할인을 받을 수는 없지만 그냥 무시해 버리기에는 주문량이 많기 때문이다.

각각의 계약자는 비밀번호로 접속해서 자신이 운영하는 사업에 대한 정보를 입력한다. 그리고 Home Depot는 필요한 자재가 무엇이며 작업 스케줄은 어떻게 될지 그리고 계약자가 일을 하는 중에 어떤 종류의 장애물에 부딪치게 될지를 자사의 사이트에 올려 놓는다.

이 회사는 물론 현재 사용 가능한 재고량을 제공할 뿐만 아니라 공정에 맞게 주문품을 나누어 배달해 준다. 또한 Home Depot는 계약자들이 기초 설계자(프레이머)나 전기 기술자 같은 하청 계약자에게 요구 사항을 전달할 수 있도록 하고 계약자가 전문가의 조언을 들을 수 있도록 해준다. 정시 배달 체제 덕분에 계약자들은 재료를 더 적게 주문해도 되고 가격 면에서도 더 경쟁력을 가질 수 있다.

Chlor-Alkali의 잔량이 보이는 탱크

Chlor-Alkali & Derivatives는 고객의 탱크가 지금 어떤 상태인지 알려 주는 원격측정법에 쓰는 초음파 탐지기로 재고량을 확인한다. Chlor-Alkali의 고객 서비스 담당인 샤론 피카이나치오(Sharon Picainacchio)는 기업은 고객의 재고 잔량이 얼마이며 최근 주문량은 얼마인지, 일일 소비량은 얼마인지 알고 있어야 하며 고객의 추가 수요가 언제 발생하게 될지 예상할 수 있어야 한다고 말한다.

실제 고객과 당신이 가지고 있는 그 고객에 대한 정보 사이의 거리를 좁히는 것은 매우 중요하다. 고객과 동업자 관계라는 인식을 갖게 되면 적대적인 관계로 발전하기보다는 거래 당사자들에게 책임감이 생길 정도로 신뢰가 성장할 수 있게 된다.

소매업체들은 판매 경향을 보고할 책임이 있다. 소매업체들은 구매 주문량을 삭감하는 경우와 주문을 전체적으로 중단해야 하는 상황만 통제하면 된다. 배급업체들은 물건을 여기서 저기로 제시간에 공급할 책임이 있다. 제조업자는 물건을 제시간에 선적할 책임이 있다. 그리고 원료 구매 소매업체는 원료를 제때 공급해 줄 책임이 있다. 이런 식으로 순환 관계는 계속 이어진다.

이렇게 얽혀 있는 연결 고리가 모든 작업 과정의 종사자들에게 이해된다면 광산 회사는 더 많은 원료를 채굴해서 세 개의 제조회사가 차례차례로 충분한 시간을 갖고 원료를 가공할 수 있게 해주고 이렇게 함으로써 조립팀은 제시간에 맞춰 물건을 포장하고 이런 과정은 결국 제품 배급업자가 크리스마스 특수에 맞춰 물건을 정확한 타이밍에 정확한 위치까지 배급할 수 있게 해준다.

이를 위해서는 상당한 팀워크가 필요하다. 단순히 데이터 보관 창고를 쉽게 이용하는 것 이상의 노력이 필요하며 구매 절차 또한 완전 공개해야 한다. 이것을 '작업흐름' (workflow)이라고 한다.

작업 흐름

거래 과정을 자동화할 때는 데이터가 어디서 어디로 어떻게 흘러가는지 잘 살펴보아야 한다. 데이터 흐름의 방법과 그 시기를 자동화하여 처리하게 되면 이미 당신은 '작업흐름' 속에 있는 것이다. 인터넷이 널리 보급된 현시점에서 작업흐름이라는 것은 당신 조수가 월급을 올려 받을 수 있도록 업무 평가를 온라인으로 승인하는 것 이상의 의미가 있다. 이것은 공급 대리점을 통해 구매 주문의 승인을 자동화하는 것을 말한다.

처음에 당신은 '무엇을 해야 하나?' 부터 고민한다. 그 다음은 '어떻게 해야 하나?' 를 고민한다. 그리고 나서는 '자동화를 도입할 수는 없겠는가?' 를 고민하고 마지막으로 '이 모든 것이 엑스트라넷과 어떤 관계가 있는가?' 에까지 생각이 미친다.

Office Depot와 Staples 사는 둘 다 대량 구매 고객을 위해 각각 특이한 인터넷 카탈로그를 제작했다. 사무용품을 구입하는 회사들은 구매 가격을 정찰로 묶어서 경영상 승인이 없이는 직원 임의대로는 고가의 장비를 구입할 수 없도록 통제할 수 있는 것이다. 경영원칙이 확고하게 존재해야 효과적인 '작업흐름'도 존재할 수 있는 것이다.

경영원칙이란 입으로는 자주 떠들지만 좀처럼 글로는 옮겨지지 않는 모호한 것이다:

"플로츠키 여사가 보기 전에 여기다 제인의 사인을 받아야 한다는 것을 몰랐어요?"
"새로운 직원을 더 뽑는 것은 부서 수준에서 결정할 일입니다. 모두들 그렇게 알고 있습니다."
"우리는 대금을 지불하기 전에 판매업자에게 보증서를 되돌려 받아야 합니다."
"만약 최고 신용 한도액의 10% 이내라면 버니가 승인을 해야겠지요."

판매업자들은 이러한 규칙들을 자신들이 제공하는 엑스트라넷 서비스에 마련하고

있다.

X등급의 구매업자는 모두 주문당 500달러 또는 매달 5,000달러어치만 주문할 수 있다.

만약 X등급의 개인이 예외 버튼(Exception)을 클릭하면 그 사람의 담당 매니저 Y에게 메일이 보내진다.

만약 담당 매니저가 구입을 승인하고 주문 액수가 건당 10,000달러 이상이거나 대금 지급액이 개월당 10만 달러 이상이면 담당 감독 Z에게 다시 메일이 보내진다.

Y 또는 Z 또는 Y, Z 모두가 거래 승인용 페이지를 통해 접속 비밀번호를 입력하여 그 이메일을 접수하면 작업흐름의 효과가 발생하게 되고 이로써 작업은 물 흐르듯 진행 된다. 고객 지원 데스크도 사업원칙에서 예외일 수 없다. 그 원칙은 사용자에 따라 달 라질 수 있다. 어떤 사장에게는 부하 직원을 교육할 시기를 결정하기 위한 사업원칙 이 되겠고 정말 곤란한 질문을 하는 사람이나 끝없이 난감한 질문을 해대는 고객에게 는 제대로 도움을 줄 수 있는 사람과 연결시켜 주기 위한 사업원칙이 될 수도 있다.

고객을 위해 공급업체와 사업원칙을 확립하고 '작업흐름' 과정을 정립한다면 능률은 훨씬 높아질 것이다. 장기적으로 본다면 그 결과는 사업 목표를 공유하는 열린 대화 의 장이 될 것이다.

완전히 새로운 세상

물품 배급업체의 사업 목표는 무엇인가? 더 많은 물건을 파는 것이다. 하지만 가끔 그 들의 목표는 변한다. 어쩌면 이 배급업체의 이번달 목표는 대못을 제 날짜에 맞춰 선 적하기 위해 물품을 안정적으로 확보하는 것일 수도 있다. 생산업체 쪽의 변덕스러운 주문 때문에 아마도 배급업체로서의 삶이 힘겨울지도 모른다. 하지만 배급업체의 이 러한 목표를 생산업체와 나누고, 생산업체는 도매업체와 나누고, 도매업체는 소매상 과 나누다 보면 공급의 연결고리 내에서 원활한 일 처리를 위한 거리 좁히기가 이루어질 수 있다.

소매업체는 크리스마스에 적정 재고 수준을 유지하기 위해 약간의 선주문을 하면 좋을 것이다. 그리고 도매상은 일정량의 제품을 보관하는 데 기간을 약간 더 연장시켜 주어도 좋을 것이다. 이렇게 하면 생산업체는 3교대 근무를 할 직원을 고용하지 않아도 되고 비용은 적게 들이며 거기서 절약한 돈이 다른 곳에 쓰일 수 있다. 그것은 원칙뿐 아니라 목적을 나눔으로써 생긴 일종의 대가다.

가치 사슬 통합의 개념

최종 고객에게 보다 큰 가치를 전하는 데 관련된 모든 내부, 외부 활동을 최적화하는 협동 과정
존 도브스(John Dobbs), Cambridge Technology Partners

지금은 단순히 물건을 파는 시대가 아니라 그 물건을 정보로 포장해야 하는 시대이다. 그러므로 경쟁에서 살아 남으려면 정보에 기초한 서비스를 제공해야 한다.

부품만으로는 안 된다

마츠다의 북미 공장은 마츠다의 판매 대리상에게 수년 간 부품을 팔아 오고 있다. 하지만 딜러가 구입하는 부품의 양은 그 딜러가 이익을 많이 내는 것과는 상관없는 일이라는 것을 알아야 한다. 마츠다 입장에서는 딜러가 자동차를 많이 팔아야 더 많은 이익을 얻을 수 있다. 딜러의 입장에서는 모든 차종에 대해 더 나은 서비스를 제공할 때에만 더 많은 차를 팔 수 있게 되어 이익이 높아질 수 있다.

그래서 마츠다는 부품을 제공하는 것에서 한 단계 앞서 나갔다. 각각의 차에 대해 부품과 정보를 제공하는 것이다. 자동차 기술자가 자동차 등록번호를 마츠다의 엑스트라넷에 입력하면 서비스 게시판이 열리는데 이 게시판은 특정 모델이 아니라 특정 자동차에 관해 보여 준다. 애프터서비스 정보, 약관 변경, 서비스 업데이트 등 예전에는 경리 뒤의 파일 캐비닛에 보관되어 있었던 귀중한 정보가 이제는 차를 직접 만지는 기술자의 손에 넘어 오게 된 것이다.

개인 엑스트라넷

National Semiconductor는 인터넷으로 주문을 받고 있다. 사실 이 시스템의 목적은 'Amazon처럼 쉽게' 인터넷 주문을 하는 것이었다. 예를 들어 그들은 화면으로 들어온 주문을 확인한다. 그리고 주문이 접수되었다는 것을 이메일로 통보해 준다. 이런 형태가 뿌리를 내리자 이 회사는 위험을 무릅쓰고 새로운 일을 몇 가지 더 시도해 보기로 했다.

처음으로 추가된 단계는 개인 계정 페이지를 만드는 것이었다. 이것은 엑스트라넷을 구축해 양방향에서 사용할 수 있도록 한다는 아이디어였다. 물론 각각의 고객은 자신만의 페이지가 있고 현재 National Semiconductor는 그 페이지를 판매사원들이 열람하고 변경도 할 수 있도록 했다.

잠깐 숨을 돌리고 이에 대해 곰곰이 생각해 보라. 판매사원은 회사에 연결된 고객의 엑스트라넷에 들어가 돌아다닐 수 있는 권한을 가지게 된 것이다.

모든 판매사원에게 기본적인 틀과 사용하기 쉬운 수정 도구를 주었다. 모든 판매사원은 신제품, 생산 일정, 물품 선적과 같은 회사 고유의 정보라도 판매 담당사원이 생각해 봤을 때 고객이 원할 만하다고 생각되면 고객의 엑스트라넷에 게시할 수 있는 권한을 부여받았다. 계약서까지도 여기에 게시된다. 믿기 힘들지도 모른다. 회사간의 비밀스러운 계약 사항이ー 그 계약 조건의 하나로써ー 운영을 위해 공개된다는 말인가? 들어 본 적이 없는 일이다. 기업의 입장에서는 곤란함을 느낄 수도 있다. 그러나 좋은 아이디어임에는 틀림없다.

정보를 얻거나 거래를 하는 과정에서 고객이 무엇을 원하는지 판매사원들이 정확히 알고 있다고 믿는 것은 쉽지 않을지도 모른다. 대단히 난감할 수 있는 문제다. 하지만 바로 돈에 관한 문제다. 판매사원 말고 누가 고객을 만족시키기 위해 지속적으로 관심을 가질 수 있겠는가? 판매사원 말고 누가 고객이 기꺼이 더 많은 주문을 하도록 해서 직접적인 이윤을 낼 수 있겠는가? 모험할 만한 가치는 충분하다.

응용 프로그램 서비스 제공자

다음 단계로 넘어 가자. 가장 근본적인 문제는 어떻게 더 많은 물건을 팔 수 있는가 하는 것이었다. 대답은 더 많은 디자인 기술자들이 National Semiconductor의 웹사이트를 방문하도록 하라는 것이다. 그러면 National Semiconductor는 디자인 기술자에게 무엇을 제공할까? 그들의 고객은 이미 만화 '딜버트'에 질리기 시작했다. 그러니 뭔가 새로운 것이 있어야 할 것이다.

우리는 전세계 디자인 기술자 50%가 최소한 한 달에 한 번은 방문하는 웹사이트에 대해 이야기하려고 한다. 매달 다운로드량이 데이터 용지로 40만 장이나 되고 등록 이용자 수도 22만 명이나 된다. 바로 National Semiconductor 사인데 이 회사는 격주로 나오는 사보를 48,000부 배포하고, 매달 21,000건의 주문을 처리한다. 그들은 남보다 더 앞서야만 했다.

그래서 National Semiconductor는 한 가지 질문을 하기에 이르렀다. 이 질문은 단말기의 플라스틱 포장에 뜨거운 납땜 총으로 새겨져 있어서 항상 눈으로 확인할 수 있어야 하며 여러 시설을 관리하는 직원들과 건물을 순찰하는 소방관들에게 꼭 설명해야 하는 내용이었다.

> 우리의 고객이 무엇을 원하는가, 그것을 어떻게 하는가 그리고 어떻게 하면 고객이 그것을 더 쉽게 할 수 있도록 해줄 수 있는가?

National Semiconductor 사는 많은 고객들이 National Semiconductor에서 구입해야 하는 부품이 어떤 것인지 파악하기 위해 전력공급장치를 스스로 디자인하고 있다는 것을 알았다. 이 과정에서 많은 고객들이 여러 가지 느리고 답답한 시뮬레이션 시스템을 사용하느라고 상당한 시간을 허비하는 것으로 드러났다. National 사가 찾은 가장 빠른 시뮬레이션 소프트웨어 패키지는 Transim(www.transim.com)이라는 회사의 제품이다. 다음은 Transim 사가 자사의 제품에 대해 설명한 것이 있다.

> 시뮬레이터인 심플리스 시리즈는 스위치 형태의 전력공급장치(SMPS) 디자인을 하는 데 있어서 발생하는 문제에 대처하기 위해 특별히 개발된 강력한 도구이다. 그 문제들로는 빠르게 회전하는 신호, 별개의 시간 상수, 직류가 아닌 단속적 오퍼레이팅 포인트를 이용하

는 방식 등이 있다. 심플리스 시뮬레이터는 특이한 알고리듬을 기반으로 하고 있다. 스파이스 유도체를 사용하지 않고 대신 SMPS의 스위치를 켰다 껐다 하는 반복적인 성질을 사용한다. 이는 시뮬레이션을 통해 단자의 단락이 반복되는 속성을 학습하고 이 정보를 차후 사용을 위해 저장하는 방식으로 가능하다. 심플리스는 대체로 다른 아날로그 시뮬레이션 엔진보다 40배나 더 빠르게 SMPS 회로를 모의 실험한다. 컨버전스 문제도 적은데다 속도가 빠르다는 장점이 있어서 심플리스가 SMPS 디자인으로 인기가 있는 것이다.

빠르게 회전하는 신호를 파악할 수 있다고는 하지 않겠다. 그러나 인터넷 동작이 빠른 것으로 보아 시스템이 뛰어나다는 것은 틀림없는 것 같다. National Semiconductor 사는 Transim의 소프트웨어를 많은 사람들이 사용할 수 있게 계약을 맺었다. 정말 많은 사람들을 위해서 말이다. National Semiconductor의 고객은 National Semiconductor의 사이트로 가서 이 귀중한 프로그램을 통해 자신의 SMPS를 모의 실험해 볼 수 있다([그림 8.9] 참고).

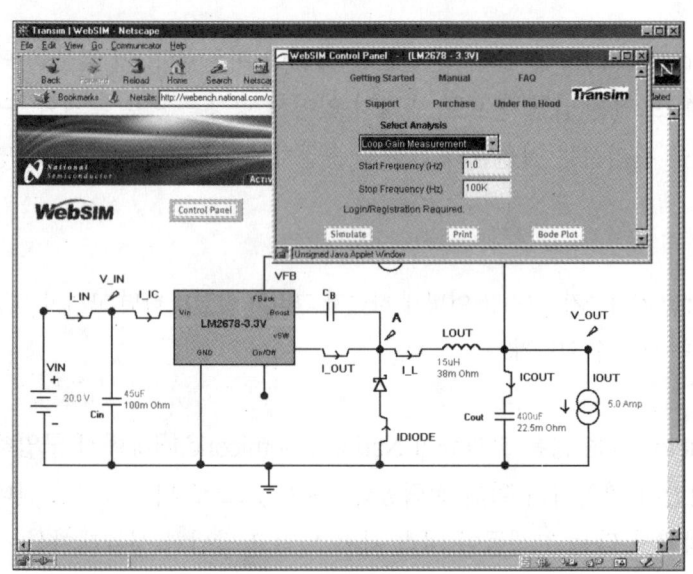

그림 8.9 National semiconductor는 고객들이 적당한 요금을 내고 시뮬레이션 소프트웨어를 이용할 수 있도록 했다.

자신의 회사에서 소프트웨어를 평가하고 인증하여 소프트웨어를 구입, 설치하고 계속적인 사용을 지원할 필요 없이 National Semiconductor의 고객은 5달러에서 10달러를 내고 National Semiconductor 사의 사이트에서 이 프로그램들을 운용할 수 있다. 대여섯 번의 모의시험 후에 고객은 그 디자인이 필요에 부합하는 것인지를 확인할 수 있다. 그렇게 해서 좋은 부품이 나올 수 있는 것이다.

시뮬레이터는 현재 보유하고 있는 투입물로 원하는 결과물을 만들기 위해 어떠한 일반적인 구성요소가 필요한지 규정해 준다. 그러면 National Semiconductor 사의 웹사이트는 당신이 방금 모의실험해 본 것을 제작하기 위해 필요한 특정 부품을 보여준다([그림 8.10] 참고).

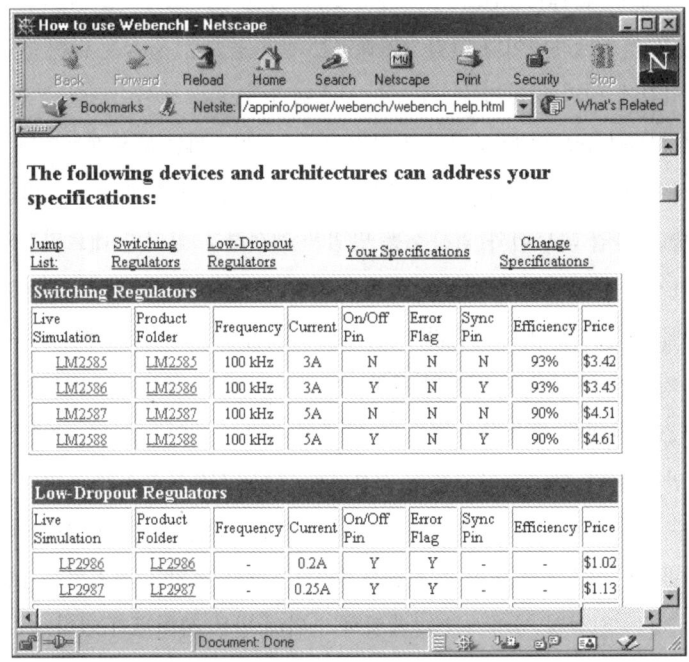

The following devices and architectures can address your specifications:

| Jump List: | Switching Regulators | Low-Dropout Regulators | Your Specifications | | Change Specifications |

Switching Regulators

Live Simulation	Product Folder	Frequency	Current	On/Off Pin	Error Flag	Sync Pin	Efficiency	Price
LM2585	LM2585	100 kHz	3A	N	N	N	93%	$3.42
LM2586	LM2586	100 kHz	3A	Y	N	Y	93%	$3.45
LM2587	LM2587	100 kHz	5A	N	N	N	90%	$4.51
LM2588	LM2588	100 kHz	5A	Y	N	Y	90%	$4.61

Low-Dropout Regulators

Live Simulation	Product Folder	Frequency	Current	On/Off Pin	Error Flag	Sync Pin	Efficiency	Price
LP2986	LP2986	-	0.2A	Y	Y	-	-	$1.02
LP2987	LP2987	-	0.25A	Y	Y	-	-	$1.13

그림 8.10 시뮬레이션 다음에는 주문 양식이 나온다. 이 방식이 효과적이라는 것은 새삼스러운 일이 아니다. 이제 남은 일은 부품을 사서 모델을 제작하는 일뿐이다.

이것은 웹의 마술이다. 컴퓨터 속의 내용에 집중해야만 한다. 그렇게 하지 않으면 경쟁에서 패배한다. 그리고 나서 한 번 더 되새겨야 할 것이 있다. 우리의 고객이 무엇을 원하는가, 그것을 어떻게 하는가 그리고 어떻게 하면 고객이 그것을 더 쉽게 할 수 있도록 해줄 수 있는가?

그렇게 한다면 고객에게 서비스하기 위해 다른 부문에서 예산을 삭감할 필요도 없고 엄청난 예산을 짤 필요도 없게 되는 것이다.

예산에 관한 엑스트라넷

짐 스턴
Inc.Magazine, 1999년 11월 15일

최고급 개인 페이지

당신은 사이트 방문자에게 각자의 공간을 부여하기 위해 비싼 엑스트라넷을 계약할 필요가 없다. 많은 사람들은 엑스트라넷이나 전자상거래라는 말을 들으면 월급을 많이 받는 자바 프로그래머가 기업간에 널리 퍼져 있는 복잡한 시스템과 수많은 웹사이트를 통합하는 모습을 떠올린다. 그것은 큰 규모의 IT부서가 없다면 엄두도 내기 힘든 프로젝트이다.

이는 소규모 회사에서는 업무 통합과 같은 벅찬 일은 모두 피해야 한다는 의미인가? 물론 아니다. 웹 기술은 사업 파트너와 의사소통 방법을 개선하고 싶지만 네트워크와 고객, 경영 시스템을 완전히 통합하기엔 재원이 부족한 모든 조직에 이상적이다. 재정이 열악한 회사라면 이 말을 위안으로 삼기 바란다. 기술이론을 적용할 경우 실제적인 내용보다는 적용했다는 모양 자체가 더 중요한 경우가 종종 있다. 어느 정도 직접적인 개념인 고객과 경영자 사이의 엑스트라넷을 생각해 보자. 인트라넷이나 가상 개인 네트워크라는 전문용어 때문에 어렵게만 들린다. 엑스트라넷을 구축한다는 말이 너무 복잡하게 들린다면 대신 특정 부류만 볼 수 있는 웹사이트를 만드는 것이라고 생각하라. 그런 페이지는 심지어 패스워드로 보호할 필요도 없다. 나는 아주 소규모 회사(사장과 직원을 겸임하는 1인 회사)의 사장인데 내가 하는 컨설팅 서비스를 마케팅하기 위해 만든 사이트가 있다. 이 사이트에는 또한 시퍼키 좋은 나의 개 '퍼크'의 사진을 올려 잘 꾸며 둔 페이지도 있는데 이것은 나의 아내와 내가 의견교환명부에 있는 사람들 중에 강아지를 사랑하는 사람들과 함께 보고 싶었기 때문이다. 이 페이지는 패스워드로 보호하고 있지 않다. 사적인 것이다.

전화번호부에 올라와 있지 않은 전화번호가 사적이듯이 퍼크의 페이지는 모든 사람에게 공개돼 있지 않기 때문에 사적인 것이다. 이것은 오직 지정한 몇 사람에게만 알려져 있고 그래서 그 사람들만 이용한다. 퍼크의 사진은 다른 사이트의 어느 페이지에도 연결되어 있지 않다. 나의 의견 교환 명부에 있는 가족, 친구, 개를 사랑하는 사람만이 이 페이지에 들어오는 법을 아는데 그것은 우리가 그 사람들에게만 이 사이트의 주소를 메일로 보냈기 때문이다. 이 정도의 보안으로도 퍼크의 프라이버시를 보호하기에는 충분하고 나의 많은 고객에게도 역시 이 정도면 충분하다.

나는 사업과 관련된 목적으로 개인 페이지를 이용하고 있다. 예를 들어 회의 주관자가 참석자들에게 자료를 나누어 주고자 할 때 나는 그 주관자가 나의 파워포인트 발표문을 찾아볼 수 있도록 나의 개인 페이지를 이용하게 한다. 발표 내용을 프린트하고 운반하는 것은 힘들기 때문에 예전에 나는 이메일 첨부파일로 2MB나 3MB를 계속해서 보냈는데 그것은 잘 들어가지 않았다. 그래서 내 사이트에 개인 페이지를 개설해서 사람들이 다운로드할 수 있도록 했다. 회의자료는 URL 페이지로 보낸다. 그러면 사람들은 바이러스나 접근 방법, 메일 용량 제한에 대해 걱정하지 않고 파일을 클릭해서 받아볼 수 있다. 다시 말하면 이 페이지에 있는 정보는 내 사이트를 찾는 사람 모두가 보아야 하는 것은 아니지만 모두에게 알려져도 해가 되는 것은 아니라는 것이다.

물론 보안을 엄격하게 해야 하는 정보도 많이 있다. 나는 인터넷 전략, 잠재 시장, 제품, 서비스, 사업 모델을 고객과 상담하는데 그런 종류의 정보는 비밀 주소만으로는 충분하지 않다. 이럴 때는 개인 페이지로 만들어 패스워드가 있어야 접근할 수 있도록 해 두어야 한다. 패스워드로 보호되는 페이지는 만드는 데 돈이 좀 들기는 하지만 그렇다고 엄청난 예산이 필요한 것도 아니다. 패스워드로 보호되는 페이지를 만드는 과정은 대부분의 HTML 학습서에서 설명해 두고 있다. 이런 사이트의 호스트 회사는 서버 부문의 소프트웨어를 다룰 능력이 있어야 한다. 만약 그런 노하우가 없는 회사라면 지금 당장 다른 공급업체를 찾아 보아야 한다.

일단 기술이 제 궤도에 오르면 당신의 직원은 고객이 좋아할 만한 방법으로 패스워드 보호 페이지를 개발할 수 있다. 예를 들어 National Semiconductor 사의 판매 대표는 각각의 고객에게 개인 웹사이트를 만들어 관리하도록 해주었다. 고객이 제품에 대해 문의를 하면 담당 직원은 고객의 페이지에 요구한 정보를 올려 준다. 아니면 담당 직원은 질문한 제품의 구성 부품이 무엇이든 고객의 시스템에 작용하는 것이라면 이에 대한 맞춤 가격 책정이나 특별한 내용 또는 특정 정보를 알려 주는 새로운 페이지를 만들어 준다. 판매 담당 직원은 수많은 방법으로 이런 일을 할 수 있는데 새로운 자료를 올려 주거나 다른 웹사이트에서 정보를 잘라와 붙이거나 단순히 링크만 덧붙일 수도 있다. 구성이야 어떻게 하든지 그 결과는 고객에게 "저희 웹사이트에서 원하시는 정보를 찾으실 수 있을 겁니다."라고 말해 주는 것보다 훨씬 더 나을 것이다. 만약 판매팀이 그런 종류의 일을 하려고 하지 않거나 할 능력이 없다면 주요 고객을 위한 웹마스터를 두고 그 일을 하도록 하는 것을 고려해 보라.

Tenagra 사는 스무명 남짓의 직원을 둔 휴스턴의 인터넷 마케팅 회사이다. 최근 Unisys 사는 최상의 웹사이트 제작을 위해 입찰을 실시했는데 Tenagra 사가 개인 웹페이지를 이용하여 당당히 업계의 큰 회사 몇 군데를 누르는 기염을 토했다. Tenagra의 사장인 클리프 쿠어츠만(cliff kurtzman) 씨는 팀원에게 자사의 웹사이트에 비밀번호로 보호되는 페이지를 만들게 하였다. 이 페이지에는 이 업체가 Unisys와의 계약을 어떻게 처리할지에 대한 계획이 간단 명료하게 실려 있었다. 회사 이름이 찍힌 무게 10kg의 200쪽에 달

하는 보고서를 나누어 주는 대신 이 회사는 Unisys 이사회 임원에게 URL과 패스워드만 준 것이다. 게다가 임원들은 보호된 사이트에 들어가서 이 회사가 일을 잘할 수 있는 능력이 있는지 직접 확인해 볼 수 있었다. 그리고 회원들이 메일로 토의를 하기에도 편리했다. 서류에서 방대한 양을 발췌하여 인용하거나 페이지나 문단의 번호를 일일이 지적하는 대신 특정 페이지의 URL을 전송하여 받는 사람이 다시 볼 수 있도록 한 것이다.

고객 전용 페이지나 보호구역을 구축하는 것은 소수의 고객을 상대하는 회사에게는 효과적이다. 그러나 소비재를 취급하는 업종이라면 GuestTrack이나 BoardVision 같이 수천 명 개인 고객의 요구를 맞출 수 있는 도구를 사용하여 일종의 개별화 전략을 취할 필요가 있다. 고객의 프로필이나 사이트 방문자가 어떤 특정 링크를 클릭했는가 하는 프로필을 통해 데이터베이스가 만들어지는데 이 도구들은 그 데이터베이스에 기초하여 곧바로 고객 맞춤형 웹페이지를 만들어 준다. 하지만 이런 응용 프로그램은 비싸다는 것이 흠인데 Guest Track은 5,000달러이고, Board Vision은 35만 달러에서 백만 달러 정도이다.

거래 타협

엑스트라넷에서 데이터 통합이 중요하듯 전자상거래에서도 마찬가지이다. 복잡한 데이터 통합이 이루어지지 않으면 웹을 통해 주문을 받을 수 없기 때문이다. 사실 작업이 이상적으로 이루어지는 곳에서는 인터넷 구매 정보가 당신의 백오피스의 주문 절차 시스템으로 들어가 면밀하게 정보가 확인되고 신용카드의 유효기간도 확인된다. 그리고 시스템을 이용해 창고에서 포장과 선적에 쓰이는 라벨을 프린트해 낸다. 하지만 웹 중심의 회사를 제외한 나머지 모든 회사를 살펴보면 그 회사들은 전자상거래 능력에 아무 문제가 없다는 듯한 태도를 취하고 있다는 것을 알 수 있을 것이다. 그렇게 훌륭한 인터넷 주문 양식으로 수집한 정보는 데이터 입력을 위해 누군가에게 메일로 보내질 뿐인데도 말이다.

물론 모든 것을 자동화하면 주문 과정이나 수행에서 많은 돈을 절약할 수 있다. 하지만 먼저 많은 돈을 써야 한다. 당신이 이용하는 방법이 주문을 받고 진행하는 데 얼마나 쉬운지 어려운지에 따라 어쨌든 25만 달러에서 백만 달러 또는 그 이상을 써야 하는 것이다. 당신이 엄청난 양의 인터넷 주문을 기대하지 않는다면 그런 투자는 무의미할 것이다. 인터넷 거래량을 산출해 봤을 때 얼마 되지 않는다면 그 대신 당신의 에너지를 사이트의 외향을 꾸미는 데 집중해야 한다. 고객에게 어떻게 보일지 신경을 써야 한다. 그러나 반드시 주문서를 게시해야 한다. 직원이 뒤에서 메일 주문서를 프린트하고 1978년형 Commodore PET에 손으로 일일이 기록하고 확인 메일을 하나씩 보내더라도 고객에게는 일이 이렇게 구식으로 진행된다는 것은 모르게 하라.

주문의 흐름을 따라가는 한 일을 어떻게 하는지는 중요하지 않다. 가장 중요한 것은 고객이 긍정적인 경험을 하고 자신들이 필요할 때 유용하게 쓸 정보를 얻고 시스템이 효과적이라는 확신을 받는 것이다. 연에 매달 줄과 수도관에 붙일 테이프를 살 정도의 예산이라고 해도 웹에 투자하면 모든 일을 할 수 있다.

그렇다. 돈을 아주 적게 들여서 만든다고 해도 엑스트라넷은 가치가 있다. 그게 전부일까? 고객 차별화와 고객과의 의사소통의 편리함, 데이터 발굴의 깊이, 엑스트라넷의 편리성을 모두 한데 모을 수 있다면 어떻게 되겠는가?

당신은 이제 고객과의 관계를 관리해야 할 필요를 느끼게 될 것이다.

제 9 장

고객 관계 관리 (CRM)

관계를 형성하기를 원하는가? 나하고? 내 말은, 나는 꽤나 까다로운 사람이라는 뜻이다. 내가 당신에게 전화하거나 팩스나 이메일을 보낼 때 당신이 자리에 있다는 것을 나는 알아야 한다. 그러니까, 당신이 나를 고객으로 맞고 싶다면 나는 준비가 되어 있다. 문제는 당신이 그럴 준비가 되어 있는가 이다.

-1999년 Aspect Telecommunications의 잡지 광고에서

나는 고객 관리의 소홀함을 방지하는 시스템을 누군가 구축하길 바라고 있다. 그 시스템이 있으면 서비스 직원들이 복잡한 출퇴근 시간에 전화해서 신용카드 정보를 물어 보거나 44센트가 체납됐다고 성가시게 하지는 못할 것이다.

-Computerworld 편집인 알란 알터(Allan Alter)

웹 사이트는 다음과 같이 발전해 왔다.

1. **브로셔 제공 도구(Brochureware)**. shovelware라고도 알려져 있다. 눈 푸는 삽을 들고 자료실로 막연히 걸어 들어가 될 수 있는 대로 브로셔를 많이 가져와 스캐너에 올려 놓으면 그제서야 웹사이트가 탄생한 것이다. 그 웹사이트에는 제품 정보, 회사 정보, 보도 자료, 투자자를 위한 자료들도 있다. 정말 따분한 일이다.

2. **고객 지향주의**. 고객 서비스를 담당하는 누군가가 고객에게 유용하게 쓰일 정보를 웹에 올릴 수 있다는 사실을 깨닫는다. FAQ 페이지와 문제를 해결할 지침들을 올린다.

3. **이메일 폭주**. 당신이 사이트에 올릴 수 있었는 데도 올리지 않은 것들이 많다는 것을 고객들이 알게 되면 고객들은 질문을 쏟아 붓는다. 내가 주문한 것은 어디에 있나요? 다른 것은 없습니까? 그 문제를 누구에게 말할 수 있죠? 웹마스터는 이것들을 처리하려고 애쓰지만 곧 콜센터에 일을 넘긴다. 콜센터는 이메일이 전혀 다른 종류의 매체라는 것을 알게 되고 IT부서를 만들어 자동화하려고 한다.

4. **엑스트라넷**. 이제 완전히 고객에게 집중해서 IT부서는 전체 일을 판단하고 처리한다. 주문 프로세싱, 주문 상태, 거래 규칙 등 이 부분에 대해서는 마지막 장에서 읽어 볼 수 있을 것이다.

5. **고객 관계 관리(CRM)**. 나팔이 새로운 세상을 알린다. 축배를 들어라. 이룰 수 없을 것 같은 꿈을 이루자 엄청난 돈이 쏟아진다. 웹 기술의 핵심을 완성한 것이다. 이것은 마이크로소프트 엑셀을 데이터베이스로 작동하려고 했던 마케팅 직원들과 고객 서비스 직원들 모두의 희망이다.

컴퓨터를 고객 확보, 고객 만족, 고객 유지에 이용할 수 있는 시스템을 꿈꾸기 시작했을 때 CRM이 탄생했다. 고객에 관한 각 정보를 모두 통합하면 어떻게 될까? 라고 이들은 질문했다. 화면으로 고객 서비스 담당 직원들에게 모든 정보를 줄 수 있다면 어떨까? 그 정보를 분석하고 어떻게 고객들을 더 잘 대할 수 있는지 알 수 있는 응용 소프트웨어에 그 정보를 입력할 수 있게 되면 어떨까?

고객을 조직 내부로 흡수하기

어떤 규모의 회사든 경영정보시스템(MIS) 부서가 5개년 계획을 작성할 때 현실적으로 그 계획이 6개월 정도밖에 버티지 못할 것이라는 사실을 안다. 기술, 거래, 관리 방법, 예산이 변하기 때문에 5개년 계획은 한때의 생각으로 끝나는 행사가 된다.

현상태의 인프라가 있고 첨단 기술이 바로 임박해 있다. 우리가 계속 경쟁력을 유지하려면 무엇을 할 수 있고 해야 하는가? 고객을 바로 조직 내부로 흡수할 전자대화(electronic dialog)를 구축하려면 홈페이지를 만들고 제품 데이터를 제공하는 것 이상으로 더 신중하게 생각해야 한다.

고객의 기대 수준은 어느 때보다 급속히 높아지고 있다. 사람들은 어떤 기술이 가능할 것이란 생각이 들면 곧바로 그것이 이루어진 일이라고 생각한다.

뭐라구요? 당신은 가상 현실 웹 프레젠스를 가지고 있지 않다구요? 나는 거기서 나의 다음번 가정용 콤포넌트를 직접 선택하고 내가 고려하고 있는 사양에서 나오는 음질을 듣고 배달될 때 집에서 받을 수 있도록 선택 '포장' 배달 절차를 따를 텐데? 왜 안 되지요?

나의 회사의 신용을 연장할 것인가에 관해 당신네 책임자가 진행 중인 온라인 회의에 내가 왜 참석할 수 없는가? 당신 회사의 다른 고객들 20명과 함께 내가 어떻게 소프트웨어를 실행할 것인지 논의하는 동안 당신 회사의 개발 및 테스트 과정을 통해 소프트웨어의 문제를 왜 내가 추적할 수 없는가? 이런 일을 다른 대여섯 개의 판매 사이트에서는 할 수 있는데. 그런데 당신은 무엇이 문제인가?

당신은 모든 직원들에게 이메일 주기를 꺼리는가? 아니라고? 그래, 괜찮다. 그러나 나는 나를 단지 숫자가 아니라 사업의 진정한 일부로 대접해 주는 회사와 거래하고 싶다.

Neiman Marcus의 스탠리 마쿠스(Stanley Marcus)는 "소비자라는 말은 통계를 낼 때 하는 말입니다. 고객이라고 해야 살아 있는 사람이지요."라는 말로 가장 잘 표현했다. 소비자라는 말에는 생명이 없다. 고객이여 영원하라! 성가신 고객들을 처리한다면 얼마나 좋을까? 라는 생각을 바꿔야 할 때다. 고객에 대해 색안경을 벗어 버리고 세상을 조금 다른 각도에서 볼 때다.

오늘 식품점의 통로를 개선하느라 힘을 썼다면 내일이면 질문에 답하고 문제를 해결하는 데 도움이 될 것이다. 그러면 고객 확보에만 쓰이는 데이터보다 더 많은 것을 얻을 수 있는 고객에 대한 정보를 살펴보겠다.

- 성별

- 우편번호

- 사이트 방문 횟수

- 사이트 방문시 접속 시간

- 사이트 방문시 구입량

- 구입한 제품의 종류

- 취향 프로필

고객 프로필은 고객들이 얼마나 많이 알고 있고 어떻게 의견을 나누고 싶어하는지에 관한 정보도 포함한다.

- 한 달 동안 물은 질문

- 한 달 동안 발생한 문제

- 회사 교육 과정에 참여했는가 여부

■ 업계에서 사용하는 용어에 대한 지식

■ 전화, 팩스, 이메일, 웹 페이지의 새 소식란, 호출기, 편지를 통해 전달된 경고

■ 전화, 팩스, 이메일, 웹 페이지의 새 소식란, 호출기, 편지 등을 통해 전달된 조언

■ 수다스럽고 다정하고 말이 없고 퉁명스럽고 까다로운지 등에 관한 성격 지수

위와 같은 자료들을 이용하면 고객 서비스 담당 직원들이(실제 사람이든 도구든) 좀더 고객의 수요를 잘 맞출 수 있고 좀더 도움이 될 수 있다. 게다가 누구나 추측하듯이 매출이 상승하고 비용이 절감되어 상당한 이익을 올리게 된다.

Accelerating1to1의 브루스 카사노프의 조언을 염두에 두고 고객을 좀더 소규모 그룹으로 세분화하라. 먼저 고객 기반을 대 · 중 · 소의 각기 다른 마켓 세그먼트로 나누어라. 그리고 이들을 제조업, 유통업, 보건업 등에 따라 수직적 마켓으로 나누어라. 그런 다음 이들 회사에서 일하는 사람들을 이사, 관리, 회계, 일선 등 직능별로 나누어라. 이들이 책임을 기업 전체나 부서를 대표해서 지는지 아니면 개인에 대해서만 지는지에 따라 다시 나누어라. 그러면 이제 당신은 일대일로 대응할 준비가 된 것이다.

웹사이트가 고객들을 개별적으로 추적하기 시작하면 당신은 CRM에 한 발 더 다가서는 것이다. 결국 이 모든 것을 접근하는 것이다. 즉 정보와 사람에 접근하는 방법이다. 저가로 승부하는 것으로는 충분하지 않다. 당신 회사를 거래하기 더 편한 상대로 만든다면 사람들은 당신과 거래하게 될 것이다.

고객들이 내부 정보에 가장 높은 수준으로 접근할 수 있도록 하기 위해 세상 사람들은 이제 CRM으로 눈을 돌리고 있다.

CRM의 약속

이 말은 빠르게 영향력을 발휘하는 유행어가 되었고 따라서 거의 피할 수 없는 현실이 되었다. 그러면 무엇이 결정적 요소인가?

더욱 신속한 서비스

고객이 웹사이트의 고객 서비스 공간을 헤매며 해결하려고 이곳 저곳 모든 곳을 클릭해야 한다면 그것은 비효율적이다. 고객이 사이트에 들어오면 사이트가 그 사실을 알고 왜 고객이 사이트에 들어왔는지 경험을 통해 추측할 수 있다면 고객은 더욱 빨리 답을 얻을 수 있다.

이 모든 것은 예견의 문제다. 경험을 통한 추측을 위해 데이터베이스에서 선별 작업을 하는데 합작 필터링(collaborative filtering)을 활용하면 편리하다. 이틀 전에 제품을 주문한 고객들은 대부분 언제 배달될지 알고 싶어했다. 고객이 요청하기 전에 UPS 사의 추적 정보를 화면에 띄워 놓아라. 1주에서 4주 전에 제품을 주문한 고객들은 설치 방법을 알고 싶어한다. 그러므로 고객이 볼 바로 그 자리에 큰 설치 버튼을 띄워 놓아라.

한층 더 저렴한 비용

고객 서비스 온라인을 처음 시작할 때 주목적은 비용 절감이었지만 CRM은 그것을 새로운 차원으로 끌어올렸다. 통화중이라면 다른 전화를 받을 서비스 직원을 두어야 한다는 것을 의미한다. 전화, 팩스, 메일의 데이터 시트 모두 비용이 드는 일이다.

서비스가 매우 우수해서 고객이 당신을 전적으로 믿고 따른다면 고객은 이제 직접 데이터를 입력한다. 주문 내용을 직접 입력하고 이름을 기입한 다음 마지막으로 보내기 버튼을 누르기 전에 아주 꼼꼼하게 화면을 들여다 본다. 800개를 8,000개로 주문하지는 않았는지 좀더 신경써서 확인한다.

서비스 직원, 책임자, 현장 지원 인력 등이 모두 손발이 맞을 때 내부적으로 생산성은 크게 향상된다. CRM 시스템은 부서간에 생기는 잡음을 최소화하면서 문제에 대해 대부분의 해답을 제시해 준다.

더 많은 수익

고객 서비스를 실행할 때는 지금 당장의 판매를 목적으로 하는 것이 아니라 앞을 내다보고 하는 것이다. 현재 고객이 잠재 고객보다 구매 가능성은 더 높다. 또 잠재 고객보다 접근하기도 쉽다. 고객들에게 업 셀링과 크로스 셀링을 하는 일을 고객 서비스 부서가 담당한다면 더 성공적일 것이다. 직원들이 커미션 때문이 아니라 고객을 돕기 위해 존재한다는 사실을 고객들이 알기 때문이다.

그러나 당신이 고객 관계를 추적하고 관리하기 위해 설치한 시스템이 회사의 판매부서 사람들에도 중요한 정보가 된다는 사실을 분명히 예상해야 한다. 고객 서비스 부서에게 판매하라고 지시하지는 않겠지만 판매부서에서는 고객의 질문과 계획에 관한 자료를 얻고 싶을 것이다. 그 결과는 매출 상승으로 이어질 것이다.

팀 통합

빅토리아 모니카(Victoria Monica)는 Siebel의 고객이자 고객 응답 센터 책임자이다. 모니카는 지원센터에 있는 사람들과 현장에 있는 사람들을 통합해야 했다. 캘리포니아 샌디에이고에 본사가 있는 Cymer 사는 자외선 사진 석판술에 필요한 전광 원료를 제조하는 대규모 업체이다. 따라서 조정해야 할 일이 많았다.

"전세계에 퍼져 있는 우리 지원 스탭들이 샌디에이고에 있는 데이터, 정보, 지식의 바로 접근하게 하여 고객 응답 시간을 단축하고자 했습니다."라고 모니카는 말했다. 그러나 이 회사는 나누어 줘야 할 정보량과 그들의 고객 유형 때문에 문제가 심각했다.

"반도체 제조 공장의 보안은 무척 엄격합니다. 현장 서비스 엔지니어들이 랩탑을 가지고 걸어 들어가 샌디에이고에 전화를 걸어 최신 레이저 정보를 온라인으로 얻을 수는 없습니다. 그러나 Siebel 시스템을 이용하면 현장 직원들이 최신 제품과 고객 정보를 본사 직원들과 동시에 얻을 수 있습니다. 따라서 현장 직원들이 현장에 도착해 공장에서 아무 문제 없이 일할 수 있습니다. 우리가 샌디에이고에 가지고 있는 모든 관

련 기술 정보를 현장 직원들도 고객 사이트에서 볼 수 있습니다."

조직 내부에서 이런 통합은 아주 중요하다. 각 부문을 연결하는 직원들인 채널 파트너들을 통합하는 데도 아주 효과적이다. Siebel System은 자사의 CRM 소프트웨어에서 파트너 포털이라는 개념을 창안했다. 이 시스템으로 고객의 어느 데이터를 어느 파트너에게 보여줄지 결정할 수 있다. 처음에 이 포털 기능은 판매 실적을 높이기 위한 선전에 사용하려고 만들어졌지만 이제는 이 기능을 활용하여 서비스 회사나 제조업체, 다른 업종의 파트너들에게도 고객에게 도움이 될 만한 정보를 나누어줄 수 있게 되었다.

더 높은 고객 만족

자신이 원하는 답을 온라인에서 찾고 전화할 필요가 없어서 기분이 좋았던 Cisco 사의 고객들을 기억하는가? 정보가 바로 나와 있었고 하루 24시간, 1년 내내 주문을 할 수 있어서 이들은 기뻤다. 서비스를 대상에 맞게 세분화하고 업계, 시장 세분화, 기업의 수준 이상으로 더 세분화하면 고객 만족은 곧바로 상승한다.

고객 유지 향상

> 기업은 5%의 고객만 유지해도 거의 100%의 이윤을 증가시킬 수 있다.
> Harvard Business Review

> 평균적으로 기업들은 5년마다 고객의 절반, 매년 13%의 고객을 잃는다.
> 『The Loyalty Effect』에서 프레드리히 레아이히헬드(Fredrich Reaichheld) 하버드 경영
> 대학원 출판부, 1996

International Data Corporation(www.idc.com)은 고객이 웹사이트에 처음으로 방문하도록 유도하려면 어느 온라인 기업이든 90센트에서 2.67달러까지 비용이 든다고 말했다. 단지 웹사이트를 방문하도록 하는 데 그렇게 비용이 많이 든다면 이들을 놓치지 않는 것이 더 값어치가 있다고 생각하는 편이 나을 것이다.

이것이 바로 고객의 주머니에서 자기 몫을 늘리고 싶어한다는 사실을 꼭 맞게 설명해

주는 옛말이다. 돈을 가장 많이 쓰는 고객을 알아내어 더 오래 붙잡아 두고 더 많이 사게 한다면 투자수익률은 좋아질 것이다.

나는 Amazon에서 많이 구매하는데 그 이유는 나를 그들이 잘 알고 있기 때문이다. 델사의 컴퓨터를 더 사고 싶은 이유는 그 사이트가 나를 위해 만들어진 것 같기 때문이다. 내 랩톱이 작동하는 데 도움이 되는 내용만 볼 뿐이지 관련 없는 정보는 잘 보지 않는다. 내가 이들 기업 제품을 다시 살 가능성은 솟구쳐 오르는 소용돌이처럼 높다.

이 회사들의 사이트는 이용하기 쉽다. 그 점이 좋다. 내가 도움이 필요할 때면 항상 도움을 구할 수 있다. 그 점이 훌륭하다. 나는 이들 사이트에서 필요한 정보를 어떻게 구하고 생활에 편리한 것을 어떻게 찾는지 알고 있다. 또한 이들은 내가 건의한 내용을 받아들여 사이트를 바꾸기도 한다. 나는 이런 사실들 때문에 이들 사이트에서 떠나지 않으려 한다. 친밀하게 대하면 고객은 떨어져 나가지 않는다.

충성도

백서 『The Key To Customer Loyalty』에서 Applix(www.applix.com)는 충성스런 고객을 다음과 같이 정의한다.

간단히 말해 '충성스런' 고객이란 당신 회사의 제품과 서비스에 만족해서 다른 회사의 제품은 살 생각이 없는 사람들이다. 단지 제품의 가격 때문에 고객이 충성스러워지는 것은 결코 아니며 사실상 제품의 품질 같은 회사의 단면만으로 결정되는 경우도 좀처럼 드물다. 충성심은 고객이 제품, 서비스, 가격 등 회사가 제공하는 것에 전반적으로 만족했을 때 비로소 생긴다. 다음 세 개의 공통 기준으로 충성스런 고객을 식별할 수 있다.

1. 대개 경쟁사에서 나오는 상응 제품과 비교하지 않고 당신 회사의 제품이나 서비스를 더 많이 사고자 하는 욕구

2. 당신 회사나 제품을 보증하거나 주위 사람들에게 입소문으로 자주 권하려는 의지

3. 당신 회사의 제품이나 서비스를 향상시키기 위해 적극적으로 하는 제안

Applix는 "자사 고객들에게 정보, 장래 필요사항 예상, 우수한 커뮤니케이션 이 세 가지를 제공할 수 있는 회사의 능력을 보고 고객들이 가지게 되는 감정"을 충성심이라고 정의했다.

말하자면 당신 회사에서 내가 필요한 정보를 얻을 수 있고 당신이 나를 지켜보며 내게 필요한 것이 무엇일까 줄곧 예상하고 있고 경쟁사보다 당신 회사가 나와 더 많이 접촉할 것이라고 느끼게 한다. 그렇다. 그것은 바로 느낌이다.

충성심은 유지를 한 단계 뛰어넘는다. 충성심이란 당신의 서비스가 아주 마음에 들어서 다른 사람에게 전해 주는 것이다. 그러면 어떻게 충성심을 만들어 낼 수 있는가?

정보를 전하라
고객들에게 당신이 경쟁사보다 더 정보를 많이 가지고 있다고 확신시키는 일부터 시작하자. 어떤 면에서 정보가 많다는 것인가? 고객이 당신 회사에 접촉할 때 고객은 다음 네 가지 형태의 정보를 기대한다.

1. 회사 정보: 회사, 회사의 역사, 시장에서 차지하는 위치에 관한 정보

2. 업계 정보: 시장 추세와 관행에 관한 정보

3. 제품 정보: 회사가 제공하는 상품과 서비스에 관한 정보, 제품 사용법, 주의 사항, 사용 사례에 관한 정보

4. 고객 정보: 고객이 이전에 당신의 회사와 거래한 정보

고객이 필요한 것을 예상하라
회사가 고객이 충성하도록 하는 데 도움이 되는 두 번째 요소는 고객에게 무엇이 필요한지 예상하는 능력이다. 이것은 세 부분으로 나누어질 수 있다.

1. 고객에게 필요한 추가 제품 예상

2. 고객에게 의문이나 문제가 발생하지 않도록 예방하는 기술 서비스 예상

3. 고객에게 받은 피드백에 기초해 제품의 개선점을 예상하고 개선된 제품을 출시

탁월한 커뮤니케이션을 제공하라

커뮤니케이션 기술이 엄청나게 발달한 지금 고객에게 충성심이 생기게 하는 이 세 번째 요소는 결코 소홀히 다룰 부분이 아니다. 인터넷, 월드 와이드 웹, 자바 기술의 발달로 모든 기업은 커뮤니케이션의 대체 수단을 고객들에게 제공할 수 있게 되었다. 제품 설명서에 접근하는 일부터 소프트웨어의 기술적 문제를 진단하는 일까지 이 신기술을 이용할 수 있으며 분명 고객은 이들 신기술을 제공하는 회사에게 더 호감을 가지게 될 것이다.

그러나 커뮤니케이션의 양과 질을 혼동하지 마라. 회사가 이메일, 웹, 자바로 고객에게 커뮤니케이션한다고 해서 반드시 더 우수한 커뮤니케이션을 제공하는 것은 아니다. 회사가 고객과 나누는 커뮤니케이션의 질이 우수한가는 고객 개인의 상황에 얼마나 적절하게 다가가는가이다.

고객의 현재 상황에 모든 보조를 맞추는 것이 커뮤니케이션의 핵심이다. 그것이야말로 이 모든 기술이 필요한 이유다. 바로 그 시점에서 고객이 필요한 것은 무엇인가?

CRM의 장애물

CRM이라는 정원에서 모든 것이 장미꽃을 피우지는 않는다. 꽃은 가시를 지녀야 완전히 핀다. 이 가시들은 하찮은 것이 아니며 무시해서도 안된다.

풍부하고 부드러운 고객 관계를 만들기 위해 당신이 쏟아 붓고 싶어하는 정보는 당신이 전에 들어보지 못했던 당신 회사의 곳곳에 흩어져 있다. 자칭 CRM이라고 주장하는 제품이 산더미처럼 나와 있다. 물론 비용이 아주 많이 들 수도 있을 것이다.

데이터 사일로

오래 전 대형 고속 컴퓨터인 메인프레임이 있었다. 백만 달러가 조금 안 되는 미니 컴

퓨터가 나타났을 때 기업들은 즉시 고립된 자동화 시스템을 구축했다. 다른 부서의 컴퓨터와 상관없이 입력과 출력을 하면서 각각 자신의 작은 세계에서 살았다. 기술 파트에 컴퓨터가 있었고 창고에도 컴퓨터가 필요했다. 회계부서 사람들은 신경쓰지 않았다. 이 사람들은 여전히 거대한 메인프레임을 쓰고 있었다.

이들 각각의 시스템은 각자의 많은 데이터를 소화하느라 바빴다. 이들 각각의 시스템은 회사와 고객의 상호작용에 관해 작은 부분까지 많이 알고 있었다. 그러나 서로 정보를 주고받지는 않았다.

클라이언트 서버 기술이 등장하자 이 시스템들이 상호작용하도록 하려고 많은 기업에서 막대한 돈을 썼다. PC가 미니 컴퓨터에게는 클라이언트 역할을 했으며 이 미니 컴퓨터들이 때로는 메인프레임과 정보를 공유할 수도 있었다. 그리곤 웹이 탄생했다.

별로 비용을 들이지 않고도 멀리 떨어져 있는 컴퓨터들끼리 서로 소통하는 것이 경제적으로 실현 가능하게 되었다. 이제는 어떻게 각 소프트웨어 패키지가 정보를 저장하고 그 정보 중 어느 부분이 유효하며 또한 중요한 것인지 알아내는 능력만 남아 있다. 그것이 바로 지금 우리가 도달해 있는 상태이다. 각 시스템이 서로 소통하게 하는 문제는 매우 중요한 과제가 되었다.

회사 곳곳에 흩어져 있는 수많은 시스템에서 고객에 관한 데이터로 접근하는 능력이 필요하다. 이 시스템들은 시간이 경과함에 따라 다른 언어, 다른 도구, 다른 프로그래밍 방법과 패러다임을 사용하며 발전해 왔다. 따라서 각기 다른 수준으로 완성되었고 최종 사용자에게 각기 다른 수준의 유용성을 제공하고 있다. 몇 년 전에 없어졌어야 할 시스템도 일부 있다.

그러면 이제 여러 곳에 여러 포맷으로 저장되어 있는 데이터에 관해 살펴보기로 하자. 고객 정보를 저장하고 있는 데이터베이스를 적어도 다섯 개 확인하기란 아주 쉬운 일이다. 당신에게는 서로 소통되지 않는 데이터베이스가 여러 개 있다. 데이터베이스가 각 고객의 편의보다는 개별 부서의 편의를 도모하기 위해 설치되었기 때문이다.

고객이 제품에 관해 물으려고 전화하면 접수원이나 데이터 입력 직원, 마케팅 커뮤니케이션 담당 직원이 전화를 받는다. 일이 제대로 처리되면 첫번째 정보는 마케팅 데이터베이스로 입력된다. 여기서 이 정보가 다행히 잠재 고객에 관한 정보와 일치하게 되면 당신은 광고와 마케팅 비용의 가치를 깨닫게 될 것이다.

다음으로 판매부서에서 이 고객에게 접근한다. 판매에 관한 메모, 이름, 전화번호, 발송광고물, 판매주기에 관한 메모가 고객 접촉 관리시스템으로 들어간다. 이렇게 되면 판매부서 직원들은 수많은 고객을 확보할 수 있으며 예측도 할 수 있게 된다.

고객이 주문하고 싶어하면 신용부서에서 고객을 위해 계좌를 개설한다. 각 고객의 신용 한도를 결정하기 위해 은행 및 거래 상의 참고 사항을 입력한다.

그 다음 판매 주문을 처리하는 부서에서는 누구에게 제품을 배달해야 할지, 누가 최종 수요자가 될 것인지, 송장을 누구의 이름으로 할 것인지, 주문하는 것이 정확하게 무엇인지 알아야 한다.

제조 담당 부서에서도 이 특정 주문의 세부 사항을 알아야 하며, 고객 서비스 부서에서는 발생하는 문제와 그 해결책을 계속 알 수 있도록 데이터베이스를 보유하고 있어야 한다. 회계부서에서는 배달 후 수취 계정을 총괄할 수 있도록 송장을 가지고 있어야 한다.

여러 제품 라인과 부서에 걸쳐 이런 모든 과정을 반복하는 회사도 있다. Siebel Systems의 제품 마케팅 이사 케빈 닉스(Kevin Nix)는 보통 수준의 기업 내에 흩어져 있는 데이터베이스는 열 개에 가깝다고 말한다.

여러 데이터베이스에 걸쳐 흩어져 있는 정보를 단순히 모으는 일은 완전히 갖춰진 서가를 마련하는 일과 같다. 한 사람이 한 단말기에서 모든 고객의 정보를 볼 수 있는 시스템이 필요하다고 당신의 데이터 프로세싱 책임자에게 말해 보라. 그러면 그 책임자는 그 말에 황당하다는 듯이 눈을 위로 그리곤 옆으로 굴리며 하얗게 질려 버릴 것이다.

대화는 다음과 같이 오간다.

"맞아요, 잭. 화면에서 모든 고객의 정보를 볼 수 있으면 좋겠어요."

"음." (어떻게 하면 그것이 기술적으로 안 된다는 걸 이 사람에게 말하지?) "당신이 그걸 왜 필요로 하는지 생각 좀 해봅시다, 질. 그래야 그것이 가능한지 알 수 있죠."

"고객은 우리에게 가장 중요한 자산이에요, 잭. 고객이 전화를 걸어왔을 때 우리는 고객을 도울 수 있는 모든 측면에서 접촉하기를 원합니다." (이것은 '만약 전화를 걸어오면'의 문제가 아니라 '전화를 걸어왔을 때'의 문제다. 그런데 잭이 하지 않으려 한다면...)

"그게 우리가 고객 서비스 시스템에 시간과 돈을 투자하고 있는 이유예요." (그 시스템을 벌써 바꾸어야 한다고는 내게 말하지 마!)

"그렇지만, 잭. 고객들은 한 군데만 전화하는 게 아니라 판매, 배달, 회계 부서에까지 전화하고 있어요." (잭은 일이 실제 어떻게 돌아가고 있는지 모르고 있어. 그는 생산 공정도에 나타난 것만 알고 있어.)

"또 고객들은 작업실, 디자인실에까지 전화하고 있어요."

"글쎄요, 질. 마케팅 커뮤니케이션부서 직원들이 고객들에게 '전화할 곳은 여기 한 곳뿐입니다'라고 말하도록 더 노력해야 할 것 같군요." (우리도 이점에 관해 오랫동안 열심히 생각했고 그래서 좋은 해결책을 만들어냈잖아.)

(거만하기는...)

"농담이에요, 질. 콜센터에서 고객 데이터베이스를 보고 FAQ의 80%에 대답하도록 하는 게 우리 의도였어요. 고객들은 편리한 전화번호를 하나 가지고 있고 그 시스템이 우리 고객 서비스 직원들의 수고를 상당히 덜어주고 있어요."

"80%의 전화가 고객 서비스부서로 온다구요? 그렇군요. 당신과 당신 팀이 대단한 시스템을 구축했군요, 잭. 참 좋아요. 하지만 당신이 구축한 시스템을 회계, 배달, 제조 및 기타 고객 정보가 저장된 다른 시스템과 연결하는 방법을 만들어내기만 한다면 그 다음엔 그저 고객 상담원들이 그 시스템에 접근할 수 있게만 해주면 되는데."

(미친 듯이 웃으며) "알겠어요, 질. 생각할 시간을 좀 주세요. 우리 엔지니어들에게 말해 보고 물론 프레드가 이걸 관리하면 좋겠어요." (CEO인 프레드는 이런 일들을 하는데 드는 수고를 설명하면 졸도할 것이고 그렇게 되면 이 헛된 희망이 좌절되겠지.)

(잭은 교묘하게 피하고 있어. 이제 마지막 카드를 낼 차례야.) "좋아요, 그렇게 해주세요. 오늘 아침 프레드에게 말하니까 우리가 어떤 방향으로 나아가는지 이해하더군요."

"아, 그래요? 이 비용이 투자 가치가 있을 거란 걸 어떻게 설득했어요?"

"XYZ 사가 그렇게 하고 있고 우리가 서두르지 않으면 이들이 우리 자리를 잠식할 거라고 설명했지요."

"프레드가 XYZ에 대해 우려한다고요? XYZ는 신생기업이고 규모가 우리의 5%도 안 되는데."
"프레드가 그토록 우려한 이유가 바로 그것이라구요, 잭." (이겼다!)

(백지장처럼 하얗게 질린다는 것은 바로 이런 것이로군.)

도구는 많다!

위험 부담도 많고 노력해야 할 일도 많다. 그러므로 소프트웨어산업에 눈을 돌려 이들이 무엇을 만들어 놓았는지를 살펴보도록 하자. CRM 소프트웨어를 파는 업체를 찾는 일은 어렵지 않다. 어떻게 제품을 비교하는지가 어려울 뿐이다.

AMR Research(www.amrresearch.com)의 CRM 연구이사 페기 만코니(Peggy Manconi)는 이렇게 말한다. "CRM 시장은 요즘 네 개의 요소로 정의됩니다. (1) 마케팅 자동화 (2) 기술지원 판매 (3) 고객지원 (4) 현장 서비스입니다. 저는 회사 전체 차원의 CRM에 내부 서비스 직원은 포함시키지 않습니다. CRM은 외부 고객을 다루는 일이니까요."

Real Market Research(www.realmarket.com)의 개리 렘케(Gary Lemke)는 그 일이 그리 쉽지는 않다고 생각한다. 그는 CRM 소프트웨어를 "회사가 고객을 찾고 확보

하고 유지하는 데 도움이 되는 통합 애플리케이션"이라고 정의한다. 그러나 너무 막연하기 때문에 별 도움이 안된다고 그는 말한다. "회사에서 하는 모든 일이 고객을 찾고 확보하고 유지하는 일을 중심으로 돌아가야 합니다. 부풀린 마케팅 메시지도 많습니다."

이 CRM은 급속하게 발전하고 있는 분야다. 따라서 이 책이 당신에게 도착하기 훨씬 전에 인쇄되고 있을 때에도 소프트웨어는 분명 더 발전해 있을 것이다. 그렇지만 이런 도구를 광범위하게 묶는 카테고리와 소프트웨어 판매업체 몇 개를 여기서 소개하겠다. 이 분류는 보는 시점에 따라 잘 맞지 않을 수도 있지만 이들 기업이 어디서 사업을 시작했는지는 알 수 있다. 예를 들어 Siebel은 판매부서 자동화 부문에서 시작했지만 고객 지원, 현장 서비스, 웹 서비스에도 분명 선두주자가 되었다.

채터봇:

- Big Science Company(www.bigscience.com)

- Neuromedia(www.neuromedia.com)

고객 서비스 CRM:

- Chordiant(www.chordiant.com)

- Edify(www.edify.com)

- Remedy(www.remedy.com)

- Silknet(www.silknet.com)

이메일 CRM:

- E-Gain(www.egain.com)

- Kana Communications(www.kana.com)

- Mustang Software(www.mustang.com)

현장 서비스:

■ Astea (www.astea.com)

■ Metrix (www.metrix.com)

■ Foresight (www.foresight.com)

정보 관리:

■ Inference (www.inference.com)

■ ServiceWare (www.serviceware.com)

■ Primus (www.primus.com)

제품 사양·카탈로그:

■ Cincom (www.cincom.com)

■ Saqqara (www.saqqara.com)

■ Trilogy (www.trilogy.com)

판매부서 자동화:

■ Baan (www.baan.com)

■ Multiactive Technologies (www.multiactive.com)

■ Siebel Systems (www.siebel.com)

■ Symantec Corporation (www.symantec.com)

웹사이트 접속량 분석:

■ Accrue (www.accrue.com)

■ net.Genesis(www.netgen.com)

■ WebTrends(www.webtrends.com)

이들 도구들이 어떤 역할을 할 수 있는지 살펴보려면 www.accelerating1to1.com을 보라.

투자수익률(ROI)

그럴 만한 가치가 있을까?

단순한 질문처럼 들린다. 열거한 것에 돈을 얼마나 쓸지 결정하려는 고위 관리자들이 당연히 던지게 되는 질문이다. 밴 윙클 씨에게 보낸 이메일에서 당신이 제기한 문제에 대해 예상되는 전형적인 질문이다.

1999년 10월 Cap Gemini와 ICD는 100개의 미국 기업과 200개의 유럽 기업이 CRM을 하는 데 든 지출과 수익을 조사했다. 전체 투자비는 평균 310만 달러였다. 69%는 500만 달러 이하, 13%는 1,000억 달러 이상을 썼다. 그 돈은 다 어디로 갔는가?

가장 큰 부분 34%는 하드웨어와 소프트웨어 등 기술 부문에 지출하였다. 23%는 컨설팅에, 20%는 교육에 그리고 17%는 기존 시스템과 통합하는 데 투자했다. 손익 분기점은 28개월이었다. 그러나 ICD는 여기에 회의적인 반응을 보였다. 61%가 2년 내에 투자액을 거두어들였다고 말은 했지만 대답은 솔직하지 않았고 낮게 평가되었다고 생각했기 때문이다.

어느 누구도 투자수익률을 밝히려 하지 않았다. 매우 민감한 부분이기 때문이다. 어쨌든 CRM은 진정한 경쟁우위이다.

위의 CRM 프로젝트에 대한 수익률 평가는 판매 및 마케팅부서가 실시했다는 사실을 기억하라. 고객 서비스 부서는 그들의 CRM 프로젝트는 어떤지 아직 보고하지 않았다. FedEx는 온라인으로 하는 일을 오프라인으로 하면 단지 2만 명의 고객 서비스 직원만 더 고용하면 된다고 자랑스럽게 말할 것이다. 당신 회사에는 얼마나 많은 직원들이 있는가? 인건비는 얼마나 나가는가? 계산해 보라. 수익률은 다양하게 나타날 것이다.

팀 구성원인 고객

그러면 장기 수익률은 어떠한가? 분명 우리는 고객 평생가치를 연장하고 개선하며 확고히 하기를 바라지만 그러나 이것 말고도 더 있다. 회사의 기획 과정에 고객을 중요한 구성원으로 참여시키는 이상적 방안이 있다. 고객을 조직 속으로 데려와서 제품 개발 회의, 프로세스 기획 회의, 장기적 전략 회의에 참여하도록 회의실에 의자를 가져다 놓아라.

고객 서비스는 처음에는 고객 조사에서 시작한다. 그리고 고객 자문회의로 발전하고 이제 고객을 실제 조직으로 흡수하면 고객 서비스라는 과녁을 명중시키는 것이다.

솔직하게 묻고 싶은 내용을 고객에게서 조사하면 고객들도 당신이 듣고 싶어하는 말을 많이 들려줄 것이다. 그렇다고 고객이 "난 그걸 싫어해요."라고 말한다는 뜻은 아니다. 고객이 실제 말한 조사 결과를 다 믿어서는 안 된다는 말이다.

고객 자문회의는 대개 좋은 의도로 만들기 때문에 일부는 매우 가치 있는 역할을 한다. 그러나 일부는 고객을 달래는 게임으로 전락하게 된다. 자문 회의는 시끄럽고 노골적인 고객들에게 자신들의 어려움과 고통을 당신이 들어준다는 느낌을 갖게 하는 곳이 되기도 하는 것이다. 사실상 이런 고객들을 고객 서비스 담당 직원들이 아니라 고객 자문 회의가 상대하게 되어 버리는 것이다.

그러나 고객의 의견을 진지하게 받아들인다면 이를 일상적인 과정의 일부분으로 만들 수 있다. 그래서 Works.com에서는 매주 고객을 1시간 동안 회의에 참여시키고 있다.

DHL에서는 회사를 운영하는 데 고객 의견을 채택하는 것이 더 이상 특별한 일이 아

니다. DHL에서는 웹에 기반한 추적 시스템을 기발하게 만들어내기는 했지만 인터넷 접속이 어려운 지역의 우편물 취급 직원들이나 단지 온라인을 접속하는 데 그렇게 많은 돈을 쓰기 싫은 사람들에게는 별 도움이 안 된다는 사실을 알아냈다. 이들을 위해 DHL은 E-Track 시스템을 개발했다.

track@dhl.com으로 그저 이메일을 보내기만 해보라. 메시지에 최대 열 개의 항공 화물 수령증 번호를 구분하여 입력하라. 그러면 몇 분 내로 웹사이트에서 나오는 것과 똑같은 이메일 답장을 받을 수 있다. 또한 요청만 하면 그 결과를 복사해서 당신이 선택하는 사람 누구에게나 자동으로 보낼 수 있다.

WingspanBank.com은 무작위로 뽑은 고객 여섯 명으로 'i-이사회'를 구성하기로 결정했다. 보석 디자이너, 방송국 PD, 뉴욕에 사는 주부, 편의점 주인, 소프트웨어 엔지니어, 투자담당 책임자가 이 당당한 팀을 구성하였다.

WingspanBank.com이 사람들을 모집하느라 신문에 광고를 내자 500명이 지원하였다. 성별, 직업, 지역 등을 안배하여 심사를 엄격하게 한 후 웹에서 자신의 돈을 관리하고 싶어하는 사람들을 선정했다. i-이사회는 매달 온라인에서 만나고 회원들은 아이디어가 떠오를 때마다 이메일을 보낸다. 이들은 진정 팀의 일부다.

CRM의 미래는?

좀더 비관적인 측면에서 보자. Forrester Research(www.forrester.com)는 1999년 6월 'CRM의 서거(The Demise of CRM)'라는 제목으로 보고서를 발표했다. 왜 그토록 비관적인가? Forrester가 인터뷰한 사람들 모두가 고객에 대해 단일한 시각을 가지는 것이 중요하다고 말했다. 그러나 단 2%만이 그런 단일한 시각을 이미 가지고 있다고 대답한 것이다. 그러나 이것은 CRM이 끝났다는 것을 의미하기보다는 시기상조라는 것을 의미하는 것 같다.

Forrester는 새로운 유행어 eRM을 소개했다. e 관계 관리란 어떤 것인지 집중적으로 다루기 위해 보고서의 제목을 그렇게 자극적으로 만들었다. "거래가 매우 활발하게 일어나면 전통적 CRM 모델은 무제한으로 밀려날 것입니다."

그러면 이 신비스런 eRM은 무엇인가? Forrester는 "웹을 중심으로 커뮤니케이션 채널, 비즈니스 기능, 고객 전반에 걸쳐 동시에 고객 관리를 실행하는 접근 방법"이라고 정의했다.

Forrester가 이 보고서에서 펼치는 대체적인 주장은 현재 시중에 나와 있는 도구들로는 충분하지 않으며 좀더 역동적이고 통합된 노력이 필요하다는 것이다. 대체로 이 주장은 옳다. CRM이 잘 정의되어 제 역할을 한다는 주장은 틀렸다. 그래서 CRM이 그 가능성을 실현할 수 있는 방법이 있다고 말하기보다는 Forrester는 또 하나의 깃발을 꽂고 새로운 목표를 세우고 eRM을 다음에 오를 봉우리라고 가리키는 것이다. 그러나 여기서 매우 흥미로운 주제가 하나 제기된다. 즉 확대사업(the extended enterprise)이다.

확대사업이란 전체 체인을 말한다. 이것은 공급 체인이나 가치 체인이 아닌 정보 체인을 말한다. 고객에게 한층 더 서비스를 잘하기 위해 기업들이 서로 고객에 관한 정보를 교환할 수 있게 해주는 것이 정보 체인이다.

아직 우리는 그 수준에 이르지는 못했지만 앞으로 그렇게 될 것이므로 이 모든 것이 어디로 향하고 있는지 또 거기에 어떻게 도달할 수 있는지 다음 장에서 알아보기로 하자. 그러나 CRM에 더 관심이 있다면 www.crmcommunity.com에서 확인해 보라.

제 **10**장

출발

할 일은 많다. 그러나 이 일들을 할 만한 시간, 돈, 직원이 모자란다. 새삼스러운 일은 아니다. 그렇다면 어디에서부터 시작해야 할까? 어렵게 생각할 필요는 없다. 마음속에 확실한 목표를 설정하는 일부터 시작하면 된다.

목표 설정

본인이 어떠한 결말을 원하고 있는지 확실하게 판단이 서면 적당한 방법을 통해 문제의 시발점으로 거슬러 올라갈 수도 있다. 그러나 여기에서도 목표는 필수적이다.

이제 소개할 부분은 그리 생소한 이야기가 아닐 수도 있다. 이런 이야기를 늘어놓는 나를 똑같은 노래만 계속 흘러나오는 고장난 레코드 같다고 생각할 수도 있다. 그러나 나는 전혀 개의치 않는다.

고객의 목표를 확인하여 그것을 기초로 당신의 목표를 정하라.

아주 평범한 이야기이다.

경영진 설득하기

자금과 인력, 기타 재원을 마련하기 위해서 경영진에게 찾아가 사정하는 것이 일반적이다.

경영진을 솔깃하게 만드는 방법 중 하나는 아무리 엄격한 평가기준도 개의치 않겠다는 의지를 보여 주는 것이다.

1999년 12월 6일 Network World는 네트워크 하드웨어 제조업체와 통신 서비스 공급업체에 대한 순위를 발표했다. 어느 업체가 1위를 했는지 보다 어떤 방법으로 업체들을 평가했는지가 더욱 눈여겨볼 만하다. 선적 물량? 총수입? 신규 고객 숫자? 모두 아니다. Network World에서 주목한 대목은 고객의 만족도였다. Network World 는 고객이 자신들이 이용한 업체를 평가하는 데 사용하도록 하기 위해 다음과 같은 범주를 제시했다.

- 전화 상의 기술 지원

- 웹 기반 기술 지원

- 사이트 상의 지원

- 만족도 확인 위한 사후 조치

- 문제 제기시 조치를 취하기까지 걸리는 시간

- 문제를 해결하는 데 걸리는 시간

- 단계적 확대 과정(Escalation Procedures)

- 고객 집단과 담당 직원간의 친밀도

- 담당 직원의 능력과 지식

- 담당 직원의 태도

- 고객이 요청한 부분의 실제 활용도

- 제품 라인 통합

- 고객 불만 신고의 편이도

■ 가격

웹 기술이 회사 내에서 특히 고객과의 커뮤니케이션에 보다 효율적으로 사용됐더라면 앞의 카테고리에 대한 소비자들의 만족도는 훨씬 커졌을 것이다. 그러므로 마침내 경영진에서 당신의 목표가 최첨단 기술로 장난을 치는 것이 아니라 실제로 고객을 돕고자 하는 것임을 이해하게 되면 그들은 당신이 회사에 얼마나 많이 기여했는지 깨닫고 감사해 할 것이다.

지금과 같은 인터넷 시대에 고객 서비스 부서부터 먼저 세우는 것이 회사에 어떠한 기여를 할 수 있는지 알기 위해서는 그것의 의미부터 파악해야 한다.

비즈니스에 뛰어들기 – 여성의 일에는 끝이 없다

지금 들고자 하는 예는 크리스티안 부허(Christian Booher) 씨의 실제 이야기로 새로운 고객 서비스 부서를 만드는 것에 관해서 내게 조언을 구했던 여성이다. 우리의 대화는 다음과 같이 진행되었다.

> 보내는 사람: "크리스티안. K. 부허" 〈cbooher@imworth.com〉
> 받는 사람: jsterne@targeting.com
> 제목: 당신의 지혜가 필요합니다,
> 날짜: 1999년 8월 30일 월요일, 08:46:23

> 친애하는 스턴 씨,

> 제 이름은 크리스티안 부허입니다. 저는 최근 한 웹 기반 금융기업의 고객 서비스 부서 개발을 맡게 되었습니다. 이 엄두도 나지 않는 일을 맡으면서 저는 운영 과정에서 잘못을 수정해 나가기보다는 시작부터 확실히 하기로 결심하였습니다.

> 저는 Thunderlizard 회의에서 귀하의 프레젠테이션을 들은 적이 있으며 쓰신 책들도 구입하여 보았습니다. 두 주 후면 일을 시작하는데 실례가 되지 않는다면 도움이 될 만한

다른 웹사이트나 책을 추천해 주시지 않겠습니까? 전화 시스템을 선택하고 저희 부서의 특성에 맞는 이메일 유틸리티를 찾고 직원을 고용하는 일 등이 모두 제가 해야 하는 일이어서 가히 모든 일을 해야 한다고 해도 과언이 아닙니다. 한마디로 저는 중책을 맡은 셈입니다. 저는 귀하의 강의와 책을 접한 후 귀하가 웹상에서 고객 서비스를 처리하는 방식에 대해 감탄해 마지 않았습니다. 이렇게 이메일을 보내게 된 것도 그러한 연유에서입니다.

매우 바쁘신 분임은 잘 알고 있습니다. 현명한 조언을 베풀어 주실 수 있다면 어떤 것이든 고맙게 받겠습니다.

크리스티안. K. 부허 드림

(나에게 조언을 구하려는 사람들을 위한 힌트: '엄두도 나지 않는 일'이라든가 '현명한 조언' 같은 비행기 태우기는 효과 만점이다.)

날짜: 1999년 9월 1일 수요일, 08:44:12 −0700
받는 사람: 크리스티안 부허
보내는 사람: 짐 스턴

99년 8월 30일 오전 06:46, 크리스천 부허가 쓴 내용:

>이 엄두도 나지 않는 일을 맡으면서
>저는 운영 과정에서 잘못을 수정해 나가기보다는
>시작부터 확실히 하기로 결심하였습니다.

1단계: 앞으로 닥칠 두통에 대비하여 커다란 아스피린 한 통을 사 둘 것.

>매우 바쁘신 분임은 잘 알고 있습니다.
>현명한 조언을 베풀어 주실 수 있다면 어떤 것이든 고맙게 받겠습니다.

오, '현명한' 조언이 필요하시군요…이런!

아직 읽어 보지는 않았습니다만 저는 얼마 전에 마이클 쿠삭이 쓴 『Online Customer Care, Strategies for Call Center Excellence』라는 책을 구입하였습니다. 이 책에는 이메일과 그 밖의 인터넷에 관련된 장이 있습니다. 저는 언급한 적이 없지만 귀하께서는 전화 시스템도 살펴보고 있다고 하셨지요. 저도 이제 막 '인터넷 고객 서비스'의 개정판 작업을 시작했기 때문에 전화 시스템을 신중하게 선택해야 하는 이유를 이해하고 있습니다.

귀하께서 직접 수정판에 참여하시는 것에 대해 어떻게 생각하십니까?

맡으신 업무 전반에 대해 어떻게 처리할 것인지 귀하의 견해를 저에게 이메일로 알려 주실 용의가 있으시다면 저도 제 의견을 답장으로 보내드리겠습니다.

나는 결코 무료로 도움을 주겠다고는 말하지 않았다. 나의 현명한 충고를 페이지마다 귀에 못이 박히게 들은 독자를 존중하는 차원에서 나의 답장은 제한하여 실겠다. 크리스티안 부허 씨는 이 책에 딱 들어맞는 예였다.

날짜: 1999년 9월 1일 수요일, 14:53:58

제가 이런 기회를 얻을 정도로 운이 좋다니 정말 생각지도 못했던 일입니다.

제가 일하게 될 회사의 상호는 IMworth (www.imworth.com)로 인터넷 뱅킹을 이용하는 고객들이 한곳에서 필요한 금융 정보를 얻을 수 있도록 하는 곳입니다. 아직 업무를 시작하지는 않았고 고객 프로필이나 예측 통계 등과 같은 내용을 아직 검토해 보지 못했기 때문에 전반적인 세부 사항에 대해서는 알지 못합니다. 제가 어떠한 고객층에게 서비스를 제공하게 될지는 정확하게 말하기 어렵습니다. 게다가 은행이나 증권거래소 등과도 거래할 예정이기 때문에 제가 거래 회사의 고객 서비스부를 어느 정도나 상대하게 될지 또는 우리도 고객 서비스를 제공하게 될지에 관해서는 아직 잘 모릅니다.

하지만 저는 기술적으로 가능한 범위 내에서 고객의 질의에 응답하는 등 웹 상에서 고객에게 편의를 제공하는 일로 시작하려 합니다. 주고객층을 개인 사용자나 여행자 등으로 예상하고 있기 때문에 빠른 속도가 최우선 과제입니다. 가정에서 사용하는 사람들은 대부분 전화선 하나로 인터넷을 이용합니다. 이러한 사람들의 숫자가 차츰 줄어들고 있기는 하지만 수만 명의 고객이 이용하고 있는 한 주요 고려 대상임은 분명하지요. 정보를 얻으려고 연결을 끊고 전화를 해야 하는 이들은 말다툼을 벌이거나 불편한 상황을 가장 피하고 싶어합니다. 저는 인스턴트 메신저의 사용을 강력하게 추진하고 싶지만 저희 부서의 프로그래밍 능력의 한계를 모르기 때문에 어느 정도 매끄럽게 만들 수 있을지 잘 모르겠습니다. 그러나 저희 부서가 맡은 전화 업무를 제 힘이 닿는 한 '짜증나게 하는 서비스'가 되지 않도록 노력할 것이라는 점은 확실합니다. 예를 들어 저는 Airtouch사의 삐삐 서비스를 이용하고 있는데 그쪽에 전화를 걸어야 하는 상황이 닥치면 몸이 움츠러듭니다. 스무 개도 넘는 버튼을 눌러서 연결이 되는 사람은 내가 이용하는 미주리 지역 통신망에 대해서 아무것도 모르는 새크라멘토의 젊은 아가씨이기 때문입니다. 이 아가씨는 발랄한 목소리로 다른 번호를 알려줄 게 뻔합니다(게다가 수신자 부담도 아닙니다). 또한 저는 최근까지 PonyExpress.net이라는 회사에서 근무했는데 그 분야에서는 'PunyExcuse.net ('보잘 것 없는 변명'이라는 뜻)'이라는 이상한 별명으로 불리는 인터넷 서비스 제공업체(ISP)였습니다(너무나 자랑스러워 노래라도 부르고 싶은 심정이군요!). 경영진이 정보 접근을 통제한 채 고객 서비스 담당 직원이 고객에게 정보를 전달하도록 했는데 아이템이 구식 명령 체계를 거쳐 내려오기를 기다리는 사이 중요한 사안들이 누출되는 경우가 비일비재했습니다. 두 회사 모두 수익이 나오는 원천은 다름아닌 고객이라는 사실을 모르고 있는 듯했습니다. 고객에게 이메일이며 게시판 그리고 독자적인 웹사이트를 구축할 수 있는 수단까지 쉽게 이용할 수 있도록 한 상황에서 나쁜 평판이 얼마나 빠르게 퍼질 수 있는지는 깨닫지 못했던 겁니다!

제가 작성한 초기 계획은 간단히 말하자면 인터넷을 통해 최대한 많은 질문이나 사안에 대해 대답해 주는 것입니다. 그리고 인터넷으로 가능하지 않은 부분은 즉시 문제를 해결해 줄 수 있는 전문가와 연결해 주는 것입니다. 고객이 수화기를 들고 기다리는 동안 이 전문가가 필요한 정보를 찾을 수 있을 것입니다. 이렇게 해서 며칠 후나 몇 주 후가 아니라 바로 그 시간에 답을 얻을 수 있도록 하는 것입니다.

그러니까 제가 세운 전체 계획은 마케팅 쪽 사람과 함께 상대하게 될 고객층을 알아 보는 순간 모두 엉망이 되어 버릴지도 모르는 상황입니다. 하지만 만약 제 고객이 이미 은행업무의 상당 부분을 온라인으로 하고 있고 저희 서비스를 효율적으로 이용할 수 있을 정도로 컴퓨터를 잘 알고 있다면 제가 제대로 하고 있는 거라고 확신합니다.

일단 본격적으로 일을 시작하게 될 때에는 지금보다 나은 모습을 보여 드릴 수 있게 되

길 바라겠습니다. 그리고 웹사이트 개발과 고객 프로필 등에 대해서는 이미 검토해 보았음을 알려드립니다.

수정판 계획에 참여시켜 주셔서 감사합니다!

크리스티안 부허 드림

P.S. 저에게 Mr가 아닌 Ms라는 적합한 칭호를 써 주신다면 짐 스턴 씨의 책에 등장하는 일은 분명 영광일 것입니다(정크 메일을 보내는 사람들이나 영업사원들은 호칭을 구별하지 않고 쓰는 경우가 허다하지요). 인터넷 친구들은 모두 절 부러워하겠지요. 그리고 내가 지금쯤 Gap(미국 유명 의류 상표) 매장의 부지배인이 되어 있을 거라고 장담했던 고등학교 시절 상담 선생님께 꼭 보여 드리고 싶군요!

Gap 사에서 얼마나 대단한 인재를 놓쳤는지 알아야 할 텐데. 내가 고등학교 시절 지도 상담 선생님에게 배운 거라곤 내가 농업에는 취미가 없다는 사실뿐이었다.

날짜: 1999년 9월 9일 목요일, 10:42:14 EDT

1) http://www.balisoft.com

우리에게 아주 적당할 것으로 생각되는 응용 프로그램입니다. 제가 원하는 기능을 모두 갖추고 있고 현재 사용하고 있는 사람들에게 이 제품이나 제작 회사에 대한 의견을 들어 보기도 했습니다. 아주 심한 불평을 말하는 사람이 없으면 다음주에 제품의 시범 사용을 시작할까 합니다.

2) 제 업무가 시작하는 날짜는 정확히 13일 월요일이지만 팀원들은 벌써부터 저의 생각이나 견해를 묻는 이메일을 엄청나게 보내 오고 있습니다.

3) 고객 서비스 부서를 만들고 관리하는 책임을 맡게 되면서 직원 교육에 한 가지 기본 철학을 지니게 되었는데 바로 '고객의 시간은 우리에게 가장 귀중한 자원이다'라는 것입니다. 내가 쇼핑을 하거나 이메일을 보내거나 할 때 가장 참을 수 없는 것이 바로 카운터에서 다른 사람과 수다를 떠는 직원을 볼 때입니다. ①내 앞에 선 손님에게 태어났

을 때부터 그날 오후에 있었던 일까지 시시콜콜한 잡담을 늘어놓거나 ②누구랑 통화를
하는 건지 전날 밤에 고급 소파에 발이 걸려 넘어졌고 그 황당한 일 때문에 얼마나 재수
가 없었는지 하소연하는 동안 저는 뒤에서 계속 기다리고 있습니다. 두 경우 모두 제 시
간은 낭비되는 것이어서 간단하게 처리할 수 있었던 거래 업체와의 비즈니스조차 어렵
게 만듭니다.

제가 직원들에게 가르치고 싶은 것은 고객의 바쁜 생활습관을 존중하고 우리와의 짧은
대화에서 고객이 우리에게 준 정보가 아무리 사소한 것이라도 아주 고맙게 생각해야 한
다는 개념입니다. 이렇게 하기 위해서는 반드시 고객의 이야기에 귀를 기울여야 하는데
제가 지금껏 거래했던 고객 서비스 부서들은 이런 부분에 이해하기 힘들 정도로 무심했
습니다. 고객의 이야기를 듣는다는 것은 제가 지금까지 경험한 고객 서비스 차원에서
볼 때 가장 가치 있는 행동인 동시에 가장 활용하기 힘든 일이기도 합니다. 그러나 이
단순한 행동 하나가 고객의 입장에서 보면 시간과 에너지를 절약해 주는 효과를 낳습니
다. 그래서 저는 콜센터에 붙일 문구를 십자수로 뜨고 있습니다. 바로 '시간은 고객이
우리에게 지불하는 가장 귀중한 임금이다.' 입니다(당신은 제가 농담하고 있다고 생각하
겠지요). 대단한 내용은 아니지만 진실인 것만은 분명하죠.

나는 크리스티안에게 그 십자뜨기를 공식 제막식 때 공개하는 것이 좋겠다고 조언했다.

날짜: 1999년 9월 15일 수요일, 16:25:43

>> 1.) http://www.balisoft.com…
>
> 한 번도 들어 본 적 없는 회사입니다. 어떻게 알게 되셨으며
> 어떤 점에서 그렇게 뛰어난 회사로 생각하셨는지요.

그냥 검색을 통해서 찾았습니다. 원래는 제 동료가 'Liveperson(liveperson.com)' 이라
는 제품을 들어 본 적이 있다고 해서 알아보았습니다. Liveperson은 제가 원하는 웹 기
반형 고객 서비스 소프트웨어를 갖추고 있기는 했지만 제품 라인에는 부족한 점이 많더
군요. 어떤 고객 서비스를 하고 있든 반드시 지니고 있어야 할 몇 가지 가이드 라인이
있는 것이지만 무엇보다 중요한 것은 고객이 필요로 하는 것이라면 어떤 것이든 대답할
수 있어야 한다는 점입니다. 당신이 하고 싶은 일에 대한 생각만 얘기해서는 안 됩니다.

Servicesoft는 채팅에 기반한 고객 서비스에서 이메일 유틸리티나 지식 기반 구축에 이르기까지 모든 부분을 갖추고 있습니다. 기본적으로 제가 지금 필요로 하는 모든 것을 갖추고 있었고 끊임없이 변화하는 사업 상의 특징에 비추어 볼 때 미래에 필요하리라 생각되는 부분 역시 갖추고 있었습니다. Servicesoft의 입장에서는 우리가 시작 단계에서 그들이 제공하는 다양한 제품 라인으로 사업 관계를 시작하기 때문에 우리가 초기에 필요로 했던 부분에 대해 명확한 이해를 할 수 있게 되고 또한 앞으로 효과적인 솔루션을 제공할 수 있는 정보를 얻게 되는 셈입니다. 제가 주로 충고하는 내용도 함께 성장할 수 있는 사람과 사업을 해야 한다는 것입니다. 장기적인 관점으로 볼 때 그렇게 하면 도중에 사업 관계를 바꿀 필요도 없고 타회사 제품과의 호환 가능 여부를 확인할 필요도 없죠.

우리는 아직 웹 개발에 묶여 있는 상태라 사이트 운영을 시작하지 못했습니다. 또한 최근 베타 테스트를 위해 만든 모형 계정과 우연히 사이트에 들렀다가 등록한 고객의 계정을 구분할 방법이 없기 때문에 진짜 고객 프로필이라 부를 수 있는 것도 없는 상태입니다. 현재 가입란에 질문을 추가하는 중인데 이렇게 하면 앞으로 사용하거나 개발하는 데 필요한 지식을 좀더 광범위하게 얻을 수 있겠지요.

그리고 욕심이 조금 생기고 있긴 하지만 자동응답 도구를 우리가 보낸 질문의 답변을 접수하는 용도 정도로만 이용하기로 결정하였습니다. 저는 기계가 응답하는 소리를 무척 싫어하기 때문에 우리의 자동응답 도구도 그렇게 보이지 않을까 걱정됩니다(저는 미스터 크리스티안 부허라고 되어 있는 메일을 받으면 얼마나 화가 나는지 모릅니다. 물론 의도적인 실수가 아니라는 것은 알고 있지만 제가 상품을 구입한 적이 있거나 정보를 등록한 경우라면 그쪽의 성의가 부족한 거죠.). 그래서 저희 자동응답도구에도 그런 문제가 생길까 걱정이 됩니다. 하지만 제가 메시지를 세심하게 분류하고 인사말에 성이 아닌 이름을 쓴다면(관례에서 벗어나긴 하지만 인터넷 자체가 개인적인 매체인 만큼 이 정도 파격은 넘어가 주지 않을까요?) 가능한 한 실수를 많이 줄여 주리라 생각합니다.

직원 채용 문제: 시작 단계의 기본 고객 규모를 알고 있다면 큰 도움이 되겠지만 공식적인 고객은 한 명도 없는 상태이니 어떠한 비율로 계획을 짜야 할지 감을 잡기 어렵습니다. 이상적으로 한다면 고객들이 물어볼지도 모르는 질문은 모두 웹에 올려 놓고 새로운 질문이 들어오면 추가하는 방식을 채택하고 싶습니다. 그래도 전화 문의는 끊이지 않겠지요. 최우선 과제는 들어오는 문의를 감당할 수 있을 만큼 충분한 수의 담당 직원을 확보하는 일이라는 것을 잘 알고 있습니다. 자신의 재정에 관해 알고 싶은 정보를 얻

거나 질문하기 위해 기다리는 것도 아니고 자신에 대한 정보를 얻기 위해 대기해야 한다면 이보다 짜증스러운 일이 어디 있겠습니까.

그러니까 이것이 제 현재 상황입니다. 음…이제 막 감을 잡은 것 같은데 실제로는 전장의 한가운데 있는 기분입니다. 이메일로 답변을 해주던 시대와는 달리 지금은 곧바로 대답을 해주어야 하는 상황이니까요.

날짜: 1999년 9월 22일 수요일, 08:57:51

웹 개발이 아직 끝나지 않은 상태이지만 D데이는 10월 1일로 잡혔습니다. 시범 사이트의 주소는 http://---.net입니다. 이 사이트에서도 본인의 정보에 직접 접근할 수 있고 디스플레이도 본격적으로 사이트를 운영할 때와 똑같이 할 것입니다. 서비스에 관한 사안도 실제 가동 후에 더 많이 제기되리라는 점은 잘 알고 있습니다. 웹사이트를 평가할 때 결과가 아닌 과정을 기준으로 두는 이유도 같은 맥락이겠지요. 모든 것은 변하기 마련이며 함께 변화해 나가지 않으면(변화를 주도해 나가면 더욱 좋겠고) 뒤쳐질 테니까요.

다음주 화요일 Service Soft 직원들과 전화 회의가 있습니다. 그리고 이메일 섹션 운영을 시작할 예정이고 웹·채팅 지원 시범판을 얻을 수 있을지 알아볼 예정입니다. 이메일은 저희가 고객 서비스 유틸리티 중 최우선 과제로 꼽는 분야인데 다른 정보보다 이메일을 통한 조사 내용이 제일 먼저 필요하기 때문입니다.

지금은 서비스의 범위를 어디까지 어떻게 정하느냐 하는 문제를 놓고 고심하고 있습니다. XYZ은행의 고객이 전화로 자신의 총액이 화면에 얼마로 나오는지 문의했다고 가정해 봅시다. 절차 상 화면에 나온 수치를 답해 주게 될 것입니다. 하지만 고객이 가진 서면 상의 수치와 화면에 나타난 것 사이에 차이가 발생했을 경우 우리가 우리 쪽 서버나 고객이 입력한 방법에 이상이 없는 것으로 판단하면 고객은 직접 은행에 연락을 취해야 할 것입니다. 저는 조회 내용이 일치하지 않아 걱정으로 미치기 일보 직전인 이 고객에게 은행의 전화번호를 가르쳐 주고 "IMworth에 전화해 주셔서 감사합니다."라고 정중하게 인사하느니 담당 직원이 바로 고객과 은행을 연결해 주도록 하는 쪽을 택하겠습니다.

다른 회사로 바로 연결할 수 있게 해주는 시스템이 있습니까? 아니면 전화 회의를 소집해서 우리 측 시스템에 대해서 아는 것이 아무것도 없고 심지어 신경도 쓰지 않을 다른

회사의 담당 직원을 거들어 줘야 하나요? 지금으로서는 이 문제를 해결하고 적절한 프로토콜을 마련하는 것이 가장 중요한 문제입니다. 웹 개발자들이 일을 마치는 대로 다음 주에 업무를 개시하게 되면 이 문제가 대두되리라는 점에는 의심의 여지가 없고 사후에 느긋하게 처리할 만한 여유도 없기 때문입니다. 고객이 자신의 은행과 개인 정보를 관리하려 하는데 제삼자가 개입하는 것은 그저 고객을 혼란스럽게 만드는 일일까요?

크리스티안. K. 부허의 편지:

>서비스에 관한 사안도 실제 가동 이후에 더 많이 제기되리라는 점은 잘 알고 있습니다.
>웹사이트를 평가할 때 결과가 아닌 과정을 기준으로 두는 이유도 같은 맥락이겠지요.

짐의 답장:
일은 언제나 과정이 중요합니다. 당신은 자신이 이루고 싶은 일과 고객이 당신에게 요구하는 일 그리고 경영진이 당신에게 요구하는 일의 목록을 각각 작성할 것입니다 ('management by in-flight magazine'). 그리고 달성하는 데 실패한 내용만으로 '실제' 목록을 작성하게 되겠지요. 아스피린은 챙기셨습니까?

>고객이 자신의 은행과 개인 정보를 관리하려 하는데
>제삼자가 개입하는 것은 그저 고객을 혼란스럽게 만드는 일일까요?

다음과 같은 흥미로운 선택이 있을 수 있습니다.

1) 죄송합니다만 저희의 잘못이 아닙니다.
2) 죄송합니다만 저희의 잘못이 아닙니다. 하지만 살펴보고 다시 연락 드리겠습니다.
3) 저런, 상황이 별로 좋지 않군요. 지금 당장 전화로 은행에 연락해 보겠습니다.

제가 고객의 입장이고 시간 여유도 있다면 세 번째 선택이 환상적인 고객 서비스로 보일 것입니다. 문제는 얼마나 많은 고객에게 문제가 발생할 것이며 또 돈이 빠져 나가기 전에 얼마나 많은 은행을 교육해야 하느냐입니다.

>또한 저는 눈앞에 훤히 드러나 있는 문제들도 지나치고 있을 것이 분명합니다.
>그러니 제가 빈틈없이 준비할 수 있도록 알려 주신다면

〉이 은혜는 평생 잊지 않겠습니다!

제 생각에는 서명이 너무 긴 듯합니다. 내용은 적절한데 줄줄이 이어지는 게 좀…

당신의 사인과 제가 생각한 예를 한 번 비교해 보시지요. 어떻습니까?

〉크리스티안. K. 부허

〉고객 서비스 부장

〉IMWorth, Inc.

〉313 Lawrence Avenue

〉Kansas City, MO 64111

〉

〉전화: (816) 561-9000

〉팩스: (816) 561-5304

〉이메일: Cbooher@imworth.com

〉www.imworth.com

〉

〉이 메일은 애초의 수령인만 볼 수 있는 기밀 사항을

〉포함하고 있을 수 있습니다. 열람이나 타인에게 배포하는 행위는

〉엄격하게 금지되어 있습니다. 본인이 애초의 수령인이 아닐 경우에는

〉발신인에게 연락을 주시고 메일은 모두 삭제해 주십시오.

크리스티안. K. 부허, 고객 서비스 부장

IMWorth, Inc., 313 Lawrence Avenue, Kansas City, MO 64111

전화: (816) 561-9000 팩스: (816) 561-5304 http://www.imworth.com

〉이 메일은 애초의 수령인만이 볼 수 있는 기밀 사항을

〉포함하고 있을 수 있습니다. 열람이나 타인에게 배포하는 행위는

〉엄격하게 금지되어 있습니다. 본인이 애초의 수령인이 아닐 경우에는

〉발신인에게 연락을 주시고 메일은 모두 삭제해 주십시오.

이메일 사용자 중에는 아직도 www만 보면 혼동하는 사람이 많으므로 'http://'를 추가했습니다. 그리고 경고 문구는 될 수 있으면 삭제하는 편이 좋겠습니다. 왠지 사람을 불안하게 만듭니다…

날짜: 1999년 9월 23일 목요일, 08:21:01

방금 사장님에게서 연락을 받았는데 오늘 안에 예산안을 올려야 한답니다. 서비스 유틸리티, 직원 채용 등의 부문에 대해 백만 달러를 배정받았습니다. 저는 지금 초기 고객 수를 10만 명으로 잡고 담당 직원과 사용자의 비율을 7,500분의 1로 하려 합니다. 약간 높은 편이라는 것은 알고 있지만 은행 고객 서비스(5,000분의 1)와 증권거래·투자업(10,000분의 1)의 평균값을 취한 것입니다. 우리는 이 두 분야의 일을 섞어서 할 것이기 때문입니다.

그리고 제 사인에 대한 의견에는 동감합니다. 당신이 제안한 쪽이 더 마음에 드는군요. 하지만 맺음말을 뺄 수는 없습니다. 투자자들이 특히 신경을 쓰는 사항이라서요.

날짜: 1999년 9월 23일 목요일, 15:30:58

은행업과 증권거래업의 비율은 캔자스 시의 여타 제조회사 및 은행(American Century Investors, Kemper Financial, DST Systems)들과 접촉해서 얻은 수치고 이 회사들의 각 부서에서 근무하는 전화 상담원들의 숫자만 고려해 넣었습니다.

Service Soft 패키지는 제가 살펴보니 훌륭한 이메일 자동응답 도구를 갖추고 있었습니다. 데이터베이스에서 정보를 추출하여 사안을 자세히 분석하고 문제에 맞는 해결 방법을 훌륭하게 글로 써내더군요. 하지만 그들은 웹사이트 응용 프로그램과 잘 맞는 훌륭한 지식 기반 프로그램을 가지고 있습니다. 가격은 사용자당 25센트라고 합니다. 견본은 제가 예상했던 내용과는 정반대였습니다. 물론 Service Soft로서는 제일 좋은 제품을 앞에 선보이려 했던 것이라는 것을 이해합니다.

날짜: 1999년 10월 7일 목요일, 10:17:14

아직 진행 중에 있는 일이 많습니다. 현재 사이트는 베타 테스트 상태로 가동 중입니다.

저는 여러 성능도 시험해 보고 고객이 이용하기 편한 사이트가 되는 데 부족한 점은 없는지 살펴보려고 노력하고 있습니다.

또한 Webline이라는 회사에서 나온 응용 프로그램도 우연히 알게 되었는데 자바 기반의 고객 서비스용 프로그램으로 저희 업무에 꼭 맞는 것입니다.

지난주에 저희 사이트에 직접 정보를 입력해 보고 한 가지 문제점을 발견하였습니다. 사용자가 계정을 만들려고 할 때 IMWorth의 유틸리티를 사용하는 이 사용자에게 정보를 분명히 알려 주어야 함에도 불구하고 너무 많은 화면이 뜬다는 점입니다. 이는 당연시하기에는 너무 중대한 사안입니다. 이럴 경우 Webline의 소프트웨어에서는 사용자가 도움 버튼을 누르면 고객 서비스 담당 직원이 사용자의 이름과 현재 위치한 페이지를 알게 됩니다. 그런 다음에는 사용자가 보고 있는 페이지가 담당 직원의 화면에 똑같이 뜹니다. 그러면 그 직원은 채팅과 양방향 화상 대화를 통해 고객에게 정보를 입력하는 과정을 알려 줍니다. 아주 쩔쩔매는 사용자를 위해서는 정보입력 과정을 대신해 주기도 합니다.

이것은 채팅을 한 단계 더 발전시킨 형태로 저는 이 소프트웨어가 제공하는 유틸리티에 매우 놀라고 말았습니다. 최근에는 Lands' End와 Cisco 사(아마 델 컴퓨터 사도)에서 이 프로그램을 이용하고 있는데 저는 직접 Lands' End의 것을 이용해 보고 나서 이 제품이 마음에 쏙 들었습니다. 마음에 든 또 다른 이유는 프로그램을 구입하고 고객 서비스 직원을 이용하는 데 따른 등록비를 지불하고 나면 더 이상 소프트웨어 사와 볼 일이 없다는 점입니다. 월 사용료도 없고 리포트 작성의 의무도 없어서 제품 판매 후 고객의 반응을 확인하는 판매 후 보고서 역할을 하지 않아도 됩니다. 너무 좋아서 믿어지지 않을 지경입니다! 아직 Service Soft의 이메일과 지식 기반 유틸리티를 살펴보고 있는 단계라서 둘을 비교하는 것이 우습지만 Webline이 대단히 마음에 드는 것은 사실입니다. 고객이 우리 시스템을 통해 이메일 계정을 만들 경우 그 고객이 받게 될 자동응답 이메일의 초안을 보내 드리겠습니다. 글이 좀 장황하다는 것은 알고 있습니다만(저는 어린 시절부터 병적으로 글을 길게 쓰곤 했습니다. 믿어지시지 않겠지만 정말입니다.) 혹시 중요한 내용을 빠뜨린 건 아닌지 모르겠습니다. 당신이 보시기에 어떤지 그리고 혹시 개선 방안이 있다면 어떠한 것인지 알려 주시기 바랍니다.

현재로서는 이것이 전부입니다. 아, 그런데 저는 인터넷 주문업체 Victoria's Secret에서

아주 멋진 경험을 했습니다. 저는 제가 주문한 내용이 마음에 안 들어 주문을 뒤로 미룰 것(이월주문)을 고려하고 있었고 이 업체에서는 처음부터 제게 구매결제가 마무리되기 전에는 주문을 뒤로 미룰 수 없다고 이미 못을 박아둔 상태였습니다. 어쨌든 저는 뒤로 구매를 미룰까 하다가 그냥 구매하기로 결심했습니다. 저는 당장 구매 가능한 아이템을 제가 이미 주문한 것과는 다른 색깔로 구매할 수 있는지 만약 그럴 수 있다면 정보를 다시 입력해야 하는지 아니면 기존 주문을 수정해야 하는지 이메일로 문의하였습니다.

술래잡기하듯 이메일을 주고받을 필요도 없이 엘리스라는 사람에게서 바로 원하는 답변이 왔습니다. 주문이 이미 처리되었기 때문에 해당 상품을 바꾸는 것은 불가능하지만 제가 원하는 색으로 교체하더라도 비용을 청구하지는 않겠다는 내용이었습니다. 잠시만요... 그러니까 제 잘못을 그 사람들이 대신 책임지겠다는 건가요?

15달러짜리 싸구려 제품 하나로 Victoria's Secret은 평생 고객인 동시에 가장 저렴하면서도 효과적인 광고를 해줄 사람을 얻은 겁니다. 바로 입소문을 내 줄 사람을 말이지요! 이 회사의 장점은 이루 다 열거하기가 힘들군요. 이미 앞에서 담당 부장에게 메일을 보내준 고객 서비스 직원이며 이 거래를 통해 제가 누린 엄청난 기쁨에 대해서는 자세히 이야기했다고 생각합니다.

IMWorth의 고객들에게도 제가 Victoria's Secret에서 얻은 경험과 같은 기쁨을 누리게 하고자 하는 것이 저의 목표입니다(물론 저희 사이트에서 Victoria's Secret만큼 자유롭게 서핑하는 일이 가능할지는 의심스럽지만 말입니다). 아…그리고 처리 과정 시간도 모두 합해 3시간밖에 걸리지 않았습니다. 아무래도 Victoria's Secret이 짐 스턴의 명예의 전당에 자취를 남기려고 애쓰고 있나 봅니다!

가입 환영 이메일 견본

날짜: 1999년 10월 7일 목요일, 10:22:32

믿을 만한 개인 금융 매니저, IMWorth에 가입하신 것을 환영합니다. 금융 계획을 도울 파트너로 저희 회사를 선택해 주신 데 대해 감사드리며 가능한 한 최상의 서비스를 제공할 것을 약속드립니다.

가입하신 계정에 의문점이 있으면 고객 관리 담당 직원, 전화 816-561-900, x 12나 이메일 xxxxx@imworth.com으로 연락 주십시오. IMWorth는 최선을 다해 고객의 이익 증진을 도와드리겠습니다. IMWorth는 포트폴리오에 기재하신 특정 금융 계좌에 대한 정보는 제공할 수 없으며 금액이나 거래 등에 관하여 발생한 사안이나 문제에 관해서는 개설하신 계좌(예금 계좌, 당좌예금 계좌, 주식 거래 계좌 등)의 금융 서비스 업체와 연락을 취하셔야 한다는 사실을 반드시 기억해 주십시오.

매월 발행되는 뉴스레터와 서비스 향상에 관한 최신 소식 혹은 특별 사항 공지를 받고 싶으시면 여기를 클릭해 주십시오. IMWorth는 스팸 메일을 보내거나 고객의 프라이버시를 해치는 일 없이 실용적인 정보를 바로 전해 드리기 위해 노력하고 있습니다. IMWorth는 고객 리스트를 판매하지 않습니다. 다만 IMWorth 계정에 등록하실 때 고객께서 기입하신 관심 분야의 뉴스나 상품 정보에 관해 관련 업체를 대신해 메일을 보내는 경우는 있을 수 있습니다. IMWorth에서 보내는 메시지에는 다음과 같은 표제가 포함되어 있습니다.

이것은 스팸 메일이 아닙니다. IMWorth에 자발적으로 등록한 사람들의 리스트입니다! 수신을 원치 않으시면 받으신 메시지를 deleteme@imworth.com로 보내 주십시오.
MAIL TO LISTS: http://www.imworth.com/ XXX.cgi 100%OPT-IN(tm)

가입과 가입 혜택에 관한 정보를 조회하고 싶으시면 이곳으로 방문해 주십시오.
http://www.imworth.com/review

당신의 제품이나 서비스에 관한 정보를 다른 회원님에게 이메일로 보내고 싶으시면 pstry@imworth.com으로 연락 주십시오.

ID와 패스워드를 잊으셨을 때는 xxx@imworth.com으로 연락 주십시오. 고객의 정보 보호를 위해 패스워드는 암호화해 있으며 고객 관리 담당 직원은 접속할 수 없습니다. 저희 시스템에서 제공한 임시 패스워드로 고객 정보에 접속하여 본인의 패스워드를 입력하십시오.

궁금한 점이나 의견이 있으신 분은 고객 관리 부서, 전화 816-561-9000, xt.12(중부 표준시각으로 오전 8시에서 오후 5시 사이)나 이메일 xxx@imworth.com으로 연락 주십시오. 816-561-5304의 팩스를 이용해 당신의 의견이나 질문, 관심사항을 보내실 수도 있습니다.

IMWorth를 선택해 주신 데 대해 다시 한번 감사드립니다.

IMWorth 고객 관리부 드림

짐의 의견

99년 10월 7일 오전 08:22, 크리스티안. K. 부허의 글:

>믿을 만한 개인 금융 매니저, IMWorth에 가입하신 것을 환영합니다.
>금융 계획을 도울 파트너로 저희 회사를 선택해 주신 데 대해 감사드리며
>가능한 한 최상의 서비스를 제공할 것을 약속드립니다.

제 생각에는 훌륭한 고객 서비스 제공을 약속드린다고 하는 것보다는 실제로 제공하고 있다고 하는 쪽이 낫습니다.

>가입하신 계정에 의문점이 있으면 고객 관리 담당 직원
>전화 816-561-900, x 12나 이메일 xxxxx@imworth.com으로 연락 주십시오.
>IMWorth는 최선을 다해 고객의 이익을 위해 도와 드리겠습니다.

좋습니다.

>IMWorth는 포트폴리오에 기재하신 특정 금융 계좌에 대한 정보를
>제공할 수 없으며 금액이나 거래와 관련한 문제에 관해서는
>개설하신 계좌(예금 계좌, 당좌예금 계좌, 주식 거래 계좌 등)의
>금융 서비스 업체와 연락을 취하셔야 한다는 사실을 반드시 기억해 주십시오.

회사 측의 책임 범위를 한정하는 조항은 언제나 짜증나기 마련입니다. 지금의 글은 고

객들을 환영하는 메시지가 아니라 동의약관에 기재되어 있어야 하는 내용입니다.

"손님, 저희 가게에 오신 걸 환영합니다! 문제가 있으면 제조업체에 가서 따지세요. 저희는 도와 드릴 수 없답니다."라고 하는 것과 다름없습니다.

>매월 발행되는 뉴스레터와 서비스 향상에 관한 최신 소식 혹은 특별 공지 사항을
>받고 싶으시면 여기를 클릭해 주십시오.

좀더 강력한 표현을 써서 설득해 보십시오! "뉴스레터를 받는 데 동의하시면 다음과 같은 정보를 얻으실 수 있습니다…"가 어떨까요?

>IMWorth는 스팸 메일을 보내거나 고객의 프라이버시를 해치는 일 없이
>실용적인 정보를 신속하게 전해 드리기 위해 노력하고 있습니다.

'노력한다'라는 표현보다는 '전달한다'나 '약속한다'는 표현이 더 좋습니다.

>IMWorth는 고객 리스트를 판매하지 않습니다.
>다만 IMWorth 계정에 등록하실 때
>고객께서 기입하신 관심 분야의 뉴스나 상품 정보에 관해
>관련 업체를 대신해 메일을 보내는 경우는 있을 수 있습니다.

완전히 고객에게 겁을 주어 쫓아 버리는 문구입니다. 대신 회원 가입 페이지로 돌아가 다양한 옵션을 제공하고 그중에서 선택할 수 있게 하십시오. 옵션은 IMWorth 주간 보고서, IMWorth 추가 기능 리스트, 특별 제공 Coop 마케팅 파트너 리스트 등으로 갖추면 되겠군요. 각 옵션마다 어떠한 면에서 유용한지 설명해 준다면 고객들은 신청할 것입니다.

> IMWorth에서 보내는 메시지에는 다음과 같은 표제가 포함되어 있습니다.

>---
>이것은 스팸 메일이 아닙니다! IMWorth에 자발적으로 등록한 사람들의 리스트입니다!
>수신을 원치 않으시면 받으신 메시지를 deleteme@imworth.com으로 보내 주십시오.

〉MAIL TO LISTS: http://www.imworth.com/ XXX.cgi 100%OPT-IN(tm)

〉---

고객에게는 불필요한 정보입니다. 회원 등록 페이지에 있다면 아무런 문제가 없지만 가입 환영 메시지에 있으니 메일의 나머지 부분을 읽고 싶은 마음마저 달아나게 하는군요.

〉가입과 가입 혜택에 관한 정보를 조회하고 싶으시면 이곳으로 방문해 주십시오.

〉http://www.imworth.com/review.

이것을 "가입하시려면 이 곳으로 방문해 주십시오…."로 바꾸십시오.

〉당신의 제품이나 서비스에 관한 정보를 다른 고객에게 이메일로 보내고 싶으시면

〉 pstry@imworth.com으로 연락 주십시오.

고객과 광고주를 혼동해서는 안됩니다. 광고를 하고 싶은 사람은 스스로 연락을 취할 것이고 당신이 직접 찾을 수도 있습니다. 하지만 다른 고객을 상대로 광고를 해달라고 고객에게 간청하는 것은 모양새가 좋지 않습니다.

〉ID와 패스워드를 잊으셨을 때는 xxx@imworth.com으로 연락 주십시오.

〉고객의 정보 보호를 위해 패스워드는 암호화되어 있으며

〉고객 관리 담당 직원은 접속할 수 없습니다.

〉저희 시스템에서 제공한 임시 패스워드로 고객 정보에 접속하여

〉본인의 패스워드를 입력하십시오.

아주 훌륭합니다.

〉궁금한 점이나 의견이 있으신 분은 고객 관리 부서,

〉전화 816-561-9000, xt.12 (중부표준시간으로 오전 8시에서 오후 5시 사이)나

〉이메일 xxx@imworth.com으로 연락 주십시오.

〉816-561-5304의 팩스도 이용하실 수 있습니다.

중복되는 부분입니다.

>IMWorth를 선택해 주신 데 대해 다시 한번 감사드립니다.
>IMWorth 고객 관리부 드림

확실히 글이 장황하군요. 자꾸 덧붙여야 할 것 같은 생각이 들 때는 간단한 설명만 쓰고 링크를 설치하십시오. 자세히 알고 싶은 고객은 클릭해 볼 것입니다.

이메일은 시간의 블랙홀과 같습니다. 고객의 입장에서 가치 없는 내용인 데다가 메시지가 길기만 하다면 그 고객은 다시는 당신이 보내는 이메일을 읽어 보지 않을 것입니다. 새로운 고객에게 가장 필요한 정보는 도움이 필요할 때 누구에게 연락해야 하는지 조목조목 구체적인 정보를 조금 더 많이 얻으려면 어떻게 해야 하는지 같은 것들입니다.

가입 환영 메시지를 위와 같이 수정하고 고객이 나중에 참고할 수 있도록 이 메시지를 저장해 두라고 덧붙이는 것이 좋습니다. 그 다음에는 이메일에 있는 정보를 웹사이트에서 찾는 데 어려움이 있지는 않은지 확실히 검사해 두십시오.

(혹시 기분이 상하신 건 아닌지 모르겠습니다. 하지만 편지를 봐 달라고 한 건 당신이었습니다… ;-)

전체적으로 보았을 때는 괜찮은 시작입니다!

날짜: 1999년 10월 8일 금요일, 10:23:51

이메일 내용에 대해 자세히 설명해 주신 것에 대해 깊이 감사드립니다. 제가 말이 많은 편이라는 사실은 아주 잘 알고 있습니다(제 남편은 신문 편집장이랍니다. 그러니 저희가 명절에 카드를 보낼 때 얼마나 재미있을지 상상해 보세요!). 그렇기 때문에 다른 사람들이 제 글쓰기의 잘못된 점을 지적해 줄 때마다 저는 감사하게 받아들인답니다. 많은 부분을 삭제하고 수정판을 작성하였습니다.

Webline 제품: 네, 서비스 담당 직원과 함께 시범판을 자세히 살펴보았습니다. 그리고 고객의 시각에서 어떨지 보기 위해 Lands' End에서 'Jane Everyday Customer'로 사용해 보았습니다. 시범판의 성능은 완벽에 가까웠으며 몇 가지 멋진 기능도 갖추고 있습니다. 고객이 도움 아이콘을 클릭하고 자신의 이름을 입력하면 '잠시만 기다리세요'

라는 문구가 뜹니다(저는 이런 문구를 특히 좋아합니다).

고객이 이 문구를 보고 있는 사이 담당 직원은 고객의 이름과 계정 그리고 현재 사이트 상의 위치까지 정보를 받게 됩니다. 고객의 정보가 모두 기록되어 있으므로 반복하거나 현재 위치를 알려 줄 필요도 없습니다. 담당 직원의 컴퓨터 화면은 대화창, 라이브러리 (고객의 질문 내용이 이미 접수되었던 것인지 빠르게 검색하기 위해), 사용자 스크린, 이력 이 네 가지 섹션으로 이루어져 있습니다. 필요한 정보는 담당 직원이 모두 가지고 있으므로 고객의 입장에서는 계정 번호 등의 개인 정보를 줄줄이 읊어댈 필요가 없고(고객의 현재 위치가 공개적인 장소라면 더욱 다행한 일입니다) 새로운 정보는 저희 쪽에서 즉시 분류할 수 있습니다. 고객은 전화나 채팅 중에서 선택할 수 있지만 솔직히 말해서 저는 사용해 본 적이 없어서 이 부분에 대해서는 뭐라고 말할 수가 없습니다. 프로그래밍에 만 달러, 담당 직원을 고객에게 배치하는 데 직원 1인당 2천 달러씩 해서 총 3만 달러가 들었습니다. 아주 적은 숫자의 돌로 여러 마리의 새를 잡은 셈이죠. 이 외에 다른 회사의 제품도 살펴보고 있지만 Webline이 우선 고려 대상이 될 것입니다.

나는 소프트웨어를 낱개 묶음으로 팔지 않고 웹 상에서 서비스로 판매하는 업체 −기업 업무 응용 프로그램 임대 사업자 (ASP)−에 대해서 물어보았다.

ASP에 대한 저의 경험을 말씀 드리자면 과거에 이들 업체 때문에 피해를 입은 적이 있어서 혹 제 이야기에서 객관적이지 못한 부분이 있다면 빼고 봐 주십시오. 예를 들자면 이전에 PonyExpress.net에서 근무할 때 '한 ISP'에게 회사가 사용할 T3 전용선 설치를 주문했습니다. 우리는 당시 담당직원과 전용 라인, 하드웨어 등을 제공하는 조건으로 이 서비스업체와 2년간 해지불가 계약을 맺었습니다. 그런데 계약 초반부에 회사가 내부적인 어려움을 겪었습니다. 우리는 제품 업그레이드가 한참이나 뒤쳐진 상태였고 담당 직원과 전화로 통화한 이후 이 사실이 널리 알려지고 말았습니다. 결국 르윈스키의 대화를 녹음했던 린다 트립에게 비밀을 지켜달라고 한 셈입니다. 상황은 점점 나빠졌습니다. 문제를 마무리하기 위해 설상가상으로 그들은 우리의 대역폭을 줄여 버렸고 마지막 9개월간은 다른 회사 두 곳과 똑같이 T1 전용선을 사용해야 했으므로 실제로 우리가 얻은 대역폭은 겨우 3분의 1뿐이었습니다. 1월이 되자 우리 서비스의 접속 속도는 중고차 수준이었고 업그레이드와 프로그램 교정이 이루어지지 않았기 때문에 해커들의 천국이 되어 버렸습니다. 6개월을 넘겨 버티는 사람이 없을 정도로 Global 그룹이 급격한 변화를 겪고 있었기 때문에 우리는 아무런 조치를 취할 수가 없었습니다. 이 일로 고객들이 얼마나 원망을 해댔는지! 우리는 변변한 서비스도 제공하지 못했고 문제 해결의 실마리도 찾지 못한 채 우리가 어떠한 문제로 고생하고 있는지 고객들은 털끝만큼도 관심이 없다는 사실만 절실히 깨닫고는 옴짝달싹하지 못했습니다. 고객들은 Global 그룹을 Adam과 구별하지 못해 그들이 아니라 우리 회사의 이름으로만 수표를 써 댔습니다. 차라리 그들이 원하는 대로 해주는 편이 나을 뻔했습니다. 인터넷에 접속하기 위해 통화 중 신호음을 15분씩이나 들어야 했던 사람들이 '인터넷의 사냥개'라는 말이 떠오를 만큼 얼마나 비열해지는지 당신은 본 적이 없을 겁니다!

이것이 제 유일한 경험은 아닙니다. 장기적으로 보았을 때 한 사람이나 한 회사와 거래를 하는 것이 최상이라는 생각에는 변함이 없지만 이 경험을 통해 계란을 한 바구니에 담았다간 곧 얼굴에 모두 뒤집어쓰게 된다는 결론을 내리게 되었습니다. 이런 점에서 Service Soft 응용 프로그램은 여전히 제 희망 리스트의 위쪽을 차지하고 있으며 이메일이나 데이터베이스 등으로 이루어진 초기의 고객 서비스 유틸리티 기반을 제공하게 될 것입니다. 하지만 Service Soft 사와 어떤 심각한 문제가 발생할 경우에 Webline의 지원을 받을 수 있다면 큰 도움이 될 것이라고 생각합니다.

짐의 의견:

좋은 지적입니다. '지원군'을 갖고 있는 것은 '매우' 현명한 선택입니다. 신용도를 확인해보는 것도 괜찮은 생각입니다. 그러나 어떤 회사든 인수나 합병의 대상이 될 수 있고 괜찮은 조건이면 다른 고객과 큰 계약을 맺을 수도 있습니다.

반면 소프트웨어를 직접 설치해서 운영하는 것 또한 안전한 방법이라고 생각하지 않습니다. 확률은 얼마든지 빗나갈 수 있고 또 틀리기 마련입니다. '지원군'을 갖는 것은 매우 신중한 처사라고 느껴집니다. 이제 제가 할 수 있는 일은 당신이 정해진 예산 내에서 이 일들을 해내시길 기원하는 것뿐이군요.

크리스티안의 편지:

요즘 제가 준비하고 있는 일 중 하나가 바로 사이트에서 어떻게 커뮤니티를 육성하느냐 하는 것입니다. 지금처럼 세상이 초고속으로 변하고 인간미가 사라진 시대에서 사람들이 필요로 하는(그들이 의식하고 있든 그렇지 않든) 어떤 연결 끈을 유지하는 것이 중요

하다고 확신합니다. 하지만 어려운 점이 있을 것으로 예상됩니다. 이 사업을 하는 대다수의 사이트가 개별 고객 서비스 제공을 표방할 텐데 저의 노력이 오히려 고객에게 혼란을 불러일으켜 개별 고객 서비스를 제공하는 은행이나 증권사들을 불쾌하게 할지도 모른다는 생각이 듭니다.

하지만 저는 어떤 형태의 브랜딩과 커뮤니티 구성을 바라고 있습니다. 그래서 A라는 고객이 IMWorth와 거래하지 않는 은행이나 증권거래소로 이용 회사를 바꾼 후에도 서비스를 계속 이용할 수 있는 것입니다. 어떤 제안을 하고 싶으신지요. 저는 바이론 리브스(Byron Reeves)와 클리포드 내스(Clifford Nass)가 쓴 『The Media Equation: How People Treat Computers, Television, and New Media Like Real People and Places』를 읽고 있습니다. 사람들이 저희에 대해서 알고 싶어하고 신뢰할 수 있도록 사이트와 서비스를 인간적으로 만들 방법에 대해 고민하고 있습니다. 아, 물론 사이트에 계속 찾아오게 만드는 것도 중요합니다.

이것이 가장 최근 소식입니다. 그런데 좀 이상한 질문이 하나 있습니다. 통화대기 음악으로 어떤 것이 가장 유쾌하다고 생각하세요? 이에 관한 서비스를 제공하는 지역 업체를 물색해 보니 지방 라디오 방송에서부터(저는 절대 반대입니다. 라디오에서 치프스 팀을 마구 칭찬하고 있었는데 라이벌인 덴버 브롱코스팀의 팬이 전화를 한다면 어떻게 되겠습니까? 그다지 유쾌한 분위기는 아닐 것입니다. 이것이 바로 제가 라디오를 극구 반대하는 이유입니다!) 음악 서비스 제공업체인 Muzak 그리고 제가 개인적으로 좋은 아이디어라고 생각하는 뉴스 제공사까지 있었습니다. 중요한 일이 아니라는 것은 알고 있지만 고객과 가장 처음 만나는 부분이므로 차후의 문제라고는 생각하지 않습니다.

짐의 답장

차후의 문제가 아니라는 점에 동의합니다. 그것은 중요한 브랜딩의 문제입니다. 라디오에 대한 생각도 동의하지만 나는 뉴스도 싫어합니다. 너무 지방색이 강해요.

저라면 음악(고객을 붙잡아 두기 위한 방안이므로 클래식이나 부드러운 재즈처럼 부담이 없는 음악)과 함께 고객의 시선을 붙잡을 만한 정보를 싣는 쪽을 선택하겠습니다. "당신의 전화는 우리에게 매우 소중합니다." 같은 문구는 소름이 끼칠 정도로 진부합니다. 대신 Charles Schwab으로 연결하여 2, 3분간 주식 시장 동향을 반복 청취할 수 있도록 하십시오. 그쪽이 실제 가치를 증대시킬 수 있습니다.

크리스티안의 편지:

가입 환영 메시지 수정본입니다.
─────────

믿을 수 있는 개인 금융 매니저, IMWorth에 가입하신 것을 환영합니다. 금융 계획을 도울 파트너로 저희 회사를 선택해 주신 데 대해 감사드리며 가능한 한 최상의 서비스를 제공할 것을 약속드립니다.

가입하신 계정에 의문점이 있으면 고객 관리 담당 직원, 전화 816-561-900, x 12나 이메일 xxxxx@imworth.com으로 연락 주십시오. IMWorth는 최선을 다해 고객의 이익을 위해 도와드리겠습니다.

IMWorth를 이용하면서 최대의 이익 실현을 원하신다면 매월 발송되는 무료 뉴스레터를 신청하십시오! 재테크에 필요한 최신 정보와 뉴스, 힌트를 드립니다! 또한 IMWorth의 최신 모델을 항상 제공할 것입니다. 저희는 고객 리스트를 판매하거나 임대하지 않습니다. 원하시는 이메일 형태를 선택하시려면 이곳을 클릭하세요!

ID와 패스워드를 잊으셨을 때는 xxx@imworth.com으로 연락 주십시오. 고객의 정보 보호를 위해 패스워드는 암호화해 있으며 고객 관리 담당 직원은 접속할 수 없습니다. 저희 시스템에서 제공한 임시 패스워드로 고객 정보에 접속하여 본인의 패스워드를 입력하십시오. 고객의 프라이버시 보호는 저희가 가장 소중하게 생각하는 일입니다.

IMWorth를 선택해 주신 데 대해 다시 한 번 감사드립니다.

IMWorth 고객 관리부 드림

P. S. 이 메시지를 저장하실 수 있으며 또한 http://www.imworth.com/help에서 보다 다양한 정보와 함께 다시 보실 수 있습니다.
날짜: 1999년 10월 21일 목요일, 17:02:55

막 뉴스레터를 신청한 고객들의 명단을 받았습니다…현재까지 150명…어떻게 생각하세요? 검색 엔진 목록에 회사 이름을 올려 놓은 것 말고는 아무런 판촉행사를 벌이지 않은 사이트 치고는 나쁘지 않은 성적입니다.

문제는…아직 뉴스레터를 준비하지 못했고 회원 수가 많지는 않지만 무엇인가 보내 주어야 한다는 것입니다!

짐의 답변:

그저 무엇인가가 아니라 아주 특별한 것을 보내 주어야 합니다. 이 흔치 않은 기업의 창단 멤버로서 고객들이 자신들의 친구들에게 이 회사와 출범을 함께 했다고 자랑할 만한 물건이 필요합니다. 회원전용 클럽의 무료 회원 카드와 고객이 좋아할 만한 상품권을 보내주세요. 그리고 개인적인 감사 인사를 전하십시오. 하지만 어느 쪽이든 행동이 빨라야 하며 보내는 물건은 바로 효력을 발휘할 것입니다. 고객들이 더 많은 것을 요구하게 되어 자연스레 고정 고객이 될 것입니다..

크리스티안의 편지:

제 생각으로는 저희가 아직 베타 테스트 중이므로 가입해 주신 데 감사드리고 일반적인 문제를 질문하고 싶으시면 자료실을 참조하라는 메시지를 보내는 것이 어떨까 싶은데요.

짐의 답변:

아니 이런! "가입해 주셔서 감사합니다! 저희는 이 부분에 대해서 아는 것이 없으니 다 같이 토론을 해봅시다!"라구요? …그것은 안됩니다. 주도권을 쥐고 있는 사람은 당신입니다. 고객들은 당신이 이끌어주기를 바라고 있어요. 하루를 시작할 때 군중들에게 무엇이 하고 싶은지 물어보는 지도자는 없죠(마이크로소프트 사가 한 광고는 상관하지 마시고요).

크리스티안:

아니면 보안과 관련된 내용을 가끔씩 다루어야 할까요? 우리로서는 워낙 중요한 사안이라서요. 그렇게 하면 IMWorth가 고객과 신뢰를 쌓는 과정을 원활히 하는 데 도움이 될 수 있으리란 생각이 듭니다.

짐:

보안이 '고객들에게' 얼마나 중요한 사안인지 아신다면 일을 추진하십시오. 그렇게 하지 않는다면…

그러니까 고객이 좋아하는 내용으로 고객과 커뮤니케이션을 시작하는 것이 전략입니다. 필요하다면 고객에게서 질문을 유도하세요. 지금까지 당신은 이메일 주소를 보내 준 답례로 무언가를 선물하기로 약속했습니다. 고객에게 무언가 제안하거나 회사에 기여해 달라고 요청하기 전에 그 약속을 지켜야 합니다.

크리스티안:

저는 그저 이메일을 대량으로 보내기 시작해야 할 때 필요한 주의사항을 듣기를 바랐던 것입니다. 어쨌든 필요한 충고였습니다. 고객들은 저희가 한 약속을 내일 당장 지키길 원하고 있을 겁니다.

짐:

먹이를 받아 먹으려고 힘껏 부리를 벌리고 있는 아기 새가 우글대는 둥지를 상상해 보면, 어떻게 해야 이 새들을 행복하게 해줄 수 있을지 분명히 알 수 있을 겁니다.

크리스티안:

저는 11월 1일까지 기다리는 편이 더 좋긴 합니다만(아기 새들을 위한 것은 아닙니다.) 어쨌든 베타 테스트도 막바지에 접어들었으니 서비스를 공식적으로 시작할 때 이메일을 발송하는 것이 더 낫지 않을까 생각합니다.

짐:

그 사이에 이 자랑스러운 소수의 창단 멤버들에게 당신이 얼마나 신경쓰고 있는지 보여주십시오. 그들이 당신과 함께 하고 있는 것처럼 느낄 수 있도록 짧으면서도 멋진 개인적인 메시지를 보내주세요.

"저희가 베타 테스트 기간에 어떤 성과를 이루어냈는지 봐 주세요!"라든가 "사이트의 서비스를 시작하였으니 사용해 보시고 어떠셨는지 알려 주시면 티셔츠를 보내 드립니다!"는 어떨까요. 에이, 겨우 150명인데 폴로 셔츠 한 장 보내는 일이 그렇게 큰 일은 아니지 않습니까?

크리스티안:

저는 경품의 효과를 배가시키기 위해 회원에게 꼭 맞는 물건을 보낼 것입니다. 그리고 영원한 성자 코르키 클레어의 말씀대로 '악취가 나는 물건이 아니라 예쁘게 포장된 향기 나는 물건'을 선물할 겁니다.

짐:

물론 좋은 말입니다. 하지만 계속 미뤄둘 수는 없는 일입니다. 아인슈타인의 말대로 "완벽해지고자 하면 적당히 만족할 만한 수준도 얻지 못하게" 됩니다.

크리스티안:

그럼 제가 궁금한 부분을 정리하면 다음과 같습니다. ①고객이 정보를 요청할 때는 실용적이고 짧은 내용의 정보를 제공하고(이건 제 스스로 방금 답을 한 것 같군요) ②시기 문제인데 베타 테스트가 끝나고 사이트를 실제로 가동할 때 뉴스레터를 발행하는 것이 좋을까요?

짐:

그렇습니다. 가동과 함께 발행되는 뉴스레터는 회사의 이미지를 잘 살려줄 수 있도록 공식적이면서도 깔끔하게 구성된 형식을 갖추어야 합니다. 지금은 당신 자신과 친구 150명뿐입니다. 그러니 잘들 대해 주세요.

크리스티안:

공식 출범을 앞둔 시점에서 나쁜 점이 있다면 이제는 저도 모습을 드러내야만 한다는 것과 고객들이 불만을 토로할 대상과 전화번호가 생기게 된다는 것입니다. 그리고 당신이 전에 불쾌하다고 이야기한 적이 있는 법률적으로 책임을 제한하는 메시지를 빼 버릴 생각입니다…빼면 안된다는 말을 들을 때까지는요. 제 남편은 그런 메시지를 읽고 나면 항상 종이를 먹어 버리고 싶은 생각이 든다고 하네요.

지금은 이것이 전부입니다. 이제 제가 직접 준비한 '블레어 위치' 장식을 마무리해야 할 것 같아요(원래는 나뭇가지 묶음을 직원들 책상 위에 달아 놓고 겁에 질리는 모습을 찍으려고 했는데 우리가 하는 일이 인터넷을 이용하는 것이니 만큼 아마 AOL 디스크 묶음을 써야 할까 봐요.).

날짜: 1999년 11월 12일 금요일, 09:01:22

이제 우리는 일에 대해 조금씩 감을 잡기 시작했고 제 역할도 어느 정도 형태를 갖추어 가고 있습니다. 어떤 일이 일어나고 있는지 보시죠.

진짜 좋은 소식: 베타 테스트 기술자들과 초기 사용자들 모두 저희 시스템에 아무런 문제가 없답니다! 아니 최소한 저희에게 문제점을 신고한 사람은 없었습니다. 이제 남은 문제는 정보에 들어가는 방법이나 어떤 자산이 어떤 카테고리에 들어가야 하는지 등의 것들로 변하였습니다. 이것은 저희가 사이트 디자인을 하면서 의도했던 부분을 생각해 보면 매우 고무적인 결과입니다! 저는 다음과 같은 요인들 덕분이라고 생각합니다.

a.) '묻고 답하기란(FAQ)'이 꼭 필요한 정보들만 담고 있어서 사용자들이 쉽고 간편하게 접근할 수 있습니다.

b.) 가입 과정이 간편하기 때문에 따라가기가 쉽습니다(보통 금융 정보 관련 사이트에 가입할 때 보면 성가신 과정이 있는 경우가 많습니다).

c.) 베타 테스트를 한 사람들을 지켜본 결과 그들은 대체로 첨단 기술에 대해 훨씬 더 잘 알고 있는 사용자들이었습니다. 따라서 문제가 생겨도 별로 큰 도움을 필요로 하지

않을 것이고 스스로 해결하려 할 것입니다.

짐:

좋은 지적입니다. 앞으로도 마음을 놓아서는 안됩니다. 일단 사이트만 열면 인터넷 문외한들이 사방에서 도움을 요청하기 위해 몰려들 것입니다.

크리스티안:

하지만 우리가 얻은 피드백으로는 문제점이 잘 드러나지 않습니다. "자신의 은행이 이 서비스를 이용하려면 어떻게 해야 하나?"와 같은 질문 정도만 있고요. 이처럼 고객의 반응에서 특별한 문제를 찾을 수 없다고 해서 일을 처음 벌일 때처럼 낙관에만 빠져 있는 것은 아닙니다. 베타 테스트의 한계를 알고 있으니까요. 하지만 고객들은 좀더 큰 문제에 부딪쳤을 때는 우리에게 알려 오게 되겠죠. 이렇게 해서 저는 아주 조심스럽게 안도의 한숨을 내쉬고 있습니다.

짐:

아마 베타 테스트를 한 사람들에게 당신을 마음껏 채찍질해 달라고 부탁해야 할 때인 것 같습니다. 창단 회원들은 처음에는 당신이 성공하기를 바라는 간절한 마음에서 당신을 열렬히 응원해 줄 것입니다. 이렇게 친절히 당신을 도와주는 이들에게 티셔츠라도 나눠 주세요!

크리스티안:

우선 저는 '큰손'들을 만나 봐야 합니다. 자사의 기존 고객 서비스 부서에서 우리의 고객 서비스 프로그램을 운영할 사람들이죠. 저는 이들을 방문하여 시스템에 관해 교육하고 싶지만 이들은 매일 매일의 운영은 직접 하려고 할 것이고 중대한 문제나 사안이 발생할 때 저에게 연락을 하겠지요.

그리고 고객 서비스 부서가 없거나 다른 전화를 받을 인력이 부족한 소규모 고객들은 저희 내부 담당 직원들이 맡을 계획입니다. 저는 아직도 7,500분의 1의 비율을 예상하고 있습니다. 베타 테스트를 하나의 판단 근거로 볼 수 있다면 이 비율은 적당한 것입니다. 그러니까 저희는 지금까지 이메일로 들어 온 의문점만 받았는데 모두 제가 예상했던 것과 정확히 맞아 떨어졌으며(제가 생각해도 대견스럽습니다) 답변도 미리 준비해 두었기 때문에 개인별로 조금씩 조정하여 한 시간에서 최고 두 시간 내에 답하기 위해 노력하였습니다.

다시 한 번 말해 두자면 저는 앞으로도 IMWorth가 이렇게 승승장구할 것이라고 자만하지는 않습니다(제가 고객 서비스 일을 하면서 한 가지 배운 것이 있다면 예측할 수 있는 일은 아무것도 없다는 점입니다! :-O). 하지만 우리가 첫 단추를 바로 끼웠다는 사실은 저에게 용기를 북돋아 줍니다.

이것이 저희의 현재 위치입니다. 우리는 덩치 큰 고객을 끌어들이기 위해 모습을 가다듬고 있는 중입니다. 이런 고객들은 주로 우리의 사업 규모에만 신경을 쓰지 인력 구성에 대해서는 관심을 두지 않지요. 조만간 우리 회사의 규모가 어마어마하다는 소리를 너도나도 하게 해서 아마존사조차 우리에게 돈 관리를 맡길 날이 와야겠지요.

날짜: 1999년 11월 15일 월요일, 10:54:26

이런 창피한 일이 생기다니!

결국 계란을 뒤집어쓰고 말았습니다. 지난 금요일 저녁(주말을 보내기 위해 직원들이 모두 퇴근한 후라 사이트의 상태를 파악할 수 있는 사람이 아무도 없었습니다) 우리 시스템이 다운이 되었던 모양입니다. 우리 컴퓨터에 다른 네트워크의 노드와 연결이 되어 있는지 확인, 진단하는 핑(PING) 프로세스가 설치되어서 다운될 걱정을 할 필요가 없다던 우리의 서버 관리자도 무척 부끄러워하는 모습이었습니다. 우리가 기대했던 대로 핑 프로세스가 제대로 작동했다면 금요일 상황에 조치를 취했을 것이고 그러면 주말 내내 서비스가 끊기는 사태는 없었겠지요! 지금 상황은 분노의 불길이 타오르고 있다는 표현으로도 부족합니다!

날짜: 1999년 11월 29일 월요일, 11:05:00

이제 우리는 일반 고객 없이도 해 나갈 준비가 되었습니다. 우리는 현재 일반 대중으로

부터 거대한 고객 기반을 축적하는 일에는 크게 신경쓰지 않고 있습니다. 우리 회사의 서비스를 이용하는 금융기관을 통해 이 금융기관을 자주 이용하는 고객들을 저희 사이트의 고객으로 만들 수 있기를 바랍니다. 이상적으로 생각하기에는 IMWorth가 다른 회사 사이트처럼 보일 때에만 사람들이 이용할 것입니다.

짐:

'인터넷 제안 박스'에 있는 제안들을 적합한 사람들에게 넘겨주는 과정이 있습니까? 그리고 더 중요한 것은 그 사람들은 이러한 제안이 당신의 사이트의 미래를 좌지우지할 만한 일이라는 사실을 이해하고 있습니까?

크리스티안:

좋은 지적입니다. 다음주에 웹 부문을 맡은 내부 직원들이 우리 부서로 들어오는데 이들에게 그와 관련하여 몇 가지 정보를 도움 섹션에 입력하도록 할 계획입니다. 그 동안 우리 팀과 호흡을 맞추었던 개발팀은 사이트 구축이 완료되면서 다시 업무가 분리되었고 우리 부서 내에 내부 개발팀이 구성될 때까지 다른 개혁안은 일시적으로 정지된 상태입니다.

미친 소리처럼 들리겠지만 저는 부정적인 의견이 들어오기를 즐거운 마음으로 기다리고 있습니다. 부정적인 의견에는 양날의 칼처럼 좋은 점과 나쁜 점이 동시에 있겠지만 저는 스스로를 발전하게끔 하는 게 최선의 방법이라고 생각합니다. 아직은 계속 추진해야 할 일이 많은 단계니까요. 제가 받은 고객의 반응 중에서 가장 부정적인 것이라면 자신이 거래하는 은행에서 우리 서비스를 제공해 주지 않는다는 불평이었습니다. 세일즈 부서의 직원에게는 기회가 되겠지만 우리 사이트를 가장 효율적으로 경량화하려는 저의 의도에는 부합하지 않는군요.

짐:

큰손 고객과 나머지 고객들 사이에 담당 직원과 고객 비율을 차등화하고 있습니까?

크리스티안:

> 아닙니다. 왜냐하면 큰 고객들이 필요로 하는 서비스는 그들 회사의 고객 서비스 담당 직원에게 우리 시스템에 관해서 교육하는 일 정도이기 때문입니다. 그래서 이제는 우리 직원 구조를 전체적으로 바꾸어야 할까 봅니다. 소수의 거대 은행에 보다 많은 고객 서비스 대리인을 연결하고 규모가 작은 은행에는 전화상담 대리인으로 구성된 내부 직원을 조금 적게 배치하는 방향으로요.

전체적으로 보았을 때 IMWorth는 매우 통찰력 있는 고객 서비스 부장을 두고 힘찬 첫걸음을 내디뎠다고 할 수 있다.

할 일은 많은데 시간도 돈도 직원도 없다. 이것이 그리 놀라운 소식은 아니다.

경영자의 차갑고 비뚤어진 늙은 손가락을 움직여 회사 일에 돈을 쓰도록 만드는 다른 방법은 바로 미래에 대한 비전을 제시하는 것이다. 왜일까? 미래는 이제 수확을 기다리는 무르익은 과일과 같은 것이기 때문이다. 미래는 누구든 손을 뻗어 그것을 거머쥘 용기가 있는 사람을 위해 존재한다. 용기만 낸다면 미래는 그대의 것이다.

제**11**장

미래를 위한 계획

웹의 미래는 어떤 모습일까? 어려운 질문이다. 만약 주말에 아마존의 주가가 얼마가 될지 예측할 수 있다면 당신은 주식 데이 트레이더로 나서는 게 낳을 것이다. 만약 2년 정도 앞을 내다볼 수 있고 앞으로 히트 할 만한 사업이 무엇인지 알 수 있다면 향후 모든 사람이 경악해 마지 않을 기업공개(IPO)를 위해 사업 계획을 손질하는 게 낳다. 5년 후를 내다볼 수 있다면? 간단 명료하게 말해 이것은 공상과학에서나 있을 법한 일이다.

아서. C. 클락(Arthur. C. Clark)은 1999년 말 스리랑카에 있는 자택에서 다음 세기에 대한 인터뷰를 했다. 취재자에게 밀레니엄은 2001년 1월 1일부터라고 분명히 한 후 그는 더 활발한 우주탐사와 화성유인탐사가 이루어졌으면 좋겠다며 그의 희망을 피력했다. 그가 한 말 중에 재미있는 것은 컴퓨터화하는 인간에 관한 것이었다. 그는 이것을 굳게 믿고 있는 듯 즉각적이고 스스럼없이 말했다. 그것은 마치 "물론 우리는 백 년쯤 뒤에는 전기 자동차를 몰고 다닐 겁니다."라고 말하는 것처럼 자연스럽게 들렸다. 그는 인류가 사이보그화할 것이라고 믿고 있었다.

미래의 주식시세를 예측하고 싶어하는 마음과 일상이 컴퓨터로 이루어지는 현실 사이에는 많은 관심을 가지고 주시해야 하며 상사에게 상의해야 하는 흥미로운 과학 기술과 사업 형태가 존재하기 마련이다.

다양한 브라우저

다양한 형식의 웹 콘텐츠를 만든다는 생각은 이제 새로운 것이 아니다. Mosaic은 아주 잠깐 동안 유일한 그래픽 웹 브라우저였었다. 당시에는 텍스트 기반 브라우저인 Mosaic과 Lynx 둘 다에서 읽을 수 있는 콘텐츠를 만든 것만으로도 현명한 일이었다. 그 이후로 웹사이트를 Mosaic이나 다양한 버전의 넷스케이프, 인터넷 익스플로러 그리고 열 개도 더 되는 다른 브라우저로 읽을 수 있도록 하기 위해 전쟁이 계속되고 있다.

경쟁은 훨씬 더 치열해지려고 한다.

더 이상 맥이냐 PC냐의 문제가 아니다. 세 개의 버전이 있는 넷스케이프냐 아니면 인터넷 익스플로러냐의 문제도 아니다. 곧 더 많은 사람들은 다음과 같은 것을 통해 웹사이트를 누비고 다닐 것이다.

텔레비전 수상기	www.webtv.com
탁상용 전화기	www.hightech-store.com/unidenp200.html
이동전화	www.nokia.com/phones/9110/index.html
	www.phone.com
호출기	www.wolfetech.com
개인 휴대 정보 단말기(PDA)	www.palm.com/products/palmvii
그리고 물론 냉장고도 있다.	www.electrolux.com/screenfridge

시간이 지나면서 우리는 틀림없이 우리의 머리에 시스템을 직접 연결하게 될 것이다. 당분간은 식당 안내나 주가, 재고 물량, 배달 스케줄, 등록 여부 확인 그리고 기타 시간에 민감한 정보를 다양한 도구와 포맷을 통해 꼼꼼히 챙기는 수밖에 없다.

모든 것은 연결되어 있다

월드 와이드 웹이 모든 것에 영향을 미치는 시대에 대비해야 한다. 당신이 어떤 사업을 하는지와는 관계없이 배터리로 움직이는 모든 것에는 웹 주소가 생길 것이고 성능이 더 좋아질 거라는 사실을 받아들여야 한다.

당신이 차고 있는 손목시계는 새 배터리가 언제 필요한지 자동으로 알려 줄 것이고 또한 새 배터리 구입시 가격 할인을 약속한 대가로 배터리회사인 Energizer 사에도 배터리 교환 시기가 되었음이 통보될 것이다. 그리고 Energizer 사가 집 안에 있는 대부분의 연장과 장난감, 전자제품, 기구에 끼워 놓은 배터리에 대한 교환 시기를 파악하면 이 회사는 배터리를 최대한 오래 사용하는 방법을 조언해 줄 것이다. 당신은 고객에게 어떻게 필요한 것을 알려 주겠는가?

이번 크리스마스에 나는 TIVO 텔레비전 시스템(www.tivo.com)을 선물받았다. 그것

은 중앙 시스템에 가끔 전화를 걸어서 앞으로 방송할 TV 프로그램을 다운로드하는데 나는 화면을 통해 그것을 살펴보고 녹화하고 싶은 것을 선택할 수 있다. 테이프가 아닌 디스크에다 녹화한다. 그리고 지난번 중앙 시스템에 전화 건 이후에 내가 녹화한 쇼에 대한 정보를 중앙 시스템에 다시 보낸다. 그러면 합작 필터링을 사용하여 내가 보고 싶어할 만한 프로그램을 미리 녹화할 수 있도록 해준다. 당신은 고객에게 무엇을 추천하겠는가?

만약 Sears 사가 냉장고나 오븐, 식기 세척기 그리고 건조기 겸용 세탁기를 수시로 검사해 준다면 아주 급하게 방문 수리해 달라고 하는 전화도 많이 줄어들고 전반적인 유지비도 낮출 수 있을 것이다.

물론 당신은 Tivo나 Sears, Energizer에서 일하지 않는다. 당신이 하는 일은 전혀 다른 일이다. 하지만 세상 모든 것이 연결되어 있다는 것을 잠시 생각해 보기 바란다. 당신의 고객이 가지고 있는 물건 중에 센서만 있었더라면 놀라운 일을 할 수 있는 물건은 무엇이 있는가?

- 전등 센서

- 온도 센서

- 압력 센서

- 위치 센서

- 지속 시간 센서

- 크기 센서

- 무게 센서

- 속도 센서

- 수량 센서

- 빈도 센서

한 진취적인 자동차 보험회사는 보험자의 차에 전기 장치를 설치해 회사와 연결하여 회사 측이 차에 대한 정보를 받을 수 있도록 해주면 보험료를 할인해 준다. 얼마나 멀리 운전을 했는가? 얼마나 빨리 달렸는가? 급하게 출발하고 서지는 않았나? 배달 트럭의 차체에 이런 종류의 기술을 적용하면 어떨까? 피자 배달부가 인공위성 자동 위치 측정 시스템인 GPS(Global Position System)를 사용하기 때문에 그의 위치를 파악할 수 있어서 낯선 사람만 보면 짖어대는 당신의 개를 언제 침실에 넣어 두어야 할지 알 수 있다면 어떻겠는가?

만약 고객이 당신이 만든 제품을 어떻게 사용하는지 당신이 볼 수 있다면 어떨까? 당신의 회사가 서비스를 할 때마다 그 정보가 인트라넷의 데이터베이스로 가서 사내의 모든 사람이 알 수 있다면 어떨까? 서비스를 받고 난 다음에는 언제나 고객이 손목시계에 있는 몇 개의 버튼으로 입력을 해서 서비스 만족도를 실시간으로 알려 줄 수 있다면 어떨까? 모든 것이 연결되어 있어서 추측해서 짐작해 볼 뿐인 정보가 아니라 진짜 정보를 얻을 수 있다면 어떨까?

그리고 그 정보를 다른 사람과 나누기 시작한다면 어떨까?

삼자간 정보 교류

정상의 포털업체는 이것을 이미 실행하고 있다. 그들은 구매자 집단과 판매자 집단을 연결해 주고 거래를 할 때마다 약간의 이익을 얻는다. 이러한 포털업체들은 다양한 이해 당사자를 서로 연결해 주는 연결점 구실을 하며 정보를 관리한다. 이런 포털업체들은 그러한 일대일 거래를 성사시킬 뿐 아니라 산업 데이터를 축적하여 산업의 경향을 분석할 수도 있다. 하지만 아주 흥미로운 건 거래 파트너들이 나누는 개개의 프로필이다.

고객에 대한 일대일 서비스를 향상시키기 위해 고객 프로필을 다른 회사와 나눈다니 이상하지 않은가? 스팸 메일 퇴치에 앞장서고 있는 www.junkbuster.com의 제이슨 캐틀릿(Jason Catlett)이 발끈하기 전에 한마디 덧붙여야겠다. 모든 자료의 송수신은 고객의 동의하에 이루어져야만 한다.

우리는 고객에 관해 어떤 것을 안다. 그리고 우리의 동료도 그들에 대해 뭔가를 알고 있다. 만약 자료를 공유한다면…

그렇다. 곧 전자지갑이 만들어져 나올 것이라고 한다. 그러나 나는 이것이 실제로 이용 가능한 깊이 있는 정보라고 생각한다. 동네의 전기 수리공이 Shopping.com에서 새로 산 DVD와 고화질 TV 때문에 새로운 회로 차단기를 설치해야 한다고 말해 줄 수 있는 그런 종류의 정보 말이다. 아니면 HP 사에서 당신에게 새로운 프린터 드라이버에 대한 메일을 보내 주어서 10분 전에 투숙한 하얏트호텔에서 비즈니스 오피스 프린터를 사용할 수 있도록 해주는 그런 것 말이다.

데이터에 대한 담합이 있는 경쟁적 상황을 생각해 보라. 예를 들어 컴퓨터 업계에서 대기업들이 자기와 비슷한 큰 규모의 파트너와 긴밀한 관계를 형성하는 것은 당연한 일이다. 그러므로 기업들이 서로 경쟁하지 않고 자기들끼리만 데이터베이스를 가지고 있는 상황을 그려 보는 것은 어렵지 않다. 그 결과는 [표 11.1]에 나타난 것과 같다.

	데이터 대기업 1	데이터 대기업 2	데이터 대기업 3
소프트웨어	Oracle	Siebel	Microsoft
하드웨어	Sun	IBM	Intel
네트워크 장비	Cisco	Nortel	3Com
통신	AT&T	Nortel	MCI

표 11.1 3대 데이터 대기업

어느새 이런 일을 실제로 가능케 할 방법들이 개발되고 있다.

고객 프로필 교환 네트워크(CPEX)는 비영리 기관으로 고객의 정보를 대기업의 응용 프로그램을 통해 쉽게 비공개로 교환할 수 있도록 개방 표준을 개발하는 데 주력하고 있다.

CPEX(www.cpex.org)는 판매업자가 자유로이 의견 교환을 할 수 있게 하기 위해 커뮤니케이션의 표준을 세우고자 한다. 어떠한 방법으로 이를 실현하려는지 웹사이트에서 더 자세한 것을 알아본다.

> CPEX 표준은 인터넷 상이든 아니든 다양한 대기업의 응용 프로그램에서 사용할 수 있는 XML에 기초한 데이터 모델로써 온라인과 오프라인의 고객 정보를 통합해 준다. 그 결과 데이터 환경은 네트워크화하고 초점은 고객에게 맞춰진다. 이러한 상황에서 전자상거래 기업들은 고객에 대한 단일화한 시각에서 벗어나 전자상거래에 맞는 더욱 효과적인 관계 정립까지 가능하게 된다. CPEX는 DTD나 XML 태그 세트 이외에도 데이터 모델과 운송, 질문 정의 그리고 개인의 보안이 가능한 기본 틀까지 제공할 것이다.

왜?

> 오늘날의 수요와 공급의 관계에서는 고객의 실체와 행태 그리고 요구사항을 파악하기 위해 독립적으로 기능하는 고객의 개념, 고객 지원, 주문 관리, 경영권 공유 그리고 다른 기본적인 사업 기능에 대한 시각이 모두 제각각이다. 고객 서비스 능력은 장단기적인 IT 통합 비용이 불필요할 정도로 지나치게 상승하면서 공유한 정보의 양이 부족해져 급격히 떨어졌다. 업계에서는 앞으로 CPEX를 본질적으로 각기 다른 종류의 프로그램인 백오피스 응용 프로그램, 프런트 오피스 응용 프로그램 그리고 웹 고객 자동화 응용 프로그램에 두루 적용하게 될 것이다. 모든 고객을 하나로 보는 관점으로 기업이 이익을 볼 수 있다는 것이 점점 확실해지고 있는 가운데 서로가 연결되어 있는 미래 세계에서는 이 단일 고객의 관점이 필수적이라는 것을 CPEX 솔루션이 보여 줄 것이다.

우리는 고객에 대한 통합된 단일 시각이 경쟁력을 줄 수 있다는 사실을 알고 있다. 하지만 모든 공급 체인에서 단일한 고객 이미지를 가지고 있다면 얼마나 더 좋아지겠는가? CPEX의 데이터 모델에는 다음과 같은 것이 있다.:

■ 고객에 대한 자세한 정보

■ 결정적 정보(이름, 주소, 전화번호)

■ 인구 통계학적인 정보(나이, 성별, 가족)

■ 거래 정보(상호작용, 알려진 선호도, 행동, 구매)

■ 관계 정보(다른 사람과의 관계, 단체)

■ 암시된 정보(친화 집단, 분류 점수, 삶의 가치)

누가 당신의 데이터 파트너가 되면 좋을지 주위를 둘러 보라. 혼자서 데이터를 쥐고 있는 독재자인가 아니면 고객 서비스를 더 잘할 수 있도록 당신을 도와줄 수 있는 사람인가. 당신의 고객이 결정할 것이다.

신비의 기술

CIO 잡지의 1999년 5월호에서 작가 돈 탭스콧(Don Tapscott)은 개별화와 TV에 관해 이야기하고 있다.

볼보를 예로 들어 보자. 볼보를 팔기에 가장 좋은 사람은 볼보사의 소비자 조사에 자동차를 물색 중인 것으로 나온 사람일 것이다. 나는 고객의 허락에 기초한 마케팅이 바람직하다고 생각하고 내 자신조차 늘 시장의 한 부분이라고 생각하는 사람이다.

"제가 차를 좀 보려고 하는데요. 제가 예상하는 금액은 이 정도입니다. 그리고 이건 제가 원하는 조건이고요."라고 나는 말해서 볼보 직원이 날 바라보게 한다. 이건 사이먼 템플러가 세인트라는 영화에서 볼보를 운전하는 장면처럼 순간적으로 일어나는 일이다. 나는 행동을 멈추고 말한다. "멋진 차군요. 저건 뭐죠?", "볼보입니다." 하지만 직원이 볼보를 안전한 차라고 생각하는 것은 아니다. 왜냐하면 볼보는 아주 특별한 차이기 때문이다. 그 사람은 "당신이 가장 중점을 두는 부분은 무엇이죠?"라고 묻는다.

"성능이죠."

"잘됐군요! 볼보는 성능이 좋은 차죠. 여기에 BMW 318i와 볼보 터보를 비교해 둔 게 있습니다. 그리고 당신은 덴버에 사시는군요. 그렇다면 대기 중의 산소량 때문에 성능이 더 중요합니다."

1999년 5월에는 이런 대화는 상상할 수도 없었다. 그러나 요즘엔 이 이야기가 며칠

뒤의 일일 것처럼 들린다.

다른 과학기술은 우리로부터 더 멀리에 있다. 하지만 어디선가 과학기술이 당신의 산업과 상품, 고객의 예상보다 앞장서서 가고 있다는 것은 생각해 볼 만한 일이다.

우리는 당신이 어떤 기분인지 알고 있다

IBM 사의 BlueEyes(www.almaden.ibm.com/cs/blueeyes)는 비디오 카메라와 마이크를 이용하여 컴퓨터 사용자가 어디를 주시하는지 말과 행동으로 무엇을 말하고 있는지 녹화한다. 그리고 그 다음엔 그와 관련된 신체적, 감정적 상태나 정보 파악의 상태를 분석하는 중요한 일을 한다.

예를 들어 BlueEyes를 설치한 TV에 사용자가 특정 지점을 보면서 "CNN을 틀어."라고 TV에게 말하면 TV는 작동한다. TV는 사용자가 요구한 대로 CNN으로 채널을 바꾸어 줄 것이다. 그리고 나서 사용자가 웃어 주거나 고개를 끄덕여 주는 것을 TV가 '보게' 되면 TV는 사용자가 요구한 사항을 충족시켜 줬다는 사실을 기억할 것이다. 만약 사용자가 얼굴을 찡그리거나 불평하는 것을 TV가 보게 되면 TV는 사용자의 요구를 잘 이해하지 못했다고 해명을 하고 CNN 헤드라인 뉴스를 보겠다는 설명을 명확하게 해 달라고 요구할 것이다.

IBM은 이런 기술을 연구하고 있다.

정서 탐지

카메라와 실시간 분석기는 얼굴에 나타난 표정과 머리의 움직임으로 당신의 감정 상태를 탐지한다. 당신의 눈썹이 올라갔나, 내려갔나? 입 모양은 어떤가?

감정 마우스

정서탐지를 응용해 볼 수 있다. 단지 이 과정에서는 마우스로 사람의 감정을 읽기 위해 맥박과 체온, 총체세포 활동(GAS) 그리고 전기 피부 반응(GSR)만을 이용하기로 한다. 믿을 수 없다고? 과학기술이 당신 지식의 한계를 넘어서는 경우에는 그냥 믿어

주는 것이 속편하다.

마우스의 센서는 상관모델(correlation model)을 사용하여 감정과 서로 연결되어 있는 생리적 반응들을 감지한다. 상관모델은 측정 과정에서 얻어낸다. 이 측정 과정은 다음과 같다. 사용자가 감정을 느끼면 그 감정이 측정되거나 아니면 다른 방법으로 측정 시간에 나타난다. 이때 측정 신호가 나타나는데 이 측정 신호를 통계적으로 분석하고 이를 바탕으로 '감정에 기인하는 기본적인 상관관계'를 얻어낸다. N차원에 있는 하나의 벡터는 대상 사용자 한 사람의 감정을 대표하는 것으로서 산출된다. 또는 그 기본적인 상관관계는 벡터의 N차원 공간 안에서 감정을 탐지해 내려고 하는 다음 대상 사용자들을 측정하는 데 참고자료가 된다.

심박수는 엄지손가락에 있는 정보 검색기로 알아내고 체온은 열 경화성 칩으로 GAS는 마우스 장치 드라이버 그리고 전기 피부 반응(GSR)은 손가락 끝에서 알아낼 수 있다. 이러한 수치는 일련의 여러 식별기능 분석에 입력되고 하나의 감정 상태로 변환된다(여섯 단계로 분류한다). 특히 마우스의 경우 기본적인 상관관계, 즉 각 한 벌의 측정 생리신호들과 관련 감정 사이의 관계를 결정하는 기본 원칙에 따라 식별기능 분석을 사용한다.

식별기능 분석에 포함되려면 전체 감정 변화율에 대한 각 신호의 특정 감정 변화의 비율이(제외되지 않은 다른 신호로 설명되지 않는 비율) 표준 비율보다 더 높아야 한다. 마우스에 대한 표준 비율은 0.001이다(또는 1,000개당 한 부분). 어떤 신호라도 분석에서 제외되면 모든 신호는 동시에 분석되어 기본적인 상관관계를 나타낸다. 즉 어느 것이 적어졌든지 상관없이 추적 감정의 수, 말하자면 생리적 신호의 수보다 하나 적은 수 (N−1)와 동일한 수많은 식별 기능으로 기본적인 상관관계를 나타낸다.

"뭐라고?"에 해당하는 특정 감정 변화도는 무엇인지 궁금하지 않은가?

단순 사용자의 관심 추적기(Tracker, Suitor)

그러면 '정보 파악의 상태'는 무엇을 뜻하는가?

이것은 화면의 저쪽에 있는 사람이 아직도 무엇인가를 찾고 있는가 아니면 원하는 것을 찾아서 만족하는가를 측정하는 것이다. 이것은 감정과는 크게 관련이 없다. 사용자의 관심을 끌고 있는 것이 무엇인지 추적해 가는 것이기 때문이다.

컴퓨터 사용자가 무엇을 하는지에 대해 끊임없이 관심을 기울임으로써 추적기는 어떤 순간에 가장 흥미로워할 만한 종류의 정보를 추론하여 적당한 곳에 그것을 보내줄 수 있게 된다. 예를 들어 사용자가 보고 있는 웹페이지를 보면 추적기는 같은 주제에 대한 추가 정보를 찾을 수 있다. 그리고 사용자가 화면의 어떤 부분을 읽고 있는지를 보면 추적자는 현재 사용자가 관심을 가지고 있는 것이 무엇인지 더 정확하게 알아낼 수 있다. 사용자에게 추가 정보를 제공하기 위해서 추적자는 막대 뉴스 수신 표시판에다 텍스트를 보여주거나 개인 웹사이트를 만들어 주거나 팜파일럿 같은 손바닥 크기의 기기에 정보를 보내 줄 수도 있다.

중요한 것은 사용자가 평소처럼 읽고, 타이핑하고, 클릭하면 컴퓨터가 인식할 수 있다는 것이다. 그러면 컴퓨터는 사용자가 무엇을 하는지 본 것을 바탕으로 하여 사용자의 관심을 추론한다.

이제 이것을 채터봇과 다른 웹 기반 고객 서비스 도구에 적용해 보자. 고객을 얼마나 화나게 했는가? 고객에게 얼마나 사과를 해야 충분할까? 사용자가 대답에 만족스러워하는가? 고객이 아직도 혼란스러워하는가?

당신의 에이전트에게 우리 에이전트한테 전화하라고 하라

내 사무실에는 물건이 너무 많다. 대부분 종이이다. 그래서 다 정리하고 마지막으로 나는 1996년 Lucent Technology에 게재한 광고의 마지막 사본을 아쉬운 눈으로 빤히 쳐다보다 내다 버렸다. 가늘고 긴 오래 된 송장꽃 그림이 있는 광고다. 철로 만들어 화려하게 장식된 네모난 바늘 상자 위에 분홍색의 전화 메모가 있는데 머리말은 다음과 같다."당신이 외출한 사이 당신의 통신 시스템이 저희에게 갑자기 고장이 났다고 고장 신고를 했습니다. 그래서 저희가 고쳐 두었습니다."

이제 그런 통찰력을 인간과의 상호작용에 적용해 보자. 조만간 우리는 말 그대로 우리가 시키는 대로 다 하는 사이버 에이전트를 쓸 수 있게 될 것이다.

"나는 국제 이동전화가 필요해(미국에서는 셀 폰이고 영국에서는 모바일 폰, 독일에서는 핸디라고 하지.). 전화번호가 있어야 하거든. 그리고 내가 여행할 지역에서 가장 경제적으로 쓸 수 있는 것이어야 해. 그렇다고 서비스 질이 떨어지면 안되지. 그것으로 메일도 받아 볼 수 있으면 하니까."

이러한 지시를 내리면 나의 개인 에이전트는 내 요구에 맞는 전화와 이동통신 서비스에 대해 알아보고는 특징을 비교하고 가격을 협상해 볼 것이다. 그리고 나서 에이전트는 최고의 조건으로 가장 좋은 전화를 가지고 올 것이다. 전자거래를 하기에도 아주 성능이 좋은 것으로 말이다. 이제 전자 고객 서비스에 대해 이야기할 때다.

나는 에이전트가 통화의 질, 통화 방식, 수신을 못하는 장소 그리고 가장 최근에 개발된 기술에 대해 알아보길 원한다. 물론 날 귀찮게 하지 않고 알아서 하기를 바라는 것이다. 결과는?

■ 에이전트는 나에게 배터리를 충전하라고 알려 주기 위해 음성 메일을 보낼 것이다.

■ 그렇게 음성 메일을 보낸 횟수를 기억해 두었다가 교환해야 할 시기가 되면 배터리와 충전기를 주문할 것이다.

■ 에이전트는 서비스 제공업체와 계속 협상을 하여 조건이 좋은 업체를 새로 결정할 때마다 그것을 이메일로 나에게 알려줄 것이다. 그리고 요금 공시표를 확인하고 이전의 제공업체가 부당 요금을 청구하지는 않았는지 요금 영수증을 확인할 것이다.

■ 에이전트는 서비스업체에 전화를 개통하고 전화를 업그레이드하기 위해 소프트웨어를 다운로드해 설치할 것이다.

■ 전화가 고장이 났을 때는 에이전트가 서비스업체와 제조업체에 연락을 하여 고장을 어떻게 수리할지 어디로 새 전화기를 가져다 줄지를 알아낼 것이다.

내 에이전트가 나를 위해 무엇을 하고 있는지에 대해 왜 생각해 봐야 하는가? 당신의 이용 목적에 맞게 문제에 적절한 방식으로 대응할 에이전트가 필요하기 때문이다.

실제로 사용하게 될 최초의 개인 에이전트는 인간 조수처럼 대접을 받을 것이다. 인간 서비스 대표들은 이메일(에이전트의 이메일)을 받게 되고 이것이 마치 경영 대리인에게 온 메일인 것처럼 답신을 보낼 것이다. 처음에는 사람들이 이것이 자동화한 에이전트라는 것을 모르기 때문에 그렇게 한다. 그리고 나중에는 에이전트도 일을 잘한다는 것을 알게 되기 때문에 그렇게 해줄 것이다. 아니, 그렇지 않을 것이다. 에이전트가 두 명이면 10분 안에 두 사람이 열흘 걸려서 하는 일보다 더 많은 일을 처리할 수 있기 때문에 상대방도 에이전트를 쓸 것이다.

당신은 어떻게 대비할 것인가? 지금 인공지능 엔진에 규칙을 만들고 있는 사람은 더욱 더 박차를 가하여 일해야 한다. 소비자가 어떤 면에서 사람과 관계를 갖기 바라는가? 어느 상황에서 새 물건을 보내는가? 어떤 경우에 환불을 해줄 것인가?

실제 인공지능 시스템은 미리 약속된 전문가들로부터 받은 질문들에 대해 계속 답변하는 훈련을 할 것이다. 조만간 자주 질문하는 내용과 자주 발생하는 문제, 자주 쓰이는 해결책을 익히게 될 것이다.

사람에게 관심을 가지는 것은 여전히 중요하다

과학기술은 사람에게 도움을 주는 한 위대한 것이다. 기술이 도움이 된다고 생각하는 한 기술은 사람들에게 도움을 줄 것이다. 만약 당신의 목적이 고객과 전화 통화를 하는 시간을 줄이는 것이라면 당신은 실패한 것이다.

고객 서비스를 전화로 하든 팩스로 하든 웹사이트로 하든 아니면 통합 여과장치를 사용하든 벡터 기반의 동작 확인기를 사용하든 그냥 사람들을 고용해서 고객의 손을 잡아 주도록 하든 사람들이 교역을 시작한 이후로 고객 서비스의 본질은 변하지 않았다. 그것은 고객을 행복하게 해줄 수 있는 일이라면 무엇이든지 해야만 한다는 것이다. 그리고 고객을 만족시키는 것은 더욱 더 힘들어질 것이다.

실시간 기술을 넘어서

당신은 고객에게 메일도 보내야 하고 고객과 대화도 해야 한다는 것을 알고 있습니다.

고객에게 만족을 주는 일은 그냥 장난 삼아 하는 게 아닙니다.

고객의 기대는 쥐가 새끼를 치듯이 재빨리 불어나고 있습니다.

그냥 친구처럼 친절하고 따뜻하게 대한다고 다 되는 것은 아니죠.

약속을 지키지도 못하고 행동으로 끝까지 보여 주지도 못하면
고객은 우리를 폭발시켜 버리겠죠. 만족하지 못해서.
당신은 기초 지식과 채터봇과 그 외에 더 많은 것이 필요하다는 것을 알고 있습니다.
공장의 제품 제조 공정으로 가 보십시오.

당신은 그 사람들에게 정보를 주어야 합니다. 그 사람들을 기다리게 하지 마세요.
당신은 그 사람들에게 존경을 받아야 합니다. 그리고 그 사람들을 바로 그렇게 존경하십시오.
일이 제대로 되고 있지 않을 때는 사람들에게 알리십시오.
관심을 가지면 사전에 대처할 수 있습니다.

주문을 받는 것에서 대금을 받는 것까지 모든 단계에서
일이 착착 진행되는 모습을 하루 종일 꼼꼼히 살폈다면
당신의 고객은 그 노력을 알아주고 당신의 성실함을 사랑할 것입니다.
당신의 경쟁자는 시기하고 언론에서는 중상모략을 하려 하겠죠.

당신은 그런 사람들의 시기에도 불구하고 더 많은 돈을 벌 것입니다.
고객의 눈으로 당신의 웹사이트를 본다면
그리고 고객의 뜻을 반영했다면 자부심을 가져도 좋습니다.
그러니 당신의 웹사이트를 고객의 눈높이에 맞추어 만드십시오.